**国家哲学社会科学规划项目**

国家社会科学基金项目（编号：19BYY232）

刘 芹 著

# 中国理工科大学生
# 学术英语泛在学习模式有效性研究

## An Effectiveness Study on the U-Learning Model of EAP
## for Chinese Science and Engineering Majors

上海外语教育出版社

外教社 SHANGHAI FOREIGN LANGUAGE EDUCATION PRESS

图书在版编目（CIP）数据

中国理工科大学生学术英语泛在学习模式有效性研究 /
刘芹著. -- 上海：上海外语教育出版社，2024
国家哲学社会科学规划项目
ISBN 978-7-5446-7918-3

Ⅰ.①中… Ⅱ.①刘… Ⅲ.①英语—教学研究—高等
学校 Ⅳ.①H319.3

中国国家版本馆CIP数据核字(2023)第214143号

出版发行：**上海外语教育出版社**
　　　　　（上海外国语大学内） 邮编：200083
电　　话：021-65425300 (总机)
电子邮箱：bookinfo@sflep.com.cn
网　　址：http://www.sflep.com
责任编辑：王晓宇

印　　刷：苏州工业园区美柯乐制版印务有限责任公司
开　　本：635×965　1/16　印张27　字数440千字
版　　次：2024年5月第1版　2024年5月第1次印刷

书　　号：ISBN 978-7-5446-7918-3
定　　价：85.00元

本版图书如有印装质量问题，可向本社调换
质量服务热线：4008-213-263

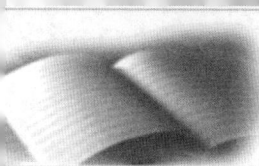

# 前言

　　《中国理工科大学生学术英语泛在学习模式有效性研究》是 2019 年度国家社科基金一般项目"中国理工科大学生学术英语泛在学习模式构建研究"的结项著作。项目始于 2019 年,历时三年有余。项目的总体研究目标是了解中国理工科大学生的学术英语学习现状,分析学生学术英语泛在学习需求,借助语料库构建学术英语泛在学习模式,指导学生甄别学术英语核心内容,运用动态评估手段帮助学生内化学术知识,有效提升学术英语应用能力。

　　本项目按计划分四阶段实施。第一阶段是需求分析:在多所理工类高校调查学术英语学习现状、学术英语教学方法、学习资源建设及共享情况。第二阶段是模式构建:基于理工科大学生学术英语能力的各个维度,充实完善前期研究中已建成的各类语料库,有针对性地设计自主学习内容,建立以学生为主、教师为辅的动态评估实施方案。第三阶段是有效性验证:在代表性高校中开展教学实验,对中国理工科大学生学术英语泛在学习模式进行验证。第四阶段是研究总结:梳理研究过程,总结研究发现,完成专著撰写。

　　第一阶段"需求分析"是本项目的重要研究基础。项目组首先从学术英语能力构念、理工科学术英语教学、热身问题和过渡问题几方面设计了半结构式访谈提纲,于 2019 年 9 月在项目组成员所在的上海理工大学、哈尔滨工业大学和广东工业大学选择了中国籍理工科专业教师和大学英语教师、外籍理工科专业教师和学术英语教师共 30 位开展访谈。项目组结合访谈结果编制了理工科学术英语调查问卷(学生卷)和理工科学术英语调查问卷(教师卷)两份试测问卷,于 2019 年 11 月在上海理工大学学术英语课程的学生和任课教师中开展小范围调查,以考查问卷的科学性和适切性。根据试测问卷数据分析结果,项目组编制了用于大规模调查的正式问卷,于 2019 年 11 月至 2020 年 2 月在全国三个层次的理工类高校中选取了 30 所开展调查。在对两份问卷数据进行深入的量化和质性分析后,项目组得出全国理工类高校师生对理工科学术英语能力构念、泛在学习环境、语料库运用于教学等核心问题的看法。

第三阶段"有效性验证"是本项目的核心研究内容。项目组采取一边构建学习模式,一边进行教学实验的方式,以随时从教学中得到反馈,对模式进行修正。在项目开展伊始阶段,项目组构建了"中国理工科大学生学术英语泛在学习模式",在 2019 年 9 月至 12 月进行了第一轮教学实验,分别从词汇教学、写作教学和口语教学三方面展开。与此同时,为提高学术英语课程教学质量,项目所在学校根据项目组提出的研究思路自主构建了"上理工泛在学习平台",为修读学术英语课程的学生提供智能学习环境,确保教学实验的有效进行。在第一轮教学实验完成后,项目组根据教学中发生的问题调整了学习模式并完善了学习平台,在 2020 年 3 月至 2021 年 6 月进行了第二轮教学实验。2020 年 3 月至 2020 年 6 月的春季学期,项目组通过线上教学的方式针对该学习模式中基于语料库的学术英语词汇教学和学术英语口语动态评估模式这两个难以把握的方面再一次进行了教学实验。2021 年 3 月至 2021 年 6 月,在"学术英语读写"和"学术英语听说"两门课程中开展了完整的教学实验,以进一步检验该学习模式的有效性。

在此必须一提的是,项目的顺利完成离不开项目组全体成员的智慧和努力,以及团队协作精神。以下各位成员在不同阶段参与了项目的研究工作:张乐帮助完成了语料库的整理工作;陈征协助构建了"上理工泛在学习平台";毕志伟在动态评估模式的构建上提供了理论借鉴;陈晓茹和李慧杰协助开展了需求分析。可以说,作为结项成果的本书是集体智慧的结晶,是团队合作的产物。在此,我作为项目负责人向各位成员表示由衷的感谢。

上海理工大学的三届十余名外国语言文学研究生为语料库资源的整

合、需求分析数据的整理、泛在学习平台的建设、教学实验的开展付出了辛勤的努力。本书报告了我与刘鸿颖、可庆宝、吴晗帆、方娜、胡静雯等五位同学合作设计的教学实验。该校两届非英语专业学生积极配合问卷调查和教学实验工作。在此，我深表谢意。同时，我也要感谢为本研究数据收集作出积极贡献的哈尔滨工业大学、大连理工大学、长春理工大学、哈尔滨理工大学、北京航空航天大学、北京理工大学、北京科技大学、太原理工大学、天津科技大学、河北科技大学、华中科技大学、武汉理工大学、河南理工大学、河南科技大学、河南工业大学、同济大学、华东理工大学、南京理工大学、南京航空航天大学、浙江工业大学、上海工程技术大学、江西理工大学、苏州科技大学、上海第二工业大学、华南理工大学、广东工业大学、西北工业大学、陕西理工大学和电子科技大学的老师和同学们。

最后，衷心希望本项目研究成果所呈现的中国理工科大学生的学术英语教学现状、特定泛在学习模式的构建及有效性验证结果，能为开展学术英语教学改革提供理论和实证依据。同时，项目组构建的"中国理工科大学生学术英语泛在学习模式"可直接应用于同类高校，使信息技术与英语学习深度融合，为实现自主学习和个性化学习提供方案。

刘　芹
2023 年 1 月于上海

# 序

　　欣闻刘芹教授的新作《中国理工科大学生学术英语泛在学习模式有效性研究》即将付梓，我欣然为其作序。

　　近十五年来，刘芹教授深耕中国理工科大学生学术英语教学领域，其间，主持完成国家社科基金项目两项，教育部人文规划基金项目、上海市教育科学研究项目和上海市本科重点教改项目各一项；负责上海市一流本科课程"学术英语听说"的建设工作；在南大核心等期刊发表相关论文二十余篇。正是由于其扎实的科学研究基础和丰富的课堂教学经验，才有了这部著作的问世。

　　《中国教育现代化2035》指出需建成"服务全民终身学习的现代教育体系"和"高等教育竞争力明显提升"的教育治理新格局，其中的第八项战略任务就是加快信息化时代教育变革，利用现代技术加快推动人才培养模式改革。《教育信息化2.0行动计划》要求加快高校智能学习体系建设，形成泛在化学习环境。近年来，传统的线下教学模式正快速向线上教学模式和线上线下混合式教学模式转变，如何合理构建泛在学习环境，提高学生学习的有效性是值得学界深入探讨的问题。

　　刘芹教授的研究立足于我国理工科大学生的学术英语学习现状，结合国家对信息技术推广和自主学习目标的要求，以学术英语能力构念为核心，以语料库方法为驱动，以动态评估为支撑构建泛在学习模式,开展了两轮全过程教学实验,并验证了泛在学习模式的有效性。

刘芹教授的研究具有如下创新点。

理论上,该研究厘清了理工科学术英语能力构念,丰富了学术英语能力理论基础;构建了学术英语动态评估模式,为"促学评价"提供了可操作方案;并结合语料库研究完善了泛在学习理论框架,在学术英语能力和泛在学习模式的融合、语料库选用和自主学习的结合、中介语对比分析和学术英语能力评价的关系上有所突破。

方法上,该研究运用 CiteSpace 软件对项目相关领域的文献进行综述;EQS 结构方程模型软件构建理工科学术英语能力构念;Wordsmith 和 Elan 软件分别对语料库中的写作语篇和多模态口语语篇进行分析;SPSS 软件对问卷调查中的量化数据进行统计;NVivo 软件对教师访谈录音转写文本进行研究。研究范式多样化,力求多维度深层次挖掘数据。

应用上,研究项目团队以"学"为中心开展研究,让理工科大学生的学术英语教学回归"学生"本位,构建了"中国理工科大学生学术英语泛在学习模式",并在项目依托高校建设了"泛在学习平台",为学习模式的实际应用提供了智能学习环境;经过两轮教学实验,在学术英语词汇、学术英语写作、学术英语口语三个学术英语学习核心领域中充分验证了该学习模式的有效性,在类似高校具有推广应用价值。

总而言之,本书理论基础翔实,研究角度新颖,研究方法科学,研究结果可信,对深入开展我国大学生学术英语泛在学习模式的构建研究具有较高的理论借鉴意义和应用参考价值。

邹　申 [*]

2023 年 12 月于上海外国语大学

---

[*]　邹申,上海外国语大学二级教授、博士生导师,曾任教育部高等学校外语专业教学指导委员会委员(2002—2017)、英语专业教学分指导委员会副主任委员(2007—2017)。

# 目 录

# 图 目 录

图目录

# 表目录

# 绪　　论

　　随着信息技术和移动通信技术的不断发展,技术支持下的泛在学习(ubiquitous learning)已经逐渐成为一种新的学习方式。2020年伊始,线上教学在全国大规模开展,形成了时时、处处、人人皆可学的泛在教育形态。如何构建适用于人数众多,又担负着先进科技学习与交流重任的理工科大学生的学术英语泛在学习模式,并评估其有效性,是本研究的主要内容。本章首先回顾研究缘起,然后从理论和实践两方面探讨研究价值,并阐述"需求分析—模式构建—有效性验证"的三阶段研究脉络。

## 第一节　研究缘起

　　《国家中长期教育改革和发展规划纲要(2010—2020年)》指出,高等教育必须加强优质教育资源的开发与应用。《教育信息化2.0行动计划》要求加快面向下一代网络的高校智能学习体系建设,形成泛在化学习环境。虽然信息技术的发展为泛在学习所围绕的信息化学习方式和个性化学习方式创造了无限可能(孟宇、陈坚林 2019),但对照上述要求,目前大学英语教学现状存在差距,主要问题在于:信息化教学环境虽已形成,但资源利用率低下(冯霞、黄芳 2013);尚未充分培养学生的自主学习能力,导致学习效果不佳(马武林、李晓江 2013),尤其反映在理工科学生身上。中国首席经济学家论坛副理事长屈宏斌在接受财联社记者采访时指出,"每年普通高校有 1 000 万毕业生,其中 45% 是理工科,这在全世界是独一无二的资源。"(财联社 2022)

桂诗春(2015:693)提出,高校英语教学的定位是,"学生用口头和笔头方式来了解与表达那些和学业成就有关的概念"。杨惠中(2018:28)也强调,在当前的"新工科"建设和"卓越工程师教育培养计划"中,理工科学生的培养目标是能"用英语直接开展学术交流"。因此,构建有效的学习模式,助推学术英语教学改革,帮助学生系统并深入地开展泛在学习实有必要。本项目旨在针对中国理工科大学生英语教学现状和问题,研究如何依托语料库,通过学习内容、学习方法、评估手段等方面的变革,构建有效性和适切性兼具的中国理工科大学生学术英语泛在学习模式,培养他们成为具有扎实的学术英语基本功、较强的应用能力、开阔的国际视野并通晓国际规则的人才。

## 第二节　研　究　价　值

本项目在理论研究和实际应用两方面都体现了一定的参考价值。

### 1. 理论价值

泛在学习由"泛在计算"(Weiser 1991;Weiser 1993;Abowd 2016)衍生而来,重视人与环境的交互,强调学习的普适性,倡导"在任何时间、任何地点、任何环境中"展开学习(夏云、李盛聪 2012:36)。泛在学习从本质上说是一种以人为本的学习理念,符合"学生中心论"的基本思想(秦枫 2015:57),指充分利用现代信息技术所进行的普适、无缝、无处不在的学习。

国外关于泛在学习的主要研究视角为核心内涵界定（Peng et al. 2009；Sampson & Zervas 2013）、理论基础研究（Chang et al. 2015；Nouri & Cerratto-Pargman 2015）和技术手段探讨（Hung & Zhang 2012；Zydney & Warner 2016）。近年来，国外学者更加关注技术更迭过程中从教室和实验室向数字世界拓展的学习模式变迁效果（Looi et al. 2015；Cavus & Ibrahim 2017），如探究拟境式、沉浸式等学习范式的有效性（Nadolny 2017）。他们从系统设计、评估体系、影响因素、发展前景等方面进行深入探讨（Laru et al. 2015；Chee et al. 2017），但尚未形成较为系统、受益面广、可稳定操作的学习模式。在学术英语能力方面，国外学界存在不同见解。部分学者将其视为通过学习获得的语言技能，可在不同学习环境下进行转换（Lea & Street 1998）；也有学者认为该项能力的发展是教师向学生解释学术文化的过程，可通过学徒方式进行沿袭（John 1997）。因而，学术英语不仅与语言有关（Paltridge et al. 2009），还需学生了解在某一学科领域盛行的学术文化知识，并通过动态评估发展学术英语能力（Shrestha & Coffin 2012）。

国内泛在学习研究主要探讨其概念内涵和发展趋势（杨孝堂 2011）、学习者学习行为（章木林、邓鹂鸣 2018）、学习资源标准（程罡、徐瑾、余胜泉 2009）、技术功能设计（杨志和等 2009）、学习模型构建（余胜泉、陈敏 2011）、具体领域的个案研究（孟凡茂 2010）等。付道明、吴玮（2014）提出"有效性外语泛在学习"概念，构建了泛在学习生成模型、结构模型和功能模型，但缺少实证研究加以验证。随着我国大学英语教学的转型，学术英语"崭露头角"，但学界对学术英语能力尚无定论。王学华等（2015）发现，学生书面和口头学术表达能力偏弱，体现为学术概念模糊、逻辑思维和学术研究能力不足。王宏俐等（2018）认为学术英语课堂中现代化网络学习资源应用不充分。卫乃兴（2016）提出，学术英语能力的核心是学术篇章组织、态度意义和话语策略，语料库语言学可以是学术英语教学的新路径。

综观以上相关研究可知，泛在学习研究虽已取得较为丰富的成果，但其缺陷主要有三：一是缺乏成体系、可操作、能推广的模式；二是未围绕学术英语能力开展研究；三是未进行模式的有效性验证。项目组针对目前存在的上述欠缺，开展中国理工科大学生学术英语泛在学习模式构建研究，以期使泛在学习更加有效、更为充分、更具系统。

本项目的理论价值在于：首先，它提取了理工科学术英语能力构念，厘清了学术英语能力在独特的理工科背景下的维度、构成和各项子能力的内在联系，为开展理工科学术英语泛在学习研究奠定了基础；其次，它构建了理工科学术英语动态评估模式,将课内介入式评估和课后互动式评估相结合,设计了学术英语写作和学术英语口语两个产出性技能的评估方案,为学术英语教学领域的"以评促学"提供了理论范式;最后,它研究了理工科大学生学术英语泛在学习模式的构成要素和主要特征,为相关研究提供了理论参照。

**2. 实际应用**

本项目构建了中国理工科大学生学术英语泛在学习模式,并验证了其有效性。为了营造理工科学术英语泛在学习环境,项目所在高校自主构建了"上理工泛在学习平台"。该平台提供专业的泛在学习资源和学术英语语料库,设置在线讨论区和动态评估中心,并为教师和学生分别提供个性化管理界面。

项目组在学术英语词汇、学术英语读写和学术英语听说三种教学环境中对所构建的学习模式开展了两轮教学实验,着重实施了基于语料库的学术英语词汇、学术英语写作和学术英语口语教学方式,以及学术英语口语动态评估模式。通过测试成绩对比、教学过程观察、学生问卷调查、学生深度访谈等方法搜集数据,项目组进行了量化分析和质性研究,论证了该学习模式的有效性,为其推广使用提供了实证研究支持。

本项目的实际应用价值在于:从学生个人发展来看,它通过挖掘学术英语能力内涵,帮助中国理工科大学生掌握学术英语能力核心内容,有效提升学术英语应用能力,增强学术英语学习的实用价值;从社会长远发展来看,它通过构建学术英语泛在学习模式,对英语教学进行全方位拓展,营造随时、随地、随机的语言学习环境,可提高学术英语整体教学质量。

## 第三节 研究实施

本项目立足于我国理工科大学生的学术英语学习现状,结合国家对信息技术推广和自主学习目标的要求,根据研究基础和调研结果,以学术英语能力构念为核心,以语料库方法为驱动,构建泛在学习模式,并对如何进行模式的有效性验证提供对策和建议。本项目分为需求分析、模式构建、有效性验证三个阶段,研究框架如图 1.3.1 所示。

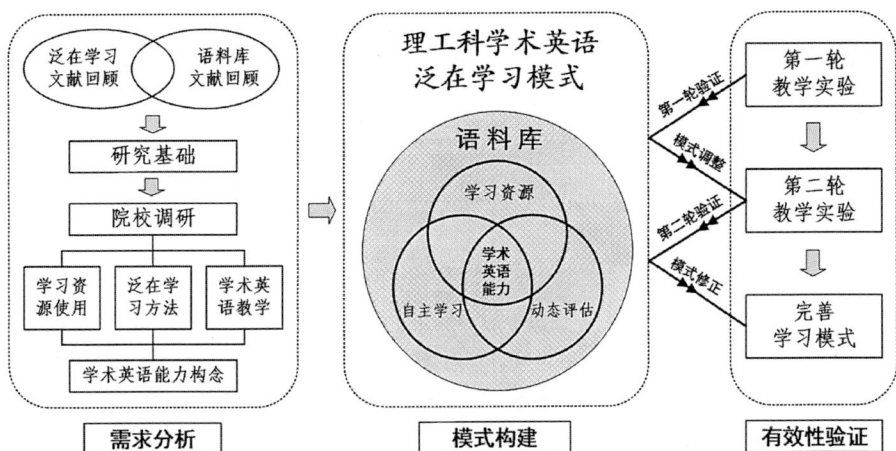

图 1.3.1　研究框架图

## 1. 需求分析

　　该阶段结合泛在学习和语料库研究等相关文献奠定研究基础,调查中国理工科大学生学术英语学习现状,进行泛在学习需求分析,界定理工科学术英语能力构念。需求分析分为三阶段,分别是半结构式访谈、试测问卷调查和大规模问卷调查。

　　项目组于 2019 年 7 月至 8 月深入研读文献,从理工科学术英语能力构念、理工类学术英语教学、热身问题和过渡问题几方面设计了半结构式访谈提纲,于 2019 年 9 月针对 30 名中外大学英语教师、理工科专业教师开展访谈。项目组将访谈录音转成文字后进行分析,获得第一手质性数据。

　　项目组结合访谈结果编制了理工科学术英语调查问卷(学生卷)和理工科学术英语调查问卷(教师卷)两份试测问卷,各包括受试个人信息、主体部分和简答题三部分。于 2019 年 11 月在上海理工大学开展小范围调查。根据试测问卷数据分析结果,项目组编制完成用于大规模调查的正式问卷,于 2019 年 11 月至 2020 年 2 月在全国选取了 30 所理工类高校开展问卷调查,遍布东北、华北、华中、华东、华南、西北、西南等区域,以保证取样的覆盖面足够广。在对两份问卷数据进行深入量化和质性分析后,得出全国理工类高校师生对理工科学术英语能力构念、泛在学习环境、语料库运用于教学等核心问题的看法。

## 2. 模式构建

基于理论研究和需求分析结果,项目组以学术英语能力为核心,以语料库为驱动,以 Nation & Macalister(2010)的语言课程设计模型为原型,构建了中国理工科大学生学术英语泛在学习模式。本学习模式的核心在于自主学习、泛在化学习资源和动态评估模式三个方面,关键因素是理工科学术英语能力,而语料库是实施环境,可与它们有机结合,提高学生的学习效果。

## 3. 有效性验证

2019 年 9 月至 12 月,项目组在上海理工大学学术英语课堂上针对学术英语词汇教学、学术英语写作教学和学术英语口语教学开展模式构建和小规模应用研究,为搭建整体泛在学习模式奠定基础。该轮教学实验的重点在于检验语料库在学术英语词汇和学术英语写作中的应用效果,以及动态评估在学术英语口语教学中的可行性。2020 年 3 月至 2021 年 6 月,项目组根据第一轮教学实验中发生的问题确定了泛在学习模式中语料库运用和动态评估方式的实施方案,并据此完成了泛在学习平台的建设;第二轮教学实验完善了泛在学习模式并检验了其有效性。

# 第四节 章 节 安 排

本书共分为六章。

第一章介绍本项目的研究缘起,在泛在学习领域的研究价值,并从需求分析、模式构建和有效性验证三方面介绍研究方案。

第二章从理论和实证两方面详细阐述本项目的研究基础。在理论方面首先探讨了学术英语概念和理工科学术英语能力构念,然后运用可视化分析软件 CiteSpace 回顾泛在学习和动态评估相关研究。在实证方面,介绍半结构式访谈、试测问卷调查和大规模问卷调查三个层次需求分析的开展过程和数据分析结果。

第三章介绍本项目核心——"中国理工科大学生学术英语泛在学习模式"的构建原则,泛在学习平台、语料库和动态评估这三个内部核心元素的架构情况,并依托项目所在学校的两门学术英语主干课程——"学术英语读写"和"学术英语听说",探讨模式在教学过程中的实际运用方式。

第四章介绍模式构建过程中,项目组在学术英语词汇、学术摘要写作和学术英语口语三方面开展的教学情况,即第一轮教学试验。

第五章基于第一轮教学实验中积累的经验和发现的问题,将泛在学习平台、语料库和动态评估进行更有机的融合。第二轮教学实验的大部分教学工作在线上开展。项目组首先通过线上教学的方式针对模式中基于语料库的学术英语词汇教学和学术英语口语动态评估这两个难以把握的方面再一次进行了教学实验。然后在完善了所在学校"泛在学习平台"的基础上,在"学术英语读写"和"学术英语听说"两门课程中进行了融合泛在学习理念和语料库教学方法的完整教学实验,进一步检验泛在学习模式的有效性。

第六章回顾本研究的重点内容,探讨其应用前景,并提出后续研究方案。

# 研究基础

本章从理论和实证两方面阐述本项目的研究基础。理论基础的介绍围绕学术英语概念和理工科学术英语能力构念展开,回顾泛在学习和动态评估的相关研究。实证方面的介绍主要呈现半结构式访谈、试测问卷调查和大规模问卷调查的需求分析结果。

## 第一节 理论基础

本研究的主要理论基础在于学术英语、泛在学习和动态评估三个维度。本节首先以文献回顾和构建结构方程模型的方式探讨学术英语和理工科学术英语能力构念,然后运用可视化分析软件 CiteSpace 回顾泛在学习和动态评估相关研究。

## 1.1  学术英语

Hyland(2006)把学术英语定义为帮助语言学习者进行学术研究的英语教学,涵盖学术交流活动的各个方面,例如本科生和研究生教学(包含教学材料、教学任务)、课堂互动(包含教师反馈、小组讨论)、研究领域(包含撰写学术期刊论文、学术会议论文、研究项目申报书)、学生写作(包含撰写学期论文、主题论文、毕业论文)、学术研究实践(包含阅读相关文献、参加毕业答辩)等。李韬、赵雯(2019)认为学术英语是正式教育体系中为达成学术目标的英语交流技巧,相关教学应关注某个学术环境中特定人员的交流需求。因此,学术英语教学的重点是与学生特定学习需求相关的词汇和语法知识教学,并培养听、说、读、写等语言技能。近年来,国内外关于学术英语的研究迅速发展。

国外学者更关注学术英语教学过程,着重研究其实际教学的重要性和促进语言能力的功能。Jordan(1997)分析了学生对学术英语的需求。他探究并归纳了不同学术英语学习过程中学生的不同学习困难,详细介绍了学术英语课程的设计和教学方法,提出学术英语教学模式构建建议,特别强调教师反馈和评价在其中的重要作用。Flowerdew & Peacock(2001)将学术英语课程根据特征区分为纯学术英语(Academic Academic English)和职业相关学术英语(Professional Academic English),前者指提升学生学术水平的课程,而后者指提升学生职业英语水平的课程。Bruce(2011)基于听力、口语、阅读、写作、评估五个方面,回顾了有关学术英语的研究。他发现,在学术英语教学中,大部分学者首先分析学生的学习需求和学习困难,然后通过案例分析等实证研究验证教学方法的有效性。以学术英语写作为例,研究重点在于学术英语教学过程(Green 2013)、学术英语写作的认知特点(Hu & Lei 2016)、学术英语写作的身份建构(Preece 2018)、学术英语写作的影响因素(Altinmakas & Bayyurt 2019)等。Alameddinea & Hanadi(2016)将学术论文写作模板运用于学术英语写作教学实验中,并对比学生在实验前后的论文写作成绩。结果显示,该写作模板提高了学生的学术英语写作能力,验证了其有效性,也为将来的学术英语教学提供了参考。

国内的学术英语研究起步较晚。但近年来,随着学术英语日益得到英语教育界的重视,我国大学开始开设相关课程,但在实际教学中存在诸多问题,如教学资源不足、教材较为陈旧、教学方法单一、学生接受度较差等。其中,亟待解决的问题是学术英语教师的匮乏和实际的教学困难(袁艳玲、戈玲玲 2019)。围绕上述问题,国内学者尝试提出解决方案。从宏观层面来看,蔡基刚(2013)、夏纪梅(2014)等研究了学术英语教学大纲的构建,包含教育理念、教学目标、教学安排、教学模式等方面。从微观层面来看,李卿(2015)、龚嵘(2015)等对现有学术英语教学模式的构建理念和有效性进行研究,发现学术英语可以提升学生的整体英语能力。也有学者(如廖雷朝 2015)对实际开展的学术英语教学进行实证研究,为其他学者提供参照。

## 1.2 理工科学术英语能力构念[①]

随着英语成为国际通用语,越来越多的学者用英语撰写学术论文并进行学术交流。在学术环境中,英语作为通用语(lingua franca)承担着重要角色。在经济全球化和高等教育世界化的环境中,构建学术英语教学大纲、制定教学目标、设计配套评估体系至关重要,教师的"教"和学生的"学"都应该建立在清晰和完整的学术英语能力构念上。理工类高校的学生也有科研和在国际学术期刊上发表研究成果的需求。相关论文在研究范式、论文结构、修辞方法上有严格规定,对学术英语写作能力要求很高(邵辉 2017)。为了更好地开展理工科大学生的学术英语教学,必须建立相应的学术英语教学模式,首要任务是确定理工科学术英语能力构念。

本项目团队于 2019 年 11 月至 2020 年 2 月在全国 30 所理工类高校开展问卷调查,共回收 719 份有效教师问卷和 6 825 份有效学生问卷。该问卷设计了 26 条与理工科学术英语能力构念相关的描述语(见表 2.1.1)。英语能力一般界定为听、说、读、写四个方面,因此,在设计问卷时,项目组亦把理工科学术英语能力归为这四个方面。在 26 条描述语中,1—4 条围绕学术英语意识展开,5—10 条围绕理工科学术英语阅读能力展开,11—16 条围绕理工科学术英语写作能力展开,17—21 条围绕理工科学术英语听力能力展开,22—26 条围绕理工科学术英语口语能力展开。所有描述语都采用李克特五级量表评分,要求受试选择符合自己实际情况的选项,其

---

① 本节数据分析部分整合入刘芹所著论文《泛在学习视域下的理工科学术英语动态评估模型构建》,发表在《上海理工大学学报(社会科学版)》2021 年第 1 期。此处略作修改。

中 1 表示完全不同意,2 表示不同意,3 表示一般,4 表示同意,5 表示完全同意。

**表 2.1.1 理工科学术英语能力构念描述语**

| 序号 | 描　述　语 | 1 | 2 | 3 | 4 | 5 |
|---|---|---|---|---|---|---|
| 1 | 学术英语包括学习英语国家的学术文化。 | | | | | |
| 2 | 学术英语包括如何与老师和同学交流。 | | | | | |
| 3 | 学术英语包括培养具有独立学习和研究的能力。 | | | | | |
| 4 | 学术英语包括学习相应的学习方式及策略。 | | | | | |
| 5 | 阅读并理解本专业的英语文献资料。 | | | | | |
| 6 | 阅读时用英语记笔记。 | | | | | |
| 7 | 理解老师的英语讲义(如 PPT)内容。 | | | | | |
| 8 | 能够批判性地理解学术文章的内容。 | | | | | |
| 9 | 略读并大致了解学术文章的内容。 | | | | | |
| 10 | 理解与专业课相关的图表、图形和研究设计。 | | | | | |
| 11 | 用英语总结、改写和整合专业论文的内容。 | | | | | |
| 12 | 用英语设计撰写 PPT。 | | | | | |
| 13 | 用英语撰写文献综述。 | | | | | |
| 14 | 用英语写摘要。 | | | | | |
| 15 | 用英语写实验报告。 | | | | | |
| 16 | 用英语写小论文。 | | | | | |
| 17 | 听懂全英语讲授的专业课程。 | | | | | |
| 18 | 用英语在专业课堂上记笔记。 | | | | | |
| 19 | 听懂用英语进行的学术讲座。 | | | | | |
| 20 | 确定全英语讲授专业课程的目的、内容及重点。 | | | | | |

续　表

| 序号 | 描　述　语 | 1 | 2 | 3 | 4 | 5 |
|---|---|---|---|---|---|---|
| 21 | 意识到全英语讲授专业课程老师的各种教学任务（例如,建议、指示及警告等）。 | | | | | |
| 22 | 用英语在课堂上回答并提出与学科相关的专业问题。 | | | | | |
| 23 | 用英语参加课堂讨论。 | | | | | |
| 24 | 用英语在研讨会/实验室中对实验或研究数据进行口头展示。 | | | | | |
| 25 | 用英语进行小组汇报。 | | | | | |
| 26 | 用英语参加学术研讨会。 | | | | | |

　　首先检验两份问卷数据的信度。根据数据统计结果,教师卷的总信度系数克伦巴赫 $\alpha$ 系数(Cronbach Alpha)为 0.96,学术英语意识、阅读能力、写作能力、听力能力和口语能力五个部分的信度系数克伦巴赫 $\alpha$ 系数分别为 0.84、0.88、0.91、0.88 和 0.92,均显示较高的信度值。学生卷的总信度系数克伦巴赫 $\alpha$ 系数为 0.95,学术英语意识、阅读能力、写作能力、听力能力和口语能力五个部分的信度系数克伦巴赫 $\alpha$ 系数分别为 0.80、0.83、0.90、0.85 和 0.89。虽然比教师卷的信度略低一些,但也显示了较高的信度值。因而,可进入下一步的验证性因子分析(confirmatory factor analysis, CFA)。

　　其次,运用 EQS6.4 软件的等级假设模型(hypothesized hierarchical model)检测教师卷和学生卷数据中阅读(RD)、写作(WR)、听力(LS)和口语(SP)与理工科学术英语能力(AESE)的相关关系,以及学术英语意识(AW)所起的作用,详见图 2.1.1 和图 2.1.2。

　　图 2.1.1 中卡方检验的显著性水平为 $0.00 < 0.05$,CFI 为 $0.87 < 0.90$,RMSEA 为 $0.10 > 0.06$。虽然 CFI 与 RMSEA 的拟合指数分别与理论标准存在差距,但基本接近,可以认为该模型基本符合数据的拟合度。图 2.1.2 中卡方检验的显著性水平为 $0.00 < 0.05$,CFI 为 $0.94 > 0.90$,RMSEA 为 $0.05 < 0.06$,表明该模型与数据具有较高的拟合度,可直接采用(参见许宏晨 2009)。

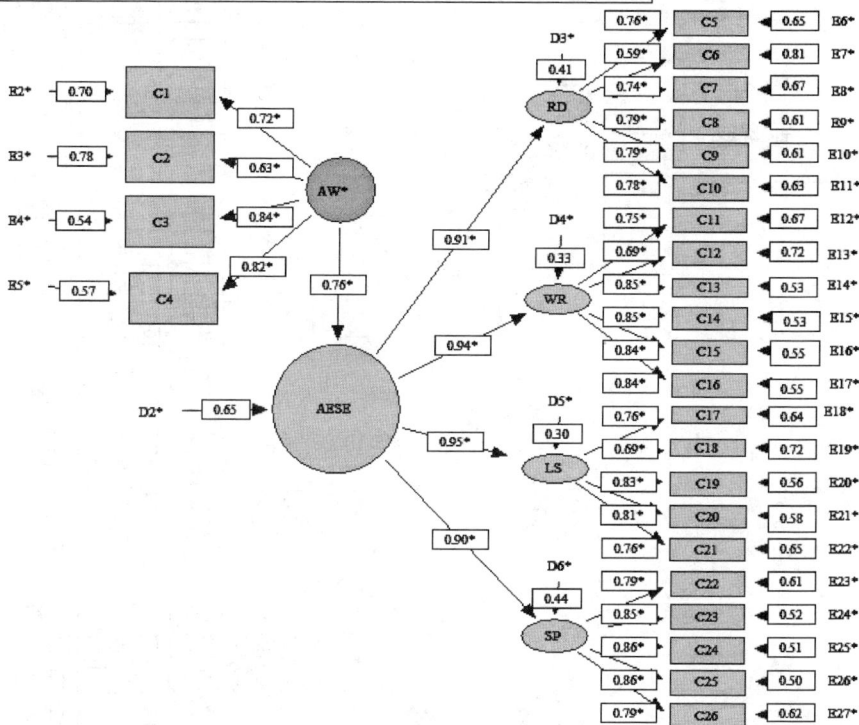

Figure X: EQS 6 teacherconstruct-aw.eds Chi Sq.=2189.90 P=0.00 CFI=0.87 RMSEA=0.10

图 2.1.1　理工科学术英语能力构念（教师卷）

　　教师卷与学生卷中，AW 与 AESE 的相关性分别为 0.76 和 0.75，表明学术英语意识一定程度上决定了理工科学术英语能力；RD、WR、LS 和 SP 与 AESE 的相关系数均高于 0.8，表明这四项能力是理工科学术英语能力的四个重要组成部分。

　　由此可见，理工科学术英语能力构念为理工科语境中阅读、写作、听力和口语四大能力的交互作用，而学术英语意识贯穿其中。理工科学术英语能力的评估应分为阅读、写作、听力和口语四个部分，在题型上可以分别设计或综合设计（如读写结合、听说结合等）。为了更好地体现理工科学术英语能力构念，题目类型应该多样化，可涉及问卷调查中体现的各个方面。由于很多题型无法在有时间控制的（time-controlled）评估模式里予以体现（如理解与专业课相关的图表、图形和研究设计，用英语写实验报告，听懂用英语进行的学术讲座，用英语参加课堂讨论等），因而结合课堂评估、课外评估和形成性评估特性的动态评估模式以其符合泛在学习模式随时随

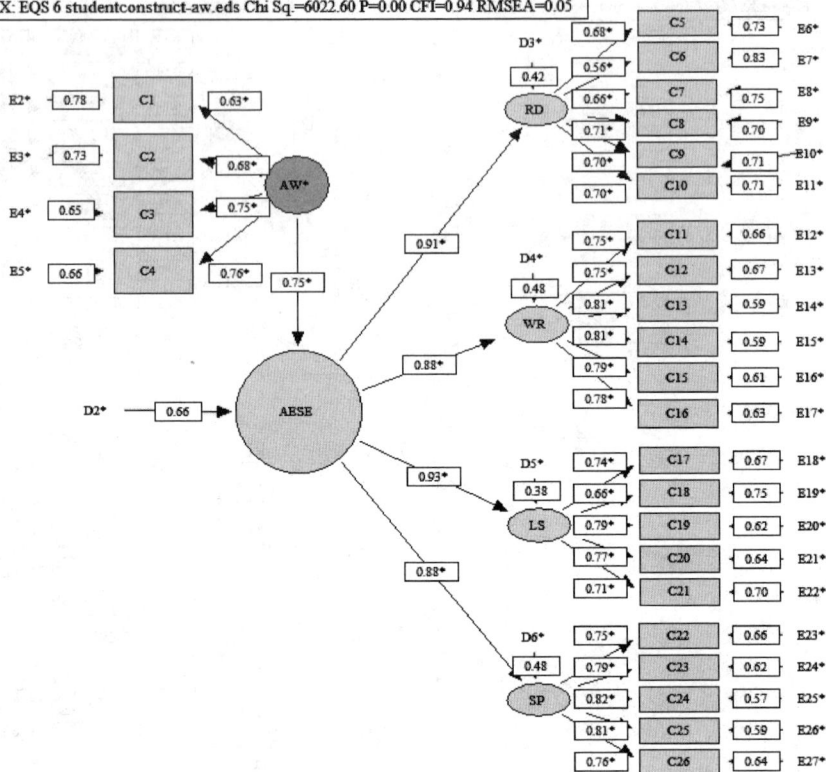

Figure X: EQS 6 studentconstruct-aw.eds Chi Sq.=6022.60 P=0.00 CFI=0.94 RMSEA=0.05

图 2.1.2　理工科学术英语能力构念（学生卷）

地的随机性而较为合适。另外,数据分析结果显示,理工科学术英语能力很大程度上取决于学术英语意识,因此在教学过程中需不断加以强调。

**2. 基于 CiteSpace 的国内外泛在学习研究演变可视化分析①**

## 2.1　引言

　　本研究数据来源为截至 2021 年底的国内外相关期刊论文。国内数据

---

① 刘芹、刘鸿颖发表在《外语教学理论与实践》2021 年第 4 期的论文《基于 CiteSpace 的国内泛在学习研究演变可视化分析》数据整理至 2019 年底;此次数据范围扩大至 2021 年底,且全部重新整理,因而在数据分析上存在诸多不同之处。

来源于中国期刊全文数据库（CNKI，又称"中国知网"）中的中文核心期刊（又称"北大核心期刊"）和中文社会科学引文索引（CSSCI）来源期刊（又称"南大核心期刊"），以"泛在学习""普适学习""无缝学习"为搜索主题，选取所有年份作为时间跨度进行全文献研究，手动剔除访谈记录、会议纪要、培训或会议通知等非研究论文类条目，最终获得相关文献共 283 篇。国外数据来源于 Web of Science 核心合集，以 Ubiquitous learning、U-learning 为检索关键词，选取所有年份作为时间跨度，索引选择其中的 SSCI 期刊和 A & HCI 期刊，类别选取 Education（教育）和 Linguistics（语言学），文献类型选定为 ARTICLE（研究论文），检查所有摘要并剔除不相关文献，共获得 371 篇论文。使用可视化软件 CiteSpace 5.8.R3 中的关键词共现、聚类和时区图等功能对上述文献进行可视化分析。

## 2.2  年度发文总量分析

国内外期刊的年度发文总量可以有效反映该研究领域的整体情况，在时间维度上体现该领域的历史发展以及各个时期的活跃程度，详见图 2.1.3。

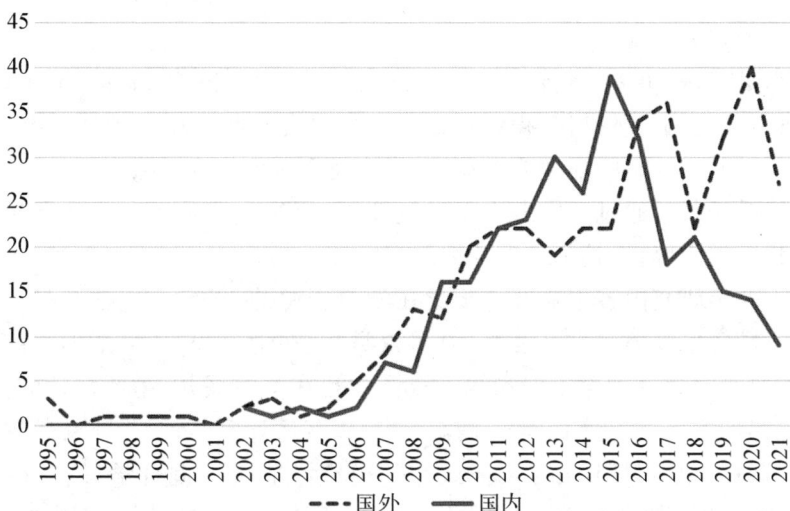

图 2.1.3  国内外期刊泛在学习研究年度发文总量

由图 2.1.3 可见，国外 1995 年即发表了第一篇相关论文，2008 年之后总体呈现增长趋势，并于 2017 年达到第一个高峰。2018 年国外关于泛在学习的研究论文数量有所下降，但立刻恢复上升态势，并在 2020 年高达 40

篇,达到第二个高峰。2021 年发文量虽有所下降,但仍保持在较高水平。从整体上看,国外期刊中关于泛在学习的研究论文呈现上升趋势,且相关发文总量高于国内期刊,这说明泛在学习受到了国外研究者的持续关注,是一个较为活跃的主题。

国内关于泛在学习的研究始于 2002 年,之后呈现了整体攀升的趋势。虽然起步较晚,但国内研究者对泛在学习这个研究领域逐渐重视起来。在 2013 年至 2015 年连续的三年间,国内对泛在学习的关注程度更是超过了国外,期刊发文量在 2015 年达到顶峰,计 39 篇。随后国内对于泛在学习的研究兴趣逐渐下降。

国内外关于泛在学习的研究在 2006 年后受到了越来越多的关注,这和时代大背景密不可分。随着互联网和信息技术的发展,互联网与教育的结合是科学技术发展的必然趋势。相关学者也开始探究如何利用科技创造泛在学习环境,对其理论内涵、标准构建和学生及教师角色开展深入研究。

## 2.3 主要研究领域与研究热点

### 2.3.1 国内外研究领域

本研究在 CiteSpace 软件中对国内文献进行聚类分析,选择 cluster(聚类)进行关键词共现操作,得到包含 333 个网络节点、497 条连线的共现词图谱(见图 2.1.4),网络密度为 0.009。聚类模块值为 0.820,大于 0.3,表明聚类效果显著。通过采用潜语义索引(LSI)算法[1],选取前六个主要聚类,观察其聚类内容,将其总结为两类研究内容。

第一类研究内容主要聚焦于泛在学习资源的讨论上,包括 0 号聚类、1 号聚类、2 号聚类和 5 号聚类。0 号聚类"泛在学习"和 2 号聚类"移动学习"主要围绕教育理论依据和线上资源的泛在学习展开,主要包括的关键词有"建构主义""数字课程""内容分析""普适计算"等。1 号聚类"拓展空间"聚焦于学习情景和学习方式,其中包括"情境""混合学习""在线学习""无缝学习""自主学习"等关键词。对于泛在学习的开展,不少国内学者聚焦于情境感知的泛在学习,溯源泛在学习理论和情境感知理论(赵萱

---

① Chen et al.(2010)指出,CiteSpace 提供"潜语义索引"(Latent Semantic Index, LSI)、"对数似然比"(Log-Likelihood Ratio, LLR)和"互信息"(Mutual Information, MI)三种算法。其中,LSI 强调聚类研究的重点,而 LLR 和 MI 强调聚类研究的特点,三种算法可以互补论证研究问题。本研究根据数据呈现形式,选择 LSI 或 LLR 算法。

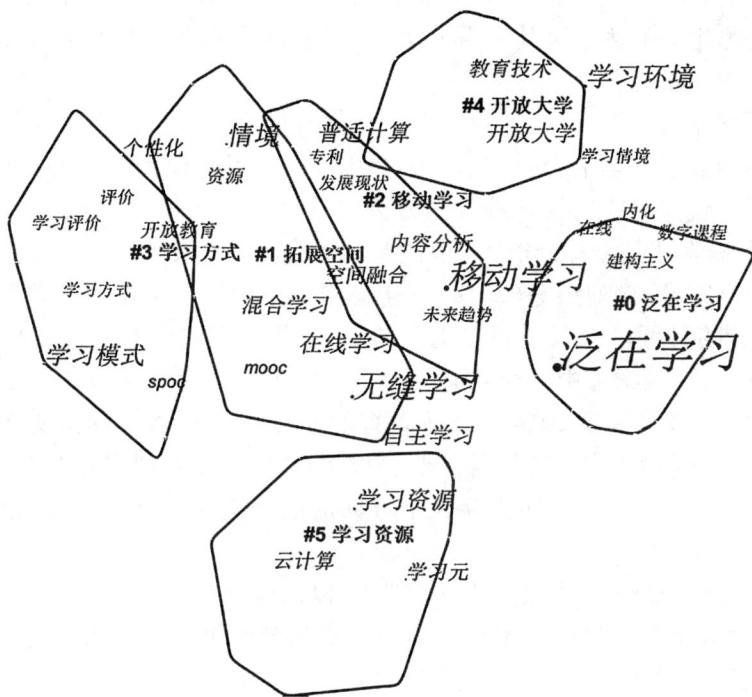

图 2.1.4　国内泛在学习研究关键词聚类图谱

2016),认为泛在学习能够利用科技检测学习行为并提供直接的、个性化的学习支持(黄国祯等 2011)。李贺(2019)指出情境感知是泛在学习的基本特征之一,泛在学习的有效进行需要合适的学习环境,而资源建设是泛在学习环境创设的重要任务。在建构主义教育心理学理论指导下构建的泛在学习环境,为学习者创造融入真实情境的学习机会,提供丰富的学习信息资源和快捷的互动交流平台,引导学习者完成新知识经验的意义构建(邵华 2014)。随着对终身学习的倡导,为提高学生学习效果,关于泛在学习的实证研究也在逐步开展(赵慧勤等 2016;李晓东、王保云 2017)。杨丰利等(2019)通过基于泛在学习资源的对分课堂的实证研究,指出网络资源能有效促进理论知识的提升。无缝学习通过移动、智能分析技术增强学习个性化体验,衔接正式和非正式学习,为培养个性化人才和建设全民终身学习的学习型社会提供理论和技术应用经验(肖君等 2021)。此外,数字化资源也能够促进资源共享(杨现民、余胜泉 2010)和建立多路径师生学习共同体(汪雅霜等 2018)。5 号聚类"学习资源"关键词包括"学习资源""云计算""学习元"等。程罡、余胜泉、杨现民(2009)提出"学习元"学习资源组织模型,为其实际应用奠定了技术基础。杨现民、余胜泉(2010)对学习元和学习对象进行了多维比较研究;陈敏、杨现民(2016)以"学习元"平台为例,设计了内容个性化推荐模型;高辉等(2012)开发了学习元的安卓移动平台;杨现民等(2013)以学习元模型为核心,开发了学习元平台并对应用场景进行了分析;郑庆思等(2013)、杨现民(2014)发现泛在学习资源有分散、共享性差和聚合不足的缺点,有必要研究其深度聚合问题;徐刘杰等(2018)从生态学理论论证了泛在学习资源是一种有机资源,可以无限复制并无限传播,并提出促进资源有序进化的建议。此外,泛在学习中的交互研究大多集中于学习者与学习资源之间的交互设计(多召军等 2014),开放教育的学习资源和学习者在新环境中的需求平衡(梁小庆 2014)等。赵呈领等(2018)建议加强媒介交互、情感交互、社会交互和认知交互四个方面的信息交互水平,以提高整体信息交互质量。

第二类研究内容主要讨论泛在学习环境,体现在 3 号聚类和 4 号聚类中。3 号聚类"学习方式"聚焦于学习模式和个性化学习,关键词包括"学习模式""学习评价""开放教育"和"个性化"。4 号聚类"开放大学"涵盖学习环境和教育技术,关键词包括"开放大学""学习情境""教育技术"等。在研究早期,陈月茹(2002)基于泛在计算的内涵特点及其历史发展,将其与教育结合,对泛在学习进行了理论引入和初步尝试。本着以人为本的教育理念,国内学者开始注重学习者在泛在学习环境中的个体体验(杨文正等 2013)。路颖晓、戴伟辉(2018)结合神经科学和人工智能技术,实时监测和识别情感信息,为情感教学提供智能手段;郑洁红、彭建升(2018)认为新一代人工智能可有力支撑大学教育;原昉、乜勇(2019)研究发现人工智能为泛在学习的应用提供了技术支持,推动了个性化和深度学习的发展;肖君等(2021)认为,基于学习分析角度,构建学习者画像,为无缝学习规划延续性学习路径等的个性化应用,有利于无缝学习的有效开展。

本研究在 CiteSpace 软件中采用对数似然比(LLR)算法对国外文献进行聚类分析后,得到包含 401 个网络节点、817 条连线的共现词图谱(见图 2.1.5),网络密度为 0.010。聚类模块值为 0.763,大于 0.3;平均轮廓值为 0.90,显示较为合理的聚类结果。根据得到的十个主要聚类,可以总结出四类研究内容。

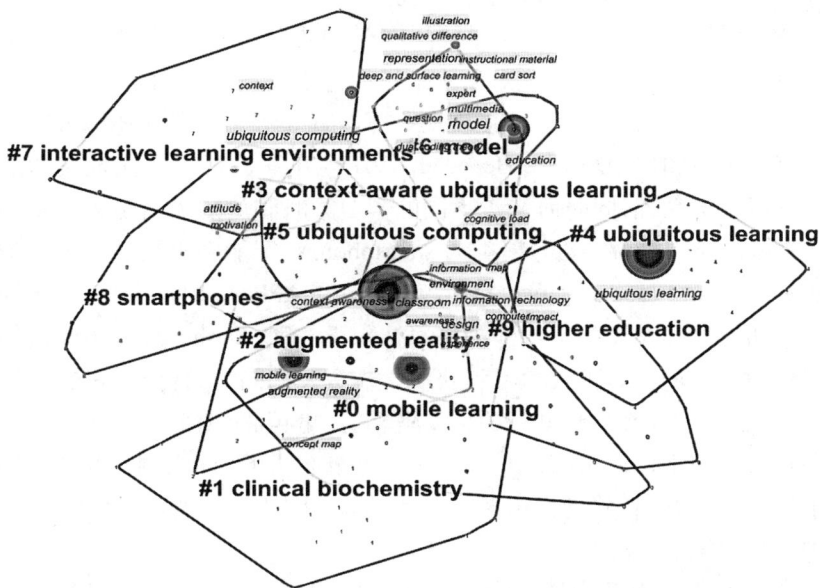

**图 2.1.5　国外泛在学习研究关键词聚类图谱**

　　第一类研究围绕泛在学习方式开展,包括 0 号聚类、3 号聚类和 4 号聚类。0 号聚类为 mobile learning(移动学习),主要包含的关键词有 design(设计)、concept map(概念图)和 mobile learning(移动学习)。Park(2011)比较了移动学习与电子化学习(e-learning)和泛在学习(u-learning)的异同,并将移动学习归为四种类型。3 号聚类 context-aware ubiquitous learning(情境感知下的泛在学习)和 4 号聚类 ubiquitous learning(泛在学习)主要包含的关键词有 context(情境)、information technology(信息技术)、framework(框架)、cognitive style(认知风格)等。研究表明,情境感知下的泛在学习具有系统性、真实性和经济性,能够应用于较高阶段的教学和学习,供高校研究生、博士生以及研究机构人员使用(Hwang et al. 2009)。之后,Shih et al.(2011)基于汇编栅格法创造性地发展了情境感知下的泛在学习环境,并探讨了在课程中进行情境感知下泛在学习的可行性。

　　第二类研究内容集中在泛在学习技术及工具研究,包括 2 号聚类、5 号聚类和 8 号聚类。2 号聚类 augmented reality(增强现实)和 5 号聚类 ubiquitous computing(泛在计算)主要包含的关键词有 ubiquitous computing

（泛在计算）、augmented reality（增强现实）和 education technology（教育技术）。泛在计算为教师及学生开展泛在学习提供了技术支持，Peng et al.（2009）重新审视相关定义，根据研究和理论现状提出泛在知识构建的概念框架。Liu（2009）建立了增强现实技术支持的泛在学习环境，帮助学生进行英语听力和口语学习。Ho et al.（2017）开发了具有增强现实功能的泛在学习教学系统，同时研究了不同的学习策略和认知风格是否会影响使用该系统的学习成绩。8 号聚类为 smartphones（智能手机），主要关键词包括 device（设备）、social network（社交网络）和 APP（应用程序）。学生对移动学习和使用移动设备学习外语普遍持积极态度（Dashtestani 2015），但在使用移动设备进行非正式学习和获取学校资源的同时，智能手机也分散了课堂注意力（Tossell et al. 2015），阻碍了知识的获得（Diamond et al. 2016）。Papadakis et al.（2021）将研究视角转向儿童，深入调查儿童使用智能手机的各个方面，并且指出家长对手机应用程序的适宜性缺乏了解，需要进一步引导。

　　第三类研究内容为泛在学习的实际应用研究，包括 6 号聚类和 9 号聚类。6 号聚类为 model（模型），主要关键词有 multimedia（多媒体）、instructional material（教学资源）、capacity（能力）等。该聚类以教师为主要研究对象，发现研发技术设备（Liu et al. 2003）和提高技术水平（Evans et al. 2020）可以提升教师的泛在教学能力。教师也可根据学生的学习兴趣和习惯即时改进教学模式，如利用信息技术构建新的教学模式（Edgar & Alexei 2021）。9 号聚类为 higher education（高等教育），主要关键词有 campus（大学）、experience（经验）、attention（注意力）、behavior（行为）等。该聚类以学生为主要研究对象，聚焦于学生对泛在学习的接受度、在泛在学习课堂上的实际表现、学习动机和个人体验等，发现互动性的泛在学习环境可以提高学生的积极性（Markett et al. 2006）。Aljawarneh（2019）对一系列在线学习工具进行了评估，筛选出 Moodle、Web3.0 等为学生接受且适合高等教育的在线学习工具。Linden & Gonzalez（2021）关注到高校开始普遍采用线上教学方式，因此评估了线上平台对教学及监测的有效性，并调查了学生对该教学方式的体验和接受度。

　　第四类研究围绕泛在学习环境开展，主要是 7 号聚类 interactive learning environment（互动学习环境），主要关键词有 instructional technology（教学技术）、mobile environment（移动环境）、strategy（策略）、interactive learning environment(互动学习环境)、motivation(动机)等。对技术的研究主要包含科技增强教学、移动设备科技、教育科技和信息交流科技。O'Hagan(1995)发现在高等教育中使用视频技术可以制作学习资料,让学生进行远程学习;Liu et al.(2003)通过集成无线局域网等设备建立无线技术增强型教室以支持无缝学习;Markett et al.(2006)构建了泛在学习的互动学习环境;Sáez-López et al.(2019)发现,合理设计的泛在学习环境能够显著改善学生的学习动机和学习能力。

### 2.3.2 国内外研究热点

本研究基于聚类数据概述了国内外的泛在学习研究领域,通过抽取文献关键词的方法探究研究热点及前沿课题,得到国内外关键词共现图谱如下(图 2.1.6 和图 2.1.7)。

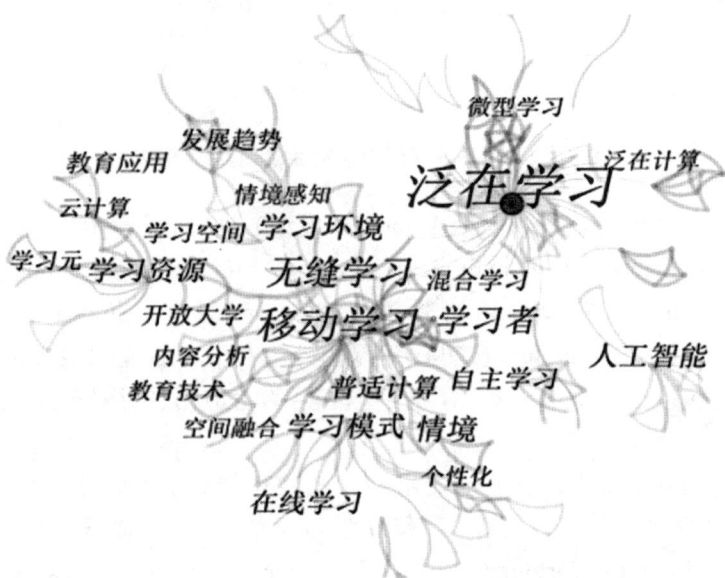

**图 2.1.6 国内泛在学习研究关键词共现图谱**

图 2.1.6 显示,"泛在学习""移动学习""无缝学习""学习资源""学习者""学习环境"和"学习模式"为国内研究论文中的重要关键词;相关研究主要集中在学习模式(如在线学习、混合学习、微型学习和自主学习)、学习环境(如学习空间、情境、个性化和情境感知)和云计算(如人工智能、学习元、教育技术和 MOOC)。图 2.1.7 显示,ubiquitous learning(泛在学习)、

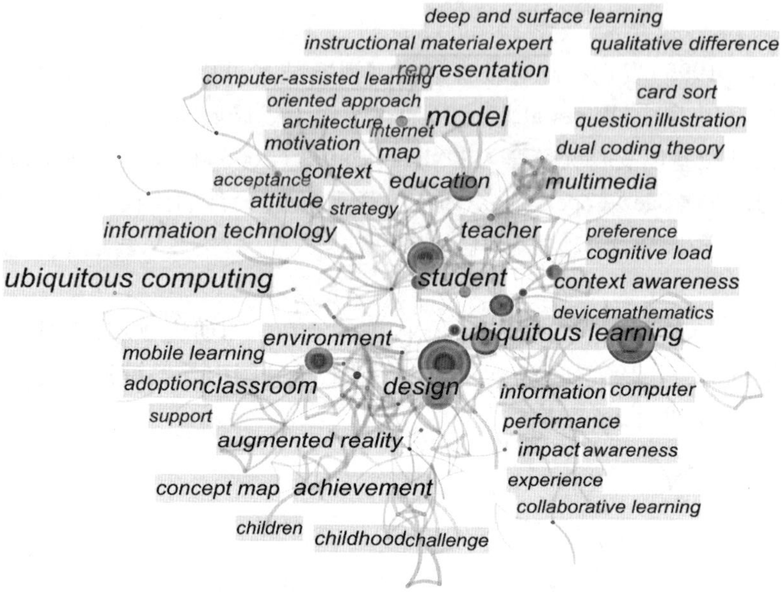

**图 2.1.7  国外泛在学习研究关键词共现图谱**

ubiquitous computing（泛在计算）、model（模型）、student（学生）、design（设计）、environment（环境）、multimedia（多媒体）、information technology（信息技术）、mobile learning（移动学习）、education（教育）、strategy（策略）、performance（表现）、attitude（态度）等是国外泛在学习研究的核心关键词，主要研究包括泛在学习技术、学习模型构建、教育应用、网络资源和学习环境等。

通过对比表 2.1.2 中关键词出现的频数可知，国内期刊关于泛在学习的研究主要聚焦于泛在学习、移动学习及学习资源，而国外期刊主要聚焦于 ubiquitous learning（泛在学习）、technology（技术）、system（系统）、design（设计）、mobile learning（移动学习）和 education（教育）。由此可见，国内学者关注泛在学习资源的开发和设计，试图结合科技发展的趋势开发和探寻不同的泛在学习平台，例如"学习元"和"人工智能"；而国外更为关注泛在学习系统和模型的构建、学生在泛在学习过程中所用的学习策略和实际表现，即更加注重泛在学习教育带来的实际效果。

表 2.1.2　国内外期刊泛在学习研究高频关键词(节选)

| 国　内　期　刊 | | | 国　外　期　刊 | | |
|---|---|---|---|---|---|
| 关　键　词 | 频数 | 中介中心性 | 关　键　词 | 频数 | 中介中心性 |
| 泛在学习 | 178 | 0.90 | ubiquitous learning | 62 | 0.18 |
| 移动学习 | 22 | 0.44 | technology | 56 | 0.03 |
| 学习资源 | 17 | 0.16 | system | 42 | 0.04 |
| 无缝学习 | 15 | 0.23 | design | 38 | 0.15 |
| 学习环境 | 12 | 0.26 | mobile learning | 37 | 0.13 |
| 深度学习 | 10 | 0.13 | education | 36 | 0.05 |
| 学习元 | 9 | 0.03 | student | 34 | 0.30 |
| 普适计算 | 7 | 0.06 | performance | 28 | 0.08 |
| 情景感知 | 6 | 0.07 | model | 24 | 0.26 |
| 学习者 | 6 | 0.33 | environment | 23 | 0.14 |
| 学习模式 | 6 | 0.16 | strategy | 21 | 0.05 |
| 泛在计算 | 5 | 0.05 | science | 20 | 0.04 |

　　在 CiteSpace 中,中介中心性(centrality)超过 0.1 的节点称为关键节点。在国内期刊中,学习环境、泛在学习、学习资源、学习者、移动学习、学习模式和深度学习等在每个时期的重要节点呈现了泛在学习研究的转折点,也反映了泛在学习与信息技术相融合的历史进程。然而,虽然很多关键词出现的频数较多,但是软件并未检测到表示前沿性的突变系数,这说明国内开展的泛在学习研究并没有较为突出的研究焦点。

　　在国外期刊中,ubiquitous learning(泛在学习)、design(设计)、mobile(移动)、student(学生)、model(模型)和 environment(环境)是泛在学习研

究的关键节点。经过关键词突变系数检验,得到四个突变词,分别为ubiquitous computing(泛在计算)、ubiquitous learning(泛在学习)、mobile(移动)和education(教育)(详见图2.1.8)。这些突变词的出现时间分别为2003年、2006年、2015年和2019年,结束时间为2010年、2019年和2021年,表明这段时间该主题的研究文献和研究者数量大幅激增,具有重要的转折意义。

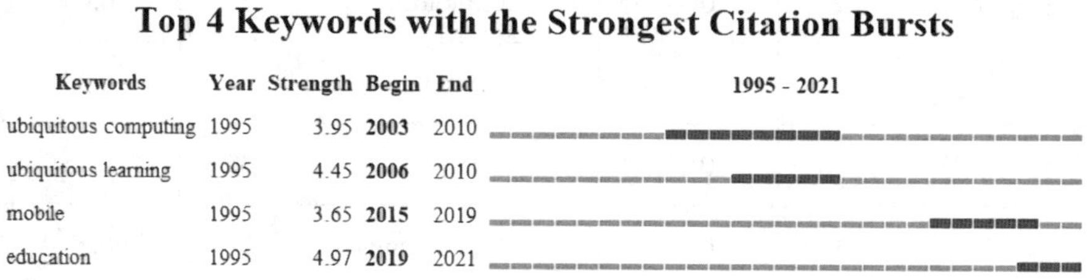

**Top 4 Keywords with the Strongest Citation Bursts**

| Keywords | Year | Strength | Begin | End | 1995 - 2021 |
|---|---|---|---|---|---|
| ubiquitous computing | 1995 | 3.95 | **2003** | 2010 | |
| ubiquitous learning | 1995 | 4.45 | **2006** | 2010 | |
| mobile | 1995 | 3.65 | **2015** | 2019 | |
| education | 1995 | 4.97 | **2019** | 2021 | |

图 2.1.8　国外期刊泛在学习研究突变词

## 2.4　研究趋势探讨

CiteSpace 关键词聚类的时区视图以时间为维度,可以展现热点关键词随着时间变化的演进过程,用连线表示各节点间的传承关系。图 2.1.9 和图 2.1.10 分别显示国内外泛在学习研究中关键词共现分析的时区视图。

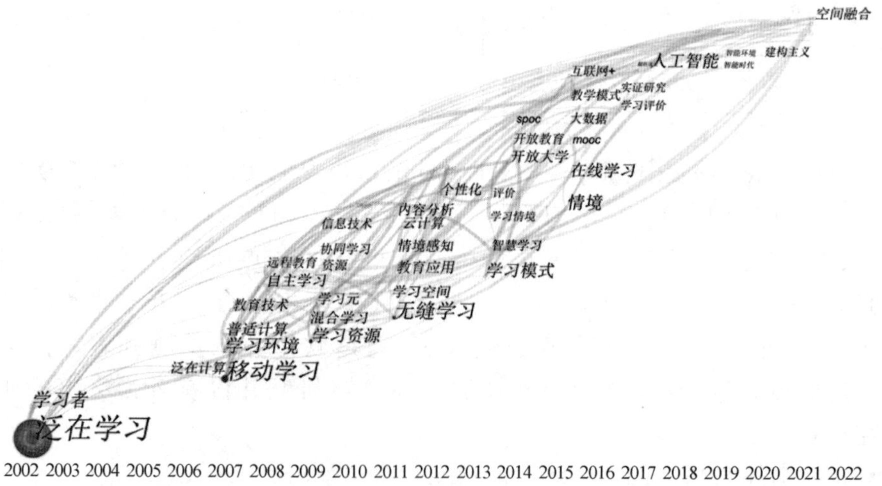

图 2.1.9　国内泛在学习研究关键词共现时区视图

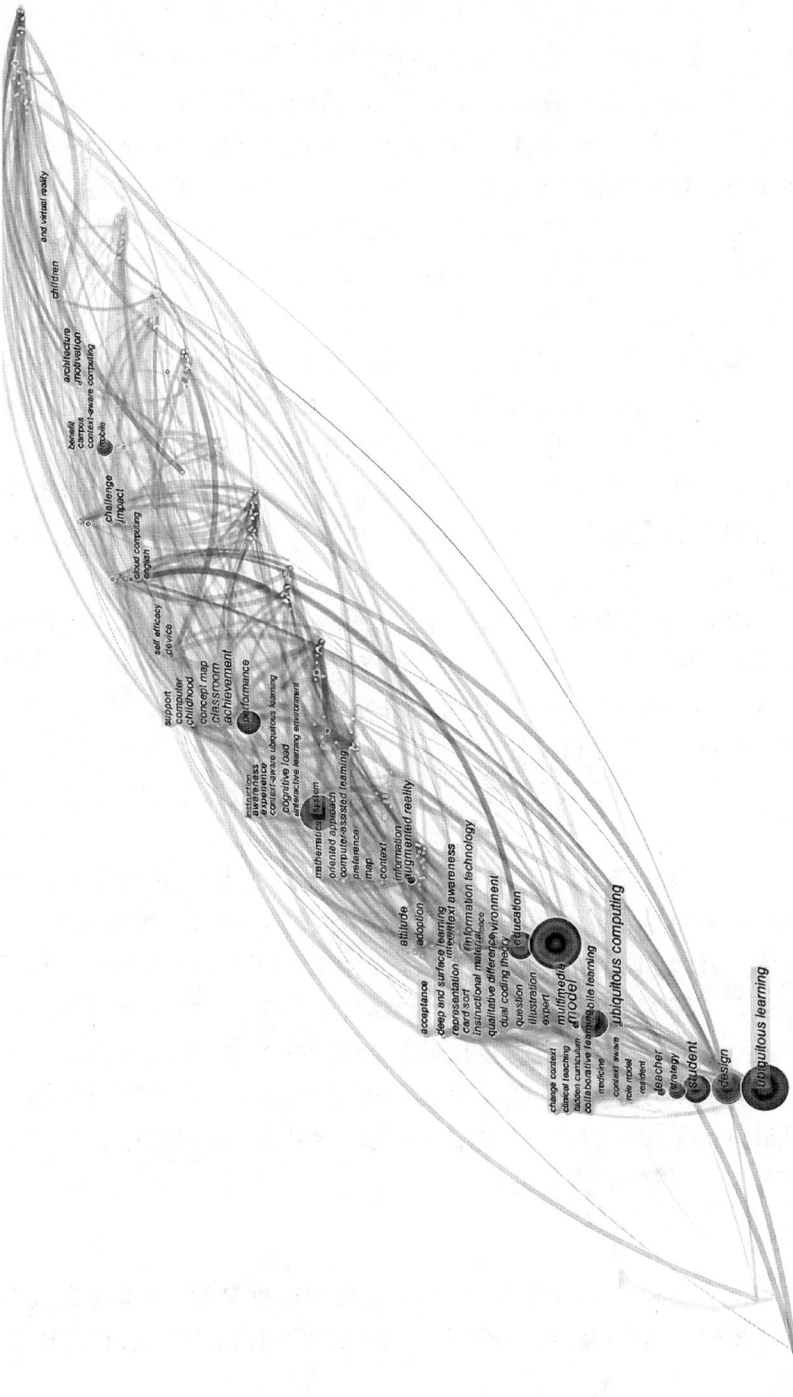

图 2.1.10 国外泛在学习研究关键词共现时区视图

由图 2.1.9 可知,国内泛在学习研究热点从 2002 年开始显现。2002 年至 2008 年处于理论构建阶段,研究热点为移动学习、学习环境、普适计算和自主学习,基于泛在计算对泛在学习的内涵进行深入探讨,基础理论研究不断完善。2009 年至 2013 年间,泛在学习研究开始注重基于网络资源的泛在学习环境开发和创建,无缝学习和学习资源成为研究热点。2014 年至 2016 年间,泛在学习研究的应用性不断增强。响应国家开放大学和开放教育的号召,研究者将泛在学习和深度学习相结合,逐步出现了对学习模式、资源共享的研究。2017 年至 2019 年间,成人教育和大学生成为了热点研究对象,2019 年着重开展人工智能和实证方面的研究。2020 年至 2021 年间,基于建构主义教育心理学理论的泛在学习实证研究和空间融合成为新的关注点。上述研究领域较为均衡,未出现前沿性突变系数。从各节点之间的连线可知,2007 年至 2016 年连线较多,有一定的传承性,而 2016 年后相邻节点连线较为稀疏,前后之间缺乏传承性,随着时间的推移,不同研究热点呈孤立状态。

图 2.1.10 显示,虽然国外泛在学习研究起步较早,但研究热点在 2002 年才开始显现,2006 年出现大量研究热点,同国内泛在学习研究的蓬勃时期基本一致。2006 年至 2007 年,国外泛在学习的研究热点集中在泛在学习、泛在计算、技术、框架和设计等方面,处于理论研究和框架设计阶段。从 2008 年开始,研究重心转向教育领域,并且较为注重以学生为中心的泛在学习研究,包括学生对泛在学习的接受度以及具体的学习方式等。2009 年至 2012 年间,教育仍旧是泛在学习的研究重心,但是研究角度有所改变,有关教学的实证研究逐渐增多,主要有学习模型的应用、教学设计、互动型泛在学习环境和学生表现。在该阶段,学者分别针对教师和学生的不同角色也展开了研究,例如教师的教学干预、泛在学习对学生的影响等。2013 年以后,泛在学习的研究内容和对象都更加多元,如 2013 年针对英语学习、2017 年针对儿童学习的泛在学习研究,还就泛在学习的影响及其所面临的挑战进行了深入探讨。此外,国外泛在学习共现时区图中各节点之间连线密集,存在较强的传承关系。

## 2.5　结语

本节以 CNKI 和 Web of Science 核心合集为数据来源,以可视化软件 CiteSpace 5.8.R3 为研究工具,分析国内外泛在学习研究的演变,得出以下研究结论。

首先从年度发文情况来看,国外期刊的发文总量高于国内;国内外期刊中关于泛在学习的研究在大幅度增长后,均呈现平稳的趋势。其次,在研究领域和研究热点上,国内外对泛在学习的研究都聚焦于学习环境,体现了国内外研究者对泛在学习环境的重视程度。不同之处在于国外研究者更加关注泛在学习模式的构建和实践效果,而国内研究者仍停留在开发学习资源、结合现代科技构建泛在学习平台的阶段。最后,就研究趋势而言,国外在开展实证研究的同时,更关注泛在学习效果,研究主题更加广泛且聚焦点更为细化,各节点之间具有较强的传承关系,因而研究得以层层递进,研究结果的可信度较高。反之,虽然国内对泛在学习的研究经历了理论引进、学习环境及资源、学习模式和学习实际效果的发展历程,体现了从理论建构、学习模式设计逐步向实证研究的转变,但根据突变系数可以看出,实证研究并不突出。结合时区图也可以发现,国内泛在学习的研究传承性较弱。由此可见,国内学者对泛在学习的研究重点不突出,针对学习效果的实证研究较少,缺乏研究结果的可信度验证。

随着 2020 年初全国学校从"线下教学模式"转向"线上教学模式"和"线上线下混合教学模式",泛在学习成为师生、学校和社会关注的热点,相关研究也将成为学术研究的重要方向。建议国内学者细化泛在学习研究的各个领域,以"学生"为主体开发学习资源、设计学习模式,并开展实证研究,检验其实际应用效果。

## 3. 基于 CiteSpace 的国内外动态评估研究演变可视化分析

### 3.1 引言

本研究围绕截至 2021 年 12 月底的国内外学术期刊上与动态评估相关的论文开展回顾研究。国内期刊选自中国知网中北大核心和南大核心期刊,搜索主题是"动态评估"和"动态评价"。删除访谈、会议通知和其他非学术论文后,共获得 104 篇相关论文。国外期刊选自 Web of Science 中 Education 和 Linguistics 领域 SSCI 和 A & HCI 期刊,搜索主题是 Dynamic assessment 和 Learning potential assessment,文献类型为 ARTICLE。检查摘要内容剔除不相关论文后,共获得 263 篇相关论文。

使用 CiteSpace 5.8.R3 软件的关键词、聚类、时区三个功能对上述文献进行可视化分析。

## 3.2 年度发文总量分析

国内外期刊年度发文量显示某一研究领域的整体情况,反映不同时间阶段的历史发展,详见图 2.1.11。

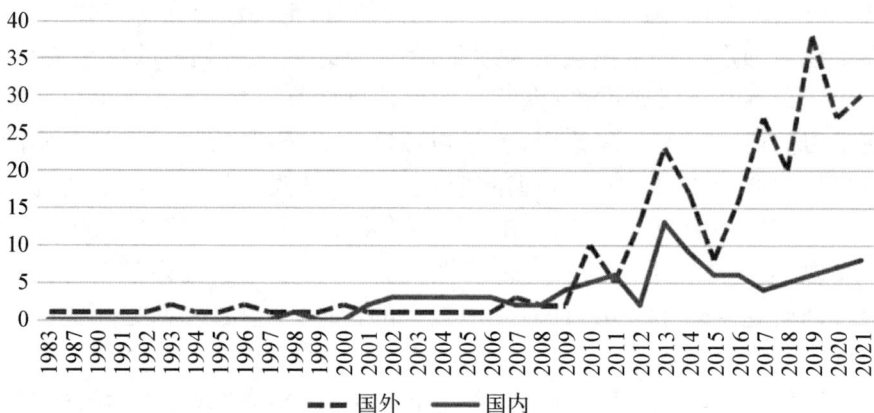

**图 2.1.11 国内外期刊动态评估研究年度发文总量**

由图 2.1.11 可知,国外最早的动态评估相关论文发表于 1983 年。1983 年至 2009 年间,发文量基本没有变化,数量都在 1 至 3 篇,大多为 1 篇,表明这段时间内该领域的研究不多。从 2009 年开始,论文发表量呈现锐增锐减的循环波动现象,但总体来看,发文量在不断上升,并在 2019 年达到顶峰(38 篇)。国外期刊关于动态评估的发文量明显高于国内期刊,表明国外学者对该领域的研究兴趣高于国内学者。

国内期刊首篇动态评估论文发表于 1998 年,自 2001 年开始每年呈上升趋势。虽然与国外相比,国内研究起步较晚,但学者对该领域研究的重视程度逐年上升。2001 年至 2006 年间,以及在 2009 和 2011 年,国内期刊发文量高于国外期刊发文量,表明国内学者有着更高的研究兴趣。国内期刊发文量最高的是 2013 年的 13 篇,之后有轻微的下降,数量也少于国外期刊。

总体而言,从 2010 年开始,国内外学界对于动态评估研究的关注逐步上升。近年来,越来越多的学者开始关注交互、对话、合作、开放的评估模式,以及学生的个性化特征,以期通过评估促进学生能力的发展。

## 3.3 主要研究领域与研究热点

### 3.3.1 国内外研究领域

本研究在 CiteSpace 软件中对国内文献进行聚类分析,选择 cluster 进行关键词共现操作,得到包含 188 个网络节点、267 条连线的共现词图谱,网络密度为 0.015。聚类模块值为 0.863,大于 0.3,表明聚类效果显著。选取频率最高的五个节点,通过采用对数似然比算法,共得到五个聚类(见图 2.1.12)。

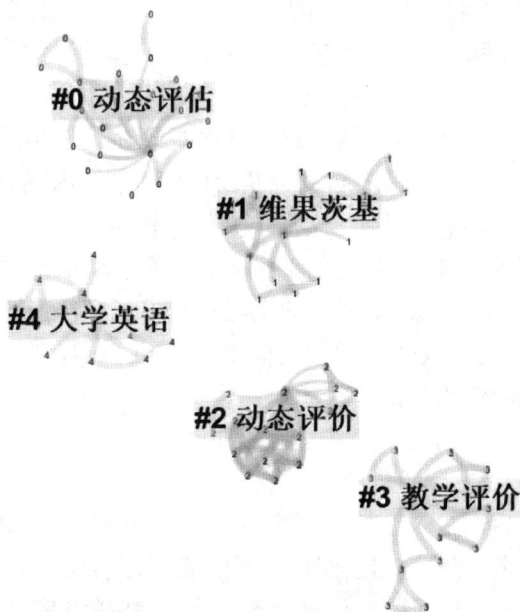

**图 2.1.12 国内动态评估研究关键词聚类图谱**

五大聚类的主要研究分为三类,第一类为动态评估理论基础,主要包括的聚类是 0 号聚类"动态评估"和 1 号聚类"维果茨基"(Vygotsky),关键词有社会性、心理学家、教学观、教学过程等;第二类为研究对象,主要包括的聚类是 0 号聚类"动态评估"、2 号聚类"动态评价"和 4 号聚类"大学英语",关键词有儿童、外语教师、学生学习、合作写作、教师反馈等;第三类为评估步骤,主要包括的聚类是 0 号聚类"动态评估"、2 号聚类"动态评价"和 3 号聚类"教学评价",关键词有评估模式、研究框架、外语教学、教学目标和二语写作等。

动态评估理论基础包括最近发展区（Zone of Proximal Development，ZPD），社会文化理论（Sociocultural Theory，SCT）和静态评估（Static Assessment，SA）。国内学者关于动态评估的理论主要基于维果茨基提出的 SCT 中的 ZPD 开展，且通常将其与 SA 进行对比研究。张艳红（2008）基于 SCT 考查在互联网上动态评估大学英语写作的可行性。孔文、方洁（2013），高思畅、王建勤（2018）和孙志君等（2021）指出扎根于 SCT 的动态评估可以反映学生的发展潜力和迁移能力，而非静止地衡量分数。王小慧（2003）基于 ZPD 讨论特殊儿童在动态评估中的不同，如何开展特殊儿童的动态评估，以及如何与特殊领域结合开展评估。麻彦坤（2005）指出维果茨基的 ZPD 理论促进了动态评估的发展，引发了两类动态评估模式。陈蓓琴（2011）对 ZPD 理论进行深度挖掘与阐释，指出结合我国儿童发展的实际情况及文化特征，可以使动态评估的观念在教学实践中得到切实的运用，并有效促进儿童发展。通过分析 ZPD 理论的内涵，张学（2017）将 ZPD 的核心教育思想应用到儿童体育教学中，从教育心理学角度分析 ZPD 理论对中国儿童体育教学的启迪作用。关于动态评估与静态评估的区别，研究发现通过动态跟踪学生的学习过程可以解决静态评估中教学和评价割离的问题，提升教师和学生之间的交互机会，有利于肯定学生的学习成果并激发学习潜力（张欲晓 2013）。

研究对象主要包括儿童、学业困难学生、考生和大学生。王灿明（2001）关注学生创造力评价方面的诸多问题，提出应将专家评价与学校评价相结合，静态评估与动态评估相结合，教育评价与发展指导相结合。王辉（2007）聚焦特殊教育，提出动态评估能够综合考察周遭环境对特殊儿童的影响，从而能更科学地评价融合环境下特殊儿童的表现。潘月娟（2011）评估了 235 名 4 至 6 岁儿童的数学能力，发现标准化的动态评估可以与静态评估一样提供关于学生学习成果的有效信息。与静态评估相比，动态评估不仅展示儿童是否可以独立解决问题，而且反映他们如何通过介入支持解决问题，因而给教育者提供更多儿童学习潜力方面的信息。通过构建基于认知诊断的动态评估模式，陈德枝等（2015）发现动态评估不仅能够测量儿童的潜在发展水平，还能测量其认知加工过程的变化，从而有助于儿童的教学与发展。刘森、武尊民（2017）发现动态评估能促进儿童和成人的学习，现有研究主要关注输入技能。

第二个研究对象学业困难学生也吸引了动态评估研究者的关注。房安荣等（2001）研究发现了该类学生的具体困难所在，尝试基于认知评估理论和元认知理论构建学业困难认知评估模式。动态评估着重研究介入过程和教学,而非评估结果。人的智力并非一成不变,可以通过教育加以提升。因此,动态评估可以帮助学业困难学生进步(胡振京、王慧霞 2013)。

第三个研究对象是考生。谢幼如等(2016)对小学生关于科学探究心智技能的形成阶段、电子书包的支持功能和对他们心智技能的测量和评估开展深入研究,设计了小学生科学探究心智技能构成标志和相关评估量表。杨育华(2011)指出在课堂教学中应用动态评估能帮助学生打破母语规则束缚,且具有较强的学习激励作用。何晔(2013)研究发现动态评估与英语过程写作教学高度相关。她将动态评估理论和英语过程写作教学相结合,注重教师的写作技巧介入、写作资源介入和动机介入,详细阐述不同写作过程中动态评估的特定应用,强调在写作学习和评估中的学生能动性。王小根、单必英(2020)探究了智能教室的介入问题。研究发现,及时收集和处理更精细的学生数据有助于发挥评估的指导、促进和调解功能。张艳红(2008)也提出动态评估给学生及时提供写作过程中的学习策略、学习资源和学习激励,不仅有利于激发学生的主观能动性,而且充分反映了教师的指导作用,使教师和学生形成良好的互动关系,大力促进学生英语写作水平的提升。

近年来,越来越多的学者开始关注第四类研究对象大学生。动态评估模式将学生潜能嵌入写作过程,揭示学生英语词汇的使用特点,使学生在多重反馈中受益良多。黄爱琼(2020)基于动态评估理论和社会文化理论提出英文写作多元反馈模式,指出同伴评价和自我评价对学习者写作水平的提高有积极影响。李书影、王宏俐(2021)通过 Peerceptiv 互评系统,观察学生英语写作文本成绩的动态变化。种一凡(2018)发现互动式动态评估方法不仅能有效评估和调节学习者现阶段的语言能力,也能进一步提升学习满足感和学习成绩。王静(2020)将互联网融入教育,提出线上线下相结合的动态评估模式在拓展英语教学时空、激发学生自主学习的同时,可以提升大学英语课堂教学的实效。

通过在 CiteSpace 软件中对国外文献进行聚类分析,选择 cluster 进行关键词共现操作后,得到包含 349 个网络节点、1 413 条连线的共现词图谱,网络密度为 0.023。聚类模块值为 0.563,大于 0.3,表明聚类效果显著。通过采用对数似然比算法,共得到十一个主要聚类,可归纳为三个主要研究内容(见图 2.1.13)。

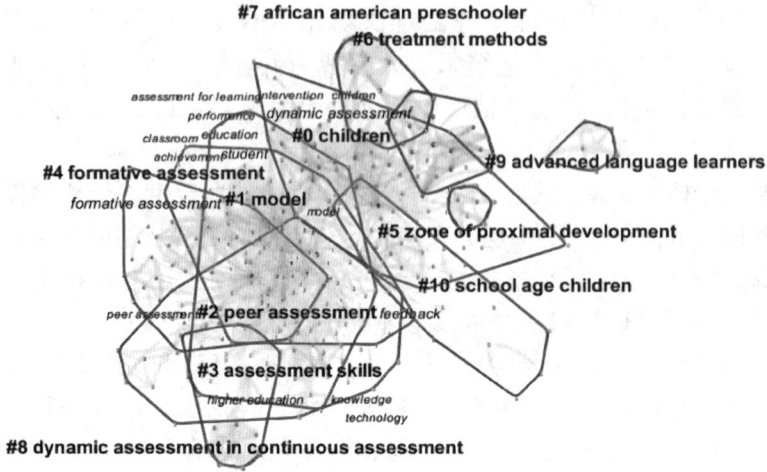

**图 2.1.13　国外动态评估研究关键词聚类图谱**

第一个主要研究内容围绕动态评估的科技环境展开,主要包括 1 号聚类 model(模型)、2 号聚类 peer assessment(同伴互评)、3 号聚类 assessment skills(评估技能)和 5 号聚类 zone of proximal development(最近发展区)。关键词有 computer-based assessment(基于计算机的评估)、multimedia-based assessment(多媒介评估)、electronic assessment(电子评估)、technology(技术)、online course(线上课程)、online learning(在线学习)、online DA(线上动态评估)、computerized DA(电脑化动态评估)、video feedback(视频反馈)、audio feedback(音频反馈)、mobile-DA(移动式动态评估)、information technology(信息技术)等。Freeman & Mckenzie(2002)介绍了基于网络"自评和互评资源包"的设计、使用和评价。该评估模板可以提高小组评估题目的有效性,使评估结果更为公正。在网络上应用该模板可以增加保密性,使动态评估的相关成果更为精确。Peltenburg et al.(2010)汇报了基于信息和交流技术的动态评估研究项目,旨在展示特殊教育环境下学生的数学潜能。Henderson & Phillips(2015)采用视频反馈的方式在与教育领域相关的课堂中对 126 名本科生和研究生展开了教学评估和调查,研究结果表明大多数学生认为视频反馈比文本形式的反馈更好、更有针对性、更加详细清晰和更能促进他们的自我反思,教师也认为视频反馈的效率和教学质量更高。在此之前的 Cheng & Chau(2009)和 Crook et al.(2012)以及在此之后的 van der Kleij et al.(2017)和 Altiok et al.(2019)都开展过此类研究,证明了视频反馈确实有利于教师和学生进行教学动态评估以及自我调整。Wang & Chen(2016)采用蛋糕式动态评估方法检测学生的科学文本阅读能力,进行促学评价。随着电脑在教育领域的普及,基于电脑的动态评估开始显现。Hung et al.(2012)应用了包含电脑生态观察能力评估的电脑化动态评估体系。研究结果显示,设计优良的学习和动态评估体系对提升各种水平学生的能力都有潜在影响。Ebadi et al.(2018)随机抽取了80名拥有中等英语水平的非英语母语学生,分成电脑化动态评估组和静态评估组进行对比研究。结果显示,电脑化动态评估组的词汇增长幅度比静态评估组大得多。2020年初,使用网络技术和电子设备的在线教学与在线评估研究开始成为热点。Middleton(2020)和Wyse et al.(2020)论述了疫情给学生学习及其评估带来的影响,并预测了在线教学与评估的可能性、可行性和必要性。另外,有研究者调查了学习者对在线评估的态度(如 St-Onge et al. 2021)以及在线语言教学与评估的不足之处(如 Al Shlowiy et al. 2021)、研究了外语学习中数字评估促学的动态过程(如 Judge 2021)等相关领域。Purvis et al.(2011)指出信息技术使在高水平学习环境中运用评估策略和基于计算机的评估成为可能。在信息技术的使用上,时间影响也是重要的预示物,因而有必要研究基于电脑的动态评估对不同学习阶段学生学术能力的影响(Zhang et al. 2017)。

第二个主要研究内容围绕动态评估的理论基础和研究对象展开,主要包括 0 号聚类 children(儿童)、1 号聚类 model(模型)、2 号聚类 peer assessment(同伴互评)、4 号聚类 formative assessment(形成性评估)、5 号聚类 zone of proximal development(最近发展区)、6 号聚类 treatment methods(处理方法)、7 号聚类 african american preschooler(非裔美籍学龄前儿童)、9 号聚类 advanced language learners(高级语言学习者)和 10 号聚类 school age children(学龄儿童)。关键词有 children(儿童)、bilingual children(双语儿童)、student(学生)、acquisition(习得)、intervention(介入)、achievement(成就)、feedback(反馈)、assessment for learning(以评促学)、dynamic assessment(动态评估)、higher education(高等教育)、second language(二语)、language impairment(语言障碍)、impaired children/preschooler(障碍儿童/学龄前儿童)、performance(表现)、peer assessment(同伴互评)、formative assessment(形成性评估)、kindergarten(幼儿园)、disabilities(缺陷)、sociocultural theory(社会文化理论)、zone of proximal development(最近发展区)和 transcendence(超越性)等。根据关键词频率可以得出,大多数相关研究都以动态评估、形成性评估等为理论基础展开。

也有诸多学者基于维果茨基的 ZPD 理论和 SCT 理论开展动态评估研究（如 Davin 2013；Bakhoda & Shabani 2019；Kamrood et al. 2019；Roud & Hidri 2021）。Poehner（2008）认为动态评估给学生提供外部介入，帮助他们基于 ZPD 做出超越目前独立水平的表现。因而，他将"超越性"定义为动态评估的一个特征。根据 SCT 理论和社会建构理论，Ebadi & Rahimi（2019）探究在线动态评估对英语学习者学术写作技能的影响。动态评估的对象从儿童到成人不等，但主要研究对象为儿童和大学生。Delclos et al.（1987）开展了以缺陷儿童为对象的动态评估研究。结果表明，动态评估比静态评估提供更加积极、更有意义的关于学习者学习特征和学习潜能的信息，从而帮助教师以更加恰当、更加积极的心态对待这些儿童。自此之后，以儿童为对象的动态评估研究不断增多，如 Ukrainetz et al.（2000）针对美国本土幼儿园儿童开展内容一致的动态评估，结果显示拥有更强语言能力的儿童比起语言能力较弱的儿童有更强的应变能力，测试得分也高得多。DeLuca et al.（2020）也研究发现在幼儿园教育中需注意两个关键因素，（1）早期教育必须以发展为目标，支持社会-个人成长；（2）持续重视基于标准的课程大纲和评估来支持儿童的学习。他们发现在以游戏为主的课堂内，幼儿园教师可以有效使用动态评估来促进学生的个性化发展。双语学生（Regalla & Peker 2017）和残疾学生（Olswang et al. 2013；Cho et al. 2017）都可以从动态评估中获益。除了儿童教育外，动态评估也在高等教育领域得到广泛应用（如 Carless 2007；Deeley 2018）。Cao et al.（2019）以五组中国英语专业学生为研究对象，探究了他们在学习中提供和接受反馈的意识，以及影响学习的因素。

　　第三个主要研究内容围绕动态评估在第二语言领域的应用展开，主要包括 1 号聚类 model（模型）、2 号聚类 peer assessment（同伴互评）、3 号聚类 assessment skills（评估技能）、7 号聚类 african american preschooler（非裔美籍学龄前儿童）、8 号聚类 dynamic assessment in continuous assessment（连续评估中的动态评估）和 9 号聚类 advanced language learners（高级语言学习者）。关键词有 education（教育）、classroom/classroom assessment（课堂/课堂评估）、reading comprehension（阅读理解）、writing teaching（写作教学）、writing assessment/feedback（写作测评/反馈）、academic writing（学术写作）、language learning（语言学习）、English（英语）、French（法语）、spanish speaking children（西班牙语为母语儿童）、additional language（其他语言）、challenge（挑战）、language assessment/acquisition（语言测评/习

得)、language proficiency(语言水平)、word learning(单词学习)、bilingual children(双语儿童)等。Kapantzoglou et al.(2011)研究词汇学习技能动态评估是否可以有效判断双语儿童的母语混乱。Poehner(2008)认为在第二语言课堂中应用动态评估的主要挑战之一是相关教学环境无法支持动态评估要求的一对一教学。为此,他在第二语言课堂应用动态评估的过程中,并没有向每位学生提供个性化的指导,而是将发展潜力的重心扩展到整个班级。因此,通过教学活动实施的动态评估成为学生学习过程的中心,将课堂学习扩展到课外,成为第二语言输入和反馈的持续来源。Davin(2016)在小学生外语课堂应用动态评估,发现在第二语言课堂的话语分析情况下,学生犯的语言错误成为理解学生教学需求的窗口,使教师有机会与学生协调并鼓励他们再次准确表达意思。Andujar(2020)提出动态评估和对话性介入教学可以帮助学生回溯语言表现,逐步减少对显性反馈和元语言说明的需求。

### 3.3.2 国内外研究领域

表 2.1.3 显示部分国内外期刊在动态评估领域出现频数最多的关键词。

**表 2.1.3  国内外期刊动态评估研究高频关键词(节选)**

| 国　内　期　刊 | | | 国　外　期　刊 | | |
|---|---|---|---|---|---|
| 关　键　词 | 频数 | 中介中心性 | 关　键　词 | 频数 | 中介中心性 |
| 动态评估 | 21 | 0.16 | dynamic assessment | 64 | 0.69 |
| 动态评价 | 13 | 0.18 | formative assessment | 62 | 0.49 |
| 维果茨基 | 5 | 0.10 | feedback | 32 | 0.22 |
| 教学评价 | 4 | 0.08 | higher education | 25 | 0.11 |
| 大学英语 | 4 | 0.04 | student | 22 | 0.14 |
| | | | education | 21 | 0.12 |
| | | | children | 16 | 0.07 |
| | | | intervention | 12 | 0.09 |
| | | | knowledge | 11 | 0.12 |

上表显示,国内期刊关于动态评估研究出现频数最多的关键词依次是动态评估、动态评价、维果茨基、教学评价和大学英语;而国外期刊关于动

态评估研究出现频数最多的关键词依次是 dynamic assessment（动态评估）、formative assessment（形成性评估）、feedback（反馈）、higher education（高等教育）、student（学生）、education（教育）、children（儿童）、intervention（介入）和 knowledge（知识）。由此可见，国内学者关注动态评估在教学领域的应用，并尝试用维果茨基提出的相关理论开展研究。国外学者关注动态评估在高等教育和儿童教育中的应用，聚焦反馈和介入研究，并与形成性评估结合开展研究。

国内期刊中，动态评估和动态评价是两个最重要的节点，分别为 0.16 和 0.18，其次是维果茨基（0.10）和教学评价（0.08），显示动态评估研究与理论基础结合的紧密性，以及动态评估与教学相结合的研究在该领域研究历史上的重要性。虽然有出现频数较多的关键词，但软件未检测到显示最新研究前沿的引用突变词，表明在国内没有突出的研究转折点。

国外期刊出现频数最多的关键词中出现八个突变词，分别为 dynamic assessment（动态评估）、children（儿童）、knowledge（知识）、peer（同伴）、student（学生）、teacher（老师）、peer assessment（同伴互评）和 education（教育）（详见图 2.1.14）。这些关键词分别出现在 1995—2001 年、1996—2002 年、2014—2015 年、2015—2016 年、2017—2019 年、2017—2019 年、2018—2021 年和 2019—2021 年，表明研究文献和研究者数量在上述阶段的上述领域中出现了激增，形成相关领域的转折点。

**Top 8 Keywords with the Strongest Citation Bursts**

| Keywords | Year | Strength | Begin | End | 1983 - 2021 |
|---|---|---|---|---|---|
| dynamic assessment | 1983 | 3.37 | 1995 | 2001 | |
| children | 1983 | 2.24 | 1996 | 2002 | |
| knowledge | 1983 | 3 | 2014 | 2015 | |
| peer | 1983 | 2.35 | 2015 | 2016 | |
| student | 1983 | 2.65 | 2017 | 2019 | |
| teacher | 1983 | 2.42 | 2017 | 2019 | |
| peer assessment | 1983 | 3 | 2018 | 2021 | |
| education | 1983 | 2.9 | 2019 | 2021 | |

**图 2.1.14　国外期刊动态评估研究突变词**

## 3.4　研究趋势探讨

图 2.1.15 和图 2.1.16 分别显示国内外动态评估研究中关键词共现分析的时区视图。

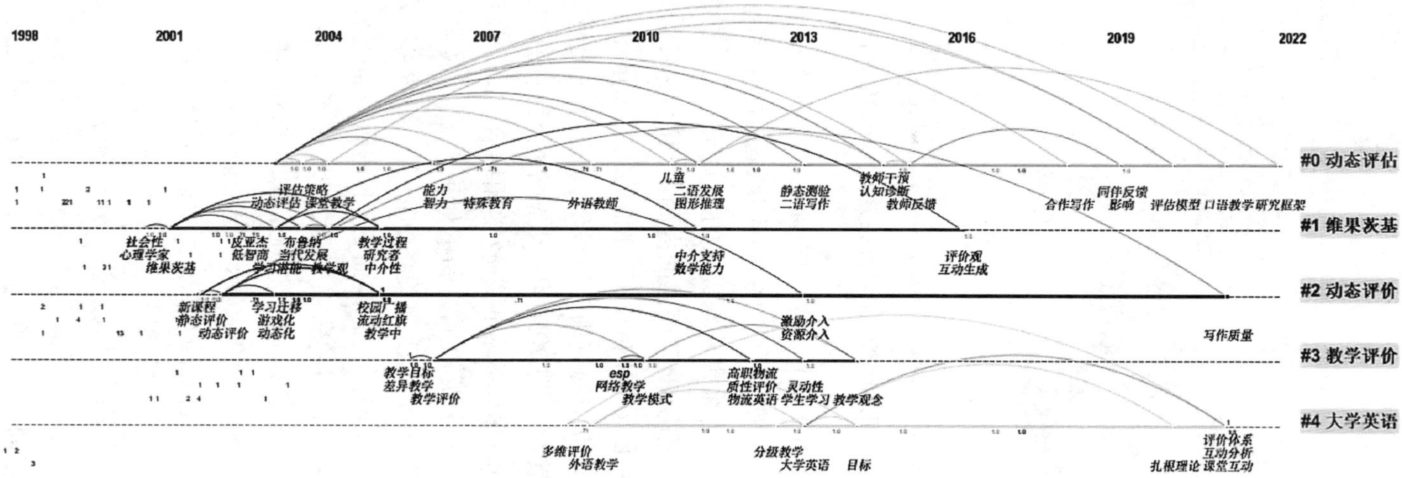

图 2.1.15 国内动态评估研究关键词共现时区视图

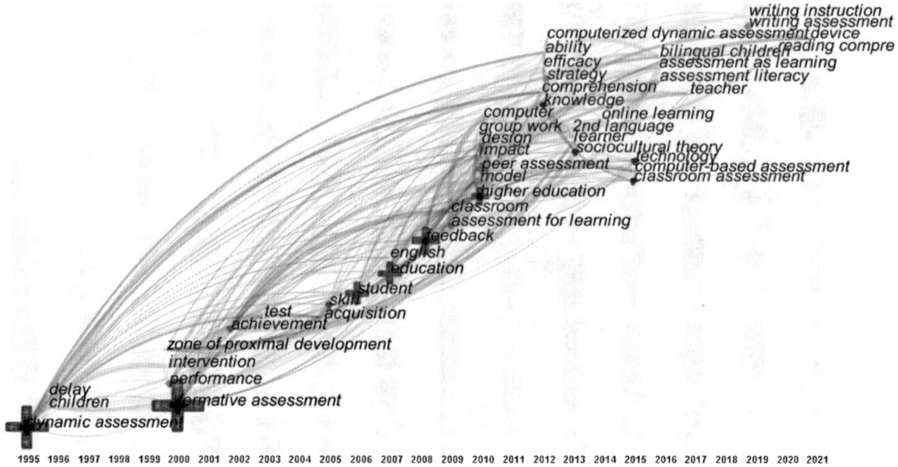

**图 2.1.16　国外动态评估研究关键词共现时区视图**

　　由图 2.1.15 可知,由于国内期刊动态评估研究论文较少,在共现时区中出现的关键词较少。在研究早期的 2004 年,国内动态评估研究主要在理论建构阶段,研究热点为维果茨基提出的相关理论。基于维果茨基所提出的 SCT 理论和 ZPD 理论,动态评估的内涵得到深入探讨,基础理论研究相应增多。到 2007 年,随着国内对动态评估的研究数量逐步增加,动态评估在课堂教学和教学评价中的应用开始显现,动态评估的研究重点向其在教学评价领域的应用转移。到 2010 年,动态评估研究的应用得到进一步促进,动态评估开始与教学模式和网络教学相结合,二语学习者和儿童成为研究对象。2013 年,大学英语成为新的研究热点。教学评价和大学英语的紧密结合显示这两个研究话题关系的传承。2019 年,关于大学英语写作课堂动态评估的研究增多。总体而言,上述研究重点分布均匀,未出现前沿突变系数。从节点之间的联系来看,2004 年至 2010 年间的相邻节点联系松散,各研究热点相对孤立。2001 年至 2004 年以及 2010 年至 2013 年之间的节点联系相对紧密,显示一定的研究传承。

　　由图 2.1.16 可知,虽然国外的动态评估研究开始较早,但直到 1995 年才出现研究热点,2005 年之后出现大量的热点,研究数量和研究热点量都远远高于国内研究。国外两个最大的热点分别出现在 1995 年和 2000 年,表明 dynamic assessment(动态评估)和 formative assessment(形成性评估)最常被用作论文的关键词。从 1995 年至 2000 年,国外动态评估研究着重于 dynamic assessment（动态评估）、formative assessment（形成性评估）、children（儿童）、delay（延迟）和 zone of proximal development（最近发展区），处于理论研究阶段。从 2000 年至 2012 年，针对儿童和成人学生的动态评估实证研究和模型构建开始显现。研究重点在教育领域，例如 language（语言）、higher education（高等教育）、classroom（课堂）、student（学生）等；研究内容主要是 feedback（反馈）、model（模型）、intervention（介入）、performance（表现）、assessment for learning（以评促学）、peer assessment（同伴互评）等。这期间出现大量有关教师和学生角色的研究，例如教师的教学介入和反馈，学生的表现和能力等。从 2012 年开始，利用科学技术进行动态评估的研究逐年显现，近年来该研究领域成为热点，关键词有 computer（电脑）、technology（技术）、computer-based assessment（基于计算机的评估）、online learning（在线学习）等。在此期间，动态评估研究主题更多元化，出现更细致的实证研究，其中关于二语教学与评估领域的研究逐年显现，尤其是在二语写作和阅读方面。与国内研究不同，国外研究节点之间的联系十分紧密，体现了很强的研究传承。

## 3.5　结语

本节通过可视化软件 CiteSpace 5.8.R3 对 CNKI 和 Web of Science 上的国内外动态评估研究演变进行分析，得出以下研究结论。

首先，从年度发文量来看，国外期刊发文总量超过国内期刊。国内外期刊有关动态评估的研究论文在大量增长之后保持持续增长态势。其次，在研究领域和研究热点方面，国内外期刊都注重儿童和成人学生两类研究对象，动态评估在外语教学领域的应用均有显现。区别在于国外研究者更重视动态评估模式的构建和应用，而大部分国内研究者仍然处于讨论动态评估理论基础和构建动态评估教学模型阶段。最后，从研究趋势来看，国外期刊论文注重实证研究，更关注动态评估效果，研究主题范围更广，研究重点更精细，每个研究节点都呈现强大的传承关系。相比之下，虽然国内关于动态评估的研究已经走过理论介绍、教学评价和大学英语的发展路径，显示从理论架构、模型构建到实证研究的逐步转变，但未体现突变系数。结合共现时区视图可知，国内动态评估研究的传承性较差。

在动态评估研究领域，虽然国内外研究者都形成了有价值的理论和实验范式，也取得了一定的研究效果，但现有的理论模式需要根据我国国情进行发展和修正。亟须为母语为中文的非英语专业大学生设计合适的动态评估模式,并在相关课程教学中加以应用,尤其是在除写作以外的阅读、听力、口语等多元课堂教学领域。如果呈现实际应用效果,更多的研究者可以关注并推广动态评估模式,使更多的中国教师和学生受益。

## 第二节 实证基础

### 1. 引言

近年来,我国学术英语教学研究引起了越来越多的关注,从课程建设(如夏纪梅 2014;李立、杜洁敏 2014;蔡基刚 2019;陈立青 2019)、教学实践(如熊淑慧、邹为诚 2012;陈夜雨、项歆妮 2015;朱效惠、袁欣 2018;王奕凯、刘兵 2019)、学习模式(如杨莉萍、韩光 2012;刘萍、刘座雄 2018;吴婷 2019;张艳 2019)、评估研究(如严明 2014;穆惠峰 2017;张荔 2017;齐曦 2017)等方面展开了探究,但尚缺乏对为数众多的理工科大学生学术英语教学现状开展的全面研究,难以提供反馈数据指导教学的发展。本项目在全国理工类高校开展大规模师生问卷调查,围绕学术英语技能、知识、授课方式、评估模式、学习模式等方面了解中国理工科大学生学术英语教学现状,以期为提高教学质量提供参考。

### 2. 研究基础

国外学界对于何为学术英语能力存在不同见解,如可在不同学习环境下进行转换的语言技能(Lea & Street 1998),可通过学徒方式进行沿袭的学术文化(John 1997)等。随着我国大学英语教学的转型,诸多国内学者发现学术英语教学的薄弱之处,如学生学术英语表达能力较弱(王学华等 2015),网络学习资源应用不充分(王宏俐等 2018)。因而,基于语料库的学术英语教学方法开始显现。陈夜雨、项歆妮(2015)利用密歇根高阶学生论文语料库(Michigan Corpus of Upper-Level Student Papers, MICUSP)开展了学术英语写作教学研究,表明在英语写作教学中使用语料库可以提高学生的学术论文写作能力。袁艳玲、戈玲玲(2019)构建了基于语料库的学术英语教学平台系统,并尝试研发相关教学模式。

针对国内外关于学术英语能力和相关教学的文献检索可知,大部分文献探讨学术英语能力和教学中发生的问题,近期研究开始侧重语料库在学术英语教学中的作用,但以师生为中心开展的教学现状实证研究较少。因此,项目组于2019年11月至2020年2月期间在全国30所理工类高校开展师生问卷调查,围绕理工科学术英语的用途、理工科学术英语包含的必要技能和知识、理工科学术英语课程的实施方法、教师和学生存在的主要分歧四方面开展现状研究。

## 3. 研究实施

### 3.1 半结构式访谈[①]

#### 3.1.1 访谈提纲

项目组研读国内外有关学术英语教学的文献(如 Jordan 1989;John 1997;Atai & Shoja 2011;Shing et al. 2013;DiCerbo et al. 2014;Gözüyeşil 2014;Panyawong-Ngam et al. 2015;Yan 2015;Flowerdew 2016;Speller & Miłosz-Bartczak 2017;杨惠中 2015;卫乃兴 2016;杨惠中 2018;陈坚林、马牧青 2019;张艳 2019;原昉、乜勇 2019 等),据此编制了访谈提纲。

#### 3.1.1.1 理工科学术英语能力构念

首先需界定理工科学术英语能力构念。杨惠中(2018:33)指出,改革开放以来,随着大学英语教学水平的逐步提高,学生的英语水平显著提高,学界对于学术英语的认识也在不断提高,其任务是"帮助学生继续提高用英语表达观点思想的流利性、准确性、得体性与灵活性,进一步学习会话策略等,通过有效的专业学习将来能用正确的语体撰写学术论文,用英语参与国际学术交流"。Jordan(1989)把学术英语定义为正规教育体系中以学习用途为目的的英语交流技巧,其中学术英语又细分为通用学术英语(English for General

---

① 本节内容曾作为刘芹、吴晗帆所著论文《理工科学术英语泛在学习教师维度研究——基于 NVivo 的质性分析》发表在《外语电化教学》2021 年第 2 期。此处略作修改。

Academic Purposes，EGAP)和专门学术英语(English for Specific Academic Purposes，ESAP)。通用学术英语注重发展学生通用的学术语言能力，如听学术讲座和记笔记、查阅学术文献和学术写作能力、学术交流和讨论能力等；而专门学术英语注重专门学科(如医学、工程学、经济学等)的专业知识掌握。Shing et al.(2013)在马来西亚一所高校针对英语教师、专业教师和新生的问卷调查发现，相对于通用学术英语，专门学术英语更适合学生结合专业知识的学习需求。Flowerdew(2016)亦赞同学术英语写作应围绕专门学术英语展开。学界对学术英语是否要考虑不同学科领域的英语使用特征存在不同看法。Bailey & Heritage(2008)指出学术英语包含校内通用语言(school navigational language，SNL)和课程内容语言(curriculum content language，CCL)，前者指师生交流用语，后者应在不同学科领域教学时使用；Scarcella(2008)赞同学术英语包含SNL，但认为应教授英语基础知识(fundamental knowledge of English)和基本学术语言(essential academic language，EAL)，并进一步指出EAL为所有学科领域中使用的基本学术语言，如学术词汇、句子结构和语篇特征等(转引自 DiCerbo et al. 2014：450)。

Speller & Miłosz-Bartczak(2017)出版的 *Academic English for Engineers*(《工程学术英语》)教材中除了常见的引言、标题、摘要、研究方法、总结、参考文献等学术英语撰写内容以外，特别阐述了流程图表、数字汇报、数理知识、研究设计等工程类学术英语的特殊表述方法，并针对该学科领域的语法和词汇进行了专门探讨。Gözüyeşil(2014)在土耳其一所高校开展的理工科学生英语学习需求调查结果显示，在听、说、读、写四大学术英语能力中，学术教师更看重阅读和听力能力，而学生更看重听力和口语能力。Shing et al.(2013)的研究结果显示本科生在学术写作和学术表达两方面有较大困难，应在教学中予以重视。Panyawong-Ngam et al.(2015)在泰国一所高校构建工科学生英语教学模式。在前期对20位行业人员的访谈中发现，他们认为最重要的技能依次是听力、写作和阅读。Yan(2015)以学生的学术发展为教学目标，在中国一所研究型高校为理工科学生开设了通用学术英语课程，从专业文献阅读和学术写作两方面进行教学，取得良好效果。

由此可见，在理工科学术英语能力构念方面，首先必须厘清通用英语、学术英语、通用学术英语、专门学术英语等基本概念；其次需明确理工科学术英语的学科特色、基本内容和用途；最后需明确听、说、读、写四大技能在理工科学术英语中的重要性排序。因此，从如下八个方面询问理工科学术英语能力构念方面的问题。

（1）你了解"学术英语"吗？

（2）在你看来，和日常英语相比，学术英语有什么样的特点？

（3）学术英语分为两种，一种是通用学术英语，主要为各个专业通用的语言技能，比如学术写作、文献查阅、学术会议展示；另外一种是专门学术英语，如医学英语、计算机英语、材料科学英语等。你怎么看待这两类学术英语之间的关系？

（4）不同的学科领域可能有不同的英语使用特征。你觉得与其他专业相比，理工科学术英语的特色是什么？

（5）你认为什么内容是各领域理工科学术英语都必须涉及的？

- 高等数学知识
- 大学物理知识
- 流程图
- 研究设计
- 数字汇报
- 其他＿＿＿＿＿＿

（6）如果我们把理工科学术英语的语言技能区分为听、说、读、写，你觉得从重要性来说如何排序？

（7）请你比较写和说两种能力，它们之间的关系是什么？

（8）你认为理工科学术英语的用处在哪里？

- 看懂专业文献
- 写出专业论文和研究报告
- 出席国际会议
- 进行学术讨论
- 其他＿＿＿＿＿＿

#### 3.1.1.2　理工科学术英语教学

关于理工科学术英语教学，项目组从教学实施和学习方法两方面设计访谈问题。Atai & Shoja（2011）对伊朗的计算机工程专业学术教师和英语教师开展了半结构式访谈，从语言能力、教学活动、学习困难、教学资料、教学内容、授课语言、教学难点等方面了解这两类教师对理工科学术英语教学实施的看法，问题较为详尽，可以作为本研究相关问题的参考。John（1997）提出选择学术课程教学资料时的注意事项。DiCerbo et al.（2014）探讨了学术英语课程的授课方式，强调师生互动方式对取得教学成效的作用。卫乃兴（2016）指出将语料库语言学方法融入英语教学，以此实现杨惠中（2015）主张的"有效测试"和"有效教学"。陈坚林、马牧青(2019：15 - 16)重构了信息化时代外语教学范式,提出外语教学应"践行以学生为中心的理念,创设智慧学习环境,实现个性化学习"。原昉、乜勇(2019)探讨了泛在学习的内涵和特征、智能时代泛在学习的理论基础以及教学支持。张艳(2019)探讨了基于"产出导向法"的研究生《学术英语》泛在学习模式的有效性。

基于上述文献综述,项目组从能力构念、教学实施和泛在学习三方面构建如下访谈问题。

能力构念

(1) 你自己是怎么学习英语的?

(2) 与通用英语相比,你认为学术英语有什么特别之处?

(3) 与通用学术英语相比,你认为理工科学术英语有什么特别之处,例如词汇、语法,以及专门的内容,如图表、实验、数字等?

(4) 你认为什么内容是各领域理工科学术英语都必须涉及的,例如高等数学知识、大学物理知识、流程图、研究设计、数据汇报等?

(5) 在听、说、读、写四个能力中,你认为从排序上来看,哪种能力最重要,哪种能力最不重要?

(6) 听、说、读、写四种能力要求的理工科学术英语重点都是一样的吗? 有哪些不同之处? 尤其是写和说两种能力之间有什么不同?

(7) 你认为理工科学术英语的用处在哪里? 看懂专业文献、撰写专业论文和研究报告、出席国际会议、进行学术讨论? 授课重点应该在哪些方面?

教学实施

(1) 你的专业课授课语言是什么?

(2) 你学生所使用的教材里,英文版教材占的比重大吗?

(3) 除了纸质的教材,你是否还使用其他教学材料,例如网络上的教学资源?

(4) 在选择英文的教材、讲义、PPT 等材料时,你的标准是什么?

(5) 你的专业课(特别是全英语讲授专业课程)的上课方式是什么?

● 你是以老师授课为主还是学生讨论为主?

● 你是否采用过按照技能来上课的教学手段,比如专门安排一堂写作课或是文献阅读课?

● 你是否采用过模拟实际场景的教学方法,比如模拟论文写作、模拟国际会议?

(6) 你的全英语讲授专业课程的考核方式主要是什么? 除了专业知

识,是否有专门针对英语使用能力的评估？英语能力在整个考核体系里占多大的比重？

（7）近些年的学术英语教学常使用"语料库方法"，即把大量真实的语言材料收集在计算机里，用软件统计语言现象发生的次数，让教师和学生观察和分析学术英语特色。你觉得这种方法对学术英语教学有帮助吗？

泛在学习

（1）近些年，计算机技术、网络技术的发展使得我们开始探索"泛在学习"理念。也就是让学生通过电脑和手机随时随地学习，教师跟踪所有学习轨迹，营造随时、随地、随机的语言学习环境。在你看来，这样的理念是否能产生学习效果，是否符合现在学生的学习心理和学习习惯？

（2）"泛在学习"模式中，老师的角色如何定位？如何对学生进行评估？

（3）你觉得"泛在学习"适合哪些课程或哪些学科的学习？

（4）你觉得"泛在学习"适合用于学术英语学习吗？

### 3.1.1.3 热身问题和过渡问题

为了让受访者循序渐进地进入访谈环境，以最大限度地提供访谈信息，项目组另外设计了热身问题和过渡问题。在访谈伊始，询问受访者英语学习和科研工作的关系，分别为（1）你自己是如何学习英语的？（2）你觉得，对于一名科研工作者来说，英语的作用和价值主要体现在哪些方面？让受访者能够进入访谈环境。在教学部分的问题全部询问完毕后，询问关于学生情况的问题，分别是（1）你怎样评价本校理工科学生的总体英语水平？（2）你对自己的研究生有英语方面的要求吗？你希望研究生掌握哪些方面的英语技能？（3）你觉得学生不能很准确地掌握学术英语的原因是什么？让受访者能平稳过渡到最后一部分的泛在学习领域。

### 3.1.2 访谈实施过程

项目组于2019年9月至10月分别在上海理工大学、哈尔滨工业大学和广东工业大学选择了18位中国籍理工科专业教师和大学英语教师，以及上海理工大学中英国际学院12名外籍理工科专业教师和学术英语教师开展访谈，每位教师持续45分钟至90分钟不等。访谈进行地点为各位教师的办公室，可以保证环境的安静，由一位访谈人员（主要实施问答环节）和一位研究生助手（主要实施录音和记录）合作进行。在访谈进行之前，以邮件或电话沟通访谈的目的、形式、大致内容，并请参加访谈人员签署了"研究知情同意书"，说明愿意参加此项研究所需的访谈，并同意全程录音以供后续研究使用。表2.2.1显示30位参与访谈教师的基本信息。

中
国
理
工
科
大
学
生
学
术
英
语
泛
在
学
习
模
式
有
效
性
研
究

表 2.2.1    半结构式访谈对象基本信息

| 单 位 | 性别 | 年 龄 | 学 位 | 职 称 | 专 业 |
|---|---|---|---|---|---|
| 上海理工大学 | 男(6) 女(2) | 35 岁以下(1) 36—40 岁(2) 41—45 岁(4) 46—50 岁(1) | 博士(8) | 教授(3) 副教授(5) | 光电(2)、材料(2)、能动(1)、机械(1)、环境(1)、数学(1) |
| 哈尔滨工业大学 | 男(2) 女(3) | 36—40 岁(1) 41—45 岁(1) 46—50 岁(2) 50 岁以上(1) | 博士(5) | 教授(4) 副教授(1) | 化工(1)、电信(1)、英语(3) |
| 广东工业大学 | 男(2) 女(3) | 36—40 岁(1) 41—45 岁(2) 46—50 岁(1) 50 岁以上(1) | 博士(5) | 教授(3) 讲师(2) | 环境(1)、土木(1)、英语(3) |
| 上海理工大学中英国际学院 | 男(8) 女(4) | 35 岁以下(1) 36—40 岁(2) 41—45 岁(1) 46—50 岁(2) 50 岁以上(6) | 博士(5) 硕士(4) 学士(3) | 副教授(4) 讲师(8) | 机械(3)、电子(3)、英语(6) |

表 2.2.1 中理工科专业教师共 18 名,分为中国籍教师和外籍教师。12 名中国籍教师分布在光电、材料、能动、机械、环境、土木、数学、化工等常见理工科专业,均为高级职称,且都有海外攻读学位或访学的经历,自身拥有较好的学术英语听、说、读、写能力,教授的课程中包含全英语讲授专业课程。6 名外籍教师来自英国和美国的英语作为本族语者,为中级和副高级职称,有着丰富的用英语教授机械和电子类课程的经验。上述 18 名是针对本研究课题比较合适的访谈对象,从他们对访谈问题的反馈可以看出理工科业内人员希望达到的教学效果,对本研究有着理论引领作用。另一方面,项目组选取了 12 名英语教师参加访谈,含 6 名中国籍大学英语教师和 6 名外籍学术英语教师。他们是在一线教授相关课程的教师,有着丰富的教学经验。他们对访谈问题的反馈可以看出参与学术英语教学教师的普遍态度和想法,对本研究有着实际指导作用。针对中国籍教师的访谈用中文进行,针对外籍教师的访谈用英语进行。访谈过程全部录音,结束后导

入《讯飞听见》软件,将中国籍教师的访谈内容转写成文字,将外籍教师的访谈内容翻译成中文,并根据录音对软件生成内容进行人工核对。共生成30个访谈文本,合计31.2万字(中文)。

### 3.1.3 访谈数据分析

本研究主要采用质性研究方法分析访谈数据,使用归纳法、主题分析法和扎根理论等多种方法分析和解释受访者的行为及其意义的构建过程(陈向明 2000)。扎根理论是一种自下而上的理论构建方法,即从收集的数据中归纳出概念,并通过建立概念之间的联系来上升到理论,关系的建立主要依赖于对原始数据进行开放式、关联式、核心式三级编码(陈向明 2000;Corbin & Strauss 2007)。

基于扎根理论,本研究使用质性分析软件 NVivo12,对访谈所获得的数据进行编码,归纳出访谈中的相关概念类属,构建类属之间的联系,分析总结教师关于理工科学术英语能力构念和理工科学术英语教学实施的核心观点。开放式、关联式、核心式三级编码将用于逐字逐句分析访谈原文本,构建自下而上的、具有从属关系的归纳体系。

#### 3.1.3.1 理工科学术英语能力构念

通过第一轮的开放式编码,得到关于理工科学术英语能力构念的126个节点。通过第二轮的关联式编码,将所有节点进行类属分析、意义归类。最后通过核心式编码得到理工科学术英语能力构念的四个核心类属,即用途、内容、特点和语言技能重要性四个方面(详见表2.2.2)。

**表 2.2.2　理工科学术英语能力构念编码**

| 开 放 式 编 码 | 关联式编码 | 核心式编码 |
|---|---|---|
| 读专业文献(18);读说明书(2);读法律文件(1);读投标书(1) | 学习与科研 | 用途:主要用于学习与科研,包括读专业文献、写学术论文以及参加学术会议,也能帮助学生适应英语的教育环境和工作环境 |
| 写学术论文(17);写研究报告(9);写说明书(1);写专利申请书(1) | | |
| 参加学术会议(16);课堂讨论(13);工作交流(3) | | |
| 适应教育体系(5) | 职业与升学 | |
| 帮助就业(2) | | |

| 开　放　式　编　码 | 关联式编码 | 核心式编码 |
|---|---|---|
| 词汇专业性(21) | 专业性与客观性 | 特点：具有专业性与客观性，这两种特点集中体现在学术英语的词汇和文体上 |
| 精确、客观、以事实为依据(12)；口子小(4) | | |
| 语法(10)；结构(8)；句式通用(7) | 文体 | |
| 实用性(1) | 实用性 | |
| 专业词汇(15)；通用词汇(3) | 词汇 | 内容：专业词汇、学术规范和理工科通用知识的学习，注重培养学生学术写作和学术汇报的能力 |
| 文体格式规范(10)；流程图(10)；研究设计(7) | 学术规范 | |
| 研究结果陈述(8)；逻辑(7)；数据汇报(5) | 口头和书面表达 | |
| 数学知识(8)；物理知识(7) | 理工科通用知识 | |
| 读写听说(4)；读写说听(3)；读听说写(3)；读听写说(1) | 读最重要 | 技能：听、说、读、写四项语言技能对于学术英语学习都十分重要，读和听则是最基础的能力 |
| 听说读写(3)；听读写说(2)；听说写读(1) | 听最重要 | |
| 写听说读(2)；写读听说(1) | 写最重要 | |
| 说听写读(1) | 说最重要 | |
| 一样重要(3) | 一样重要 | |

　　由表2.2.2可见，理工科学术英语主要用于学习与科研，包括读专业文献、写学术论文以及参加学术会议，也能帮助学生适应英语的教育环境和工作环境。受访教师主要关注学习与科研方面的用途，最主要的是读专业文献，如"阅读专业领域的教科书、专门的研究论文，看懂国际上的研究，以及这一领域的专家发表的成果"；写学术论文、研究报告，认为"好的实验结果，一定要总结成英文的论文，然后投到优秀的外文期刊上"。有的教师指出学术英语学习是为了"做研究参加会议，与国际学术同行交流"，但也有教师认为参加国际会议并不适用于本科生，因为参加国际会议对读写和表达的能力提

出了更高的要求,而本科生"尚未掌握阅读专业文献的能力、无法参与到学术讨论中",且"参加会议的机会很少"。因此教师尝试在课堂上进行学术研讨会形式的讨论,如"让学生彼此进行学术讨论,让他们组成工作组,为他们提供讨论的工具,在学生互相交流与帮助中,建立起他们学习学术英语的信心"。

理工科学术英语具有专业性与客观性,这两种特点集中体现在学术英语的词汇和文体上。词汇是专业性的,"这些词汇可能仅仅应用于研究中,在你这个方向的学习中得到,但是如果你超出这个研究或者方向,或者日常生活中,你会发现这些东西跟你日常生活没有关系"。在学术交流中会使用更多的专业词汇,选择词汇时要"更严谨、更准确",尽量选择"中性的、没有强烈感情色彩或者褒贬意义的词汇"来进行客观的描述。理工科学术英语写作的一个特点就是用数据来证实观点,对结果进行精确描述,体现的是客观的事实。学术语篇常用简单的句式、被动语态以及第三人称,"从实战角度来说就是要让读者看懂,而不是进行文学欣赏"。

理工科学术英语涉及专业词汇、学术规范和专业知识的学习,注重培养学生学术写作和学术汇报的能力。"专业词汇的学习是非常重要的,学生需要阅读大量学术语篇,如果很多词都不认识,就很难进行读和写,词汇是一个基础"。学生需要精确掌握专业词汇,除了词汇以外学生还需要掌握基本的格式规范和学术规范。"首先必须能够用客观的方式表达观点。然后能够描述数学方程、图表,能够把别人复杂的想法转述到自己的研究里,不会失去原有意义,也不会抄袭别人的话,能够组织逻辑缜密的语篇"。同时学生还需具备学术汇报能力,"在写好论文的同时,能够讲好自己的观点,抓取自己研究中最核心的闪光点推广给更多人"。

四项语言技能对理工科学术英语的学习都十分重要,相比之下,读和听是最基础的能力。其中,读是第一需要,"只有读懂了,后面的技能才有可能有延续性"。学生通过阅读教材和文献、听课和讲座来获取信息、积累知识。"首先要有大量的输入,也就是读和听的能力,这两个比较扎实之后,才是说和写。"

### 3.1.3.2 理工科学术英语教学

#### 教学实施

关于"教学实施",就访谈中关于教学情况的文本进行三级编码,获得了 180 个自由节点(见表 2.2.3),最后通过类属分析和归纳总结获得理工科学术英语教学实施的四个核心类属,分别对教材、教学方法、语料库教学法和评估方法进行了总结。

表 2.2.3　理工科学术英语教学实施编码

| 开 放 式 编 码 | 关联式编码 | 核心式编码 |
|---|---|---|
| 英文教材(14);中文教材(5);中英文教材(2) | 教材语言 | 教材主要使用契合学生水平的、大众化的经典英文教材,同时通过教师自编讲义和网络资源补充教学资料 |
| 大众化的经典教材(20);难度契合学生水平(10);性价比高(2);有中译本的英文教材(2);符合教育部的规定(1) | 教材选择标准 | |
| 教师自编讲义(11);微课慕课(6);其他网络在线资源(3);公众号(2);在线学习系统(1);雅思阅读材料(1) | 教学资料来源 | |
| 以教师讲授为主(15);以学生讨论为主(12);教师讲授和学生讨论并重(6) | 教学方法 | 以教师讲授为主和以学生讨论为主都是常用的教学方法,注重对技能的教学以及在真实场景中授课 |
| 按技能授课(12);模拟真实场景授课(5) | 上课方式 | |
| 辅助词汇教学(22);教授常用句式(3);拓展阅读能力(2);促进自主学习(2);辅助翻译练习(2) | 辅助学术英语教学 | 语料库教学法对词汇教学具有显著作用,但是尚未形成有效的课堂使用方法 |
| 课堂上使用效率低(2);没时间使用(2);学生使用有难度(1);技术问题(1) | 在课堂上不是有效的工具 | |
| 期末考试(17);实验报告(11);口头展示(10);线上作业(3);英文小论文(2) | 考核形式 | 考核方式主要是期末考试+其他任务的形式,其他任务主要是对写作和口语能力的考核,语言的正确性对考核成绩影响不大 |
| 考试评分不注重语言的考量(7);考试评分注重语言的正确性(4) | 考核标准 | |
| 实验报告评分不注重语言的考量(5) | | |
| 论文评分注重语法和结构(3) | | |

　　理工科学术英语使用的教材主要是契合学生水平的、大众化的经典英文教材,同时教师还通过自编讲义和网络资源补充教学资料。教师选择英文教材的标准在于权威性,"一是在国外著名高校普遍采用的教材,二是教材编者是该领域的大家,开山鼻祖式的人物"。这种教材对基础知识讲述得非常清楚,语言通俗易懂,章节之间逻辑构架清晰。对本科生来说英文

教材的研究内容不宜过深,"学生能理解内容,但也要有一定的挑战性,这样才能推动学生进步"。因此也有教师建议使用有中译本的英文教材,"越经典的书越有人翻译,所以它有中英对照,如果学生在阅读的时候有困难,还可以对照一下中译本"。除了这些标准,有教师提出了选择英文教材的一个大前提,"要符合教育部的要求,包括一些政治上的问题、宗教问题等等",从教材选择中体现思政教育。在诸多教材选择标准下,再加上国内外学术英语教学内容存在差异,真正适合中国理工科大学生学术英语学习的英文教材屈指可数。在这种情况下,教师会根据本校的学生情况和教学内容自编讲义,比如"抽取经典教材中比较基础的部分制作PPT""从英文原著中节选内容进行影印""根据专业特点找一些参考资料""根据学生需要编写教材"等。微课、慕课以及网络资源等线上材料也被积极地用于课后学习,"国家在推在线课程,力度非常大,所以我们也鼓励学生在课余的时间多去看看在线课程",通过课后的在线学习,"有些内容在课堂上不讲,这样有更多的时间用在课堂讨论"。

教师讲授和学生讨论都是学术英语课堂中常用的教学方法,教学内容包含对学术技能的培养,教学活动注重在真实场景中发生。以教师讲授为主的课堂,主要存在以下几种情况:学生口语基础差,讨论效果不好;学生更专注于做实验、做题;课堂内没有时间安排讨论;课程内容偏理论讲解。值得注意的是,以学生讨论为主的课堂主要存在于上海理工大学中英国际学院(12位提及以学生讨论为主的受访教师中10位来自该学院),他们更遵循以学生为中心的方法,"让学生尽可能多地讲话,避免自己说太多",让学生在思考、实践、团队合作中学习,"告诉学生大胆提问,不管是简单的或是难的,重要的是让学生参与其中"。

教师尝试按技能来上课,比如"设计一门写作课,让他们组成学习小组做一些写作活动"。学术英语的教学活动也可以发生在真实场景中,比如"物理老师帮助学生设置设备进行试验,学术英语教师帮助学生根据研究结果撰写报告","模拟国际会议这个想法很好,现在的学生可以很好地完成学术汇报,他们认真思考想表达的东西,所有可以加上国际会议的流程让他们在更真实的情景下展示"。

30位教师中有22位认为语料库教学法适用于词汇教学。语料库能为师生提供不同专业的高频词表。通过计算机辅助可以获得每个词出现的频率,为教师提供一份词汇教学参考大纲,"频率高的词是重点,频率低的词就少花点时间讲,这样学生听起来会觉得详略得当一点"。当英语教师对专业词汇的把握有限时,语料库可以帮助英语教师"通过收集专业文献,提取专业词汇"。语料库能够提高词汇学习的准确性。有专业教师认为与词典相比,语料库能更"准确地给出答案"。由于现在的学生更倾向于使用电子词典,语料库能规避"电子词典、机器翻译带来的错误用法"。基于语料库的教学能在一定程度上发展学生的自主学习能力,学生在课后"通过语料库自己搜寻、观察、发现自己专业从语言到框架的写作方式,他们会比较感兴趣,因为这是他们自己专业的东西"。中国教师对语料库应用于学术英语教学都持积极的态度,但是几乎没有教师实际使用语料库进行学术英语教学。部分外籍教师则认为无法使用语料库进行教学,一是因为课堂内时间不够,二是因为过多的词汇量会对学生造成压力,"学生不知道的词汇太多,将很难应付"。

学术英语课程的评估方法主要是期末考试,平时成绩可以通过写实验报告、进行口头展示等对写作和口语能力的考核来获得,语言的正确性对成绩影响不大。一些教师利用线上学习系统布置了线上作业,"学生在手机上做完提交,软件会自动评分,比较方便",但是"学生对线上作业的态度比较随意,会找各种借口不做作业,当然系统本身也存在一定问题"。所以线上作业的完成情况将包含在平时成绩内,或者"让学生当堂做、当堂交",提升学生完成线上作业的积极性。对于书面作业的考核标准应更关注学生对专业知识的理解和掌握、结构的完整性、内容的正确性,而不是语言的正确性,"可能会把语法错误、拼写错误圈出来,但不扣分,只要意思表达到了就表示学生掌握了知识点"。

泛在学习

围绕"泛在学习",本研究通过开放式编码,获得了 73 个自由节点,接着通过关联式编码和核心式编码获得了两个核心类属,从学生和教师两方面进行描述(详见表 2.2.4)。

**表 2.2.4 理工科学术英语泛在学习编码**

| 开 放 式 编 码 | 关联式编码 | 核心式编码 |
|---|---|---|
| 学生可以使用移动设备进行学习(10);能让学生感兴趣(2) | 泛在学习符合学生的学习习惯和心理 | 学生已具备使用移动设备进行学习的认知和能力,但是泛在学习模式对学生自主学习能力提出了更高要求 |
| 跟学生个体积极性有关(3) | 对学生自我管理能力提出更高要求 | |
| 学生无法长期坚持(3) | | |

| 开 放 式 编 码 | 关联式编码 | 核心式编码 |
|---|---|---|
| 适用于学术英语课程(15);给学生提供了更多的学习资源和学习机会(7);可以加强中国学生的互动(5);能充分利用碎片化时间(4);新的教学模式(1);可以提高英语水平(1) | 泛在学习模式的优势 | 泛在学习模式适用于学术英语课程,让学生利用碎片化时间获得更多的线上学习资源、学习机会和交互机会,但教师需结合后台监控获得的信息,积极引导学生进行线上学习 |
| 后台监控学习情况获取信息(11);引导学生完成线上任务(7);辅助学生学习(5);引导学生获取需要的信息(4) | 对教师提出后台监控、辅助学习的要求 | |

    随着计算机技术、网络技术的发展和成熟,学生已经具备了使用移动设备进行学习的认知和能力,但是泛在学习模式对学生自主学习能力提出了更高要求。现在的学生"手机不离手,也会每天分享从公众号中阅读到的文章,这个帮助是挺大的"。既然学生难以脱离手机、电脑等移动设备,那就"充分利用这些设备,对现有的教学方法和学习习惯进行一个补充"。学生已经具备使用泛在学习模式的心理认知,"就像使用社交平台一样,他们太熟悉在网络上相互聊天、留言、发布信息,当他们使用社交平台的时候,他们不会认为'我在聊天'。那么当使用在线学习平台的时候,或许他们也不会认为'我在学习',就像使用社交平台一样,他们会将学习游戏化"。泛在学习是未来学习方式的发展趋势,"因为网络时代的到来,人们必须发展终身学习,保持与时俱进"。但是泛在学习模式是否能在学术英语教学中全面铺开还需考虑学生的学习积极性、主动性和自觉性,"如果学生主动性强,那么问题不大,反过来如果学习主动性不强,将极大地影响学习效果"。

    泛在学习模式适用于学术英语课程,让学生利用碎片化时间获得更多的线上学习资源、学习机会和交互机会。访谈中有 25 位受访教师明确表示支持学术英语泛在学习模式,"结合这种模式,将好的资源与课上的一些内容进行有机结合,应该是一个趋势"。学生在课堂上学的,在课堂外可以得到加强,"在课堂上没有理解的、不愿意听的,通过线上提供的学习资源,可以进一步学习"。通过这种模式,学生得以获得额外的学习机会,"给学生提供了另一个环境来练习英语,提高英语水平"。学生也能获得更多与老师和同学互动的机会,"中国学生在课堂上不喜欢提问、也不喜欢被点名回答问题,但是他们特别喜欢在手机上进行互动"。在泛在学习平台上,"学生可以相互追踪,和所有人进行联系,在这种消除尴尬的环境中,学生可以提高社交技能和自信,从而加强与师生的互动,最后提高英语水平"。泛在学习模式的优势还在于,学生可以充分利用被打散、很零碎的时间来学习,"通过这种多样性的学习方式,至少在学习时间上得到了保证"。

在泛在学习模式中,教师的主要任务就是结合后台监控获得信息,积极引导学生进行线上学习。教师可以根据后台汇总的上线情况和作业完成情况了解学生的整体表现。计算机软件收集到的信息是真实客观的,"哪个知识点没讲清楚,学生错误率特别高的题目有哪些,根据这些信息反过来指导教学"。但是线上监控范围有限,加上学生个体之间学习积极性的差异,线上学习任务的完成还需要教师进行积极的引导,"必须告诉学生为什么需要这种模式,学生如何通过这种模式受益"。网络时代也是信息大爆炸的时代,学生通过移动设备可以获取无限的信息,学生可能无法判断哪些信息是学习需要的,大量的无关信息会变为一种学习负担,所以"教师要在这些大量信息中给学生引导,或者给学生一些关键词,让学生有目的地去收集信息"。

## 3.2  试测问卷调查

### 3.2.1  试测问卷编制

项目组结合访谈结果编制了理工科学术英语调查问卷(学生卷)和理工科学术英语调查问卷(教师卷)两份试测问卷,分为受试个人信息、问卷主体和简答题三部分。其中,受试个人信息采用填空题和选择题。学生卷询问性别、专业、学习英语的时间、英语水平、对学术英语的了解程度等;教师卷询问性别、教龄、职称、研究方向、学生对象、对学术英语的了解程度等。问卷主体部分采用李克特五级量表的形式,要求受试认真阅读项目组提出的有关学术英语课程的描述,选择符合自己现在实际情况的选项,其中 1 表示完全不同意;2 表示不同意;3 表示一般;4 表示同意;5 表示完全同意。简答题询问受试在填写问卷时难以理解或觉得困难的地方,并进一步询问受试对学术英语教学的意见和建议。

### 3.2.2  试测实施过程

项目组于 2019 年 11 月在上海理工大学的 185 名学术英语课程学生和 35 名大学英语教师中展开小范围调查,以考查两份问卷的科学性和适切性。

参与试测的 185 名学生中,63.2%为男生、35.8%为女生;82.8%的学生专业为工科,17.2%为理科;关于学习英语的时间,1.6%为 1—3 年、2.2%为 4—6 年、17.4%为 7—9 年、78.8%为 10 年以上;其中 62.7%的学生参加过学术英语类课程,37.3%的学生尚未参加过。关于目前的英语水平,71.1%的学生为大学英语四级,另有 26.9%的学生为大学英语六级。

项目组对学生的英语听、说、读、写各技能的水平进行了进一步探究,得出如下结论。51.4%的学生认为自己阅读能力最强、26.5%的学生认为自己写作能力最强、11.9%的学生认为自己听力能力最强、10.2%的学生认为自己口语能力最强。由此可知,分别有 37.3%和 35.7%的学生认为自己的口语能力和听力能力最弱、20.5%的学生认为自己的写作能力最弱、另有 6.5%的学生认为自己的阅读能力最弱。关于听、说、读、写四个技能的重要性,33.2%的学生认为阅读最重要、23.9%的学生认为口语最重要、22.3%的学生认为写作最重要、20.6%的学生认为听力最重要。从另一方面看,认为听、说、读、写不重要的学生分别为 14.7%、31.5%、26.1%和 27.7%,表明学生对学术英语口语不够重视。

项目组最后探究了学生对学术英语的认知程度,统计结果如下。78.7%的学生对学术英语完全不了解或不是很了解、21.3%的学生非常了解或基本了解学术英语。关于学术英语的文体、语篇、词汇和语用四个重要方面,只有 24.3%、15.7%和 27.0%的学生对学术英语的文体特征、语篇特征和语用特征较为了解,但有 30.2%的学生对学术英语的词汇特征较为了解,另有 55.7%的学生对上述四个方面都不了解。

参与试测的 35 名教师中,17.1%为男教师、82.9%为女教师;8.6%的教师教龄小于 5 年、2.9%的教师教龄为 5—10 年、45.7%教龄为 11—20 年、42.9%教龄为 20 年以上;其中助教 2.9%、讲师 68.6%、副教授 28.5%。研究方向上文学占 20.0%、语言学占 30.0%、教学占 23.3%、翻译占 20.0%、文化占 6.7%。教学对象上,65.7%的教师为大一学生、57.1%的教师为大二学生、11.4%的教师为大三学生、5.7%的教师为大四学生、34.3%的教师为研究生。由于部分教师同时教授不同年级学生,因此上述总数超过 100%,但从分布上来看,大部分教师的教学对象为大一和大二本科生。关于学术英语的了解程度,54.3%的教师有一些了解,22.9%的教师非常了解,另有 22.9%的教师不是很了解;57.1%的教师教授过学术英语类课程。

### 3.2.3 试测数据分析

为了考查试测问卷的科学性和适切性,项目组运用 SPSS 26.0 从信度和效度两方面对主体部分进行统计分析,并讨论简答题的回答。

学生问卷询问英语学习和科研工作的关系(4 题)、理工科学术英语与通用英语的异同(4 题)、目前遇到的学习困难(7 题)、学术英语必要技能(26 题)、学术英语必要知识(7 题)、学术英语课程实施方法(20 题)。上述部分的克伦巴赫 α 系数分别为 0.89、0.86、0.89、0.82、0.88、0.78,均超过 0.7,具有一定的信度。在效度检验上,使用皮尔逊相关系数(Pearson Correlation Coefficient)检验上述部分的构念效度。在英语学习和科研工作的关系中,各描述语之间的皮尔逊相关系数值在 0.618 至 0.773 之间(在 0.01 水平上显著,双尾检验)。在理工科学术英语与通用英语的异同中,各描述语之间的皮尔逊相关系数值在 0.459 至 0.742 之间(在 0.01 水平上显著,双尾检验)。在目前遇到的学习困难中,大部分描述语之间的皮尔逊相关系数值在 0.513 至 0.694 之间(在 0.01 水平上显著,双尾检验)。在学术英语必要技能中,大部分描述语之间的皮尔逊相关系数值在 0.501 至 0.680 之间(在 0.01 水平上显著,双尾检验)。在学术英语必要知识中,大部分描述语之间的皮尔逊相关系数值在 0.492 至 0.737 之间(在 0.01 水平上显著,双尾检验)。在学术英语课程实施方法中,大部分描述语之间的皮尔逊相关系数值在 0.517 至 0.731 之间(分别在 0.01 和 0.05 水平上显著,双尾检验)。由此可见,上述各部分内部描述语之间的相关系数基本符合 0.5—0.7 的理论标准(参见 Alderson et al. 2000),显示较为可靠的构念效度。

教师问卷询问英语学习和科研工作的关系(4 题)、理工科学术英语与通用英语的异同(4 题)、学术英语必要技能(26 题)、学术英语必要知识(7 题)、学术英语课程实施方法(20 题)。上述部分的克伦巴赫 α 系数分别为 0.82、0.72、0.95、0.86、0.92,均超过 0.7,具有一定的信度。尤其是在学术英语必要技能和学术英语课程实施方法这两个核心概念上的信度系数超过 0.9,表明该问卷的信度系数高于学生问卷。在效度检验上,使用皮尔逊相关系数检验上述部分的构念效度。在英语学习和科研工作的关系中,各描述语之间的皮尔逊相关系数值在 0.658 至 0.708 之间(在 0.01 水平上显著,双尾检验)。在理工科学术英语与通用英语的异同中,各描述语之间的皮尔逊相关系数值在 0.587 至 0.688 之间(在 0.01 水平上显著,双尾检验)。在学术英语必要技能中,大部分描述语之间的皮尔逊相关系数值在 0.501 至 0.721 之间(在 0.01 水平上显著,双尾检验)。在学术英语必要知识中,大部分描述语之间的皮尔逊相关系数值在 0.503 至 0.732 之间(在 0.01 水平上显著,双尾检验)。在学术英语课程实施方法中,大部分描述语之间的皮尔逊相关系数值在 0.551 至 0.773 之间（分别在 0.01 和 0.05 水平上显著，双尾检验）。由此可见，上述各部分内部描述语之间的相关系数符合 0.5—0.7 的理论标准，显示较为可靠的构念效度。

两份试测问卷均有两道简答题。第一题询问受试在填写问卷时难以理解或觉得困难之处。学生反映对学术英语的概念以及与之相关的授课形式不太明晰，教师对此没有困难。第二题询问受试对学术英语教学的意见和建议。学生反映希望能通过阅读学术文献增加写作能力，开设课程时理论联系实践帮助学生予以更好地掌握，学术词汇很难希望有更好的学习方法，课上丰富讨论课后多加练习，针对不同专业开设专门学术英语课程等。教师提出应采取分级和分专业教学，在课程内容上也须进一步细分等。

## 3.3　正式问卷调查[①]

### 3.3.1　正式问卷编制

根据试测问卷数据分析结果，项目组增加了对学术英语概念的必要说明，剔除不合适问题，改写不精确描述语后编制完成用于大规模使用的正式问卷，分为受试个人信息、问卷主体和简答题三部分。其中，个人信息采用填空题和选择题，学生卷询问性别、专业、年级、学习英语的时间、英语水平、对学术英语的了解程度等；教师卷询问性别、教龄、职称、研究方向、学生对象、对学术英语的了解程度等。问卷主体部分采用李克特五级量表的形式，要求受试认真阅读有关学术英语课程的描述，选择符合自己现在实际情况的选项，其中 1 表示完全不同意；2 表示不同意；3 表示一般；4 表示同意；5 表示完全同意。简答题进一步询问受试对学术英语教学的意见和建议。详见附录 1 和附录 2 的两份完整问卷。

### 3.3.2　研究对象

项目组在全国三个层次的理工类高校中选取了 30 所，遍布东北、华北、华中、华东、华南、西北、西南等区域，以保证取样的覆盖面。根据各校开设学术英语课程和任课教师的实际情况，发放 100 至 300 份学生问卷，以及 10 至 50 份教师问卷；共回收学生问卷 7 816 份，教师问卷 839 份；其中有效问卷为 6 825 份和 719 份，有效率分别为 87.32% 和 85.70%。表 2.2.5 为研究对象的基本信息。

---

[①] 刘芹、刘鸿颖所著论文《中国理工科大学生学术英语教学调查研究》摘要汇报了此次问卷调查的结果，发表在《外语界》2020 年第 5 期。此处略作修改。

中国理工科大学生学术英语泛在学习模式有效性研究

表 2.2.5　大规模问卷调查受试基本信息

| 地域 | 国家双一流高校 | 地方双一流高校 | 地方普通高校 | 学生问卷 | 教师问卷 |
|---|---|---|---|---|---|
| 东北 | 哈尔滨工业大学<br>大连理工大学 | 长春理工大学<br>哈尔滨理工大学 | | 978 | 60 |
| 华北 | 北京航空航天大学<br>北京理工大学 | 北京科技大学<br>太原理工大学 | 天津科技大学<br>河北科技大学 | 1 480 | 177 |
| 华中 | 华中科技大学 | 武汉理工大学<br>河南理工大学<br>河南科技大学 | 河南工业大学 | 1 122 | 184 |
| 华东 | 同济大学 | 华东理工大学<br>南京理工大学<br>南京航空航天大学<br>浙江工业大学<br>上海理工大学 | 上海工程技术大学<br>江西理工大学<br>苏州科技大学<br>上海第二工业大学 | 2 274 | 158 |
| 华南 | 华南理工大学 | 广东工业大学 | | 307 | 35 |
| 西北 | 西北工业大学 | | 陕西理工大学 | 483 | 65 |
| 西南 | 电子科技大学 | | | 181 | 40 |
| 学生问卷 | 1 938 | 2 958 | 1 929 | 总数：6 825 | |
| 教师问卷 | 194 | 300 | 225 | 总数：719 | |

### 3.3.2.1　学生情况

参与调研的 6 825 名学生中,64.4%为男生、35.6%为女生;41.8%为大一学生、25.3%为大二学生、4.8%为大三学生、0.7%为大四学生、27.4%为研究生;专业大部分为电子信息、自动化、机械、数学、化学、控制科学与工程、交通运输工程、管理科学与工程、生物医药工程、能源与动力工程、环境科学与工程、计算机科学与技术、材料科学与工程、食品科学与工程、光电信息科学与工程等理工类专业。关于学习英语的时间,4.0%为 4—6 年、21.1%为 7—9 年、50.5%为 10—12 年、24.4%为 13 年以上;其中29.2%的学生参加过学术英语类课程,70.8%的学生尚未参加。关于目前的英语水平,74.3%的学生为大学英语四级,另有 25.7%的学生为大学英语六级。

本研究对学生英语听、说、读、写各技能的水平进行了进一步探究,得出如下结论。54.9%的学生认为自己阅读能力最强、22.4%的学生认为自己写作能力最强、13.2%的学生认为自己听力能力最强、9.5%的学生认为自己口语能力最强。相反,分别有33.8%和33.3%的学生认为自己的听力能力和口语能力最弱、23.2%的学生认为自己的写作能力最弱、另有9.7%的学生认为自己的阅读能力最弱。关于听、说、读、写四个技能的重要性,33.6%的学生认为阅读最重要、25.6%的学生认为口语最重要、21.9%的学生认为听力最重要、18.9%的学生认为写作最重要。相反,认为听、说、读、写不重要的学生分别为22.8%、27.2%、20.4%和29.6%,较为均衡。

最后探究了学生对学术英语的认知程度,统计结果如下。77%的学生对学术英语完全不了解或不是很了解、23%的学生非常了解或基本了解学术英语。关于学术英语的文体、语篇、词汇和语用四个重要方面,只有14.5%、15.4%和15.6%的学生对学术英语的文体特征、语篇特征和语用特征较为了解,但有32.2%的学生对学术英语的词汇特征较为了解,另有57%的学生对上述四个方面都不了解。

### 3.3.2.2　教师情况

参与调研的719名教师中,22.1%为男教师、77.9%为女教师;5.3%的教师教龄低于5年、8.4%的教师教龄为5—10年、50.7%的教师教龄为11—20年、35.6%的教师教龄为20年以上;其中助教4.2%、讲师55.3%、副教授36.6%、教授3.9%。研究方向上,文学占15.3%、语言学占37.9%、教学占31.9%、翻译占10.6%、文化占4.3%。学生对象上,72.6%的教师为大一学生、54.7%的教师为大二学生、9.9%的教师为大三学生、3.8%的教师为大四学生、17.5%的教师为研究生。因为部分教师同时教授不同年级学生,因此上述总数超过100%,但从分布上来看,大部分教师的教学对象为大一和大二本科生。

接下来探究教师对学术英语的认知程度。61.8%的教师非常了解或基本了解学术英语、38.2%的教师对学术英语完全不了解或不是很了解;其中39.2%的教师教授过通用学术英语、学术英语阅读写作、高级学术英语、学术论文写作与发表、学术英语读写、学术英语听说、工程知识导论与翻译、科技论文写作、学术英语交流、研究生学术英语、科技英语摘要写作、科技英语报告等学术英语类课程。关于学术英语的文体、语篇、词汇和语用四个重要方面,48.8%、51.6%和56.6%的教师对学术英语的文体特征、语篇特征和词汇特征较为了解,但只有30.7%的教师对学术英语的语用特征较为了解,另有 17.7%的教师对上述四个方面都不了解。

### 3.3.3 正式问卷调查数据分析

本研究使用 SPSS 26.0 和 NVivo12 对收集到的数据进行统计分析。前者主要对问卷的个人信息和主体部分开展描述性统计(descriptive statistics)和非参数独立样本 Mann-Whitney U 检验;后者主要对问卷的简答题部分开展质性分析。

#### 3.3.3.1 量化数据分析

学生问卷分析

学生问卷询问英语学习和科研工作的关系(4题)、理工科学术英语与通用英语的异同(4题)、目前遇到的学习困难(7题)、学术英语必要技能(26题)、学术英语必要知识(7题)、学术英语课程实施方法(20题)。各部分的描述性统计分析见表 2.2.6 至表 2.2.11。

**表 2.2.6　英语学习和科研工作的关系(学生卷)**

| 序号 | 描　述　语 | 1(%) | 2(%) | 3(%) | 4(%) | 5(%) | 平均分 | 标准差 |
|---|---|---|---|---|---|---|---|---|
| 1 | 我认为英语对于理工科专业课学习很重要。 | 1.9 | 2.3 | 11.6 | 33.5 | 50.7 | 4.29 | 0.897 |
| 2 | 我认为一个优秀的理工科学生必须具备好的英语能力。 | 1.4 | 2.2 | 10.1 | 35.3 | 51.0 | 4.32 | 0.851 |
| 3 | 我认为好的英语能力可以帮助我与国外的学者进行交流。 | 1.4 | 1.3 | 5.6 | 25.8 | 65.9 | 4.53 | 0.778 |
| 4 | 我认为学习英语帮助我了解国外研究者的研究态度和研究思维方式。 | 1.4 | 2.2 | 9.7 | 28.8 | 57.9 | 4.40 | 1.054 |

由表 2.2.6 可知,学生普遍认为英语能力对科研工作有很大帮助。按照平均分由高到低排列,学生最认同的是"好的英语能力可以帮助我与国外的学者进行交流"(4.53),其次是"学习英语帮助我了解国外研究者的研究态度和研究思维方式"(4.40),"优秀的理工科学生必须具备好的英语能力"(4.32),最后是"英语对于理工科专业课学习很重要"(4.29)。这些反映出学生在学习与科研工作相关的学术英语方面具有强大的动机。从标准差来看,第4条大于1,表明学生在这方面有较大差异。

表 2.2.7　理工科学术英语与通用英语的异同（学生卷）

| 序号 | 描　述　语 | 1（%） | 2（%） | 3（%） | 4（%） | 5（%） | 平均分 | 标准差 |
|---|---|---|---|---|---|---|---|---|
| 1 | 理工科学术英语有大量的专业词汇。 | 1.1 | 2.0 | 10.5 | 35.0 | 51.4 | 4.34 | 1.032 |
| 2 | 理工科学术英语专业性很强，包括编程、绘图以及工程语言等特殊的表达。 | 0.9 | 2.3 | 12.4 | 35.1 | 49.3 | 4.31 | 1.031 |
| 3 | 理工科学术英语帮助学生培养具有理工科特点的思维方式。 | 1.8 | 5.2 | 22.4 | 33.7 | 36.9 | 3.99 | 1.094 |
| 4 | 理工科学术英语包括很多对图表、研究设计、实验结果及编写指南等专业性的技术写作。 | 1.2 | 2.3 | 16.1 | 35.5 | 44.9 | 4.20 | 0.876 |

　　由表 2.2.7 可知，学生普遍认为理工科学术英语不同于通用英语。按照平均分由高到低排列，学生最认同的是"理工科学术英语有大量的专业词汇"（4.34），其次是"理工科学术英语专业性很强，包括编程、绘图以及工程语言等特殊的表达"（4.31），再次是"理工科学术英语包括很多对图表、研究设计、实验结果及编写指南等专业性的技术写作"（4.20），最后是"理工科学术英语帮助培养具有理工科特点的思维方式"（3.99）。这些反映出学生对理工科学术英语包含的专业词汇、专业表达、技术写作和思维方式有一定的了解。从标准差来看，前面三条均大于 1，表明学生在这些方面有较大差异。

表 2.2.8　目前遇到的学习困难（学生卷）

| 序号 | 描　述　语 | 1（%） | 2（%） | 3（%） | 4（%） | 5（%） | 平均分 | 标准差 |
|---|---|---|---|---|---|---|---|---|
| 1 | 阅读原版教材和专业文献速度慢。 | 1.6 | 3.5 | 11.5 | 35.2 | 48.2 | 4.25 | 0.903 |
| 2 | 词汇量不够，尤其是学术词汇和专业词汇不够。 | 1.3 | 2.2 | 8.4 | 31.9 | 56.2 | 4.40 | 0.844 |
| 3 | 写英语的专业摘要，实验报告和小论文有困难。 | 1.4 | 2.4 | 11.2 | 33.9 | 51.1 | 4.32 | 1.166 |

续 表

| 序号 | 描 述 语 | 1（%） | 2（%） | 3（%） | 4（%） | 5（%） | 平均分 | 标准差 |
|---|---|---|---|---|---|---|---|---|
| 4 | 对原版教材和专业文献文章的整体结构不熟悉。 | 1.5 | 4.4 | 15.1 | 38.2 | 40.8 | 4.13 | 1.109 |
| 5 | 对原版教材和专业文献文章的句子结构不熟悉。 | 1.4 | 4.9 | 15.0 | 38.5 | 40.2 | 4.12 | 1.113 |
| 6 | 原版教材和专业文献文章长，读不下来。 | 1.9 | 6.7 | 14.9 | 34.2 | 42.3 | 4.08 | 1.002 |
| 7 | 抓不住原版教材和专业文献的中心思想。 | 2.1 | 8.1 | 17.8 | 34.2 | 37.8 | 3.98 | 1.142 |

由表 2.2.8 可知，学生普遍认可关于学习困难的 7 条描述语，按照平均分由高到低排列，学生认为最难的是词汇量，尤其是学术词汇和专业词汇（4.40）、写英语的专业摘要，实验报告和小论文（4.32）和阅读原版教材和专业文献（4.25），其次为不熟悉原版教材和专业文献文章的整体结构（4.13）、不熟悉原版教材和专业文献文章的句子结构（4.12）和无法读懂原版教材和专业文献中的长篇文章（4.08），最后为"抓不住原版教材和专业文献的中心思想"（3.98）。从学生对上述方面的回答来看，最困难的方面是学术词汇和专业词汇，这点也增加了写作和阅读时的难度。从标准差来看，第 3 至第 7 条均大于 1，表明学生在这些方面有较大差异。

表 2.2.9　学术英语必要技能（学生卷）

| 序号 | 描 述 语 | 1（%） | 2（%） | 3（%） | 4（%） | 5（%） | 平均分 | 标准差 |
|---|---|---|---|---|---|---|---|---|
| 1 | 学术英语包括学习英语国家的学术文化。 | 2.3 | 5.4 | 21.5 | 39.1 | 31.7 | 3.93 | 1.093 |
| 2 | 学术英语包括如何与老师和同学交流。 | 1.6 | 4.3 | 15.8 | 42.1 | 36.2 | 4.07 | 0.912 |
| 3 | 学术英语包括培养具有独立学习和研究的能力。 | 1.4 | 2.2 | 13.0 | 40.1 | 43.3 | 4.21 | 0.858 |

| 序号 | 描　述　语 | 1(%) | 2(%) | 3(%) | 4(%) | 5(%) | 平均分 | 标准差 |
|---|---|---|---|---|---|---|---|---|
| 4 | 学术英语包括学习相应的学习方式及策略。 | 1.0 | 2.4 | 12.6 | 42.3 | 41.7 | 4.21 | 0.825 |
| 5 | 阅读并理解本专业的英语文献资料。 | 1.1 | 2.0 | 10.4 | 39.2 | 47.3 | 4.29 | 0.821 |
| 6 | 阅读时用英语记笔记。 | 2.1 | 6.4 | 23.2 | 37.0 | 31.3 | 3.89 | 0.989 |
| 7 | 理解老师的英语讲义（如PPT）内容。 | 1.0 | 3.1 | 13.8 | 43.3 | 38.8 | 4.16 | 0.846 |
| 8 | 能够批判性地理解学术文章的内容。 | 1.2 | 3.9 | 17.3 | 38.9 | 38.7 | 4.11 | 1.094 |
| 9 | 略读并大致了解学术文章的内容。 | 1.2 | 2.7 | 12.5 | 43.2 | 40.4 | 4.20 | 0.968 |
| 10 | 理解与专业课相关的图表、图形和研究设计。 | 1.1 | 2.9 | 14.9 | 41.8 | 39.3 | 4.16 | 0.854 |
| 11 | 用英语总结、改写和整合专业论文的内容。 | 1.5 | 3.9 | 15.2 | 39.4 | 40.0 | 4.14 | 1.086 |
| 12 | 用英语设计撰写PPT。 | 1.5 | 4.8 | 18.1 | 38.2 | 37.4 | 4.05 | 0.937 |
| 13 | 用英语撰写文献综述。 | 1.8 | 4.0 | 16.0 | 38.2 | 40.0 | 4.11 | 0.961 |
| 14 | 用英语写摘要。 | 1.5 | 3.8 | 14.9 | 37.8 | 42.0 | 4.15 | 0.912 |
| 15 | 用英语写实验报告。 | 2.0 | 5.0 | 18.6 | 35.5 | 38.9 | 4.06 | 1.309 |
| 16 | 用英语写小论文。 | 1.7 | 4.2 | 16.2 | 36.2 | 41.7 | 4.12 | 0.941 |
| 17 | 听懂全英语讲授的专业课程。 | 1.8 | 5.3 | 17.2 | 35.0 | 40.7 | 4.07 | 0.976 |
| 18 | 用英语在专业课堂上记笔记。 | 2.5 | 7.2 | 21.1 | 36.1 | 33.1 | 3.90 | 1.022 |
| 19 | 听懂用英语进行的学术讲座。 | 1.9 | 4.8 | 15.8 | 37.5 | 40.0 | 4.09 | 0.956 |
| 20 | 确定全英语讲授专业课程的目的、内容及重点。 | 1.4 | 3.9 | 14.7 | 39.0 | 41.0 | 4.14 | 0.906 |

续　表

| 序号 | 描　述　语 | 1（%） | 2（%） | 3（%） | 4（%） | 5（%） | 平均分 | 标准差 |
|---|---|---|---|---|---|---|---|---|
| 21 | 意识到全英语讲授专业课程老师的各种教学任务（例如建议、指示及警告等）。 | 1.4 | 3.5 | 14.6 | 39.9 | 40.6 | 4.15 | 0.893 |
| 22 | 用英语在课堂上回答并提出与学科相关的专业问题。 | 1.5 | 4.7 | 16.5 | 38.4 | 38.9 | 4.09 | 0.932 |
| 23 | 用英语参加课堂讨论。 | 1.9 | 4.5 | 16.0 | 39.6 | 38.0 | 4.07 | 0.942 |
| 24 | 用英语在研讨会/实验室中对实验或研究数据进行口头展示。 | 2.0 | 4.8 | 16.2 | 37.2 | 39.9 | 4.08 | 0.960 |
| 25 | 用英语进行小组汇报。 | 1.9 | 4.6 | 16.6 | 38.7 | 38.2 | 4.07 | 1.171 |
| 26 | 用英语参加学术研讨会。 | 2.0 | 4.9 | 17.1 | 35.3 | 40.7 | 4.09 | 1.199 |

由表 2.2.9 可知，学生普遍认可关于学术英语必要技能的 26 条描述语。按照平均分由高到低排列，学生认为最重要的是"阅读并理解本专业的英语文献资料"（4.29）、"学术英语包括培养具有独立学习和研究的能力"（4.21）、"学术英语包括学习相应的学习方式及策略"（4.21）和"略读并大致了解学术文章的内容"（4.20），其次是"理解老师的英语讲义（如 PPT）内容"（4.16）、"理解与专业课相关的图表、图形和研究设计"（4.16）、"用英语写摘要"（4.15）、"意识到全英语讲授专业课程老师的各种教学任务（例如建议、指示及警告等）"（4.15）、"用英语总结、改写和整合专业论文的内容"（4.14）、"确定全英语讲授专业课程的目的、内容及重点"（4.14）、"用英语写小论文"（4.12）、"能够批判性地理解学术文章的内容"（4.11）、"用英语撰写文献综述"（4.11），再次是"听懂用英语进行的学术讲座"（4.09）、"用英语在课堂上回答并提出与学科相关的专业问题"（4.09）、"用英语参加学术研讨会"（4.09）、"用英语在研讨会/实验室中对实验或研究数据进行口头展示"（4.08）、"学术英语包括如何与老师和同学交流"（4.07）、"听懂全英语讲授的专业课程"（4.07）、"用英语参加课堂讨论"（4.07）、"用英语进行小组汇报"（4.07）、"用英语写实验报告"（4.06）、"用英语设计撰写 PPT"（4.05），最后是"学术英语包括学习英语国

家的学术文化"(3.93)、"用英语在专业课堂上记笔记"(3.90)和"阅读时用英语记笔记"(3.89)。由此可见,学生认为理工科学术英语听、说、读、写四大技能中,阅读能力(包含文字、PPT、图表、图形、研究设计等)和写作能力(包含摘要、改写、小论文、文献综述、实验报告、PPT 等)更为重要,其次是听说能力(包含学术讲座、专业课程、课堂讨论、小组汇报、学术交流等)。此外,学生对自主学习能力、自我研究能力、批判性思维能力和跨文化交际能力也很重视。从标准差来看,第 1、8、11、15、18、25 和 26 条均大于 1,表明学生在这些方面有较大差异。

表 2.2.10　学术英语必要知识(学生卷)

| 序号 | 描　述　语 | 1 (%) | 2 (%) | 3 (%) | 4 (%) | 5 (%) | 平均分 | 标准差 |
|---|---|---|---|---|---|---|---|---|
| 1 | 英语语法知识。 | 2.4 | 5.1 | 17.4 | 34.2 | 40.9 | 4.08 | 1.326 |
| 2 | 通用英语词汇知识。 | 1.2 | 2.3 | 9.6 | 35.5 | 51.4 | 4.34 | 0.834 |
| 3 | 专业英语词汇知识。 | 1.5 | 2.2 | 9.5 | 33.6 | 53.2 | 4.36 | 1.096 |
| 4 | 英语讲授的高等数学知识。 | 4.8 | 9.1 | 26.8 | 30.6 | 28.7 | 3.70 | 1.328 |
| 5 | 英语讲授的大学物理知识。 | 6.1 | 10.1 | 27.5 | 30.0 | 26.3 | 3.61 | 1.311 |
| 6 | 英语讲授的研究设计知识。 | 3.2 | 6.1 | 20.7 | 35.4 | 34.6 | 3.92 | 1.037 |
| 7 | 英语讲授的数据汇报知识。 | 2.8 | 5.2 | 19.5 | 36.4 | 36.1 | 3.98 | 1.009 |

由表 2.2.10 可知,学生较为认可关于学术英语必要知识的 7 条描述语。按照平均分由高到低排列,学生认为最重要的是"专业英语词汇知识"(4.36)和"通用英语词汇知识"(4.34),其次是"英语语法知识"(4.08),再次是"英语讲授的数据汇报知识"(3.98)和"英语讲授的研究设计知识"(3.92),最后是"英语讲授的高等数学知识"(3.70)和"英语讲授的大学物理知识"(3.61)。由此可见,学生普遍重视词汇和语法,但对于理工科学术英语包含的数据汇报、研究设计两大因素认知程度不是很高,对于高等数学、大学物理这两个与理工科学术英语密切相关的基础学科知识也不是很重视。从标准差来看,除了第 2 条,其他条均大于 1,表明学生在这些方面有较大差异。

**表 2.2.11 学术英语课程实施方法(学生卷)**

| 序号 | 描　述　语 | 1 (%) | 2 (%) | 3 (%) | 4 (%) | 5 (%) | 平均分 | 标准差 |
|---|---|---|---|---|---|---|---|---|
| 1 | 学术英语不同于通用英语,需要进行专门课程学习。 | 2.0 | 3.4 | 14.6 | 38.8 | 41.2 | 4.14 | 0.991 |
| 2 | 用英语直接搜索和阅读专业文献资料对我学习和研究很重要。 | 1.1 | 2.5 | 13.2 | 39.0 | 44.2 | 4.23 | 0.852 |
| 3 | 用英语写文献综述、摘要、实验报告、小论文对我的专业学习很重要。 | 1.3 | 2.9 | 15.6 | 36.3 | 43.9 | 4.18 | 0.894 |
| 4 | 用英语阐述研究所得,并参与学术研讨对我的专业研究很重要。 | 1.4 | 3.4 | 16.0 | 37.3 | 41.9 | 4.15 | 0.904 |
| 5 | 该课程可以帮助我了解学术研究规范和学科研究过程。 | 1.3 | 2.9 | 14.7 | 40.2 | 40.9 | 4.19 | 1.323 |
| 6 | 该课程有利于培养我与其他同学的团队合作精神。 | 1.5 | 4.9 | 19.5 | 38.0 | 36.1 | 4.02 | 0.940 |
| 7 | 该课程能增进我的逻辑分析能力、材料整合能力。 | 1.6 | 3.7 | 16.4 | 39.2 | 39.1 | 4.11 | 1.041 |
| 8 | 该课程能增强我对学术语篇阅读和写作的兴趣。 | 2.6 | 4.4 | 17.5 | 36.2 | 39.3 | 4.07 | 1.265 |
| 9 | 教师在教学前需要了解学生的学习动机和要求。 | 1.1 | 2.1 | 10.2 | 39.6 | 47.0 | 4.29 | 0.817 |
| 10 | 教师在授课时需要向学生介绍学习方法和策略。 | 0.9 | 1.9 | 9.5 | 38.7 | 49.0 | 4.34 | 0.928 |
| 11 | 教师在教学过程中需要评价学生的学习情况。 | 1.3 | 2.3 | 12.6 | 40.8 | 43.0 | 4.23 | 0.981 |
| 12 | 教师在授课后需要及时了解学生的课堂学习和课后巩固情况。 | 1.1 | 2.3 | 11.6 | 41.0 | 44.0 | 4.25 | 0.827 |
| 13 | 教师在课堂授课之外需要向学生提供慕课、微课、文献等自学材料。 | 1.6 | 3.3 | 14.7 | 37.9 | 42.5 | 4.17 | 0.903 |

| 序号 | 描　述　语 | 1（%） | 2（%） | 3（%） | 4（%） | 5（%） | 平均分 | 标准差 |
|---|---|---|---|---|---|---|---|---|
| 14 | 除了在课堂上听教师授课,学生需要在课外进行有组织的研究和讨论来巩固课堂内容。 | 1.3 | 3.0 | 15.7 | 39.5 | 40.5 | 4.15 | 0.887 |
| 15 | 教师需要组织学生参加与学术英语相关的第二课堂活动。 | 2.2 | 4.4 | 19.0 | 39.0 | 35.4 | 4.01 | 0.958 |
| 16 | 专业课教师应该加入学术英语课程教学。 | 1.8 | 3.6 | 16.2 | 37.0 | 41.4 | 4.13 | 0.931 |
| 17 | 学术英语教学应该和计算机技术、网络技术相结合。 | 1.6 | 3.3 | 15.5 | 39.3 | 40.3 | 4.13 | 0.903 |
| 18 | 学术英语教学应该建设课下的学习平台,做到随时随地学习。 | 1.7 | 4.1 | 15.2 | 38.6 | 40.4 | 4.12 | 0.929 |
| 19 | 随时、随地及随机的学术英语学习符合我个人的学习习惯。 | 2.4 | 5.7 | 18.1 | 36.1 | 37.7 | 4.01 | 1.000 |
| 20 | 这种与信息技术相连接的学习模式适合学术英语的学习。 | 1.7 | 2.9 | 15.5 | 38.8 | 41.1 | 4.15 | 0.902 |

表2.2.11反映学生对学术英语课程实施方法的态度,又分成如下三部分。第1至第8条描述语询问学生对学术英语课程的看法,数据分析结果显示总体认可度较高。按照平均分由高到低排列,学生认为通过学术英语课程,他们可以用英语直接搜索和阅读专业文献资料以提高学习和研究效果(4.23),了解学术研究规范和学科研究过程(4.19),用英语写文献综述、摘要、实验报告、小论文以提高专业学习能力(4.18),用英语阐述研究所得并参与学术研讨以提高专业研究能力(4.15)。学生认为学术英语不同于通用英语,需要进行专门学习(4.14),学术英语课程能增进逻辑分析能力和材料整合能力(4.11)、增强对学术语篇阅读和写作的兴趣(4.07)和培养与其他同学的团队合作精神(4.02)。从标准差来看,第5、7和8条均大于1,表明学生在这些方面有较大差异。

第9至第16条描述语询问学生对学术英语授课过程的看法,数据分析结果显示总体认可度。按照平均分由高到低排列,学生认为"教师在授课时需要向学生介绍学习方法和策略"(4.34)、"教师在教学前需要了解学生的学习动机和要求"（4.29）、"教师在授课后需要及时了解学生的课堂学习和课后巩固情况"（4.25）、"教师在教学过程中需要评价学生的学习情况"（4.23），其次是"教师在课堂授课之外需要向学生提供慕课、微课、文献等自学材料"（4.17）、"除了在课堂上听教师授课，学生需要在课外进行有组织的研究和讨论来巩固课堂内容"（4.15）和"专业课教师应该加入学术英语课程教学"（4.13），最后是"教师需要组织学生参加与学术英语相关的第二课堂活动"（4.01）。由此可见，学生普遍希望学术英语课程任课教师要关注学习方法和策略，课前了解学生的学习动机，课后帮助学生复习巩固，并开展过程评估保证教学质量。由于学术英语的掌握难度较大，需要多提供教学资料，课后组织研讨和第二课堂活动，并请专业课教师协助教学。从标准差来看，所有描述语都小于1，表明学生看法较为统一。

第17条至第20条描述语询问学生对学术英语学习模式的看法，数据分析结果显示总体认可度较高。按照平均分由高到低排列，学生认为"与信息技术相连接的学习模式适合学术英语的学习"（4.15）、"学术英语教学应该和计算机技术、网络技术相结合"（4.13）、"学术英语教学应该建设课下的学习平台，做到随时随地学习"（4.12）和"随时、随地及随机的学术英语学习符合他们自己的学习习惯"（4.01）。由此可见，学生普遍认为要紧密结合计算机技术和网络技术来设计学术英语学习模式，通过有效的学习平台做到随时、随地、随机学习。从标准差来看，所有描述语都小于等于1，表明学生看法较为统一。

教师问卷分析

教师问卷询问英语学习和科研工作的关系（4题）、理工科学术英语与通用英语的异同（4题）、学术英语必要技能（26题）、学术英语必要知识（7题）、学术英语课程实施方法（20题）。各部分的描述性统计分析见表2.2.12至表2.2.16。

表2.2.12　英语学习和科研工作的关系（教师卷）

| 序号 | 描　述　语 | 1（%） | 2（%） | 3（%） | 4（%） | 5（%） | 平均分 | 标准差 |
|---|---|---|---|---|---|---|---|---|
| 1 | 我认为英语对于理工科专业课学习很重要。 | 1.3 | 2.1 | 8.8 | 30.6 | 57.2 | 4.41 | 0.832 |
| 2 | 我认为一个优秀的理工科学生必须具备好的英语能力。 | 0.8 | 2.4 | 7.1 | 27.1 | 62.6 | 4.48 | 0.797 |

| 序号 | 描　述　语 | 1（%） | 2（%） | 3（%） | 4（%） | 5（%） | 平均分 | 标准差 |
|---|---|---|---|---|---|---|---|---|
| 3 | 我认为好的英语能力可以帮助学生与国外的学者进行交流。 | 1.0 | 1.3 | 4.5 | 26.8 | 66.4 | 4.57 | 0.726 |
| 4 | 我认为学习英语帮助学生了解国外研究者的研究态度和研究思维方式。 | 0.8 | 1.9 | 5.7 | 25.0 | 66.6 | 4.54 | 0.762 |

由表 2.2.12 可知,教师普遍认为英语能力对科研工作有很大帮助。按照平均分由高到低排列,教师最认同的是"好的英语能力可以帮助学生与国外的学者进行交流"(4.57),其次是"学习英语帮助学生了解国外研究者的研究态度和研究思维方式"(4.54),"优秀的理工科学生必须具备好的英语能力"(4.48),最后是"英语对于理工科专业课学习很重要"(4.41)。上述 4 条描述语的平均分排序与学生问卷调查结果完全一致,且平均分均高于学生问卷调查结果,反映教师完全认可学术英语学习与科研工作的高度相关性。从标准差来看,所有描述语都小于 1,表明教师看法较为统一。

表 2.2.13　理工科学术英语与通用英语的异同(教师卷)

| 序号 | 描　述　语 | 1（%） | 2（%） | 3（%） | 4（%） | 5（%） | 平均分 | 标准差 |
|---|---|---|---|---|---|---|---|---|
| 1 | 理工科学术英语有大量的专业词汇。 | 1.4 | 2.2 | 8.2 | 35.5 | 52.7 | 4.36 | 0.834 |
| 2 | 理工科学术英语专业性很强,包括编程、绘图以及工程语言等特殊的表达。 | 1.5 | 2.2 | 11.3 | 35.9 | 49.1 | 4.29 | 0.865 |
| 3 | 理工科学术英语帮助学生培养具有理工科特点的思维方式。 | 1.8 | 2.1 | 18.8 | 36.6 | 40.7 | 4.12 | 0.910 |
| 4 | 理工科学术英语包括很多对图表、研究设计、实验结果及编写指南等专业性的技术写作。 | 1.0 | 3.1 | 10.4 | 38.7 | 46.8 | 4.27 | 0.842 |

中国理工科大学生学术英语泛在学习模式有效性研究

　　由表2.2.13可知,教师普遍认为理工科学术英语不同于通用英语。按照平均分由高到低排列,教师最认同的是"理工科学术英语有大量的专业词汇"(4.36),其次是"理工科学术英语专业性很强,包括编程、绘图以及工程语言等特殊的表达"(4.29),再次是"理工科学术英语包括很多对图表、研究设计、实验结果及编写指南等专业性的技术写作"(4.27),最后是"理工科学术英语帮助培养具有理工科特点的思维方式"(4.12)。上述4条描述语的平均分排序与学生问卷调查结果完全一致,且3项的平均分高于学生问卷调查结果,另1项的平均分略低于学生问卷调查结果,这些反映出教师高度认可理工科学术英语包含的专业词汇、专业表达、技术写作和思维方式等特征。从标准差来看,所有描述语都小于1,表明教师看法较为统一。

表 2.2.14　学术英语必要技能(教师卷)

| 序号 | 描　述　语 | 1 (%) | 2 (%) | 3 (%) | 4 (%) | 5 (%) | 平均分 | 标准差 |
|---|---|---|---|---|---|---|---|---|
| 1 | 学术英语包括学习英语国家的学术文化。 | 1.8 | 3.9 | 14.5 | 35.5 | 44.3 | 4.17 | 0.938 |
| 2 | 学术英语包括如何与老师和同学交流。 | 2.1 | 5.3 | 18.8 | 39.5 | 34.3 | 3.99 | 0.965 |
| 3 | 学术英语包括培养具有独立学习和研究的能力。 | 1.8 | 2.5 | 8.6 | 34.6 | 52.5 | 4.33 | 0.874 |
| 4 | 学术英语包括学习相应的学习方式及策略。 | 1.4 | 2.4 | 9.6 | 39.5 | 47.1 | 4.29 | 0.840 |
| 5 | 阅读并理解本专业的英语文献资料。 | 1.8 | 0.7 | 5.4 | 30.2 | 61.9 | 4.50 | 0.786 |
| 6 | 阅读时用英语记笔记。 | 1.9 | 3.5 | 17.1 | 42.1 | 35.4 | 4.05 | 0.915 |
| 7 | 理解老师的英语讲义(如PPT)内容。 | 1.4 | 2.2 | 10.6 | 41.4 | 44.4 | 4.25 | 0.837 |
| 8 | 能够批判性地理解学术文章的内容。 | 1.9 | 1.4 | 7.5 | 34.8 | 54.4 | 4.38 | 0.839 |
| 9 | 略读并大致了解学术文章的内容。 | 1.8 | 1.0 | 7.0 | 38.0 | 52.2 | 4.38 | 0.807 |

| 序号 | 描　述　语 | 1（%） | 2（%） | 3（%） | 4（%） | 5（%） | 平均分 | 标准差 |
|---|---|---|---|---|---|---|---|---|
| 10 | 理解与专业课相关的图表、图形和研究设计。 | 1.1 | 1.7 | 9.9 | 40.2 | 47.1 | 4.31 | 0.803 |
| 11 | 用英语总结、改写和整合专业论文的内容。 | 2.2 | 1.5 | 6.3 | 36.2 | 53.8 | 4.38 | 0.849 |
| 12 | 用英语设计撰写 PPT。 | 2.5 | 2.4 | 10.3 | 38.8 | 46.0 | 4.24 | 0.903 |
| 13 | 用英语撰写文献综述。 | 1.9 | 1.8 | 6.4 | 34.8 | 55.1 | 4.39 | 0.842 |
| 14 | 用英语写摘要。 | 1.5 | 1.3 | 4.5 | 34.2 | 58.5 | 4.47 | 0.773 |
| 15 | 用英语写实验报告。 | 1.1 | 2.1 | 7.2 | 37.4 | 52.2 | 4.37 | 0.799 |
| 16 | 用英语写小论文。 | 1.4 | 1.7 | 7.2 | 36.4 | 53.3 | 4.39 | 0.806 |
| 17 | 听懂全英语讲授的专业课程。 | 1.4 | 1.9 | 10.0 | 37.7 | 49.0 | 4.31 | 0.836 |
| 18 | 用英语在专业课堂上记笔记。 | 1.9 | 3.1 | 15.6 | 38.8 | 40.6 | 4.13 | 0.918 |
| 19 | 听懂用英语进行的学术讲座。 | 1.4 | 1.3 | 6.7 | 40.9 | 49.7 | 4.36 | 0.780 |
| 20 | 确定全英语讲授专业课程的目的、内容及重点。 | 1.3 | 1.0 | 10.8 | 42.8 | 44.1 | 4.28 | 0.791 |
| 21 | 意识到全英语讲授专业课程老师的各种教学任务（例如建议、指示及警告等）。 | 1.0 | 2.1 | 11.0 | 40.8 | 45.1 | 4.27 | 0.813 |
| 22 | 用英语在课堂上回答并提出与学科相关的专业问题。 | 1.1 | 1.9 | 11.0 | 38.7 | 47.3 | 4.29 | 0.823 |
| 23 | 用英语参加课堂讨论。 | 1.4 | 2.5 | 9.9 | 39.2 | 47.0 | 4.28 | 0.847 |
| 24 | 用英语在研讨会/实验室中对实验或研究数据进行口头展示。 | 1.4 | 2.1 | 8.8 | 38.4 | 49.3 | 4.32 | 0.829 |
| 25 | 用英语进行小组汇报。 | 1.4 | 1.8 | 8.5 | 37.1 | 51.2 | 4.35 | 0.821 |
| 26 | 用英语参加学术研讨会。 | 1.1 | 1.9 | 9.5 | 33.1 | 54.4 | 4.38 | 0.822 |

由表 2.2.14 可知,教师普遍认可关于学术英语必要技能的 26 条描述语。按照平均分由高到低排列,教师认为最重要的是"阅读并理解本专业的英语文献资料"(4.50)、"用英语写摘要"(4.47),其次是"用英语撰写文献综述"(4.39)、"用英语写小论文"(4.39)、"能够批判性地理解学术文章的内容"(4.38)、"略读并大致了解学术文章的内容"(4.38)、"用英语总结、改写和整合专业论文的内容"(4.38)、"用英语参加学术研讨会"(4.38)、"用英语写实验报告"(4.37)、"听懂用英语进行的学术讲座"(4.36)、"用英语进行小组汇报"(4.35)、"学术英语包括培养具有独立学习和研究的能力"(4.33)、"用英语在研讨会/实验室中对实验或研究数据进行口头展示"(4.32)、"理解与专业课相关的图表、图形和研究设计"(4.31)和"听懂全英语讲授的专业课程"(4.31),再次是"学术英语包括学习相应的学习方式及策略"(4.29)、"用英语在课堂上回答并提出与学科相关的专业问题"(4.29)、"确定全英语讲授专业课程的目的、内容及重点"(4.28)、"用英语参加课堂讨论"(4.28)、"意识到全英语讲授专业课程老师的各种教学任务(例如建议、指示及警告等)"(4.27)、"理解老师的英语讲义(如 PPT)内容"(4.25)和"用英语设计撰写 PPT"(4.24),最后是"学术英语包括学习英语国家的学术文化"(4.17)、"用英语在专业课堂上记笔记"(4.13)、"阅读时用英语记笔记"(4.05)和"学术英语包括如何与老师和同学交流"(3.99)。除了第 2 条略低于学生问卷(教师卷平均分 3.99,学生卷平均分 4.07)以外,教师卷对其他 25 条描述语的平均分都高于学生卷,说明教师对于学术英语必要技能的认可度要普遍高于学生。就听、说、读、写四大技能的重要性而言,教师与学生类似,也认为读写更为重要,但对学术听说技能的重视程度要高于学生。从标准差来看,所有描述语都小于 1,表明教师看法较为统一。

### 表 2.2.15　学术英语必要知识(教师卷)

| 序号 | 描　述　语 | 1 (%) | 2 (%) | 3 (%) | 4 (%) | 5 (%) | 平均分 | 标准差 |
|---|---|---|---|---|---|---|---|---|
| 1 | 英语语法知识。 | 1.4 | 3.5 | 15.6 | 36.9 | 42.6 | 4.16 | 0.907 |
| 2 | 通用英语词汇知识。 | 0.7 | 2.9 | 9.9 | 37.7 | 48.8 | 4.31 | 0.819 |
| 3 | 专业英语词汇知识。 | 0.7 | 2.4 | 6.1 | 37.1 | 53.7 | 4.41 | 0.768 |
| 4 | 英语讲授的高等数学知识。 | 1.8 | 6.3 | 29.8 | 39.6 | 22.5 | 3.75 | 0.935 |

| 序号 | 描　述　语 | 1（%） | 2（%） | 3（%） | 4（%） | 5（%） | 平均分 | 标准差 |
|---|---|---|---|---|---|---|---|---|
| 5 | 英语讲授的大学物理知识。 | 1.5 | 7.6 | 31.6 | 40.2 | 19.1 | 3.68 | 0.920 |
| 6 | 英语讲授的研究设计知识。 | 1.1 | 5.8 | 21.1 | 41.7 | 30.3 | 3.94 | 0.919 |
| 7 | 英语讲授的数据汇报知识。 | 1.5 | 4.5 | 21.3 | 42.1 | 30.6 | 3.96 | 0.913 |

　　由表 2.2.15 可知，教师较为认可关于学术英语必要知识的 7 条描述语。按照平均分由高到低排列，教师认为最重要的是"专业英语词汇知识"（4.41）和"通用英语词汇知识"（4.31），其次是"英语语法知识"（4.16），再次是"英语讲授的数据汇报知识"（3.96）和"英语讲授的研究设计知识"（3.94），最后是"英语讲授的高等数学知识"（3.75）和"英语讲授的大学物理知识"（3.68）。上述 7 条描述语的平均分排序与学生问卷调查结果完全一致。除了第 2 条略低于学生问卷（教师卷平均分 4.31，学生卷平均分 4.34）以外，教师卷对其他 6 条描述语的平均分都略高于学生卷，表明教师对这些描述语的认可程度与学生基本相当。从标准差来看，所有描述语都小于 1，表明教师看法较为统一。

表 2.2.16　学术英语课程实施方法（教师卷）

| 序号 | 描　述　语 | 1（%） | 2（%） | 3（%） | 4（%） | 5（%） | 平均分 | 标准差 |
|---|---|---|---|---|---|---|---|---|
| 1 | 学术英语不同于通用英语，需要进行专门课程学习。 | 1.5 | 1.9 | 9.0 | 37.3 | 50.3 | 4.33 | 0.838 |
| 2 | 用英语直接搜索和阅读专业文献资料对学生学习和研究很重要。 | 1.1 | 1.1 | 5.3 | 34.1 | 58.4 | 4.48 | 0.746 |
| 3 | 用英语写文献综述、摘要、实验报告、小论文对学生的专业学习很重要。 | 1.0 | 1.5 | 6.8 | 36.4 | 54.3 | 4.41 | 0.767 |
| 4 | 用英语阐述研究所得，并参与学术研讨对学生的专业研究很重要。 | 1.0 | 1.5 | 8.2 | 38.7 | 50.6 | 4.36 | 0.778 |

中国理工科大学生学术英语泛在学习模式有效性研究

续 表

| 序号 | 描 述 语 | 1（%） | 2（%） | 3（%） | 4（%） | 5（%） | 平均分 | 标准差 |
|---|---|---|---|---|---|---|---|---|
| 5 | 该课程可以帮助学生了解学术研究规范和学科研究过程。 | 0.7 | 2.1 | 9.1 | 40.1 | 48.0 | 4.33 | 0.783 |
| 6 | 该课程有利于培养学生与其他同学的团队合作精神。 | 1.1 | 2.6 | 17.7 | 39.7 | 38.9 | 4.13 | 0.870 |
| 7 | 该课程能增进学生的逻辑分析能力、材料整合能力。 | 1.1 | 1.9 | 11.7 | 41.7 | 43.6 | 4.25 | 0.819 |
| 8 | 该课程能增强学生对学术语篇阅读和写作的兴趣。 | 0.8 | 2.5 | 12.4 | 39.8 | 44.5 | 4.25 | 0.827 |
| 9 | 教师在教学前需要了解学生的学习动机和要求。 | 0.8 | 1.1 | 6.8 | 33.0 | 58.3 | 4.47 | 0.744 |
| 10 | 教师在授课时需要向学生介绍学习方法和策略。 | 1.7 | 0.7 | 7.4 | 34.9 | 55.3 | 4.42 | 0.796 |
| 11 | 教师在教学过程中需要评价学生的学习情况。 | 1.4 | 1.1 | 8.5 | 39.6 | 49.4 | 4.34 | 0.794 |
| 12 | 教师在授课后需要及时了解学生的课堂学习和课后巩固情况。 | 1.4 | 0.7 | 7.5 | 40.2 | 50.2 | 4.37 | 0.770 |
| 13 | 教师在课堂授课之外需要向学生提供慕课、微课、文献等自学材料。 | 1.3 | 2.4 | 11.7 | 40.5 | 44.1 | 4.24 | 0.843 |
| 14 | 除了在课堂上听教师授课，学生需要在课外进行有组织的研究和讨论来巩固课堂内容。 | 0.8 | 0.8 | 11.6 | 42.7 | 44.1 | 4.28 | 0.765 |
| 15 | 教师需要组织学生参加与学术英语相关的第二课堂活动。 | 1.5 | 1.8 | 15.6 | 44.6 | 36.5 | 4.13 | 0.846 |
| 16 | 专业课教师应该加入学术英语课程教学。 | 1.9 | 2.5 | 15.2 | 40.9 | 39.5 | 4.13 | 0.897 |

| 序号 | 描　述　语 | 1（%） | 2（%） | 3（%） | 4（%） | 5（%） | 平均分 | 标准差 |
|---|---|---|---|---|---|---|---|---|
| 17 | 学术英语教学应该和计算机技术、网络技术相结合。 | 2.1 | 1.7 | 11.8 | 42.0 | 42.4 | 4.21 | 0.868 |
| 18 | 学术英语教学应该建设课下的学习平台，做到随时随地学习。 | 1.4 | 2.1 | 14.2 | 41.6 | 40.7 | 4.18 | 0.852 |
| 19 | 随时、随地及随机的学术英语学习符合理工科学生个人的学习习惯。 | 1.0 | 2.2 | 17.8 | 42.8 | 36.2 | 4.11 | 0.840 |
| 20 | 这种与信息技术相连接的学习模式适合学术英语的学习。 | 1.4 | 1.4 | 16.3 | 43.1 | 37.8 | 4.15 | 0.838 |

　　表2.2.16反映教师对学术英语课程实施方法的态度，又分成如下三部分。第1至第8条描述语询问教师对学术英语课程的看法，数据分析结果显示总体认可度较高。按照平均分由高到低排列，教师认为用英语直接搜索和阅读专业文献资料可以提高学生的学习和研究效果（4.48），用英语写文献综述、摘要、实验报告、小论文可以提升学生的专业学习能力（4.41），用英语阐述研究所得并参与学术研讨可以提升学生的专业研究水平（4.36），学术英语课程可以帮助学生了解学术研究规范和学科研究过程（4.33）。教师认为学术英语不同于通用英语，需要进行专门学习（4.33），学术英语课程可以增进学生的逻辑分析能力和材料整合能力（4.25）、增强学生对学术语篇阅读和写作的兴趣（4.25）、有利于培养学生与其他同学的团队合作精神（4.13）。教师对这些描述语的重要性排序与学生完全一致，且平均分均高于学生，表明教师更认可上述关于学术英语课程看法的描述语。从标准差来看，所有描述语都小于1，表明教师看法较为统一。

　　第9至16条描述语询问教师对学术英语授课过程的看法。除了第16条描述语教师与学生的平均分一致（均为4.13）以外，其他7条描述语的平均分都高于学生，说明教师对于这些描述语的总体认可度高于学生。按照平均分由高到低排列，教师认为"在教学前需要了解学生的学习动机和要求"（4.47）、"在授课时需要向学生介绍学习方法和策略"（4.42）、"在授课后需要及时了解学生的课堂学习和课后巩固情况"（4.37）、"在教学过程中需要评价学生的学习情况"（4.34）。教师认为除了课堂讲授，学生需要在课外进行有组织的研究和讨论来巩固课堂内容（4.28），"教师在课堂授课之外需要向学生提供慕课、微课、文献等自学材料"（4.24）、"组织学生参加与学术英语相关的第二课堂活动"（4.13），并邀请专业课教师加入学术英语课程教学（4.13）。由此可见，教学经验更丰富的教师相较学生，对学术英语授课过程的建议更为科学。他们普遍认为在教学前需了解学生的学习动机、在授课时介绍学习方法、授课后帮助学生复习巩固，并开展过程评估保证教学质量。另外与学生问卷结果类似，教师认为需要多提供教学资料，课后组织研讨和第二课堂活动，并请专业课教师协助学术英语教学。从标准差来看，所有描述语都小于1，表明教师看法较统一。

第17至第20条描述语询问教师对学术英语学习模式的看法。除了第20条描述语教师与学生的平均分一致（均为4.15）以外，其他3条描述语的平均分都高于学生，说明教师对于这些描述语的总体认可度高于学生。按照平均分由高到低的排列，教师认为"学术英语教学应该和计算机技术、网络技术相结合"（4.21）、"建设课下的学习平台，做到随时随地学习"（4.18），因为"与信息技术相连接的学习模式适合学术英语的学习"（4.15）和"随时、随地及随机的学术英语学习符合理工科学生个人的学习习惯"（4.11）。由此可见，教师普遍认为要结合计算机技术和网络技术建设课下学习平台，帮助理工科学生构建适合学术英语的学习模式，使他们有效开展符合个人学习习惯的随时、随地、随机学习。从标准差来看，所有描述语都小于1，表明教师看法较为统一。

量化数据对比分析

在学生和教师问卷里，都包含理工科学术英语用途（8题）、学术英语必要技能（26题）、学术英语必要知识（7题）和学术英语课程实施方法（20题）。本研究对上述四个领域分别进行对比分析，以得知学生和教师是否有不同看法。为了保证对比分析所需两组受试数量的一致性，使用SPSS 26.0软件在6 825份学生问卷中随机抽样取出719份问卷数据，保持和教师问卷同样的数量。经过信度检验，学生卷和教师卷在上述部分的克伦巴赫$\alpha$系数都超过0.7，可以进行对比分析。经非参数独立样本Mann-Whitney U检验方法对比分析后，得到结果如下。

表 2.2.17　英语学习和科研工作的关系非参数独立样本检验

| 序号 | 描　述　语 | 学生平均分 | 教师平均分 | 显著值 |
|---|---|---|---|---|
| 1 | 我认为英语对于理工科专业课学习很重要。 | 4.29 | 4.41 | .013 |
| 2 | 我认为一个优秀的理工科学生必须具备好的英语能力。 | 4.33 | 4.48 | .000 |
| 3 | 我认为好的英语能力可以帮助我/学生与国外的学者进行交流。 | 4.51 | 4.57 | .314 |
| 4 | 我认为学习英语帮助我/学生了解国外研究者的研究态度和研究思维方式。 | 4.38 | 4.54 | .001 |

由表 2.2.17 可知,关于英语学习和科研工作的关系,除了第 3 条描述语,学生和教师在另外的描述语上均存在显著差异(显著值小于 0.05),表明教师更重视英语学习,认为英语能力对科研工作至关重要。

表 2.2.18　理工科学术英语与通用英语的异同非参数独立样本检验

| 序号 | 描　述　语 | 学生平均分 | 教师平均分 | 显著值 |
|---|---|---|---|---|
| 1 | 理工科学术英语有大量的专业词汇。 | 4.34 | 4.36 | .895 |
| 2 | 理工科学术英语专业性很强,包括编程、绘图以及工程语言等特殊的表达。 | 4.33 | 4.29 | .394 |
| 3 | 理工科学术英语帮助学生培养具有理工科特点的思维方式。 | 3.94 | 4.12 | .000 |
| 4 | 理工科学术英语包括很多对图表、研究设计、实验结果及编写指南等专业性的技术写作。 | 4.18 | 4.27 | .038 |

由表 2.2.18 可知,学生和教师对于前两条描述语的意见一致,在后两条描述语上存在显著性差异(显著值小于 0.05),表明教师更认可理工科学术英语对思维方式培养和技术写作能力提高的作用。

**表 2.2.19 学术英语必要技能非参数独立样本检验**

| 序号 | 描　述　语 | 学生平均分 | 教师平均分 | 显著值 |
|---|---|---|---|---|
| 1 | 学术英语包括学习英语国家的学术文化。 | 3.95 | 4.17 | .000 |
| 2 | 学术英语包括如何与老师和同学交流。 | 4.09 | 3.99 | .032 |
| 3 | 学术英语包括培养具有独立学习和研究的能力。 | 4.20 | 4.33 | .000 |
| 4 | 学术英语包括学习相应的学习方式及策略。 | 4.21 | 4.29 | .088 |
| 5 | 阅读并理解本专业的英语文献资料。 | 4.30 | 4.50 | .000 |
| 6 | 阅读时用英语记笔记。 | 3.93 | 4.05 | .018 |
| 7 | 理解老师的英语讲义(如 PPT)内容。 | 4.12 | 4.25 | .005 |
| 8 | 能够批判性地理解学术文章的内容。 | 4.07 | 4.38 | .000 |
| 9 | 略读并大致了解学术文章的内容。 | 4.20 | 4.38 | .000 |
| 10 | 理解与专业课相关的图表、图形和研究设计。 | 4.12 | 4.31 | .000 |
| 11 | 用英语总结、改写和整合专业论文的内容。 | 4.13 | 4.38 | .000 |
| 12 | 用英语设计撰写 PPT。 | 4.07 | 4.24 | .000 |
| 13 | 用英语撰写文献综述。 | 4.11 | 4.39 | .000 |
| 14 | 用英语写摘要。 | 4.14 | 4.47 | .000 |
| 15 | 用英语写实验报告。 | 4.08 | 4.37 | .000 |
| 16 | 用英语写小论文。 | 4.16 | 4.39 | .000 |
| 17 | 听懂全英语讲授的专业课程。 | 4.09 | 4.31 | .000 |
| 18 | 用英语在专业课堂上记笔记。 | 3.94 | 4.13 | .000 |
| 19 | 听懂用英语进行的学术讲座。 | 4.11 | 4.36 | .000 |
| 20 | 确定全英语讲授专业课程的目的、内容及重点。 | 4.19 | 4.28 | .314 |
| 21 | 意识到全英语讲授专业课程老师的各种教学任务(例如建议、指示及警告等)。 | 4.20 | 4.27 | .181 |

| 序号 | 描 述 语 | 学生平均分 | 教师平均分 | 显著值 |
|---|---|---|---|---|
| 22 | 用英语在课堂上回答并提出与学科相关的专业问题。 | 4.09 | 4.29 | .000 |
| 23 | 用英语参加课堂讨论。 | 4.09 | 4.28 | .000 |
| 24 | 用英语在研讨会/实验室中对实验或研究数据进行口头展示。 | 4.11 | 4.32 | .000 |
| 25 | 用英语进行小组汇报。 | 4.06 | 4.35 | .000 |
| 26 | 用英语参加学术研讨会。 | 4.10 | 4.38 | .000 |

关于学术英语必要技能的26条描述语,表2.2.19显示除了第4条、第20条和21条,师生在其他23条描述语的看法上都存在显著性差异(显著值小于0.05)。表明教师整体而言更重视上述的学术英语必要技能。

表 2.2.20　学术英语必要知识非参数独立样本检验

| 序号 | 描 述 语 | 学生平均分 | 教师平均分 | 显著值 |
|---|---|---|---|---|
| 1 | 英语语法知识。 | 4.03 | 4.16 | .027 |
| 2 | 通用英语词汇知识。 | 4.29 | 4.31 | .992 |
| 3 | 专业英语词汇知识。 | 4.32 | 4.41 | .118 |
| 4 | 英语讲授的高等数学知识。 | 3.68 | 3.75 | .709 |
| 5 | 英语讲授的大学物理知识。 | 3.55 | 3.68 | .203 |
| 6 | 英语讲授的研究设计知识。 | 3.88 | 3.94 | .819 |
| 7 | 英语讲授的数据汇报知识。 | 3.96 | 3.96 | .355 |

由表2.2.20可知,学生和教师对学术英语必要知识的看法相同。只有在英语语法知识这一条描述语上,教师的平均分显著高于学生(显著值小于0.05)。

表 2.2.21　学术英语课程实施方法非参数独立样本检验

| 序号 | 描 述 语 | 学生平均分 | 教师平均分 | 显著值 |
|---|---|---|---|---|
| 1 | 学术英语不同于通用英语,需要进行专门课程学习。 | 4.15 | 4.33 | .000 |
| 2 | 用英语直接搜索和阅读专业文献资料对我/学生学习和研究很重要。 | 4.22 | 4.48 | .000 |
| 3 | 用英语写文献综述、摘要、实验报告、小论文对我/学生的专业学习很重要。 | 4.18 | 4.41 | .000 |
| 4 | 用英语阐述研究所得,并参与学术研讨对我/学生的专业研究很重要。 | 4.16 | 4.36 | .000 |
| 5 | 该课程可以帮助我/学生了解学术研究规范和学科研究过程。 | 4.18 | 4.33 | .002 |
| 6 | 该课程有利于培养我/学生与其他同学的团队合作精神。 | 4.04 | 4.13 | .115 |
| 7 | 该课程能增进我/学生的逻辑分析能力、材料整合能力。 | 4.13 | 4.25 | .033 |
| 8 | 该课程能增强我/学生对学术语篇阅读和写作的兴趣。 | 4.09 | 4.25 | .007 |
| 9 | 教师在教学前需要了解学生的学习动机和要求。 | 4.29 | 4.47 | .000 |
| 10 | 教师在授课时需要向学生介绍学习方法和策略。 | 4.33 | 4.42 | .020 |
| 11 | 教师在教学过程中需要评价学生的学习情况。 | 4.23 | 4.34 | .011 |
| 12 | 教师在授课后需要及时了解学生的课堂学习和课后巩固情况。 | 4.26 | 4.37 | .012 |
| 13 | 教师在课堂授课之外需要向学生提供慕课、微课、文献等自学材料。 | 4.14 | 4.24 | .067 |
| 14 | 除了在课堂上听教师授课,学生需要在课外进行有组织的研究和讨论来巩固课堂内容。 | 4.13 | 4.28 | .004 |
| 15 | 教师需要组织学生参加与学术英语相关的第二课堂活动。 | 4.05 | 4.13 | .331 |

| 序号 | 描 述 语 | 学生平均分 | 教师平均分 | 显著值 |
|---|---|---|---|---|
| 16 | 专业课教师应该加入学术英语课程教学。 | 4.10 | 4.13 | .886 |
| 17 | 学术英语教学应该和计算机技术、网络技术相结合。 | 4.12 | 4.21 | .087 |
| 18 | 学术英语教学应该建设课下的学习平台,做到随时随地学习。 | 4.14 | 4.18 | .780 |
| 19 | 随时、随地及随机的学术英语学习符合我/学生个人的学习习惯。 | 4.04 | 4.11 | .604 |
| 20 | 这种与信息技术相连接的学习模式适合学术英语的学习。 | 4.14 | 4.15 | .504 |

关于学术英语课程的实施方法,在第一部分对学术英语课程的看法(第1至第8条描述语)中,除了第6条师生看法相当以外,教师在其他7条描述语上的平均分都显著高于学生(显著值小于0.05)。表明教师比学生更重视学术英语课程。在第二部分对学术英语授课过程的看法(第9至第16条描述语)中,师生在第13、15和16条上的看法相当。但教师在其他描述语上的平均分都显著高于学生(显著值小于0.05),说明教师对学术英语授课过程有着更为明确的判断。有关学术英语学习模式的第17至第20条的描述语,师生均不存在显著性差异。

#### 3.3.3.2 质性数据分析

为获取教师及学生对于学术英语教学的实际感受与个性化问题,在本次发放的教师问卷及学生问卷最后设置简答题,询问师生对于学术英语教学的意见和建议。本研究使用质性分析软件NVivo12,基于扎根理论,以问卷开放题答案作为研究的材料来源,通过编码、分析、总结来构建相关范畴和类属,按照从下至上的研究思路探寻师生关于学术英语教学的核心观点以及各层级的结构关系。数据编码过程分为开放编码、主轴编码和选择编码三个阶段。通过三轮数据编码对问卷回答逐字逐句进行观察,形成自下而上的归纳体系,最终获得具有从属关系的不同层级的节点。

#### 数据编码

首先进行开放编码,其命名完全采用师生回答的原文,通过对教师和学生回答内容梳理和编码,教师问卷共得到 223 个三级节点,学生问卷共得到 789 个三级节点。位于从属关系最底层的三级节点代表了教师和学生对学术英语教学最直接的看法,是反映师生在学术英语教学方面直接经验及所面临的问题的一手资料。

其次进行主轴编码。利用 NVivo12 对所得的三级节点进行进一步编码,将三级节点归纳为具有一定概括性的二级节点,是从属关系的中间层,能够概括性地显示影响师生学术英语教学的相关因素。最终,从教师问卷 223 个三级节点中归纳得到 11 个二级节点,学生问卷 789 个三级节点中得到 22 个二级节点。进一步对二级节点进行概括整理,得到教师问卷 6 个一级节点,分别为教学评估、外部支持、教学资料、教师发展、课程设计和课程规划;学生问卷得到 7 个一级节点,即学生评教、教学评估、个体情况、学习资源、能力构念、课程规划和课程设计。一级节点来源于对二级节点质性分析的结果,是从属关系的最高层,具有高度概括性,能够宏观地展现师生对学术英语的反馈。通过对问卷开放题进行信息整合和节点编码,得到师生对学术英语反馈内容的各级节点结构,直观展现其从属关系,形成师生学术英语反馈内容的结构图(见图 2.2.1 和图 2.2.2)。

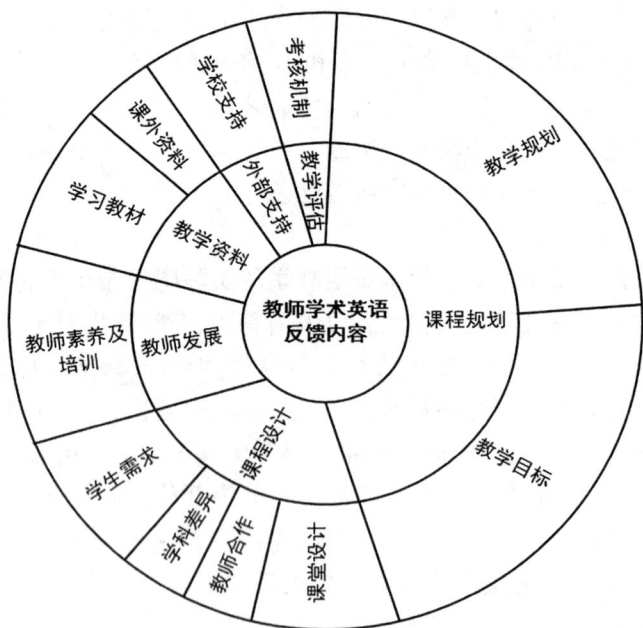

**图 2.2.1　教师学术英语反馈内容结构图**

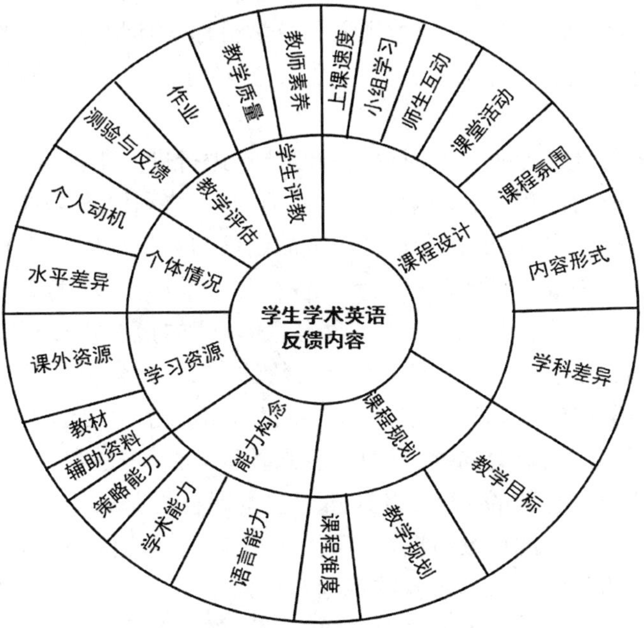

**图 2.2.2　学生学术英语反馈内容结构图**

　　图中的结构图形呈现自内向外扩散的圆环,中心即结构图的主题,分别为教师和学生学术英语反馈内容,多层圆环代表了二级和一级节点的从属关系,每一个扇形区域体现师生关于学术英语反馈内容的层次关系,编码参考点的数量与扇形区域的大小成比例,能够体现某一范畴在所有范畴中的影响力大小。由于三级节点数量众多,因此图中仅选取了一级节点和二级节点。由图 2.2.1 可知,教师对于学术英语教学的反馈意见由 6 个一级节点和 11 个二级节点构成。在一级节点中,课程规划节点参考点最多,具有最为重要的影响力,课程设计、教师发展、教学资料也占有比较大的比重,而外部支持和教学评估参考点数量最少,受到教师的关注度最少。在二级节点中,教学规划和教学目标的参考点最多,说明这两个课程规划的核心是教师最关注的因素。教师素养及培训、学习教材、学生需求、课堂设计相比之下也具有较多的参考点,受到教师的广泛关注。

　　根据图 2.2.2 学生学术英语反馈内容的 7 个一级节点和 22 个二级节点可知,课程设计和课程规划受到了学生最为广泛的关注。其中教学规划、教学目标、内容形式、学科差异、语言能力、课外资源受到了学生较多的反馈,说明学生作为不同学科的学习者,对于学术英语学习具有专业对口的要求,希望教师有明确的教学规划和教学目标。其学习目标的提升也集中于语言能力的提高,在学校课堂之外需要可供泛在学习的资源予以补充。

最后进行选择编码。对所得的一级节点进行进一步提取,可以将师生的反馈内容分为课程内部因素和课程外部因素,将和课程本身紧密相关的内容归为内部因素,和课程参与者相关的因素归为外部因素。教师课程内部因素包含课程规划、课程设计、教学资料和教学评估,均属于课程教学在不同阶段需要考虑的因素,参考点数占总体点数的84%;教师课程外部因素包含教师发展和外部支持,占总体点数的16%,包含了教师对于职业发展、激励机制、组织培训等学校外部支持的需要。学生课程内部因素为课程设计、课程规划、能力构念、学习资源和教学评估,占总数的87%;个体情况和学生评教占总数的13%,将其归为学生课程外部因素。总体而言,无论是教师还是学生的反馈,课程内部因素占据主体地位,教师和学生都更关注学术英语教学中课程本身的规划及设计。

分析课程外部因素和内部因素的关系,教师课程内部因素中课程规划、课程设计、教学资料对教师备课中所需要的个人能力和素养紧密相连,对教师发展的外部因素有直接影响,这四个节点占总数的95%。其中教师发展(12%)和教学资料(10%)参考点数量占比较小,可以划归为支援类属,而课程规划和课程设计为教师反馈中的核心类属,应做重点分析。学生课程内部因素中课程设计、课程规划、学习资源对外部因素中的个体情况有直接影响,这四个节点占总数的75%,其中个体情况(8%)和学习资源(12%)占比较小,归为支援类属。学生反馈内容中的核心类属同教师相同,也为课程设计和课程规划。综上,师生关注点各有不同,但总体关注都集中在课程设计和课程规划上,值得进一步分析。

**核心类属分析**

教师和学生关于学术英语反馈的核心类属均为课程规划及课程设计,本研究分别对其进行阐释(详见表 2.2.22)。

对于教师而言,课程规划占比46%,是所有一级节点中占比最高的节点,包含教学规划和教学目标两个二级节点,总计37个参考点。从教学规划所包含的三级节点可以看出,教师非常关注学术英语课程开放的学习阶段和面向的学生群体,同时认为通用英语和学术英语应加以区分,并普及学术英语教学,但对于应于何时开放意见不一。教学目标包含18个参考

表 2.2.22　学术英语核心类属节点统计

| 教师核心类属 | | | | 学生核心类属 | | | |
|---|---|---|---|---|---|---|---|
| 一级节点 | 二级节点 | 参考点数 | 三级节点举例 | 一级节点 | 二级节点 | 参考点数 | 三级节点举例 |
| 课程规划（46%） | 教学规划 | 23% | 加大比重和学分设置 | 课程规划（17%） | 课程难度 | 2% | 课程难度太高 |
| | 教学目标 | 22% | 国际学术交流 | | 教学规划 | 7% | 增加学术英语课时 |
| | | | | | 教学目标 | 8% | 专业词汇和文献查阅 |
| 课程设计（27%） | 学生需求 | 9% | 汇集学生的学习意愿 | 课程设计（38%） | 小组学习 | 2% | 分组学习 |
| | 学科差异 | 5% | 考虑学科特点 | | 学科差异 | 11% | 针对专业 |
| | 教师合作 | 5% | 专业老师与英语老师共同备课 | | 师生互动 | 3% | 互动性薄弱 |
| | | | | | 上课速度 | 1% | 放慢教学节奏 |
| | 课堂设计 | 9% | 适当增加趣味性 | | 内容形式 | 8% | 英文授课 |
| | | | | | 课堂活动 | 6% | 模拟学术讲座 |
| | | | | | 课程氛围 | 7% | 生动有趣一点 |

点,教师普遍认为,为了培养学生阅读专业文献,撰写与发表英语学术论文,参加国际学术会议和进行国际交流的能力,不仅要进行掌握专业术语、阅读能力、语篇能力的培养,同时也需要培养英文表达和综合应用能力。相比而言,学生核心类属中课程规划的关注度同教师相比较低,为 17%。学生除了关注教学规划和教学目标外,作为课程参与的主体,对课程难度较为关注。大部分学生认为课程难度过高,这与学生反馈中的二级节点"水平差异"相呼应。根据水平差异汇总的三级节点,学生普遍英语基础薄弱,在听、说、读、写各方面均出现不同程度的问题,因此了解学生实际水

平并根据其水平分班教学,属于课程规划中需要考虑到的实际情况。

在课程设计方面,教师最多关注的是学生需求(9%)和课堂设计(9%)。在学生需求中,教师提出汇集学生意愿的重要性,应按照学生个体需求和实际水平进行课程的设计。在课堂设计时,要注重实用性和趣味性,以推动学生的学习积极性,达到更好的学习效果。学生对课程设计最关注的是学科差异(11%)和内容形式(8%)。来自不同专业的学生认为学术英语课程应当根据专业细分,与专业紧密相关,符合专业特色,有针对性地开展学术英语教学。在内容形式方面,学生认为教学形式应更加丰富,例如杜绝枯燥的朗读 PPT 式讲课,添加影音、视频等现代科技手段辅助教学。

师生对比分析

通过 NVivo12 对问卷开放题的质性分析,教师和学生作为课堂的主要参与者,课程规划和课程设计都是两者最关注的两个方面。相比之下,教师更关注宏观的课程规划。课程规划包含学校、教师、家长、学生和社会多方面的共同需求,将教学目标与学生实际情况相结合,是课程建设水平的保障。没有合理和长远的课程规划,教师很难自上而下设置课程并保证教学质量。学生作为学习者则更加关注课程设计的细节。课程设计包含课程实际进行中的课堂活动和授课形式,学生更希望有生动有趣的课程氛围,实用性及实践性高的课堂活动,以及同伴互助的小组学习方式。

其次,学生和教师对教学资源的关注侧重点不同。教师对课外资料仅提及了 1%,仅一位教师指出应给学生提供多平台的课外辅助资料。而学生对课外资源的关注有 9%。他们提出学术英语教学应当更加多元化,课下组织更多的活动,例如学术交流研讨、英语口语交流、英语论坛与讲座等。教学应与时代和科学技术相结合,提供质量较好的线上学习平台和更多学习英语的路径,升级学习模式,让学术英语学习更加普遍化和随时随地化,以自学带动教学。

最后,学生和教师对教学评估的重视程度呈现了很大差异。教师问卷中仅有 1% 提到教学评估,即"建立相应的考核评价系统"。而学生中对于教学评估有 7% 的关注度,具体集中在作业评估和测验反馈两个方面。在作业方面,学生认为作业形式应当多样,作业量应当适中,由教师进行认真批改和反馈,才能起到检验学生学习情况的作用。在测验方面,学生提出需要灵活考核,及时给予反馈,将平时练习和考试更紧密结合。也有学生提出期末考核内容和平时学习关系不大,希望通过考核获得更多的指导和锻炼机会。学生所得分数可能会影响其学习评价、奖助情况和未来就业等方面，因此作为考试中的高利益相关者，学生更加关注评估的方式、过程和结果，同时也希望及时得到反馈，进一步提高自己。相比之下，教师对评估的重视程度不足，在开展评估的过程中应当注意评估和课程内容相结合，并及时向学生提供反馈，来达到以评促学的积极效应。

**4. 结语**

近年来，国内高校关于学术英语教学的研究层出不穷，以期培养出能用英语直接开展学术交流的专业人才。本研究在全国三个层次的理工类高校中选取了 30 所，通过大范围问卷调查的方法对中国理工科大学生的学术英语教学现状进行研究，涉及师生 8 600 余人。

通过量化数据分析可知，师生普遍认为学术英语能力与将来的专业学习和科研工作密切相关，教师尤其重视理工科学术英语对思维方式的培养和技术写作能力的提高。但理工科学术英语与通用英语不同，除了含有大量的专业词汇以外，还涉及图表、研究设计、实验结果及编写指南等专业性的技术写作，以及编程、绘图以及工程语言等特殊的表达，无疑增加了学习难度。学生进一步反映理工科学术英语学习中最困难的是学术词汇和专业词汇，这也相应增加了写作和阅读困难。因而，如何有效地提高学术词汇和专业词汇的学习效能至关重要。在理工科学术英语必要技能的认定上，师生认为问卷列出的听、说、读、写四个方面 26 条描述语都非常重要，相比学生，教师整体而言更重视上述必要技能。在理工科学术英语必要知识的认定上，师生意见比较统一，除了语法、通用英语词汇、专业英语词汇以外，对高等数学、大学物理、研究设计和数据汇报等理工科专业相关知识也较为重视。在理工科学术英语课程的实施方法上，教师相较学生更看重专门课程的开设，在授课方式和授课过程上有着更明晰的认识；但在学习模式方面，师生有着相同的认识。

进一步质性数据分析的结果显示，教师和学生作为课堂的主要参与者，对理工科学术英语课程规划和课程设计两个方面都非常重视。但相较而言，教师更注重课程的整体设计，而学生更注重授课过程的细节。关于教学资源，教师更注重课堂教学内容，而学生希望开展多元化的教学形式，通过线上学习平台和更多的学习路径,达到随时、随地、随机的泛在学习效果。最后,学生对理工科学术英语课程的评估方式非常关注,希望通过课堂练习、平时作业、单元测验、期末考试等多元评估方式,实现以评促学的目的。相较而言,只有小部分教师提到建立与课程相关的考核评价系统,但缺乏深入思考。反观量化数据分析,教师普遍认为需要在教学过程中评价学生的学习情况,这也体现了形成性评估的意识。

当前"新工科"建设和"卓越工程师教育培养计划"要求培养大量既熟知专业知识又精通学术英语表达的理工科大学生。在 2019 年末至 2020 年初开展的本项研究全面调查了理工科学术英语技能、知识、授课方式、学习模式等方面的教学现状,可以为各高校和教师开展类似课程提供些许参考。项目组将调查结果与理论基础相结合,尝试构建"中国理工科大学生学术英语泛在学习模式",并开展两轮教学实验,以验证其有效性。

# 第三章

## 构建中国理工科大学生学术英语泛在学习模式

　　根据第二章的需求分析结果可知,中国理工类高校师生对于学术英语的需求强烈。他们要求更加合理的学术英语课程规划和课程设计,也期待更加多元化的学术英语教学方式和高质量的线上学习平台。本项目依托的上海理工大学基于泛在学习理念设计了泛在学习平台,旨在为理工科学术英语的学习提供技术支持。本章基于泛在学习、建构主义、情景认知等理论,以 Nation & Macalister(2010)的语言课程设计模型为原型,构建"中国理工科大学生学术英语泛在学习模式",为"学术英语读写"和"学术英语听说"两门课程设计了教学安排,并在两个自然班进行试用后提供反馈,旨在探讨该模式在教学过程中的实际运用方式和运用效果。

# 第一节 学习模式的提出

**1.** 理论基础

## 1.1 泛在学习的定义和特征

　　"泛在学习"最初来源于 Weiser(1991)提出的"泛在计算",指将计算机放置在合适的环境中,以便随时、随地、随处得到计算数据。与人机互动相比,"泛在计算"更注重人人互动,人们不用聚焦于计算机的使用方式,而只需关注工作内容本身(李卢一、郑燕林 2006)。Li et al.(2003)提出泛在计算技术的核心应用价值在于构建泛在学习平台或环境,它除了技术支持以外,还能为学习提供认知工具,学习伙伴,或直接的学习目标。泛在学习环境包含物理、社会、信息、技术等互相交织的多个层面(罗林、涂涛 2009),因而可以提供相互配合、无处不在、无缝衔接的学习体系。基于泛在计算环境和移动学习环境,"泛在学习"应运而生,是现有电子学习(electronic learning, e-learning)克服了网络环境和智能终端缺陷的更新版(徐方 2009)。泛在学习旨在通过信息和交流技术的进一步发展突破电子学习的壁垒,创造出不受时间和空间限制的新型的、创新的、以学习者为中心的环境(赵海兰 2007)。现代社会的新型教育环境提倡持续学习,泛在学习可以满足具有普适性、广泛性和灵活性特征的终身学习需求(Sharples 2000)。泛在学习排除了时间、空间和权威的限制,给学习者提供更广泛的学习环境和学习选项,为终身学习的实现提供了可能(徐方 2009)。

　　国内外关于泛在学习有多种定义,可归结为如下两类。第一种将其定义为在泛在计算条件下的智能学习环境。教育发展中心(Education Development Center 2003)的一份研究报告指出泛在学习是在泛在计算技术条件下设计的学习环境,关注通过无线网络产生的更多移动设备的链接,学习者可以在学校、家庭、图书馆和任何想学习的地方进行学习。章伟民、徐梅林(2006)指出与当前学校、图书馆等特定场所通过网络学习获取知识的学习方式不同,泛在学习是可以利用任何终端实现随时随地学习的智能学习环境。付道明、徐福荫(2007)认为泛在计算环境下的泛在学习存在于信息空间和物理空间交融的任何地方,提供学习资源,满足学习需求,学习者随时随地获得泛在计算环境的支持。石慧慧、刘奎(2008)指出无边界学习是真正意义上的以人为中心的学习环境,在这一充满计算和交流能力的环境中,人们得以利用终端随时随地获取所需的任何信息。

第二种从社会文化和建构主义角度将泛在学习定义为崭新的学习方式。根据白娟、亓淑芳(2003)的观点,泛在学习是个人随时随地获取所需信息的学习方式。Jones & Jo(2004)指出泛在学习可以使学生在任何场景下完全沉浸于学习过程或学习活动。Zhang et al.(2005)指出泛在学习是一种学习者不用考虑学习场所和学习时间的限制,将注意力完全集中于学习过程的学习方式。汪琼(2005)把泛在学习定义为在教育领域运用泛在计算技术而形成的崭新教学模式,注重依靠自己或他人帮助随时随地学习,解决问题并取得学习效果。泛在学习又被称为"5A 学习"(anytime, anywhere, anyone, any device, anything),指任何学生在任何地点、任何时间、通过信息技术运用任何工具开展学习活动(杨港、赵蓉 2013)。换言之,学习者在开放的学习环境中,可以充分利用碎片时间,自由安排学习时间,获取无穷无尽的资源主动学习。

国外学者研究了泛在学习的特征。Chen et al.(2002)提出泛在学习的六个特征:(1)持久性,指学习者可以不间断地获取学习内容,且所有的学习过程和学习成果得以全程记录;(2)可达性,指学习者可以在任何地方获得所需的学习资料,如文本、数据、录像等;(3)即时性,指学习者可以在任何地方即时获取学习资料,因而得以立刻解决问题或加以记录以待后期解决;(4)交互性,指学习者可以与专家、老师或学习同伴进行同步或非同步交流;(5)教学活动定位,指学习融入学习者的日常生活;(6)学习者遇到的困难和所需的知识可以自然有效地呈现。Bomsdorf(2005)在此基础上增加了适应性特征,指学习者可以根据自身需求获取信息。Zhang et al.(2005)从如下方面总结泛在学习的特征:隐性的学习环境;可普适性获取的学习内容;自然的学习界面;多样化的交流方式;高性能的交流手段。Boyinbode & Akintola(2008)认为泛在学习最主要的特征在于泛在性,体现在泛在学习行为、泛在学习原因、泛在学习支持服务三方面。

同样,国内学者也总结了泛在学习的不同特征。李卢一、郑燕林(2009)在 Chen et al.(2002)的基础上提出了泛在学习的五大特征:(1)情境性,指通过真实或虚拟环境组织学习,学习本身在特定环境中发生;(2)真实性,指学习真实可靠;(3)自然性,指在技术不可见的情况下获取学习环境,学习者以自然的方式学习;(4)社会性,指作为社会的一分子,学习者始终与老师、同伴和专家保持交流;(5)完整性,指学习环境、工具、资源、方法、过程和结果有效融合。余胜泉等(2009)总结如下泛在学习关键特征:学习过程的情境;按需学习;学习环境无意识存在;可普适性获取的学习内容;自然交互形式和学习方式;学习是分享并建立个人和社会认知网络的过程。

作为新型学习方式,泛在学习在个性化学习环境、分享学习资源、改变学习方式和教学模式方面具有独特优势。因而,构建泛在学习环境和学习资源成为当前国内泛在学习研究的热点问题。李卢一、郑燕林(2006)提出泛在学习环境概念模型,包含物理、社会、信息和技术多个维度,并有机结合多种教育机构、工作坊、社区和家庭的资源。通过行动研究方法,邵华(2014)提出大学英语精品课程教学资源方面的问题,构建了泛在学习资源分享平台。该平台基于建构主义学习理论(constructivist learning theory)解决了大学英语学习环境匮乏、学习资源不足、学习碎片化的问题。秦枫(2015)讨论了泛在学习环境中的外语学习特征问题,指出外语语言知识结构以问题、兴趣或特殊需求为核心,学习行为体现在具体和真实的语言环境中。

## 1.2　与泛在学习相关的理论

### 1.2.1　建构主义

建构主义理论的思想最早源于 Piaget(1971),他从儿童的认知发展出发,提出儿童在与周遭环境的相互作用下建构起对外界的认知,从而促进自身认知的发展。该理论可以更好地阐释学习发生、意义构建、以及真实学习环境必备因素等领域。建构主义认为知识的获得并非依赖教师的传授,而是通过学习者在特定学习环境下使用必需的学习资料,并依赖他人帮助而形成的对意义的图式构建。知识的建构来源于学习活动,这些活动的环境是知识的成长点和获取线索。

建构主义提倡在教师的指导下开展以学习者为中心的学习,同时强调学习者的认知主体角色和教师的指导角色。教师不再是知识的传授者和传输者,而更为重要的,是构建意义的帮助者和促进者。学生成为处理信息的主体,他们主动建构意义并获取知识,而非被动接受外界刺激(Hein 1991)。建构主义学习理论强调学生为中心,不仅要求学生从外部刺激的被动接受者和知识教授的对象转变为信息加工的主体和知识意义的主动构建者,而且要求教师转变教学主体的概念,即从知识的传递者和教授者转变为学生主动构成意义的设计者、组织者、促进者、参与者和协助者。以学生为中心的教学模式因注重学生在学习过程中的主动性和意义建构过程中的自发性，有利于发展学生的自主学习意识。

建构主义学习环境包含四个主要因素：背景、协商、对话、意义构建。多媒体技术和互联网的特点有利于完全塑造这四个因素。一方面，多媒体网络技术提供具有启发界面的交互学习环境。由于网络上图形和文本的多感官刺激可以组织多种信息资源和主体知识，学习者可获得沉浸式的真实性学习效果。另一方面，多媒体网络技术也可创造不受时间和空间限制的合作学习条件。在网络环境中，教师和学生可以使用计算机网络平台交换多元信息；来自不同区域的师生可以在线上交流讨论共同感兴趣的学习话题，形成建构主义学习理论倡导的理想学习环境。学习者在学习过程中的社会交互性、在真实环境中处理问题的能力，以及根据自身经历和经验构建的富有个人风格的知识含义形成具有当代意义的教育形态，这不仅传承了传统教育的优秀元素，而且反映了现代教育的质化改变。

## 1.2.2　情境认知

情境认知（situated cognition）是 20 世纪 80 年代中期发展起来的重要学习理论，认为学习的本质是个体在参与实践并与他人和环境交互的过程中，发展得以开展实际活动的能力。该理论提出如下学习特征。

（1）情境性（contextuality）。Choi & Hannafin（1995）提出思维/学习与其发生的环境密不可分，真实的环境对学习至关重要，强调真实的学习环境/经验，而非非真实环境下的学习，着重学习过程的发展。根据这一观点，大学教育中学习的大部分知识因获取知识的方式忽略了环境和认知的相互依存而在解决问题时无法有效使用。

（2）实用性（practicality）。情境认知理论强调学习者不能仅从教材或他人的经验和总结中进行学习，而必须积极参与所学知识内容相关的活动。学习者关注的不仅是学业成绩，而是识别问题、分析问题和解决问题能力的发展。

（3）自发性（initiative）。情境认知理论强调为学生提供多样化的学习资源，激发学生主动学习的积极性。

## 1.2.3　非正式学习

相较于正式学校或持续教育，非正式学习（informal learning）指在工作、日常生活、社会生活等非正式的学习时间和场所进行的学习。主要指通过做事、玩耍或旅游等方式开展学习（余胜泉、毛芳 2005）。在人们喝水、吃饭、网络聊天、收发信息或邮件、出门购物等场景中都可以发生非正式学习;在正式学习时被干扰,或在现实教学过程中参与意想不到的或有危险的行为也可发生非正式学习。实践需求促进非正式学习,允许人们获取可以立即运用于实践的知识和技能。非正式学习有着如下的基本特征。

(1)非正式学习的主要和首要主体是学习者。他们根据自身情况选择学习内容,安排学习进程。

(2)非正式学习的知识来源多样化,具有社会性,包括亲朋好友、线上媒体等,通过非教学社会活动获取知识的方式可以节约成本和时间。

(3)非正式学习通常在工作和生活场景中出现,人们在非限制性环境中更易于做出改变。通过非正式学习获取的知识更具有情境性,尤其适合工作或生活的需要,获得的信息更类似于不易察觉的实际技能。

(4)非正式学习更注重合作、交流和分享。它并非孤立的学习,而是在与他人、团队等的交流过程中发生。学习者通过交流与合作获取新知识。

余胜泉、毛芳(2005)根据参与人数将非正式学习的组织形式分为自我认知、两人合作、实践社区和网络群体四类。可以用于上述学习模式的组织形式如下:

(1)行动学习,指在实际工作项目或解决实际问题中学习;(2)合作学习,指两人或多人共同工作完成任务,学习中较为常见的合作关系为师生合作或同伴合作;(3)指导学习,指实践活动的导师随时检查、监督并修正学习过程;(4)网络学习,指通过互联网寻求信息、获得知识进行学习。

### 1.2.4 自主学习

语言的学习活动不限于传统意义上的课堂教学,还需要课外的诸多努力。因此,自主学习(learner autonomy, LA)已成为二语教育目标,引起二语研究专家多年的关注(Dang 2012; Benson & Voller 2014)。定义自主学习需考虑多个因素。Holec(1981)首先将自主学习定义为管理自我学习的能力。然而,自主学习不仅注重学习者的自我管理能力,它关注培养提出学习方案、监控学习活动、反思学习成果等自我导向型(self-directed)学习能力(Benson 2013)。正如 Macaskill & Taylor(2010)所指出的,自主学习者会对自我学习负责,取得学习动机,获得学习乐趣,擅于管理时间,制定个性化学习方案,面对学习困难时勇于坚持。庞维国(2001)认为自主学习指学习者主动、有效、独立控制和调整整个学习过程的能力。

基于自主学习的上述概念,何莲珍(2003)指出对自主学习的本质和需求进行深入了解,有利于培养学生的自主学习能力。她同时提出,教师在培养学生自主学习能力时的作用不可或缺。也有学者强调自主学习的社会性。例如,自主能力的发展是获取个人元认知意识和知识,以及从认知角度和社会交际角度管理学习能力的过程(Lewis 2014;O'Leary 2014)。培养自主学习能力是从外部规约到个人管理的转变过程,这个过程受到外部和社会环境的影响,基于学习者与他人的交流与合作,并与身份建构和媒介发展相关(Little 2009;Murray 2014)。自主性并不限于个人,而是社会性的,与他人相关,存在于某一学习社团中学习者的相互联系以及自身特征中(Little & Throne 2017)。

随着信息与通信技术(information and communication technology, ICT)的发展,线上环境中出现了新的教学方法。由于自主学习是终身学习过程,语言教育工作者需鼓励学生成长为自我导向型学习者,能够主动使用互联网和信息技术,因为大量的语言学习活动在技术和资源的支持下发生于课外环境(Reinders & White 2011;Lai et al. 2016)。相关研究结果显示,基于 ICT 的教学因其便利性(convenience)、可达性(accessibility)和泛在性(ubiquity)使学生得以发展自主学习能力(Hsieh et al. 2017)。在技术支持的学习环境中,自主学习能力也被赋予了社会性和交互性的属性,学习活动可以通过与他人合作进行。Reinders & White(2016)研究发现数字环境可以从五个方面提升学生语言学习的自主能力,即学生训练和策略、教师引导、自我评价、合作、社会学习技术。另一方面,自主学习并不限于为个人的学习过程负责,支持并帮助他人学习的能力同等重要(Lewis 2014;Little & Throne 2017;Peeters & Ludwig 2017)。从这个意义上来说,在线上合作学习环境中的自主性与学习社团中的社会交往紧密相关,包含分享学习资料、接受他人在场并做出贡献、互相给予情感上的支持、享受线上合作等(Peeters & Ludwig 2017)。

2. 模式提出

## 2.1 模式原型

Hutchinson & Waters(1987)总结了三种专门用途英语(English for Specific Purposes,ESP)课程设计模型,分别是以技能为中心、以语言为

中心和以学习为中心。前两种注重语言教学的内容,即通过教学发展的能力;第三种充分考虑学习过程中的不同因素,注重学习需求和教学活动,即取得教学效果的方法和途径。基于此,Nation & Macalister(2010)提出语言课程设计模型,包含五大因素:需求分析(Needs)、教学环境(Environment)、教学原则(Principles)、教学目标(Goals)和教学评价(Evaluation)(详见图3.1.1)。

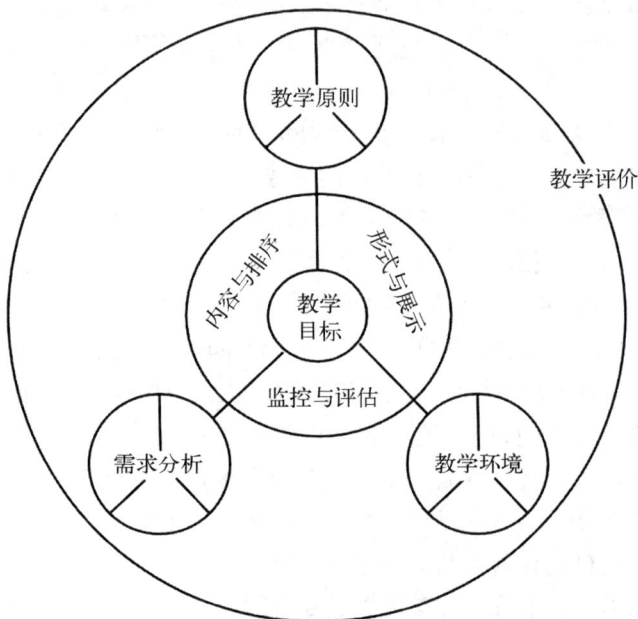

**图3.1.1　Nation & Macalister 的语言课程设计模型**

(Nation & Macalister 2010:3)

## 2.1.1　需求分析

设计课程的第一步需通过问卷、访谈等方式调查学生需求,又分为如下三类,分别是:(1)所想,即学生认为需要学习的内容;(2)所缺,即学生缺乏的知识或技能;(3)所需,即学生需要学习的与学校要求、将来工作和社会人才培养相关的内容。因此,当进行课程需求分析时,应考虑个人、学校、社会、国家等各个层面的要求。

## 2.1.2　教学环境

教学环境的分析包含三个主要因素:学生、教师、教学条件。在设计课程时,学生水平、学习动机、教职员工、教学实践、班级容量、教学设施、教学资源等都应考虑在内。

### 2.1.3 教学原则

课程设计的所有阶段均应遵循语言规律和教学规律。Nation & Macalister(2010)提出20条与教学内容、教学形式、评估模式相关的原则，这些原则均来源于二语习得、外语教学、母语习得和教学法领域。简而言之，课堂教学活动的设计应与理论研究紧密结合，从而帮助教师取得最好的教学效果。

### 2.1.4 教学目标

教师应基于需求分析和教学环境分析明确制定课程教学目标。图 3.1.1 显示，教学目标在整个模式图的正中央，决定了教学内容（例如语言知识、技能、策略等）、教学过程、教学模式、教学方法、教学材料、评估方式等。教师应围绕特定的教学目标和教学内容，在教学模式和方法的选择、教学材料的选择、评估方式的选择方面做出决策。

### 2.1.5 教学评价

课程教学评价指对所有与课程质量相关的信息进行收集、整合和分析，包括学生考试成绩、课程出勤率、学生满意度调查、教师满意度调查等。其目的在于持续提高课程质量和效果。正如图 3.1.1 所示，评价过程涉及课程设计的每个部分，是计划—执行—评价—修正—再执行—再评价—再修正的过程。因而，课程设计并非最终产品，而是不断适应新情况和新改变的持续动态过程。

Nation & Macalister(2010)的语言课程设计模型明确指出语言理论和教学理论来源于实践，促进理论与实践的紧密结合，考虑到课程设计的方方面面，在教学实践中极具参考价值(季佩英等 2016)。因而，本研究将以其为原型设计中国理工科大学生学术英语泛在学习模式。

## 2.2 本研究模式

本研究的学习模式如下（详见图 3.1.2）。

中国理工科大学生学术英语泛在学习模式（U-Learning Model of EAP for Chinese Science and Engineering Majors）由外圈和内圈两部分组成。在外圈中，先从学生和教师两方面进行需求分析，得出"以学生为中心，以教师为指导"的构建原则。然后，通过内圈的教学目标、教学原则和泛在学习环境的研究开展学生端和教师端两方面的教学实施。最后，回到外圈进行教学评价，检验其有效性。下文分别阐述每个环节的关键要素。

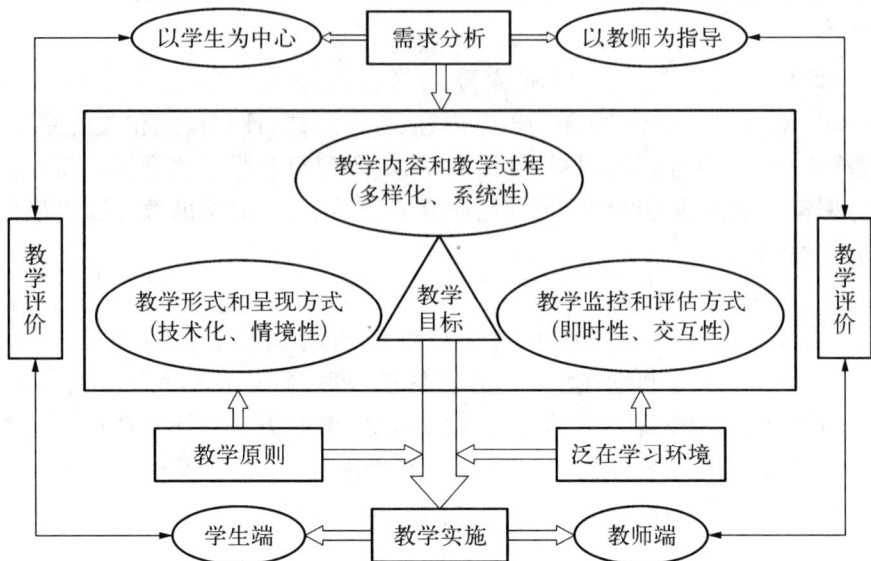

**图 3.1.2　中国理工科大学生学术英语泛在学习模式**

### 2.2.1　本研究需求分析

　　由于学生和教师是教学过程的核心对象,因此需分别对两者开展需求分析。主要的分析工具为访谈和问卷调查。本研究邀请代表性高校的 30 名理工科专业教师和学术英语教师开展深度访谈,并针对全国 30 所高校的理工科学生和教师开展问卷调查。访谈只限于教师,主要讨论教学实施方面的问题,如教材内容、教学过程、教学形式、评估方式等。因教师访谈对象来自理工科专业教师和学术英语教师两大群体,可以进一步挖掘他们之间的共性观点和个性看法,以得出最适合本研究学生对象的教学实施方案,为调查问卷的设计提供参考。学生问卷和教师问卷均主要围绕针对学生将来的专业学术研究和职场工作所需要学习的内容以及自身缺乏的知识和技能展开,这样可以得知师生之间共性的想法和存在差异的领域。关于本研究教师访谈师生问卷调查的设计原则及数据分析结果,本书第二章第二节进行了详细论证,此处不再赘述。

### 2.2.2　泛在学习环境

　　本研究构建的泛在学习环境包含学生、教师和教学条件三个主要因素。作为核心要素的学生,应配备数字学习的基本技能和条件。现代信息技术给学生创造了智能和无缝学习空间。在教师的指导下，学生得以在泛在学习环境中随时随地学习。本章第二节将详细阐述本项目依托高校构建的泛在学习平台。

### 2.2.3　本研究教学原则

中国理工科大学生学术英语泛在学习模式的实质是以学生为中心，学生可以自由选择适合自己的学习环境，并根据实际需求选择感兴趣的学习内容。泛在学习环境提供海量的学习资源，学生有能力决定学习的时间、地点、内容和方式，教师在其中起到指导和督促的作用。

### 2.2.4　本研究教学目标

本研究教学目标包含三个因素：（1）教师应关注教学内容的整体规划和排列顺序，多样化并系统性地准备学术英语教学内容，根据学生的需求和能力合理安排学习任务，并完整记录学习过程；（2）教师应选择合适的教学形式和教学方法呈现教学内容，将课内教学和课外自主学习有机融合，以便学生在现实环境中获得真实的学习体验，使技术化的教学形式和情境性的教学内容相统一；（3）为了检测是否达到教学目标，应实施即时性和交互性的评估方式进行教学监控。教学目标的实施是整个模式的核心部分，根据前期需求分析的结果，本研究将语料库融入教学内容，并实施动态评估方式，以期更好地达成教学目标。本章第二节将详细阐述语料库和动态评估在本研究中的运用情况。

### 2.2.5　本研究教学实施

根据上文所述教学目标，本研究从学生端和教师端两个方面进行教学实施。在课堂教学过程中，教师指导学生开展系统化学习，并提供机会让学生展示学习成果，提高学习效能感。在课外自主学习过程中，教师督促学生开展碎片化学习，并利用泛在学习平台的优势进行自我评估、同伴互评和师生交流，促进学习效果。

### 2.2.6　本研究教学评价

本研究采用多元教学评价方式，检验中国理工科大学生学术英语泛在学习模式的有效性。遵循以学生为中心的教学理念，评价的主体为学生。可以通过问卷调查和访谈的形式从学生处收集信息，得出其在学生中的认可度。同时，通过测评方式考查学生的学习效果，进一步检验本学习模式的有效性。

# 第二节　学习模式的应用

　　本节首先展示作为泛在学习环境的泛在学习平台、作为教学内容的语料库、即时性监控教学效果的动态评估这三个学习模式的核心要素,然后分别基于学术英语读写和学术英语听说两种课程阐释其应用方式。

### 1. 泛在学习平台

　　项目所依托的上海理工大学是上海市"高水平地方高校"建设试点单位,教学设施完善,全校覆盖高速校园网,拥有数栋智慧教学楼。2019 年下半年至 2020 年上半年,为提高学术英语课程教学质量,学校根据项目组提出的研究思路自主构建了"上理工泛在学习平台",为修读相关课程的学生提供智能学习环境(见图 3.2.1)。

**图 3.2.1　上理工泛在学习平台首页**

　　该平台与其他线上学习平台相比的主要优势在于: 提供专业的、与学生需求紧密相关的学习资源;设置在线讨论区供学生开展小组讨论和师生

交流使用;提供评估中心进行自我评估和同伴互评。下文将分别加以
说明。

## 1.1 学习资源

上理工泛在学习平台有四个学习资源库,分别为理工学术英语听
说、理工学术英语读写、理工学术英语词汇和理工学术英语展示(见
图 3.2.2)。

**图 3.2.2 上理工泛在学习平台资源库**

每个资源库以学术英语技能为核心,上传教师制作的与教学内容紧
密相关的学习辅助资料,并根据理工科大学生的英语学习需求设计练习
和互动环节,将课堂内外有机结合起来,为学生开展学习、参加考试、学
科竞赛和学术研究等提供最新的学习资源和学习交流平台。"理工学术
英语听说"资源区依托对应课程教材《理工英语听说教程》(刘芹等
2020)提供了 8 个单元的授课 PPT,与单元内容相关的补充听力资料和
视频资料,以及每个单元 2 套中等难度测试题。"理工学术英语读写"资
源区依托对应课程教材《理工英语读写教程》(刘芹等 2017)提供了 10
个单元的授课 PPT,与单元内容相关的补充阅读资料和视频资料,以及
每个单元 2 套中等难度测试题。"理工学术英语词汇"资料区提供学术
词汇表(Academic Word List,AWL),包含 570 个学术英语词目及相应
例句,以及主要理工科研究领域学术词汇应有的使用方法和学生的错误

使用方式。"理工学术英语展示"资源区提供学术演讲和学术会议音视频,帮助学生掌握学术演讲技能,提高国际学术会议汇报及交流能力。

## 1.2 在线讨论区

在线讨论区是进行小组学术讨论的在线空间。小组负责学生可以设置线上小组讨论板块,进行个性化命名、设置个性化头像、撰写个性化介绍。小组成员可以在讨论区上传学习资源并进行讨论,教师也可以加入小组讨论进行指导。图 3.2.3 为学术英语读写课程的一个小组讨论区。

**图 3.2.3   学术英语读写课程在线讨论区**

## 1.3 评估中心

根据课程教学安排,上理工泛在学习平台的评估中心含有三个入口:学术英语读写(个人)、学术英语听说(小组)和学术英语听说(个人),见图 3.2.4。

在第一个入口,学生上传学术英语读写课程要求的个人书面作业文档,其他学生根据评分标准进行评分。在第二个和第三个入口,学生上传学术英语听说课程要求的小组口头作业和个人口头作业录像,其他学生根据评分标准进行评分(参见图 3.2.5 和图 3.2.6)。

图 3.2.4　上理工泛在学习平台评估中心

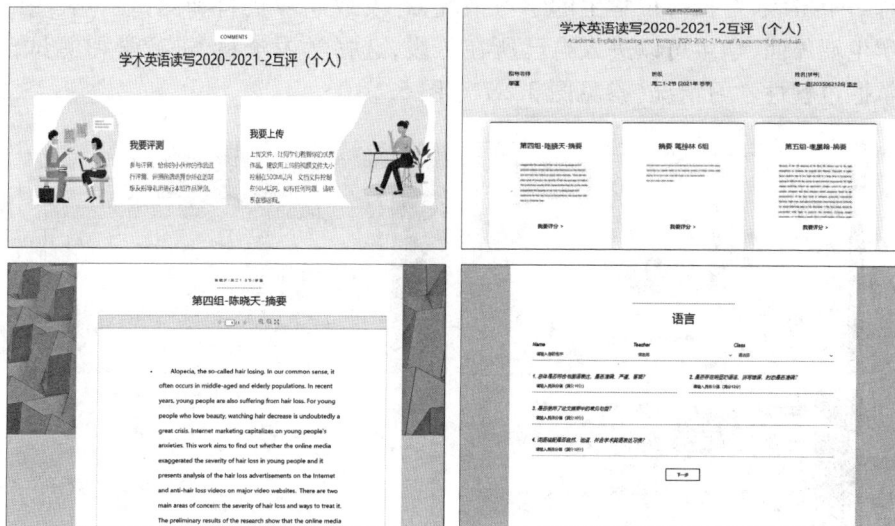

图 3.2.5　学术英语读写课程评估界面

图 3.2.6　学术英语听说课程评估界面

## 1.4　个人管理

使用上理工泛在学习平台的师生都有个人账户,登录后可以在电脑端或手机端随时随地使用该平台。在教师端界面,教师可以进入自己授课的每一个班级,监控每位学生的学习情况,并发放学习资料和测试资料。在学生端界面,学生可以进入自己所在班级,选择学习资料,进行学习测试,掌握过程性学习情况(参见图 3.2.7 至图 3.2.10)。

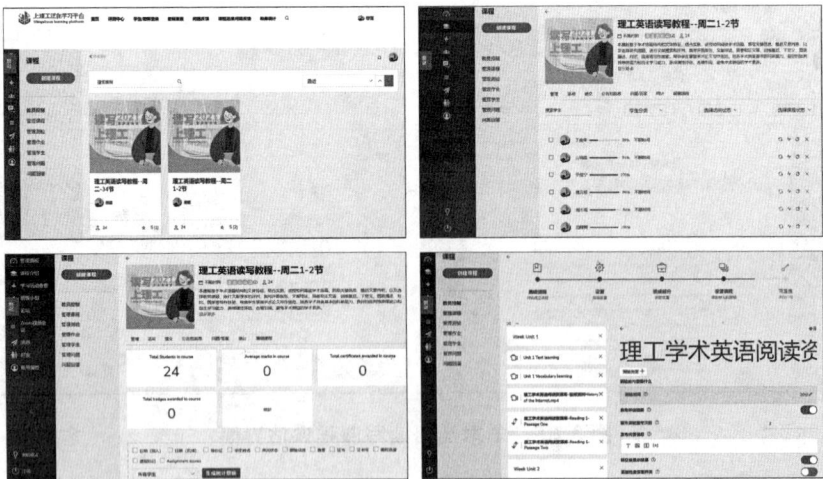

图 3.2.7　学术英语读写课程教师端界面

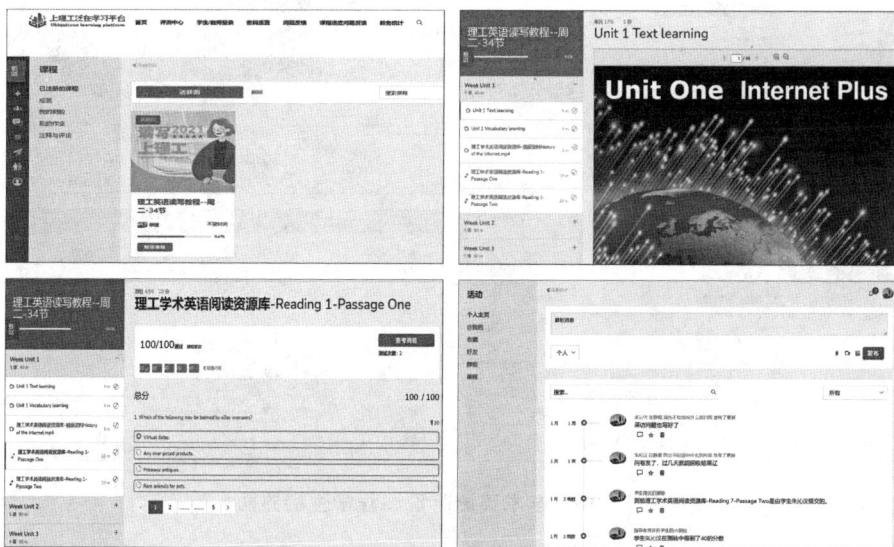

图 3.2.8　学术英语读写课程学生端界面

图 3.2.9　学术英语听说课程教师端界面

中国理工科大学生学术英语泛在学习模式有效性研究

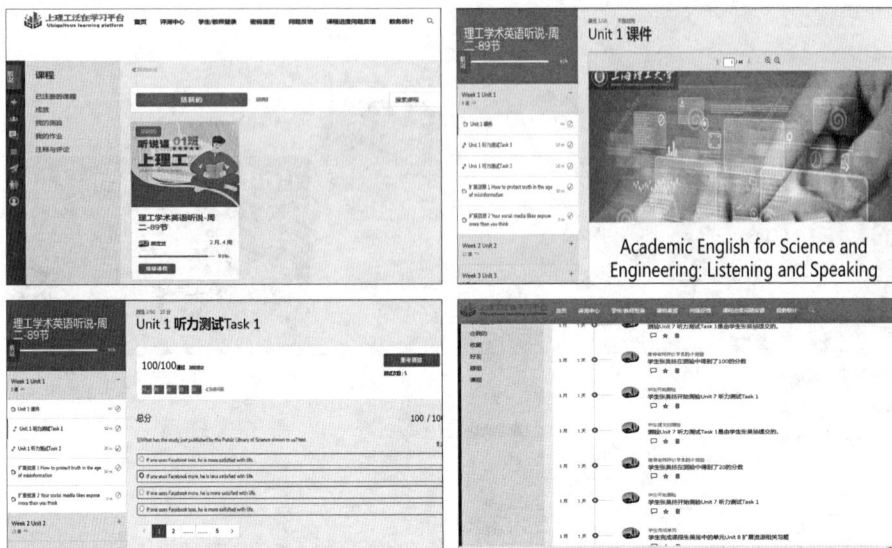

图 3.2.10　学术英语听说课程学生端界面

**2. 语料库**

　　语料库语言学自 20 世纪 80 年代开始显现,已经从最初语料库的构建发展到在不同领域中的应用研究。基于语料库的研究在语言学、计算机科学等领域取得了丰硕的成果,语料库已在全球主要语言中建立起来,它们的应用也越来越广泛。杨惠中(2002)指出语料库语言学是基于文本语料库研究语言的学科,也是语言科学领域发展最快的分支之一。语料库语言学在词汇学、语言研究、外语教学、语篇分析等领域发挥着重要的作用,国内外学者均进行了广泛的研究。其在学术英语教学中的应用主要体现在如下两个方面:通过语料库编撰学术英语词汇表并用于学术英语教学;展示学术英语的语言特征并促进学术英语教学效果。

　　继 Coxhead(2000)创建了学术英语词汇表(Academic Word List,AWL)之后,Gardner & Davies(2013)基于美国当代英语语料库(Corpus of Contemporary American English,COCA)编撰了新型学术英语词汇表,为学者开展学术英语教学和后续研究提供了便利。Noguera-Díaz & Pérez-

Paredes(2019)对潜艇英语语料库开展研究,发现潜艇英语中的名词词组更关注名词变化,而非形容词和介词词组变化,帮助学生在撰写相关论文时提高写作水平。Joseph et al.(2019)基于英语本族语语料库和英语二语语料库中的大学生文章,发现相较于二语写作学生,本族语写作者严格遵循学术体裁规范。该研究成果有利于培养学生对学术英语写作规范的意识。

诸多学者关注基于语料库的学术英语教学模式。Johns(2002)基于建构主义和人本主义理论提出了数据驱动学习(data-driven learning,DDL)模型,指导学生针对语料库观察并总结语言现象,培养学生发现语言特征并加以归纳总结的学习能力。Leech(1997)将数据驱动学习进一步区分为语料库辅助(corpus-assisted)和语料库驱动(corpus-driven)。前者指在设计教学大纲、准备教学材料时使用语料库;而后者指将语料库直接用于课堂教学。Dolgova & Mueller(2019)针对高级学术英语学习者使用语料库工具进行纠错的实证研究发现,纠错效度极大程度上取决于错误类型,语料库驱动教学模型可以帮助学生在学习学术英语时开展自我纠错,因而提升自我学习能力。

与国外学者相同,国内学者近年来对在学术英语教学中开展语料库相关研究也保持了浓厚的兴趣。根据词汇习得和外语教育技术相关理论,孟超、马庆林(2019)基于线上语料库构建了法律英语词汇教学模型,有效促进了法律英语词汇学习效果,培养了学生的自主学习意识。袁艳玲、戈玲玲(2019)将语料库和学术英语教学相结合构建了学术英语教学模型,并研发了基于自建学术英语语料库的学术英语教学平台,为学术英语学习者提供了崭新的学习途径,同时为将来的学术英语教学提供了理论基础和实际应用参考。李广伟、戈玲玲(2020)进一步研发了学术英语翻转课堂教学模式,发现基于语料库的学术英语翻转课堂教学模式可以提高学术英语教学效果,并促进学生的学术英语能力和自主学习能力。刘鸿颖、刘芹(2020b)构建了基于语料库的学术英语摘要写作自主学习模式,指导学生通过"阅读—模仿—修正"的方式开展学术论文摘要写作自主学习。教学实验结果显示,该自主学习模式可以有效减少学生学术英语摘要中的体裁和语言使用错误。类似地,王华(2020)以学术英语摘要写作为教学内容,自主构建学术英语语料库,探究语料库驱动教学模式应用于大学生学术英语写作的有效性。

除了上文提到的学术英语词汇和学术英语写作中大量用到语料库辅助和语料库驱动教学模式,近年来学者开始在学术英语口语教学中运用语料库。由于口语产出具有言语特征和非言语特征,用于词汇教学和写作教学的单模态语料库(monomodal corpus)因只呈现文本形式而无法有效体现口语产出的多维度。多模态语料库(multimodal corpus)应运而生。多模态语料库是收集"在超过一个模态中展现的语言和交流"的容器(Allwood 2008:208)。与传统意义上的只包含文本的单模态语料库相比,多模态语料库增加了其他产出模态,因而构建起来更为复杂。

虽然多模态语料库因版权限制等原因尚处于起步阶段(Knight 2011),随着学界对多模态交流内涵的兴趣与日俱增,多模态语料库得以构建起来,旨在研究不同交流环境中不同层面呈现的描述特征(Wagner et al. 2014)。国外学者在多模态语料库的构建方面开展了大范围的研究,取得了理论基础、语料收集、分析框架、标注系统等方面的很大成就(如 Bernsen & Dybkjar 2007;Knight & Adolphs 2008;Knight 2009;Knight et al. 2009;Knight 2011;Adolphs & Carter 2013;Guichon 2017;Locky 2019;Matamala 2019;Madrid 2021)。在 21 世纪初,多模态语料库开始运用于外语教学。2008 年,针对英国、法国、德国、意大利、立陶宛、罗马尼亚和西班牙七个欧洲国家 13 岁至 18 岁少年的采访资料构建成 SACODEYL 语料库,成为全世界第一个多模态语料库,并以此为基础将数据驱动学习应用到教学中(潘璠 2012)。

国内学者对多模态语料库的构建和应用也展开了讨论(如王立非、文艳 2008;吴进善 2010;杨林伟、伍忠杰 2012;刘剑、陈水平 2020;Huang 2021)。然而,由于需要一整套的语料收集标准、文本转写规定、语料编码方案和多层面标注方式,多模态语料库的构建耗时费力,相关研究成果较少。为了全方位研究学生的英语口语水平,刘芹、潘鸣威(2012)构建了"中国理工科大学生多模态口语语料库"。基于多模态话语分析理论和口头交际相关理论,他们从语音、词汇、句法、语篇衔接、非言语特征等多方面进行标注,尤其是使用多模态标注软件 Elan 对学生口头交际视频进行非言语特征层面的标注。类似地,张振虹等(2014)也采用 Elan 软件对收集到的视频和音频进行标注,构建了大学英语多模态语料库,并将其应用到词汇、阅读和听说课程的教学中。

本研究根据不同课程需求,分别把单模态文本语料库和多模态口语语料库用于课堂教学和课外自主学习,涉及本族语者语料库和项目组自建的学习者语料库。一方面采用语料库辅助方法准备教学资料,另一方面采用语料库驱动方法开展实际教学。

# 3. 动态评估①

动态评估又称学习潜能评估,指评估者与学习者为了实现后者的潜在发展能力,共同商讨并实施的一系列评估方式(Lidz & Pena 1996)。

动态评估的概念起源于 Vygotsky(1978)提出的社会文化理论。他认为通过社会文化领域的交流,学习者得以互相学习,从教师、父母、同学等处获得更多帮助。目前,课堂动态评估模式开始流行起来,它提倡将教学与评估相结合,促进语言学习者的能力发展(Herazo et al. 2019)。

Lantolf & Poehner(2004)将动态评估模式分为介入式(interventionist)和互动式(interactionist)两种。介入式动态评估模式着重于评估的量化指标,即学习者能快速有效取得预计学习效果所获得的帮助(Brown & Ferrara 1985)。根据评估过程中给予帮助的方式,又分为三明治模式(sandwich format)和蛋糕模式(cake format)(Sternberg & Grigorenko 2002)。前者包括前测、实验和后测,根据前测结果加入帮助内容,后测时评估员可以据此得知学习者取得的进步。后者则在测试进行过程中,对于每一项考题提供显性和隐性的指导,类似于在蛋糕(考题)上添加涂层(暗示)。评估员将考题分别提供给考生,若考生回答出来,再提供下一题。此过程中需特别注意考试表现,根据考试场景提供合适的指导方式和内容,并记录下来。

Haywood & Wingenfield(1992)认为互动式动态评估模式包含评估员的动态定位、考生与评估员的协同互动、评估内容的有意识变化、从评估普遍存在的测试表现扩展到潜在能力等。评估员帮助考生暂时获得可用于学习和解决问题的认知技能,然后判断考生运用这些技能解决新出现问题的能力。虽然互动式动态评估模式在干预(通常为教学)的种类、数量、方式和强度上有所不同,但大部分以"测试—教学—测试"的方式进行设计。互动式动态评估模式通常在个人层面进行,学习者与评估员互动,获得标准化菜单中的调节内容(Lin 2010)。

国外将动态评估运用于二语/外语能力评估的研究起源于 21 世纪初。

---

① 本部分提出的动态评估模式是理论模型,发表在刘芹(2021)所著论文《泛在学习视域下的理工科学术英语动态评估模型构建》。在本研究的教学实验中,将根据实际情况予以调整。另外,为保持本书术语的统一,已将"动态评估模型"修改为"动态评估模式"。

**109**

Kozulin & Garb(2002)在外国学生英语考试中采用了"前测—介入—后测"的介入式动态评估模式,以提高学生的阅读能力。Poehner(2009)在法语口语课堂中采用了"前测—介入—后测—迁移"的互动式动态评估模式,要求学生在规定的时间内观看规定的英语电影,然后用法语复述情节。在复述过程中,他与学生进行交互指导,并记录下所有过程进行分析,发现学生可以从单纯的语言意识发展到解决语言问题。自从韩宝成(2009)将动态评估介绍到国内后,关于动态评估的研究开始兴起。张艳红(2010)构建了大学英语写作课程动态评估体系。兰笑笑、刘燕(2010)将动态评估概念与写作教学相结合,构建英语写作教学动态评估框架。孔文、方洁(2013)对动态评估的背景、理论基础和主要模式,及其与静态评估的异同进行了梳理,并探讨了其存在的问题和未来研究方向。李奕华(2015)基于动态评估理论,开展了英语专业本科生写作教学评估的实证研究。

国内外对于动态评估的研究从最初的理论探讨到具体的模式构建再到小型实证研究,充分体现了动态评估模式对学生激发学习潜能,提高学习能力的有效性。但已有研究的动态评估通常用于以教师为主导的小规模课堂测试,且基本以介入式为主,在发展单个学生的个体能力方面尚有待研究。基于泛在学习的视域,项目组认为可以尝试构建用于课内教学的介入式动态评估和用于课外自主学习的互动式动态评估相结合的模式,以最大效度地提高学生群体和个体的学习水平,真正发挥动态评估的促学评价功能,培养学生的终身学习能力(参见图 3.2.11)。

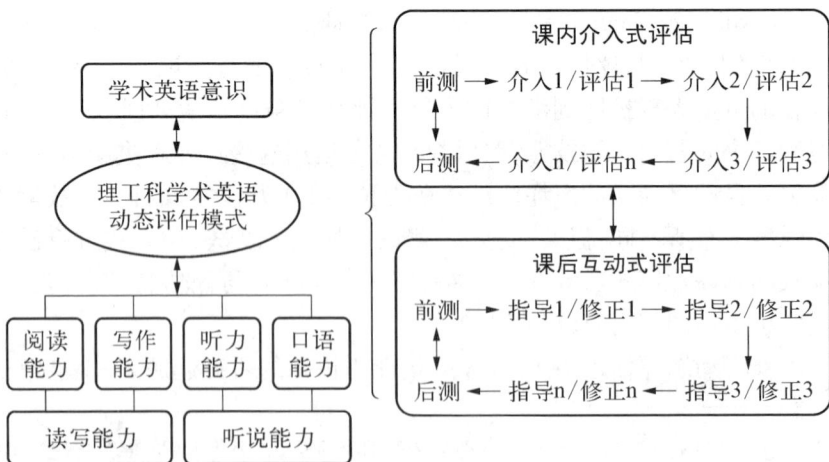

**图 3.2.11 泛在学习视域下的理工科学术英语动态评估模式**

刘芹(2021)研究发现,学生的学术英语能力很大程度上取决于学术英语意识(academic English awareness),因此在该动态评估模式中,理工科学术英语动态评估与学生的学术英语意识相辅相成。在具体评估时,可以切分为阅读、写作、听力和口语四个模块。其中,阅读与写作可以结合为读写能力,而听力和口语可以结合为听说能力。每个能力的动态评估分为课内介入式评估和课后互动式评估两个层面。在课内介入式评估中,课程开始时进行前测,课程结束时进行后测,课程进行中根据教学安排开展不同知识或微技能的介入和评估,使学生循序渐进地掌握相关技能。在课后互动式评估中,学生上交若干次作业给教师批改,教师进行有针对性的指导,学生随时予以修正。为了增加学生的自主学习能力,指导环节也可以采用学生自评和/或同伴互评的形式。所有的教师和学生的指导及修正痕迹都予以保留,方便随时查看。教师可以根据课程的性质和评估侧重点给课内介入式评估和课后互动式评估的各个环节赋分,并综合考量得出学生的课程成绩。下文以学术英语写作和学术英语口语为例,讨论上述模式的应用形式。

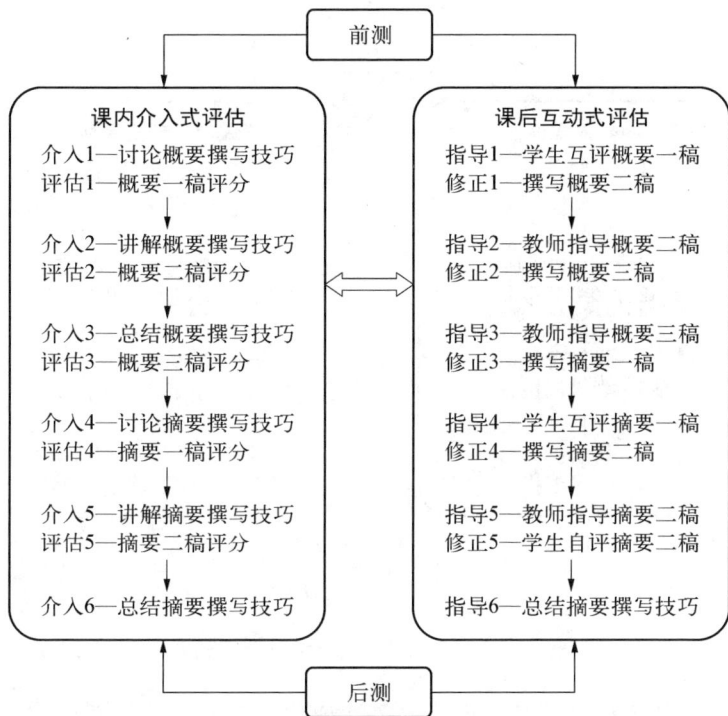

图 3.2.12 学术英语写作动态评估模式

　　上图中的评估模式分为课内介入式评估和课外互动式评估两个层面。课程要求撰写一篇研究概要（summary）和一篇论文摘要（abstract）。相对而言，摘要因为受格式和字数的严格限制，撰写要求比概要高。因而，授课内容概要在前，而摘要在后。课内介入式评估中，概要的第一稿作为前测，摘要的最后一稿作为后测。教学过程中教师共介入六次，概要和摘要各介入三次。第一次介入时，指导学生进行头脑风暴，讨论概要/摘要的写作技巧；第二次介入时，教师讲解概要/摘要的写作技巧；第三次介入时，教师再次总结概要/摘要的写作技巧。每次介入时，教师提取学生撰写过程中的共性问题进行评估，主要从结构、内容、语言、格式四个方面进行讲解。课后互动式评估同样分为概要写作和摘要写作，分别针对三次课内介入进行三次课外互动。第一次为学生互评产生的互动，通过学生讨论激发学习动力；第二次和第三次互动为师生一对一互动，通过学生提问教师解答的方式做到精准指导。每次互动完成后，学生修正所撰写的文本，起到提高写作水平的作用。

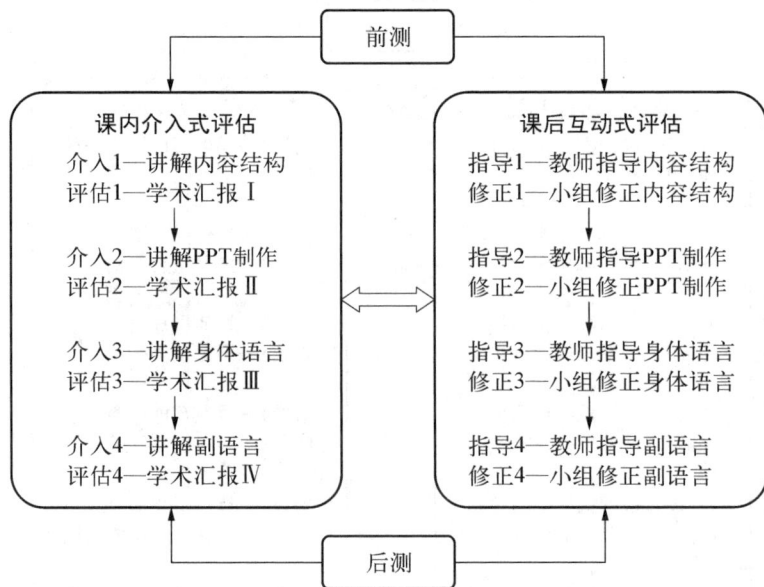

**图 3.2.13　学术英语口语动态评估模式**

　　上图中的评估模式分为课内介入式评估和课外互动式评估两个层面。课程要求完成所在专业的简单学术汇报，包括内容结构、PPT 制作、身体语言和副语言四个评估重点。在课内介入式评估中,学生以第一次学术汇报作为前测,最后一次学术汇报作为后测,均要求选择所在专业为汇报主题,学生个人完成。教学过程中教师共介入四次,分别反映学术汇报的四个评估重点。学生分为学习小组,以小组为单位每三周提交一次学术汇报录像,教师选择录像中的共性问题针对介入重点进行讲解和评估。课后互动式评估分别针对四次课内介入进行四次课外互动。通过学生提问教师解答的方式做到精准指导。每次互动完成后,学生以小组为单位修正相应内容,起到逐步提高口语水平的作用。

## 4. 学术英语读写课程教学安排

学术英语读写课程是理工科大学生完成通用英语课程教学后的第一门学术英语课程,旨在通过"读写结合、以读带写"的方式,引导学生首先通过阅读理工科学术语篇,了解此类文章的遣词造句特色和篇章布局模式,并通过大量的练习深入掌握;然后结合篇章内容辅以写作练习,帮助学生熟悉理工科学术语篇的写作手法,学会撰写基本的理工科学术英语论文,尤其是中国学者参加国际学术交流最常用的研究概要和论文摘要。

本研究以一学期 16 周、每周 4 学时、共 64 学时为例,提供学术英语读写课程教学安排,选用的教材为《理工英语读写教程》(刘芹等 2017),详见表 3.2.1。

表 3.2.1　泛在学习视域下的理工学术英语读写课程安排

| 教学周 | 课　前 | 课　中 | 课　后 |
|---|---|---|---|
| 1 | | 1. 介绍课程安排、泛在学习原则、泛在学习平台和语料库操作办法<br>2. 学生分组 | 1. 使用泛在学习平台<br>2. 构建小组讨论区 |
| 2 | 通过平台预习单元一<br>Internet Plus | 1. 学习单元一<br>2. 学术论文写作方式 | 完成线上阅读练习 |

中国理工科大学生学术英语泛在学习模式有效性研究

| 教学周 | 课　前 | 课　中 | 课　后 |
|---|---|---|---|
| 3 | 通过平台巩固单元一 | 1. 学习单元一<br>2. 研究概要写作方式 | 1. 完成线上阅读练习<br>2. 作业 1：撰写研究概要 |
| 4 | 通过平台预习单元二<br>Communication Security | 1. 学习单元二<br>2. 研究概要写作方式 | 1. 完成线上阅读练习<br>2. 作业 2：概要互评 |
| 5 | 通过平台巩固单元二 | 1. 学习单元二<br>2. 分析概要互评结果<br>3. 研究选题重要因素 | 1. 完成线上阅读练习<br>2. 小组讨论研究选题 |
| 6 | 通过平台预习单元三<br>Biology Engineering | 1. 学习单元三<br>2. 分组展示研究选题<br>3. 论文摘要写作方式 | 1. 完成线上阅读练习<br>2. 作业 3：撰写论文摘要 |
| 7 | 通过平台巩固单元三 | 1. 学习单元三<br>2. 论文摘要写作方式 | 1. 完成线上阅读练习<br>2. 作业 4：摘要互评 |
| 8 | 通过平台预习单元四<br>Food Safety | 1. 学习单元四<br>2. 分析摘要互评结果<br>3. 参考文献搜索方式 | 1. 完成线上阅读练习<br>2. 小组讨论文献搜索 |
| 9 | 通过平台巩固单元四 | 1. 学习单元四<br>2. 引言撰写方式 | 1. 完成线上阅读练习<br>2. 小组讨论引言撰写 |
| 10 | 通过平台预习单元五<br>Material Science | 1. 学习单元五<br>2. 文献综述撰写方式 | 1. 完成线上阅读练习<br>2. 小组讨论文献综述撰写 |
| 11 | 通过平台巩固单元五 | 1. 学习单元五<br>2. 研究过程和讨论撰写方式 | 1. 完成线上阅读练习<br>2. 小组讨论研究过程和讨论撰写 |
| 12 | 通过平台预习单元六<br>Transportation | 1. 学习单元六<br>2. 参考文献和引用撰写方式 | 1. 完成线上阅读练习<br>2. 小组讨论参考文献和引用撰写 |
| 13 | 通过平台巩固单元六 | 1. 学习单元六<br>2. 讨论小组研究汇报的难点 | 1. 完成线上阅读练习<br>2. 准备小组研究汇报 |

| 教学周 | 课　前 | 课　中 | 课　后 |
|---|---|---|---|
| 14 | 通过平台自学单元七至十 | 1. 简要学习单元七至十<br>2. 进行小组研究汇报 | 完成线上阅读自测 |
| 15 | 通过平台自学单元七至十 | 1. 简要学习单元七至十<br>2. 进行小组研究汇报 | 完成线上阅读自测 |
| 16 | 通过平台进行期末复习 | 1. 期末复习<br>2. 讨论个人研究论文写作方法 | 1. 作业5：个人研究论文<br>2. 作业6：论文互评 |

《理工英语读写教程》共十个单元,每个单元有两篇某一领域的学术论文和相关学术词汇,配套丰富的阅读和写作练习。在16周的教学安排中,精讲第一至第六单元,略讲第七至第十单元。根据表3.2.1可见,教学安排分为课前、课中和课后三个部分。课前通过泛在学习平台进行单元预习和复习巩固。课后通过泛在学习平台进行线上阅读练习,完成线上写作练习,并进行线上互评。在第一周课后需根据课上分好的学习小组由组长构建小组讨论区,方便后续的学习资源共享和课后作业互评。

每周课中4学时的详细教学安排如下。第一周首先介绍整个学期16周的教学安排、泛在学习原则及学生应注意事项、展示上理工泛在学习平台构造及操作办法、展示课程中用到的语料库及操作办法,将学生分为5—6人的学习小组,选出组长。

第二周至第十三周是教学重点,每两周完成一个单元,这十二周还分阶段学习学术论文的脉络和写作方式。第二周从英语本族语者学术论文语料库中调取代表性论文介绍学术论文的写作范式,培养学生的学术论文写作意识。第三周和第四周由学生从英语本族语者学术论文语料库中抽取自己学科领域的论文,在教师的指导下讨论研究概要的写作方式。这两周的课后要求学生根据课中学习内容选择自己领域的英语本族语者学术论文撰写研究概要,并进行互评。第五周分析概要互评结果,并讨论研究选题重要因素,学生在课后以小组为单位讨论小组学术研究选题。第六周和第七周分组展示研究选题,并从英语本族语者学术论文语料库中抽取自己学科领域的论文,在教师的指导下讨论研究摘要的写作方式。这两周的课后要求学生根据课中学习内容选择自己领域的英语本族语者学术论文撰写摘要,并进行互评。第八周分析摘要互评结果,并讨论参考文献搜索方式。第八周课后要求学生以小组为单位,围绕研究选题搜索文献。第九周至第十二周课中根据学生的小组研究选题讨论引言、文献综述、研究过程和讨论、参考文献和引用等理工科学术论文关键部分的撰写,并从英语本族语者学术论文语料库中调取范文进行分析,帮助学生增加感性认识。学生在这四周的课后以小组为单位根据课中学习内容分别完成小组学术汇报所需的上述重要部分。第十三周课中各小组提出小组研究汇报难点,由教师和其他小组提出解决方案。学生在课后进一步完善小组汇报的准备工作。

第十四和第十五周简要学习第七至第十单元,并分组进行小组学术研究口头汇报。每组选择一位组员进行主要汇报,其他组员做辅助工作,并回答听众问题。这两周的课后完成线上阅读自测,准备期末考试。

第十六周进行期末复习,并讨论个人研究论文写作方法,要求每位学生根据自己的学科领域,先从本族语者学术英语语料库中抽取相关论文进行学习,然后撰写研究论文。每位学生在课后完成一篇学术论文,并提交至泛在学习平台,供其他同学互评。

---

**5. 学术英语听说课程教学安排**

---

学术英语听说课程是理工科大学生完成学术英语读写课程后的姐妹课程,旨在通过"听说结合、以听带说"的方式,一方面提升学生对学术题材的听力理解能力,帮助学生了解学术题材的文本特征及结构特征,促使他们能够围绕听力材料梳理信息,辨析观点,做好笔记;另一方面培养学生运用学术语言进行交流的能力,包括总结评析、对比论证、逻辑陈述等,拓宽对自身学科领域的国际视野,提高发现问题、解决问题的能力以及思辨创新能力,提升国际交流能力。

本研究以一学期 16 周、每周 2 学时、共 32 学时为例,提供学术英语听说课程教学安排,选用的教材为《理工英语听说教程》(刘芹等 2020),详见表 3.2.2。

**表 3.2.2 泛在学习视域下的理工学术英语听说课程安排**

| 教学周 | 课 前 | 课 中 | 课 后 |
|---|---|---|---|
| 1 | | 1. 介绍课程安排、泛在学习原则、泛在学习平台和语料库操作办法<br>2. 学生分组 | 1. 使用泛在学习平台<br>2. 构建小组讨论区 |
| 2 | 通过平台预习单元一 Computer and Internet | 1. 学习单元一<br>2. 学习学术英语词汇 | 1. 完成线上听力练习<br>2. 搜索学术英语词汇 |
| 3 | 通过平台巩固单元一 | 1. 学习单元一<br>2. 讨论学术汇报特点 | 1. 完成线上听力练习<br>2. 提交学术汇报特点 |
| 4 | 通过平台预习单元二 Artificial Intelligence | 1. 学习单元二<br>2. 讨论学术汇报框架 | 1. 完成线上听力练习<br>2. 作业 1：小组汇报提纲 |
| 5 | 通过平台巩固单元二 | 1. 学习单元二<br>2. 讨论小组汇报提纲 | 1. 完成线上听力练习<br>2. 作业 2：小组汇报提纲互评 |
| 6 | 通过平台预习单元三 Biomedical Science and Engineering | 1. 学习单元三<br>2. 分析小组汇报提纲互评结果 | 完成线上听力练习 |
| 7 | 通过平台巩固单元三 | 1. 学习单元三<br>2. 讨论学术汇报 PPT | 1. 完成线上听力练习<br>2. 作业 3：小组汇报 PPT |
| 8 | 通过平台预习单元四 Neuroscience and Psychology | 1. 学习单元四<br>2. 讨论小组汇报 PPT | 1. 完成线上听力练习<br>2. 作业 4：小组汇报 PPT 互评 |
| 9 | 通过平台巩固单元四 | 1. 学习单元四<br>2. 分析小组汇报 PPT 互评结果 | 完成线上听力练习 |
| 10 | 通过平台预习单元五 Food Engineering | 1. 学习单元五<br>2. 讨论体势语的用法 | 1. 完成线上听力练习<br>2. 作业 5：体势语 |
| 11 | 通过平台巩固单元五 | 1. 学习单元五<br>2. 讨论副语言的用法 | 1. 完成线上听力练习<br>2. 作业 6：副语言 |

续　表

| 教学周 | 课　前 | 课　中 | 课　后 |
|---|---|---|---|
| 12 | 准备学术论坛 | 模拟学术论坛 | 1. 完成线上听力练习<br>2. 作业 7：准备个人学术汇报提纲 |
| 13 | 通过平台自学单元六 Aerospace Science | 1. 学习单元六<br>2. 讨论个人学术汇报提纲 | 1. 完成线上听力练习<br>2. 作业 8：准备个人学术汇报 PPT |
| 14 | 通过平台自学单元七 Environmental Engineering | 1. 学习单元七<br>2. 讨论个人学术汇报 PPT | 完成个人学术汇报文本 |
| 15 | 通过平台自学单元八 Energy Engineering | 1. 学习单元八<br>2. 讨论个人学术汇报文本 | 完成线上听力自测 |
| 16 | 通过平台进行期末复习 | 1. 期末复习<br>2. 讨论个人学术汇报方法 | 1. 作业 9：个人学术汇报<br>2. 作业 10：个人汇报互评 |

《理工英语听说教程》共八个单元，每个单元有若干篇选自国际通用网站的科技类音视频资料，配套丰富的听力和口语练习。在 16 周的教学安排中，精讲第一至第五单元，略讲第六至第八单元。根据表 3.2.2 可见，教学安排分为课前、课中和课后三个部分。课前通过泛在学习平台进行单元预习和复习巩固。课后通过泛在学习平台进行线上听力练习，完成线上口语练习，并进行线上互评。在第一周课后需根据课上分好的学习小组由组长构建小组讨论区，方便后续的学习资源共享和课后作业互评。

每周课中 2 学时的详细教学安排如下。第一周首先介绍学期 16 周的教学安排、泛在学习原则及学生应注意事项、展示上理工泛在学习平台构造及操作办法、展示课程中用到的语料库及操作办法，将学生分为 5—6 人的学习小组，选出组长。

第二周至第十一周是教学重点，每两周完成一个单元，这十周还分阶段学习学术汇报的脉络和展现方式。第二周教师指导学生用语料库搜索的方式学习 AWL。学生课后在语料库中搜索自己学科领域学术词汇及其用法,奠定在学术汇报中运用学术词汇的基础。第三周由学生从英语本族语者学术汇报语料库中抽取学术汇报,在教师的指导下讨论学术汇报的特点。学生课后在语料库中搜索自己学科领域学术汇报,并探讨其特点。第四周由学生从英语本族语者学术汇报语料库中抽取自己学科领域的学术汇报,在教师的指导下讨论学术汇报的框架。学生课后以小组为单位,制定学术汇报提纲。第五周教师指导学生讨论各小组学术汇报提纲。学生课后加以完善再次提交后,由其他小组进行互评。第六周分析小组汇报提纲互评结果。第七周教师指导学生讨论学术汇报PPT的制作方法。学生课后以小组为单位制作学术汇报PPT。第八周讨论各小组汇报PPT,学生课后加以完善再次提交后,由其他小组进行互评。第九周分析小组汇报PPT互评结果。第十周和第十一周课中分别讨论体势语和副语言的用法,学生课后分别在平台上提交体势语和副语言作业。

第十二周进行模拟学术论坛。以小组为单位分别展示学术研究成果。每组选择一位组员进行主要汇报,其他组员做辅助工作,并回答听众问题。每一小组展示结束后,由其他小组进行互评。课后学生准备个人学术汇报提纲并提交至泛在学习平台,待下一周课上讨论使用。

第十三周至第十五周每周讲解一个单元,口语教学着重关注个人学术汇报。其中,第十三周讨论个人学术汇报提纲,第十四周讨论个人学术汇报PPT,第十五周讨论个人学术汇报文本。第十三周和第十四周课后学生分别准备个人汇报PPT和文本并提交至泛在学习平台,待下一周课上讨论使用。第十五周课后完成线上听力自测,准备期末考试。

第十六周进行期末复习,并讨论个人学术汇报方法,要求每位学生根据自己的学科领域,先从本族语者学术英语语料库中抽取相关汇报进行学习,然后准备学术汇报。每位学生在课后完成一个学术汇报录像,并提交至泛在学习平台,供其他同学互评。

## 第三节　学习模式的反馈

为了检验“中国理工科大学生学术英语泛在学习模式”是否符合学生的学习需求,项目组在 2021 年 3 月至 6 月学期选取“学术英语读写”和“学术英语听说"课程各一个自然班(分别为 33 人和 24 人,全部来自理工科专业)进行 16 周的教学实验。学生课后运用"上理工泛在学习平台"进行自学,所有数据即时存储于平台。学期结束后,项目组调取平台上的数据进行统计分析,并在平台上发放调查问卷,以掌握学生对本学习模式的反馈意见。

## 1. 研究工具

研究工具除了上理工泛在学习平台之外,主要为发放给学生的调查问卷。两个班的调查问卷都包含三个方面,除了不同课程的对应教学活动和学生能力有所不同,其他问题都相同。第一部分为多项选择题,询问学生对上理工泛在学习平台的使用情况,包括每周登录平台的次数、每次登录平台在线学习的时间、登录平台进行学习的时间段和地点、在学习平台上的学习行为等。第二部分亦为多项选择题,询问学生对泛在学习平台的使用评价,包括平台的功能是否满足学习需求、在系统功能和资源建设上需如何改进等。第三部分采用多项选择题和李克特五级量表的方式,询问学生对泛在学习模式下课程学习情况的自我评价,包括是否适应该学习模式、在该学习模式下最喜欢何种课堂活动、该模式对学习能力的促进作用、学习体验和优化改进建议等。详见附录 3 和附录 4 的完整问卷。

## 2. 研究结果

### 2.1 泛在学习平台数据分析

#### 2.1.1 学术英语读写课程

上理工泛在学习平台为学术英语读写课程提供了十个单元的阅读理解问题。每个单元由两篇文章构成,其中第一篇文章设置了选择题,第二篇文章设置了选择题和简答题。当学生在平台上答题时,后台系统可以自动给选择题评分。由于系统无法对简答题进行自动评分,任课教师下载后进行手动评分。学期结束后,项目组从泛在学习平台管理后台导出学生完成线上阅读练习的情况(详见表 3.3.1)。

表 3.3.1　学生完成泛在学习平台阅读练习的情况

| 题　目 | 完成人数 | 完成率 | 题目类型 |
|---|---|---|---|
| 单元 1－文章 1 | 33 | 100% | 选择题 |
| 单元 1－文章 2 | 33 | 100% | 选择题+简答题 |
| 单元 2－文章 1 | 32 | 97.0% | 选择题 |
| 单元 2－文章 2 | 21 | 63.6% | 选择题+简答题 |
| 单元 3－文章 1 | 29 | 87.9% | 选择题 |
| 单元 3－文章 2 | 28 | 84.8% | 选择题+简答题 |
| 单元 4－文章 1 | 29 | 87.9% | 选择题 |
| 单元 4－文章 2 | 28 | 84.8% | 选择题+简答题 |
| 单元 5－文章 1 | 29 | 87.9% | 选择题 |
| 单元 5－文章 2 | 28 | 84.8% | 选择题+简答题 |
| 单元 6－文章 1 | 28 | 84.8% | 选择题 |
| 单元 6－文章 2 | 27 | 81.8% | 选择题+简答题 |
| 单元 7－文章 1 | 26 | 78.8% | 选择题 |
| 单元 7－文章 2 | 24 | 72.7% | 选择题+简答题 |
| 单元 8－文章 1 | 25 | 75.8% | 选择题 |
| 单元 8－文章 2 | 24 | 72.7% | 选择题+简答题 |
| 单元 9－文章 1 | 24 | 72.7% | 选择题 |
| 单元 9－文章 2 | 24 | 72.7% | 选择题+简答题 |
| 单元 10－文章 1 | 25 | 75.8% | 选择题 |
| 单元 10－文章 2 | 22 | 66.7% | 选择题+简答题 |

　　由表 3.3.1 可知,完成率最高的是第一单元的两篇文章(分别为 100%),而排除因技术问题导致的低完成率后,完成率最低的为最后一个

单元的第二篇文章（66.7%）。所有单元的平均完成率为82%，表明大部分学生可以主动完成线上练习。然而，总体完成率呈下降趋势。第二单元的第一篇文章完成率为97.0%，但第二篇文章却锐减到63.6%，原因是泛在学习平台在学期初使用时存在不稳定现象，部分学生无法准确识别该篇文章的相关信息。得到学生反馈后，任课教师立刻与技术团队联系，修补了相关内容，但学生已进入第三单元的学习，不愿意反过来完成第二单元内容。

　　阅读理解的题目类型对线上练习的完成率也造成了一定的影响。只有选择题的文章练习完成率普遍高于选择题和简答题并存的文章练习完成率。由此可见，相比主观题型，学生更倾向于完成客观题型。简答题的难度高于选择题，且平台无法给出简答题的即时自动评分，这些对学生的自主学习兴趣产生负面影响，使他们不愿意做简答题。

### 2.1.2　学术英语听说课程

　　上理工泛在学习平台为学术英语听说课程提供了八个单元的听力理解问题。每个单元提供两个听力练习，第一题为选择题，第二题为听学术报告写综述。当学生在平台上答题时，后台系统可以自动给选择题评分。由于系统无法对听报告写综述进行自动评分，任课教师下载后进行手动评分。学期结束后，项目组从泛在学习平台管理后台导出学生完成线上听力练习的情况（详见表3.3.2）。

表 3.3.2　学生完成泛在学习平台听力练习的情况

| 题　　目 | 完成人数 | 完成率 | 题 目 类 型 |
|---|---|---|---|
| 单元 1 -练习 1 | 24 | 100% | 选择题 |
| 单元 1 -练习 2 | 24 | 100% | 综述题 |
| 单元 2 -练习 1 | 24 | 100% | 选择题 |
| 单元 2 -练习 2 | 23 | 95.8% | 综述题 |
| 单元 3 -练习 1 | 23 | 95.8% | 选择题 |
| 单元 3 -练习 2 | 21 | 87.5% | 综述题 |
| 单元 4 -练习 1 | 22 | 91.7% | 选择题 |
| 单元 4 -练习 2 | 21 | 87.5% | 综述题 |

| 题　　目 | 完成人数 | 完成率 | 题 目 类 型 |
|---|---|---|---|
| 单元 5 -练习 1 | 22 | 91.7% | 选择题 |
| 单元 5 -练习 2 | 21 | 87.5% | 综述题 |
| 单元 6 -练习 1 | 21 | 87.5% | 选择题 |
| 单元 6 -练习 2 | 20 | 83.3% | 综述题 |
| 单元 7 -练习 1 | 21 | 87.5% | 选择题 |
| 单元 7 -练习 2 | 20 | 83.3% | 综述题 |
| 单元 8 -练习 1 | 20 | 83.3% | 选择题 |
| 单元 8 -练习 2 | 19 | 79.2% | 综述题 |

　　表 3.3.2 显示全部学生完成了第一单元两个练习和第二单元的第一个练习,第八单元第二个练习的完成率最低,为 79.2%。与学术英语读写课程类似,整体完成率呈下降趋势;且客观题的完成率略高于主观题。

## 2.2　问卷调查数据分析

### 2.2.1　学术英语读写课程

　　在学期结束后向参加该教学实验的学术英语读写班级发放了问卷调查,回收 33 份,回收率为 100%。项目组运用 SPSS 26.0 对回收到的数据进行统计分析。表 3.3.3 显示学生对泛在学习平台的使用情况。

表 3.3.3　学术英语读写课程泛在学习平台使用情况

| 题　　目 | 选　　　项 | 人　数 | 百分比 |
|---|---|---|---|
| 每周登录平台的次数 | A. 每周 1~2 次 | 20 | 60.6% |
| | B. 每周 3~4 次 | 2 | 6.1% |
| | C. 每周 4 次以上 | 1 | 3.0% |
| | D. 每两~三周 1 次 | 10 | 30.3% |

| 题　目 | 选　　项 | 人 数 | 百分比 |
|---|---|---|---|
| 每次登录平台在线学习的时间 | A. 0~15 分钟 | 8 | 24.2% |
| | B. 15~30 分钟 | 20 | 60.6% |
| | C. 30~60 分钟 | 5 | 15.2% |
| | D. 一小时以上 | 0 | 0.0% |
| 登录平台进行学习的时间段 | A. 课间休息期间 | 5 | 15.2% |
| | B. 上课期间 | 2 | 6.1% |
| | C. 自习期间 | 17 | 51.5% |
| | D. 周末休息期间 | 23 | 69.7% |
| | E. 想学习时会随时登录学习 | 14 | 42.4% |
| 登录平台进行学习的地点 | A. 教室 | 5 | 15.6% |
| | B. 寝室 | 31 | 93.9% |
| | C. 任何有无线网络的地方 | 6 | 18.2% |
| | D. 想学习时会随地登录学习 | 4 | 12.1% |
| 泛在学习平台上的学习行为 | A. 我控制力很好,不会做与学习无关的事 | 15 | 45.5% |
| | B. 听歌、观看与学习无关的网页、视频等 | 15 | 45.5% |
| | C. QQ、微信聊天 | 17 | 51.5% |
| | D. 玩与学习主题无关的网络游戏 | 4 | 12.1% |
| 出现学习以外行为的原因 | A. 自控能力不强 | 18 | 54.5% |
| | B. 学习资源不够丰富,比较枯燥无味,影响学习兴趣 | 13 | 39.4% |
| | C. 缺乏对自己的监督 | 21 | 63.6% |
| | D. 在线学习时缺少交互性 | 17 | 51.5% |
| | E. 缺乏全面、及时、便捷的学习支持服务 | 7 | 21.2% |

由表 3.3.3 可知,60.6%的学生每周登录平台一至二次,但也有 30.3%
的学生每两至三周才登录平台一次。学生普遍在课前或课后登录平台自
学,60.6%的学生每次登录平台学习的时间为 15—30 分钟,没有学生在平
台上连续学习超过一小时。大部分学生选择在周末休息(占比 69.7%)或
自习期间(51.5%)登录平台学习,也有 42.4%的学生想学习时会随时登录
平台进行学习。关于登录平台进行学习的地点,93.9%的学生选择寝室。
近一半(占比 45.5%)的学生在使用泛在学习平台时可以专注于学习内容。
然而,也有部分学生一边学习一边做其他事情,例如听歌、看视频、微信聊
天、玩网络游戏等。他们认为出现学习以外行为的主要原因在于自控能力
不强(占比 54.5%)、缺乏对自己的监督(占比 63.6%)和在线学习时缺少交
互性(占比 51.5%)。表 3.3.4 显示学生对泛在学习平台的使用评价。

表 3.3.4　学术英语读写课程泛在学习平台使用评价

| 题　　目 | 选　　项 | 人　数 | 百分比 |
|---|---|---|---|
| 平台功能是否满足学习需求 | A. 能 | 19 | 57.6% |
| | B. 一般,还可以再加强,比如_____ | 7 | 21.2% |
| | C. 不能,原因是_____ | 7 | 21.2% |
| 系统功能和资源建设需改进之处 | A. 优化系统,完善功能设计 | 28 | 84.8% |
| | B. 及时更新内容,丰富教学资源 | 16 | 48.5% |
| | C. 强化教师与学生间的互动交流 | 11 | 33.3% |
| | D. 增设评价环节,即时搜集师生的意见 | 7 | 21.2% |
| | E. 进行资源分类,方便学生检索 | 18 | 54.5% |

　　由表 3.3.4 可知,57.6%的学生认为泛在学习平台满足自己的学习需
求;21.2%的学生希望平台能加强功能,例如丰富学习资源,增设主观题自
动评分;也有 21.2%的学生认为泛在学习平台无法满足学习需求,主要的
原因在于操作困难或不适应线上学习方式。关于系统功能的改进之处,
84.8%的学生认为平台设计应更符合学生的操作习惯;48.5%的学生希望
能及时更新学习资源;54.5%的学生建议对学习资源进行精细分类以方便

检索;33.3%的学生希望能在平台上加强教师与学生间的互动交流;另有21.2%的学生希望在平台上增设评价环节以即时搜集师生的使用反馈。

调查问卷的第三部分有关学生对泛在学习平台的学习体验和自我能力的提升,结果详见表3.3.5和表3.3.6。

表3.3.5　学术英语读写课程自学情况自我评价

| 项　目 | 选　　项 | 人　数 | 百分比 |
|---|---|---|---|
| 是否适应以泛在学习的模式开展课程学习 | A. 非常适应 | 1 | 3.0% |
| | B. 比较适应 | 15 | 45.5% |
| | C. 一般 | 14 | 42.4% |
| | D. 不适应,原因是_____ | 2 | 6.1% |
| | E. 非常不适应,原因是_____ | 1 | 3.0% |
| 最喜欢的课堂活动 | A. 随时随地登录平台获取学习资源 | 16 | 48.5% |
| | B. 听教师讲课 | 7 | 21.2% |
| | C. 和教师面对面交流讨论 | 4 | 12.1% |
| | D. 结合书本以及平台资源自主学习 | 14 | 42.4% |
| | E. 进行真实的学术论文写作 | 8 | 24.2% |
| | F. 线上与同学开展协作学习 | 8 | 24.2% |
| | G. 通过自评和互评,同学间互相学习提升 | 4 | 12.1% |

由表3.3.5可知,近一半的学生(占比48.5%)对泛在学习模式非常适应或比较适应,42.4%的学生对该模式的适应程度一般,表明大部分学生能够适应这种学习方式。另有9.1%的学生不适应或非常不适应该模式,主要原因是平台的操作和线上练习有难度。关于在泛在学习模式下最喜欢的课堂活动,48.5%的学生选择随时随地登录平台获取学习资源,42.4%的学生选择结合书本以及平台资源自主学习,这符合泛在学习可以随时随地提供学习资源的特性。

表 3.3.6　学术英语读写课程中泛在学习模式对学习能力的促进

| 学　习　体　会 | 完全不同意(%) | 不同意(%) | 一般(%) | 同意(%) | 完全同意(%) | 平均分 |
|---|---|---|---|---|---|---|
| 自主学习能力得到提高 | 0.0 | 0.0 | 51.5 | 39.4 | 9.1 | 3.58 |
| 学术知识、学术写作技能、阅读专业文献技能掌握得更加扎实 | 0.0 | 0.0 | 54.5 | 33.3 | 12.1 | 3.58 |
| 综合学术素养得到提高 | 0.0 | 0.0 | 51.5 | 36.4 | 12.1 | 3.61 |
| 学习学术英语兴趣得到提高 | 0.0 | 0.0 | 63.6 | 27.3 | 9.1 | 3.45 |
| 合作学习能力得到提高 | 0.0 | 0.0 | 48.5 | 42.4 | 9.1 | 3.61 |
| 与同学、教师之间的交流机会增多 | 0.0 | 0.0 | 54.5 | 39.4 | 6.1 | 3.52 |
| 能够随时随地线上学习学术英语读写知识 | 0.0 | 0.0 | 45.4 | 42.4 | 12.1 | 3.67 |
| 教学效果好,收获很大 | 0.0 | 0.0 | 51.5 | 36.4 | 12.1 | 3.61 |
| 比传统课堂学生学习时间更多(包括上课、网络学习、预习及作业) | 0.0 | 0.0 | 42.4 | 48.5 | 9.1 | 3.67 |
| 学习能力比在传统课堂教学中得到更大的提升 | 0.0 | 0.0 | 48.5 | 42.4 | 9.1 | 3.61 |

　　由表 3.3.6 可知,学术英语读写课程采用泛在学习模式后,学生提高了学术英语学习兴趣,因而在自主学习能力,学术知识、学术写作技能、阅读专业文献技能,综合学术素养和整体学习能力等方面均有所提高;由于与同学、教师之间的交流机会增多,学生提升了合作学习能力;由于能够随时随地线上学习学术英语读写知识且学习时间更多,该模式的教学效果比起传统课堂教学模式更好(总分为 5 分的情况下,平均分均超过 3 分)。在完全不同意、不同意、一般、同意和完全同意五个选项中,没有学生选择前两个选项,表明学生对泛在学习模式整体上持肯定态度。此外,在所有的学习体会中,同意和完全同意之和超过一般的描述语为合作学习能力得到提高、能够随时随地线上学习学术英语读写知识、比传统课堂学生学习时间更多和学习能力比在传统课堂教学中得到更大的提升,表明学生对上述四

方面的认同度很高。

### 2.2.2 学术英语听说课程

在学期结束后向参加该教学实验的学术英语听说班级发放了问卷调查,回收 24 份,回收率为 100%。项目组运用 SPSS 26.0 对回收到的数据进行统计分析。表 3.3.7 显示学生对泛在学习平台的使用情况。

**表 3.3.7  学术英语听说课程泛在学习平台使用情况**

| 题　目 | 选　　　项 | 人　数 | 百分比 |
|---|---|---|---|
| 每周登录平台的次数 | A. 每周 1~2 次 | 17 | 70.9% |
| | B. 每周 3~4 次 | 2 | 8.3% |
| | C. 每周 4 次以上 | 0 | 0.0% |
| | D. 每两~三周 1 次 | 5 | 20.8% |
| 每次登录平台在线学习的时间 | A. 0~15 分钟 | 5 | 20.8% |
| | B. 15~30 分钟 | 16 | 66.7% |
| | C. 30~60 分钟 | 3 | 12.5% |
| | D. 一小时以上 | 0 | 0.0% |
| 登录平台进行学习的时间段 | A. 课间休息期间 | 3 | 12.5% |
| | B. 上课期间 | 1 | 4.1% |
| | C. 自习期间 | 15 | 62.5% |
| | D. 周末休息期间 | 18 | 75.0% |
| | E. 想学习时会随时登录学习 | 9 | 37.5% |
| 登录平台进行学习的地点 | A. 教室 | 5 | 20.8% |
| | B. 寝室 | 20 | 83.3% |
| | C. 任何有无线网络的地方 | 8 | 33.3% |
| | D. 想学习时会随地登录学习 | 5 | 20.8% |

| 题　目 | 选　项 | 人　数 | 百分比 |
|---|---|---|---|
| 泛在学习平台上的学习行为 | A. 我控制力很好,不会做与学习无关的事 | 13 | 54.2% |
| | B. 听歌、观看与学习无关的网页、视频等 | 7 | 29.2% |
| | C. QQ、微信聊天 | 6 | 25.0% |
| | D. 玩与学习主题无关的网络游戏 | 0 | 0.0% |
| 出现学习以外行为的原因 | A. 自控能力不强 | 8 | 33.3% |
| | B. 学习资源不够丰富,比较枯燥无味,影响学习兴趣 | 17 | 70.9% |
| | C. 缺乏对自己的监督 | 9 | 37.5% |
| | D. 在线学习时缺少交互性 | 11 | 45.8% |
| | E. 缺乏全面、及时、便捷的学习支持服务 | 7 | 29.2% |

　　由表 3.3.7 可知,70.9%的学生每周登录泛在学习平台一至两次,但20.8%的学生每两周至三周才登录平台一次。66.7%的学生每次登录平台学习的时间为 15—30 分钟,没有学生在平台上连续学习超过一小时。大部分学生选择在周末休息(占比 75.0%)或自习期间(62.5%)登录平台学习,也有 37.5%的学生想学习时会随时登录平台进行学习。关于登录平台进行学习的地点,83.3%的学生选择寝室,33.3%的学生只要有无限网络就登录平台进行学习。超过一半的学生(占比 54.2%)的学生在使用泛在学习平台时可以专注于学习内容。然而,也有部分学生一边学习一边做其他事情,例如听歌、看视频、微信聊天、玩网络游戏等。他们认为出现学习以外行为的主要原因在于学习资源不够丰富(占比70.9%)。这些数据与学术英语读写课程基本吻合,但随时随地登录平台进行学习和在学习平台上专注于学习内容的学生比例均略高,且在平台上出现学习以外行为的主要原因是学习资源不够丰富,表明修读学术英语听说课程学生的学习自主性略强。表 3.3.8 显示学生对泛在学习平台的使用评价。

第三章　构建中国理工科大学生学术英语泛在学习模式

**表 3.3.8　学术英语听说课程泛在学习平台使用评价**

| 题　目 | 选　　项 | 人　数 | 百分比 |
|---|---|---|---|
| 平台功能是否满足学习需求 | A. 能 | 12 | 50.0% |
| | B. 一般,还可以再加强,比如_____ | 12 | 50.0% |
| | C. 不能,原因是_____ | 0 | 0.0% |
| 系统功能和资源建设需改进之处 | A. 优化系统,完善功能设计 | 18 | 75.0% |
| | B. 及时更新内容,丰富教学资源 | 11 | 45.8% |
| | C. 强化教师与学生间的互动交流 | 9 | 37.5% |
| | D. 增设评价环节,即时搜集师生的意见 | 6 | 25.0% |
| | E. 进行资源分类,方便学生检索 | 13 | 54.2% |

　　由表 3.3.8 可知,一半的学生认为泛在学习平台满足自己的学习需求;另一半的学生希望平台能加强功能,例如增加口语练习。关于系统功能的改进之处,75.0%的学生认为应加强平台的稳定性;也有一半左右的学生希望对学习资源进行精细分类以方便检索,并及时更新内容以丰富教学资源;37.5%的学生希望在平台上强化教师与学生间的互动交流;另有 25.0%的学生希望在平台上增设评价环节以即时搜集师生的使用反馈。相比学术英语读写课程,学术英语听说课程的学生整体认为泛在学习平台可以满足学习需求,但也在完善平台的功能设置方面提出了类似的建议,尤其是希望在平台上增加口语练习的内容。

　　调查问卷的第三部分有关学生对泛在学习平台的学习体验和自我能力的提升,结果详见表 3.3.9 和表 3.3.10。

**表 3.3.9　学术英语听说课程自学情况自我评价**

| 项　目 | 选　　项 | 人　数 | 百分比 |
|---|---|---|---|
| 是否适应以泛在学习的模式开展课程学习 | A. 非常适应 | 2 | 8.3% |
| | B. 比较适应 | 9 | 37.5% |

| 项 目 | 选 项 | 人 数 | 百分比 |
|---|---|---|---|
| 是否适应以泛在学习的模式开展课程学习 | C. 一般 | 9 | 37.5% |
| | D. 不适应,原因是_____ | 3 | 12.5% |
| | E. 非常不适应,原因是_____ | 1 | 4.2% |
| 最喜欢的课堂活动 | A. 随时随地登录平台获取学习资源 | 13 | 26.0% |
| | B. 听教师讲课 | 6 | 12.0% |
| | C. 和教师面对面交流讨论 | 3 | 6.0% |
| | D. 结合书本以及平台资源自主学习 | 8 | 16.0% |
| | E. 在真实的情景下进行学术展示 | 6 | 12.0% |
| | F. 线上与同学开展协作学习 | 3 | 6.0% |
| | G. 通过自评和互评,同学间互相学习提升 | 11 | 22.0% |

由表 3.3.9 可知,近一半的学生(占比 45.8%)对泛在学习模式非常适应或比较适应,37.5% 的学生对该模式的适应程度一般,表明大部分学生能够适应这种学习方式。另有 16.7% 的学生不适应或非常不适应该模式,主要原因是平台的操作有难度,也有部分学生不喜欢开展学术英语听说练习,平台上的学习内容成为额外负担。不适应和非常不适应该学习模式的学生比例高于学术英语读写课程(9.1%)的主要原因在于相比学术英语读写能力,学生对学术英语听说能力的重视度不够,这与本研究在需求分析阶段发现的我国理工科大学生重读写、轻听说的情况吻合。关于泛在学习模式下最喜欢的课堂活动,26.0% 的学生选择随时随地登录平台获取学习资源,16.0% 的学生选择结合书本以及平台资源自主学习,这符合泛在学习可以随时随地提供学习资源的特性。另有22.0% 的学生选择通过自评和互评,同学间互相学习共同提升,这表明学生希望通过平台上的自评和互评功能,与学习伙伴一起共同提高学术英语听说水平。

中国理工科大学生学术英语泛在学习模式有效性研究

表 3.3.10　学术英语听说课程中泛在学习模式对学习能力的促进

| 学　习　体　会 | 完全不同意(%) | 不同意(%) | 一般(%) | 同意(%) | 完全同意(%) | 平均分 |
|---|---|---|---|---|---|---|
| 自主学习能力得到提高 | 0.0 | 8.3 | 45.8 | 37.5 | 8.3 | 3.46 |
| 学术知识、听力技能、口语技能掌握得更加扎实 | 0.0 | 8.3 | 29.2 | 54.2 | 8.3 | 3.63 |
| 综合学术素养得到提高 | 0.0 | 0.0 | 37.5 | 58.3 | 4.2 | 3.67 |
| 学习学术英语兴趣得到提高 | 4.2 | 4.2 | 54.2 | 37.5 | 0.0 | 3.25 |
| 合作学习能力得到提高 | 0.0 | 0.0 | 41.7 | 41.7 | 16.7 | 3.75 |
| 与同学、教师之间的交流机会增多 | 0.0 | 4.2 | 62.5 | 25.0 | 8.3 | 3.38 |
| 能够随时随地线上学习学术英语听说知识 | 0.0 | 0.0 | 29.2 | 54.2 | 16.7 | 3.88 |
| 教学效果好,收获很大 | 0.0 | 0.0 | 66.7 | 33.3 | 0.0 | 3.33 |
| 比传统课堂学生学习时间更多(包括上课、网络学习、预习及作业) | 0.0 | 0.0 | 37.5 | 37.5 | 25.0 | 3.88 |
| 学习能力比在传统课堂教学中得到更大的提升 | 0.0 | 0.0 | 62.5 | 33.3 | 4.2 | 3.42 |

　　由表 3.3.10 可知,学术英语听说课程采用泛在学习模式后,学生提高了学术英语学习兴趣,因而在自主学习能力,学术知识、听力技能、口语技能,综合学术素养和整体学习能力等方面均有所提高;由于与同学、教师之间的交流机会增多,学生提升了合作学习能力;由于能够随时随地线上学习学术英语听说知识且学习时间更多,该模式的教学效果比起传统课堂教学模式更好(总分为 5 分的情况下,平均分均超过 3 分)。在完全不同意、不同意、一般、同意和完全同意五个选项中,只有极少数学生在提高学习兴趣和增加与同学、教师之间的交流机会方面选择了前两个选项,表明学生对泛在学习模式整体上持肯定态度。这一论断与学术英语读写课程完全相同,说明泛在学习模式在两种课型中都起到了比较好的促进作用。此

外,在所有的学习体会中,同意和完全同意之和超过一般的描述语为学术知识、听力技能、口语技能掌握得更加扎实,综合学术素养得到提高,合作学习能力得到提高,能够随时随地线上学习学术英语听说知识和比传统课堂学生学习时间更多,表明学生在上述五方面的认同度很高。除了与学术英语读写课程相同的合作学习能力、线上学习资源丰富和学习时间更多以外,学术英语听说课程的学生认为泛在学习模式能帮助他们牢固掌握学术知识、听力技能和口语技能,因而提高综合学术素养。但与学术英语读写学生认为泛在学习模式能帮助他们提高学习能力不同,学术英语听说课程的学生对这方面的认同程度一般,表明该课程学生尚缺乏学习自信。

# 第四章

## 中国理工科大学生学术英语泛在学习模式的第一轮教学实验

为了检验"中国理工科大学生学术英语泛在学习模式"的有效性,项目组在 2019 年 9 月至 2019 年 12 月进行了第一轮教学实验,分别从词汇教学、写作教学和口语教学三方面展开。本章呈现该轮教学实验的设计方案、实施过程和结果。

### 第一节 基于数据驱动学习的学术英语词汇教学①

#### *1.* 引言

学术英语词汇的教学研究是高校的重点,Carter(1998)、Read(2000)、Schmitt(2000)和 Nation(2001)都提出了与词

---

① 本节内容曾作为刘芹、可庆宝所著论文《数据驱动学习在学术英语词汇教学中的应用》发表在《当代外语研究》2020 年第 1 期。此处略作修改。

汇学习相关的基本问题,例如学习内容、教学时长、教学方式等。数据驱动学习(DDL)的提出给英语词汇教学带来了创新,学生通过观察词汇使用的真实语料,主动探索词汇的意义和使用规律,值得在学术英语词汇教学方面加以应用。本研究基于英国学者书面英语语料库(British Academic Written English, BAWE),使用 WordSmith 6.0 进行学术英语词汇索引行(concordance)检索,将检索结果即学术英语词汇真实的使用情况带入课堂,进行为期 8 周的数据驱动学习。教学实验结束后发放调查问卷,使用 SPSS 26.0 进行信度检验、频数统计以及相关性分析,并结合课堂观察,探讨学生对于学术英语词汇数据驱动学习的态度以及在实施过程中存在的问题。

## 2. 研究背景

众多学者指出了当前英语词汇教学中存在的问题,如 Guan(2013)、闫长红(2018)通过研究发现,目前的英语词汇教学存在以下问题:(1) 英语词汇教学方法缺乏创新,传统的"填写"教学模式大大降低了学生的积极性和参与度;(2) 课堂缺乏词汇相关真实语料的补充,导致学生对词汇处于浅层认知状态,学生对词汇的掌握能力与应用能力相对较弱;(3) 词汇练习较少,学生缺乏实践练习去理解和消化所学的词汇知识,长期下去会助长学生的惰性。Stevens(1991)提出 DDL 是一种先进的计算机辅助教学形式,学生通过观察真实语料,主动探索词汇的意义和使用规律,从而准确掌握词汇。"数据驱动"理念提出的目的是更好地鼓励学习者积极思考,主动从语料库真实地道的语言表达中观察、概括和归纳语言使用的规律。整个学习的过程凸显以学生为中心,结合意义优先,以完成任务为主的任务式教学法。Schmitt(2000)通过研究发现,词汇学习有两个非常重要的策略,一个是词汇的重复,另一个则是词汇的语境。只有满足这两个条件,英语词汇学习才更有效。而数据驱动学术英语词汇教学正好满足这两个条件,学生所要学习的目标词在语料中会反复出现,同时目标词所在的语料也包含具体的语境。Dale(1946)提出了关于教学方法与学生知识吸收率之间的学习金字塔(Cone of Learning)理论。他认为,不同的学习方法会取得不同的学习效果,其中主动的学习方法包括小组讨论、实践演练和向他人讲解,其学习效果远远高于被动的学习方法,而最高效的学习方式是向他人讲解知识。在数据驱动学术英语词汇教学过程中,学生也是采取主动学习的方式,通过小组讨论,讲解词汇用法,主动从语料中探索词汇的意义和使用方法。Guan(2013)认为,数据驱动学习是指基于语料库的探索式学习模型,利用语料库中的原始数据或检索结果促进语言学习。他指出,与传统的外语教学方法相比,数据驱动学习的特点是"自主学习""语言输入""自我发现"和"归纳学习",这将有利于形成学生的个性化学习能力,促进自主学习能力的发展,激发学生的积极性和主动性,培养学习思维和动手实践能力,更有效地学习语言。

与传统词汇教学相比,数据驱动学习的提出给英语词汇教学指引了一条创新的道路。国外基于语料库的词汇教学研究开始较早,相关研究较为成熟,自20世纪90年代初以来,在二语习得相关领域出现了数据驱动学习革命,许多外国文献都有重要发现。Jacob(2016)进行了数据驱动学习实证研究,选取越南某国际学校的100名学生为研究对象,分为实验组和对照组;分别对两组学生进行在线词典学习培训,而实验组也经历了密集的数据驱动学习培训。研究发现实验组在实验的后几周,学生的词汇量有显著增长。Barabadi & Khajavi(2017)对比研究了数据驱动词汇教学与传统词汇教学,对实验组和对照组进行词汇前测和后测,结果表明数据驱动词汇教学确实有助于扩大学生词汇量。国外学者(Thurstun & Candlin 1998;Horst et al. 2005;Cobb 2007)进行了数据驱动学习教学方法的实证研究,并证明了其有效性。

与国外相比,国内的大多数相关研究还停留在数据驱动学习的教学理论,以及数据驱动词汇教学方法具体步骤和框架的完善,如李文中、濮建忠(2001),梁三云(2005),甄凤超(2005)都注重数据驱动学习的理论介绍和探讨,尚未对其展开深入的应用性研究。濮建忠(2003)基于中国英语学习者语料库,研究学习者在词汇搭配方面的使用情况,发现学习者词汇知识深度不够是未能真正掌握词汇搭配使用的主要原因。他认为,学习者在词块掌握方面存在问题的主要原因在于词汇类联接和搭配两个方面的掌握程度不够,并提出英语词汇教学的重点之一是应该加强词块教学。王家义(2012)从词块理论等视角出发,探讨了词汇搭配、词汇辨析和语义韵研究价值,对语料库词汇教学的理论基础进行了详细的介绍。近年来,有专家学者开始关注相关领域实证性研究,刘萍、刘座雄(2018)进行基于ESP语料库学术英语词汇学习法的有效性研究,发现相对于传统词汇学习方式的学习者而言,基于语料库的词汇学习者对目标词汇的形式、意义和用法等三方面认知的准确性更高。但是该研究未深入探讨学生对此方法的态度,也未介绍数据驱动学习在学术英语词汇教学实施过程中存在的具体问题。

本研究是利用数据驱动学习进行学术英语词汇教学的一次实践探索,采用问卷调查和课堂观察相结合的方式研究学生对其学习学术英语词汇的态度以及在应用过程中存在的局限性,为数据驱动学术英语词汇教学提供建议,提高学术英语词汇教学的创新性和科学性。

## 3. 研究设计

### 3.1 研究问题

本次学术英语词汇教学研究旨在探究以下问题:

(1) 学生对基于数据驱动学习的学术英语词汇教学的态度如何?

(2) 学术英语词汇数据驱动学习的难点有哪些?

(3) 数据驱动学习法在学术英语课堂上是否适用? 存在哪些局限性?

### 3.2 研究对象

本研究采用便利抽样的方法,选择上海理工大学学术英语听说课程的非英语专业本科生为研究对象,受试来自选修该门课程的两个平行班,共44名,主要为光电信息科学与工程、医疗器械、能源与动力工程、材料科学与工程等理工科专业背景,同语料库的语料学科背景匹配度较高。

### 3.3 教学实验

#### 3.3.1 课前词汇材料准备

此次教学实验所选取的学术英语词汇来自由 Coxhead(2000)创建的AWL,包含学术英语中最常用的 570 个词目。项目组从该词汇表中选取目标词之后,基于 BAWE,使用 WordSmith 6.0 进行索引行检索获取学术英语词汇语料。BAWE 包含 2 761 篇经过精心评估的学生学术英语写作,每篇长度约 500—5 000 字,所涉及的学科领域广泛,包括艺术、人文、社会科学、生命科学和物理科学等领域,研究对象同样来自不同专业领域,因此BAWE 适合用作此次学术英语词汇实验教学的背景材料。通过索引行检索,目标词就会出现在真实的语境和语料中。选取用法和搭配有明显规律的目标词索引行,并将其作为学术英语词汇学习材料在课堂上展示给学生,就可以给学生提供学术英语词汇使用的真实语料,提高学术英语词汇材料的真实性,如图 4.1.1 所示。

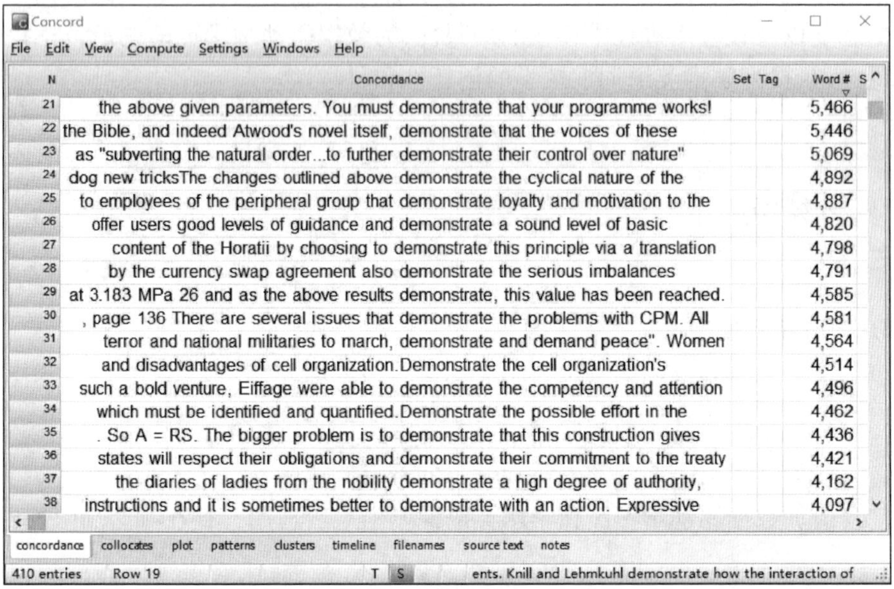

**图 4.1.1　学术英语词汇数据驱动学习材料**

### 3.3.2　课堂词汇教学过程

　　本次学术英语词汇实验教学在 2019 年 9 月至 10 月进行,为期 8 周,每周课堂词汇教学环节约 15—20 分钟,词汇学习数量每周 4—5 个,实验教学词汇共计约 40 个。首先,教师将课前准备好的学术英语词汇语料以PPT 的形式在课堂上展示给学生,学生以四人为小组讨论以下问题:(1)在学术英语写作中,目标词的常用词性有哪些?(2)根据目标词所在的上下文索引行语境猜测目标词的词汇意义是什么?(3)根据索引行分析该目标词常见搭配使用的词汇有哪些? 有什么规律?(4)总结该目标词在学术英语写作中的使用情况。其次,学生以小组为单位进行分析讨论之后,教师针对学生回答不完善的地方进行补充。在整个实验教学过程中,教师会一直引导学生通过主动探究的方式学习学术英语词汇。课后也会定期发给学生上课所使用的学术英语词汇材料,便于学生复习词汇,巩固数据驱动学习的方法。

## 3.4 数据收集

本研究使用三角验证法来探究数据驱动学习在学术英语词汇教学中的应用情况,数据收集主要来自调查问卷和课堂观察,研究学生对于该学习方法的态度,以及实施过程中存在的局限性。通过两种方法相结合的方式搜集数据可以确保数据分析结果的客观性。其中,问卷于实验教学第八周发放并当场收回,课堂观察记录则跟踪整个实验教学过程。

## 4. 数据分析

## 4.1 问卷调查

本研究调查问卷的内容结构包括两个部分。第一部分参照 Yoon & Hirvela(2004)和 Liu & Jiang(2009)设计了 14 条描述语,可归纳为四个部分,即(1)学术英语词汇数据驱动学习的优势;(2)学术英语词汇数据驱动学习的难点;(3)研究对象对于学术英语词汇数据驱动学习方式上的意见;(4)研究对象对于学术英语词汇数据驱动学习的兴趣和态度。要求受试针对调查问卷所给描述语,在"1＝完全不同意""2＝不同意""3＝一般""4＝同意""5＝完全同意"的序号上勾选相应的赞同程度。问卷的第二部分为简答题,要求受试进一步表达对数据驱动学习的真实想法和意见。详见附录 5 的完整问卷。

本研究调查问卷共发放 44 份,全部有效收回,使用 SPSS 26.0 对其李克特五级量表数据进行信度检验,得出克伦巴赫 $\alpha$ 系数为 0.78,表明较高的信度,可进一步作频数统计和相关性分析。表 4.1.1 显示频数统计结果。

表 4.1.1 学术英语词汇教学调查问卷数据统计

| 序号 | 完全<br>同意(%) | 同意<br>(%) | 一般<br>(%) | 不同意<br>(%) | 完全不<br>同意(%) | 平均分 |
|---|---|---|---|---|---|---|
| 1 | 54.5 | 31.9 | 13.6 | 0.0 | 0.0 | 4.41 |
| 2 | 47.7 | 36.4 | 13.6 | 2.3 | 0.0 | 4.30 |

中国理工科大学生学术英语泛在学习模式有效性研究

| 序号 | 完全同意(%) | 同意(%) | 一般(%) | 不同意(%) | 完全不同意(%) | 平均分 |
|---|---|---|---|---|---|---|
| 3 | 50.0 | 31.8 | 18.2 | 0.0 | 0.0 | 4.32 |
| 4 | 56.8 | 29.6 | 13.6 | 0.0 | 0.0 | 4.43 |
| 5 | 47.7 | 38.7 | 13.6 | 0.0 | 0.0 | 4.34 |
| 6 | 59.1 | 27.3 | 13.6 | 0.0 | 0.0 | 4.45 |
| 7 | 29.5 | 47.7 | 20.5 | 2.3 | 0.0 | 4.05 |
| 8 | 6.8 | 22.8 | 50.0 | 13.6 | 6.8 | 3.09 |
| 9 | 20.5 | 34.1 | 38.6 | 6.8 | 0.0 | 3.68 |
| 10 | 13.6 | 34.1 | 34.1 | 15.9 | 2.3 | 3.41 |
| 11 | 31.8 | 43.2 | 18.2 | 4.5 | 2.3 | 3.98 |
| 12 | 34.1 | 31.8 | 31.8 | 2.3 | 0.0 | 3.82 |
| 13 | 34.1 | 40.9 | 25.0 | 0.0 | 0.0 | 4.09 |
| 14 | 27.3 | 40.9 | 27.3 | 4.5 | 0.0 | 3.91 |

　　描述语 1—7 主要询问受试对学术英语词汇数据驱动学习优势是否认可,描述语所涉及的 DDL 优势主要包括:有助于学习学术英语词汇的具体用法,学习词汇的短语结构和搭配用法,培养根据语料索引行语境猜测词义的能力,培养词汇使用方法的分析能力,增强对目标词汇的印象从而有助于词汇的记忆。由表 4.1.1 可知,对上述描述语持赞同态度(即选择"完全同意"或"同意")的受试均达到 75% 以上,其中,对描述语 1、3、4、6 持完全同意态度的均达 50% 及以上。

　　描述语 8—12 主要探讨受试对于学术英语词汇数据驱动学习的难度认可情况,主要包括根据语料索引行语境分析目标词汇的词性、词义、搭配用法以及使用规律四个方面。其中,有 54.6% 的受试认为根据语料语境分析目标词的词义有难度,同分析目标词词性和搭配用法的难度相比,其难度认可程度比重较高。75% 的受试同意数据驱动学术英语词汇学习需要和词典结合起来才更有效。

描述语 13—14 涉及受试对于该学习方法的兴趣态度,其中 75% 的受试完全同意或同意学术英语课堂上应该经常使用这种学习方式进行学术英语词汇的学习;68.2% 的受试认为这种词汇学习方式比传统词汇学习方式更能调动学习兴趣。

表 4.1.1 的频数统计结果进一步显示,对描述语 8、9、10 持同意比重较高,说明数据驱动学习对受试来说有一定难度,尤其是根据语料语境推测词义较为困难;而描述语 13 和 14 主要探究受试的学习兴趣和态度,其同意比重同样较高。

为探讨数据驱动学习的难度认可度和学生兴趣的相关关系,项目组对其进行了相关性检验,其结果如表 4.1.2 所示。

表 4.1.2 数据驱动学习难度认可度与兴趣相关性检验

| | | | 8 | 9 | 10 | 13 | 14 |
|---|---|---|---|---|---|---|---|
| 斯皮尔曼 Rho | 8 | 相关系数 | 1.000 | .473** | .657** | .030 | .045 |
| | | 显著性(双尾) | . | .001 | .000 | .849 | .772 |
| | | 个案数 | 44 | 44 | 44 | 44 | 44 |
| | 9 | 相关系数 | .473** | 1.000 | .564** | −.098 | −.034 |
| | | 显著性(双尾) | .001 | . | .000 | .527 | .825 |
| | | 个案数 | 44 | 44 | 44 | 44 | 44 |
| | 10 | 相关系数 | .657** | .564** | 1.000 | −.079 | .022 |
| | | 显著性(双尾) | .000 | .000 | . | .608 | .885 |
| | | 个案数 | 44 | 44 | 44 | 44 | 44 |
| | 13 | 相关系数 | .030 | −.098 | −.079 | 1.000 | .686** |
| | | 显著性(双尾) | .849 | .527 | .608 | . | .000 |
| | | 个案数 | 44 | 44 | 44 | 44 | 44 |

| | | | 8 | 9 | 10 | 13 | 14 |
|---|---|---|---|---|---|---|---|
| 斯皮尔曼Rho | 14 | 相关系数 | .045 | −.034 | .022 | .686** | 1.000 |
| | | 显著性(双尾) | .772 | .825 | .885 | .000 | . |
| | | 个案数 | 44 | 44 | 44 | 44 | 44 |

\*\* . 在 0.01 级别(双尾),相关性显著。

由表 4.1.2 可知,描述语 8、9、10 分别与描述语 13、14 不存在统计意义上的相关性($r<0.1$, $p>0.001$),说明学生对于数据驱动学习方法的态度和其难度本身并无显著相关性。可以推测,虽然运用数据驱动方法进行词义推测对学生来说有一定的难度,但是学生并没有因此而降低学习兴趣。

调查问卷的简答题部分包含四个问题,即(1)学术英语词汇数据驱动学习对你来说最大的困难是什么?(2)数据驱动学习对你的学术英语词汇学习有哪些帮助?(3)与传统词汇学习方式相比,你觉得数据驱动学习有什么优点和缺点?(4)对于学术英语词汇数据驱动的学习方式,你有什么意见或建议?通过对 44 份调查问卷简答题的整理分析发现,受试普遍认为根据所给语料的语境猜测词义难度较大,主要原因有两点:一是所给语料的生词较多,二是所给语料的句子不完整,这两点是干扰他们根据语境进行词义推测的主要原因。多数受试提出,通过数据驱动方法进行学术英语词汇学习有助于掌握词汇的更多搭配用法。部分受试反映,根据所学目标词的前后词汇可以推断出所学目标词汇的词性和词义,有助于培养词汇的分析能力和猜词能力,逻辑分析能力也有了较大提高。还有一部分受试指出,在学术英语词汇数据驱动学习过程中,所学目标词在语料索引行中反复出现。因此,对目标词汇的印象很深刻,有助于学术英语词汇的记忆。

整理分析调查问卷的简答题可以发现,相较传统词汇学习方式,数据驱动学习具有一定的优势,主要为:(1)由于所学目标词汇在语料中反复出现,因此加深了学生对所学词汇的印象,词汇记忆更加牢固;(2)数据驱动学习旨在让学生主动探讨词汇的用法,学生普遍反映提高了学术英语词汇的学习兴趣;(3)通过传统的学术英语词汇学习方式,学生只能体会词汇的大概意思,而对于词汇的具体用法却不得而知或知之甚少,但是数据驱动学习能够提供给学生学术英语词汇的真实使用情况,可以让学生了解所学目标词汇的具体使用方法,还能通过语料索引行学习词汇的搭配用法。

根据调查问卷简答题分析结果,本研究发现数据驱动学术英语词汇教学的两个主要不足:(1)每个单词的语料信息量较大,分析比较耗时,因此词汇的学习效率较低;(2)当学生看到生词较多的语料时,理解语境和推测目标词汇的词义就有一定的难度,因此数据驱动学习对于学术英语词汇语料的选择有一定的要求,要考虑学生现有的学术英语词汇量和学生的整体英语水平,对教师选备语料提出了更高的要求。

## 4.2 课堂观察

课堂观察主要从三个角度进行记录分析:(1)词汇教学材料的准备和使用;(2)教师在课堂实验教学过程的作用;(3)学生的课堂反应和学习效果。针对八周的实验教学词汇进行总结分析,发现在语料词汇的选择上还需进一步完善。部分词汇在语料中的搭配用法并没有明显的规律,不具代表性,因此学生在分析此类词汇搭配用法时存在一定的难度,导致学术英语词汇学习的效率较低。此外,当语料中出现较多生词时,学生对于索引行语境的理解就会受到影响,同时也会干扰学生猜测目标词在语境中的含义。

教师在整个实验教学过程中承担引导者的角色,引导学生分析语料并探究目标词汇的相关搭配用法。学生经过小组讨论主动探索学术英语词汇的意义和用法后,教师会让学生进行讲解和总结,提高学生对学术英语词汇知识的掌握程度。对于语料难度较大的词汇,教师也会对学生进行鼓励,引导学生根据语境猜测词义,并维持学生的学习兴趣,从而使学生逐渐养成自主性和探究式的学术英语词汇学习习惯。

从学生课堂反应来看,学生的课堂参与程度普遍较高。对于词汇的词性分析和搭配用法,学生基本能够正确分析,但是根据语境猜测目标词的词义略有困难。当学生最终根据语境分析出词汇含义时,会更加自信地参与词汇学习活动,从而逐渐提高学术英语词汇分析能力和语境猜词能力。通过课堂观察发现,学术英语词汇数据驱动学习确实能激发学生的词汇学习兴趣,课堂参与性和积极性较高,而学术英语词汇教学材料的准备需要进一步完善,才能更好地提高词汇的学习效率。

## 5. 讨论

本研究通过对调查问卷李克特五级量表的频数和相关性统计、简答题部分的数据整理以及课堂观察多角度分析,发现学生对数据驱动学术英语词汇教学的认可度较高。学生普遍认为,通过观察目标词汇所在的索引行语料,不仅有助于学习学术英语词汇的具体使用方法和词汇的相关搭配用法,而且可以通过熟悉词汇学习掌握新的用法,同时还有助于培养根据语料索引行语境猜测词义的能力。大多数学生还提出,这种学习方法更能提高学术英语词汇的学习兴趣,而且希望在今后的学术英语课堂上多开展这种词汇学习活动。甄凤超(2005)提出,通过数据驱动学习,学生的积极性、主动性得以提高,研究性思维得以培养,从而能够更有效地学习英语。根据课堂观察发现,学生在学术英语词汇学习过程中,积极性和参与性普遍较高。当然,数据驱动学习也存在一定的局限性,主要在于学术英语词汇语料准备的难度控制上。如果语料包含较多的生词,会增加学习难度,对于学生根据语境推测所学目标词的词义就有很大的挑战性。这不仅对学习者的英语水平有一定的要求,同时也给教师在学术英语词汇语料的准备上提出了更高的要求。教师需要考虑学生现有的学术英语词汇量,选择合适的索引行语料,提高数据驱动学习的效率。

本研究还发现,在数据驱动学习难度的认可度上,受试的意见较为分散,可能与他们本身的英语水平有关。通过对调查问卷简答题的定性分析发现,受试普遍认为根据语料语境猜测所学目标词的词义有较大的难度,主要原因是语料中生词较多,句子较短,完整性不够。这些因素都会影响他们对语境的理解和词义的推测。在实施过程中应重视语料的选择和语料难度的控制,因此在今后的词汇语料准备过程中,要考虑学生的接受程度。通过增加语料中每个句子的长度可以提供更多的语境信息,从而进一步提高学术英语词汇学习效率。

## 6. 结语

本研究采用数据驱动学习进行为期 8 周的学术英语词汇实验教学,并通过问卷调查和课堂观察相结合的方式,探究学生对此方法的认可度以及在实施过程中存在的局限性。调查问卷包括李克特五级量表和简答题两个部分。通过对调查问卷的定量定性分析,发现学生对于数据驱动学术英语词汇教学的认可度普遍较高。他们认为与传统学习方式相比,能够学习到词汇更多的使用方法,能够调动学术英语词汇的学习兴趣,并希望在学术英语课堂上多开展数据驱动学术英语词汇的教学活动。但是该教学方法存在一定的局限性,主要在语料的选择和难度的控制方面,需要引起教师的重视。在今后的学术英语词汇教学过程中,教师可以尝试数据驱动学习的方式引导学生主动探索学习词汇的具体使用方法,激发学生的学习兴趣,培养学生自主探究的学习能力,从而提高学生的知识吸收率和学术英语词汇的教学效率,提高学术英语词汇教学的创新性。

## 第二节　基于语料库的学术摘要写作自主学习[①]

### 1. 引言

写作能力是语言能力的重要组成部分,在沟通交流中有着不可忽视的作用。随着英语成为国际通用语言,越来越多的科研人员使用英语撰写论文并进行学术交流。英语学术写作能力对于当代中国大学生同样重要,而他们却常常出现语句不连贯、词汇不丰富、结构不清晰的问题(陈夜雨、项歆妮 2015)。传统教学方法所使用的教学材料较为单一,教学方式较为固定,无法有效解决这些普遍存在的写作问题(赵洁 2019)。随着自主学习这一教学理念的出现,课堂从以教师为中心逐步转变到以学生为中心。Holec(1981)认为自主学习即学习者自我管理的能力,并将自主学习引入教学领域当中。随着自主学习在教学应用中的不断发展,教育学、认知科学和人工智能等不同领域间开始产生交汇,越来越多的学者将科技与自主

---

① 本节内容曾作为刘鸿颖、刘芹所著论文《基于语料库的学术摘要写作自主学习模式构建研究》发表在《上海理工大学学报(社会科学版)》2020 年第 4 期。此处略作修改。

学习结合起来,利用计算机、信息和通信技术设计以学生为中心的教育模式,以自动化的形式教授和传播知识,进一步推动教学改革。

自 20 世纪语料库语言学出现以来,欧洲语料库语言学的创始人和语言教育家开始研究如何将语料库应用于语言教学(何安平 2001)。然而,现有的研究成果多集中在教师对语料库的应用,很少涉及学生对语料库的直接应用。陈伟、许之所(2008),Boulton(2010)的研究表明,数据驱动学习能够引导学生注意到单词搭配或者文章结构等问题,并充分发挥学习者的主观能动性。虽然学生直接使用语料库进行外语学习的优势已经不断得到认可,但由于语料库技术在课堂应用中存在的困难、语料库版权等问题,这方面的实证研究较少。

本研究以语料库为辅助工具,以摘要写作为任务内容,构建以纠错为目标的自主学习模式。具体研究学生如何通过使用语料库提高论文摘要写作的水平。本研究选取上海理工大学非英语专业学生组成的一个自然班作为受试,开展了为期 9 周的教学实验,使学生进行"阅读—模仿—修改"的自主写作训练,以验证语料库辅助纠错的自主学习模式是否有利于学生提高自己的英语论文摘要写作水平。

## 2. 理论基础

### 2.1 认知语言学及认知心理学视角

认知语言学认为,认知是通过心智活动对客观世界的经验进行组织,将其概念化和结构化的过程(Fillmore 2006)。根据认知语言学的视角,习得语言是一种认知活动,人通过与外部世界互动产生经验,在此基础上进行范畴化,并通过与外部世界的相互作用和反复互动形成对应的意向图式。Feuerstein et al.(2003)提出的认知结构可塑性理论也解释了认知能力的发展来源于学习者和外部世界的不断交互。在这个过程中,思维影响行动,而行动的结果也反作用于思维。因此学习者可以通过工具来实现与环境的互动,进一步激发自己的学习潜能,实现认知能力的发展(高思畅、王建勤 2018)。认知语言学的理论强调了主动学习和环境交互的关系,为自主学习的有效性提供了理论依据。

另一方面,认知心理学强调学习者的动机和主观能动性对学习的影响。自主学习虽然得到了广泛认可，但是在实施过程中也出现了多种问题。部分学生主观能动性差，使自主学习仅仅成为一种形式，而无法真正达到理想的学习效果。李承兴、甄琛(2017)研究了自主学习能力对大学英语学习动机的影响，并根据研究结果提出相应的英语教学和学习策略。孙维祎(2019)利用自主学习网络平台，结合学习者的学习动机与学习特点，通过激励学习者的内在学习动机完成在线学习的整个过程，提高自主学习的效果。动机理论中的期待价值理论指学习者对完成学习任务的期待并能够意识到完成任务的重要性(Atkinson 1964)。当对完成学习任务期待值较高时，学习者的动机也相应提高，有利于在自主学习过程中不断自我激励及肯定，激发自主学习的动机。因此在自主学习模式的设计中，也需要考虑教师的角色。教师要帮助学生设立合理的目标，监控过程并帮助学生合理归因，以提高学生自主学习的主观能动性和动机。

## 2.2 自主学习模式

Holec(1981)将"自主学习"引入二语习得的领域后，Riley(2009)、Benson(2011)和倪清泉(2010)等从不同角度对自主学习进行了界定。Sinclair(1997)将自主学习分为教师指导下的自主学习和完全自主学习。为了提高学生自主学习的动机，保证自主学习的效果，本研究采取的是教师指导下的自主学习。Zimmerman(2000)认为自主学习中的自我调节使学生能够管控自己的思想、感受和行为，继而意识到自己的优势和局限，并在学习目标方面监控自己的行为。除此之外，自主学习模式可以发挥学生自立和自主的潜力(Yasmin et al. 2019)。自主学习和现代科技的结合给学生带来了额外挑战，如何有效整合现有的自主学习模型以帮助学生更好地进行自主学习，如何减少科技辅助教学(如语料库)给学生带来的额外负担，是本研究必须考虑的问题。

Pintrich(2000)建立了大学课堂的自主学习框架，提出自主学习应具有四个阶段，即计划和激活、监控、控制、回应和反思。Taylor(1986)的自主学习模型则反映了学习的发展和动态过程。基于 Taylor 的模型，刘芹、何蕾(2017)建立了"基于语料库的理工科大学生英语写作自主学习模型"(CSLM)，强调了自主学习中教师的角色和语料库的使用。本研究亦认同自主学习是一个动态的、交互的建构过程，也强调学习过程中教师不可或缺的作用。因此本研究以刘芹、何蕾(2017)的 CSLM 模型为原型加以开展。

> **3. 研究实施**

## 3.1 模式构建

刘芹、何蕾（2017）的 CSLM 模型细化了自主学习过程的八个节点并同时强调教师在自主学习过程中的引导和辅助作用。基于 CSLM 模型，本研究以语料库辅助纠错为主要目标，构建了语料库辅助学术摘要写作自主学习模式，如图 4.2.1 所示。

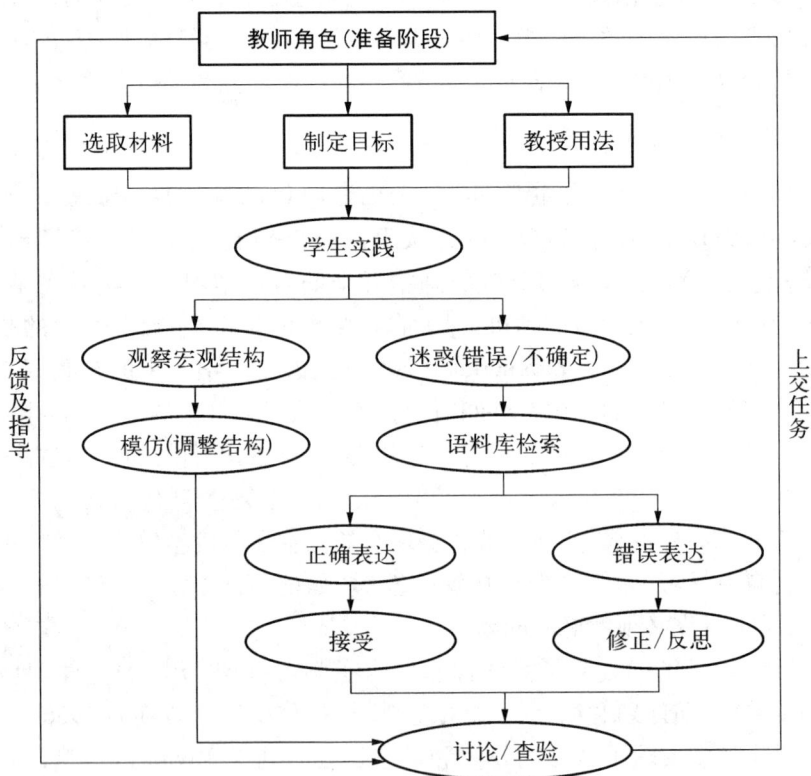

**图 4.2.1 语料库辅助学术摘要写作自主学习模式**

该模式主要由教师角色和学生实践两部分组成。自主学习的理念是以学生为中心，但是教师的角色不可忽视。教师的知识水平和工具使用水平高于学生，应起到引导者的角色，在自主学习的准备阶段起主导作用。

而在学生实际操作的部分,由于已经进行了引导,应以学生为中心,由学生自己观察材料,发现问题并进行知识建构。

具体而言,在准备阶段,教师应帮助学生制定目标,为学生提供学习的支架,以目标为导向引导学生学习。根据既定的目标,基于 Krashen(1985)的"i+1"输入理论,教师应选取适合学生水平和符合学习任务的材料。由于语料库库容巨大,如果由学生自行选取,容易造成选取材料内容不契合,容量不合适等问题。因此在准备阶段,应由任课教师进行材料的选取。本研究建立了契合任务内容和容量的微型摘要语料库供学生使用。除此之外,检索工具的使用对于学生来说比较陌生,为减少技术上带来的干扰和保证学习效果,教师应提前教授学生工具的使用方法和技巧,在尝试和练习后,由学生自行学习。

在该模式中,学生将从宏观和微观两方面观察语料库,对比自己的写作语篇并进行探索。当学生发现自己产生了语言错误或者不确定是否正确而感到迷惑时,使用语料库进行检索。通过比对,如果发现自己的表达是正确的,学生接受表达;如果未在语料库中发现对应表达或者自己的表达不符合搜索结果,学生进行修正和思考。在改正后学生之间及师生之间进行讨论、完善和查验。由于学生之间存在个体差异,不能够确定查验的结果是否正确,因此与同伴和老师讨论非常必要。如果在讨论过程中发现问题,学生可以重复进行语料库检索的步骤。在一个学习阶段结束后,学生应将学习任务上交教师,由教师进行反馈及指导,挑选学生出现的代表性错误在课堂上进行分享,减少典型错误发生的频率。以便学生不断提升自己自主学习的能力,改善学习中出现的问题。

## 3.2 研究对象

参与本研究的对象为上海理工大学一个自然班共 41 名学生。该班学生所上课程为学术英语读写,具有较强的学术英语写作需求。该课程共16 周,前七周授课重点为学术英语阅读,后九周的授课重点为学术英语写作,着重解决摘要写作问题。所有学生均参与了后九周的教学实验并提供了有效数据。

## 3.3 研究工具

本研究涉及两个语料库。一个为美国当代英语语料库(COCA),涵盖口语、小说、流行杂志、报纸和学术期刊五种类型的语料。COCA 提供免费的网站检索功能,页面明晰,操作简单,适合师生在课堂上和课下使用,减少了语料库进入课堂的技术难度。COCA 界面包含三大功能区:查询区、结果显示区、例句显示区。可以进行分区搜索,提供词汇频率、索引行和词汇比较等功能(见图 4.2.2)。第二个语料库为项目组成员建设的语料库,选取英汉学术论文语料库①中的摘要部分,提供给学生进行观察和检索。学生将在自主学习的过程中,运用 COCA 语料库和自建语料库进行词汇检索、语境观察和句式模仿等,对所写摘要进行反复修改。

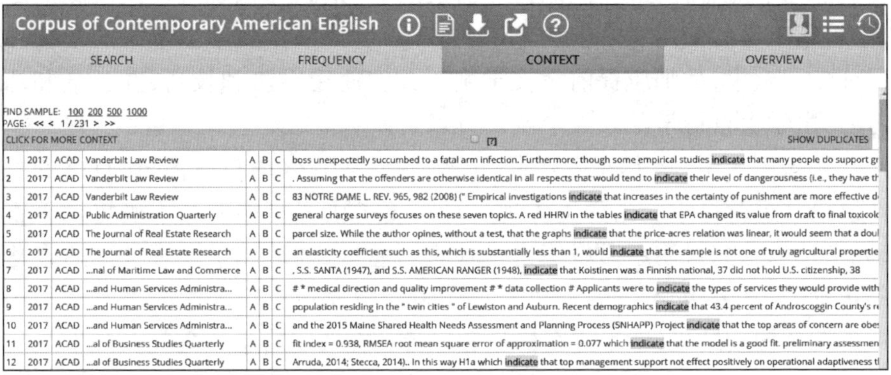

图 4.2.2　COCA 搜索词汇索引行界面

## 3.4　研究过程

本研究实施于 2019 年 10 月至 2019 年 12 月的上海理工大学非英语专业的学术英语读写课程,共持续九周,每周的具体实验实施内容参见表 4.2.1。在教会学生摘要的基本写作要求和使用语料库进行检索的方法后,项目组提供给受试一篇难度中等的实证性论文,要求他们为该论文撰写摘要,并根据所选语料库进行观察、模仿、检索、修改、讨论、再检索和再修改。本研究提出以下研究问题:

(1)使用语料库进行自主修改后,学生能否显著减少写作中出现的语言失误?

(2)在自主学习过程中,各参与者的角色和作用是什么,取得了什么成果?

---

① 英汉学术论文语料库为 2018 年度教育部人文社会科学青年基金项目"基于大型英汉学术论文语料库的对比短语学研究"(项目编号:18YJC740142)中所构建的语料库,本项目组第一合作者张乐为该项目主持人,本项目负责人刘芹为该项目第一合作者。

表 4.2.1　语料库辅助学术摘要写作自主学习模式具体实验步骤

| 教学周 | 教　学　内　容 |
|---|---|
| 1—2 | 准备阶段：教师教授语料库的使用方法并制定学习目标,学生进行练习 |
| 3—4 | 实践阶段：根据给定论文,学生为该论文撰写摘要 |
| 5 | 第一轮自我纠错：学生通过语料库进行第一轮自主学习纠错 |
| 6 | 讨论和查验：课堂上对第一轮自我纠错进行同伴及师生讨论和查验 |
| 7 | 第二轮自我纠错：经过讨论和指导,学生进行第二轮自主学习纠错 |
| 8 | 讨论和查验：课堂上对第二轮自我纠错进行同伴及师生讨论和查验并上交 |
| 9 | 教师反馈：根据上交的两稿成果,教师发现优点和问题并进行反馈 |

**4.** 结果与讨论

## 4.1　偏误分析

　　本研究的偏误分析分类借鉴王敏、王初明(2014)和熊淑慧(2018)对我国英语学习者的典型偏误分类。偏误主要分成语言形式偏误、意义偏误和篇章偏误三种类型。语言形式偏误包含单复数错误、冠词、句子结构错误、时态错误、拼写错误和搭配错误;意义偏误指的是中式英语;篇章偏误指的是篇章结构不当。

　　本研究共收集两次数据,分别为第四周学生撰写的摘要初稿及第八周经过两轮自我纠错后的终稿。项目组将初稿和终稿的所有数据录入电脑,进行错误赋码,并使用 WordSmith 6.0 对偏误进行定量统计和比较分析,详见图 4.2.3。

　　第六周课堂的第一轮自我纠错展示后,教师引导学生进行了讨论,发现学生较少注意到用词不当的问题,篇章中用词单一。教师因而提出第二轮的修改目标为注重写作中出现的意义偏误,改正不够地道的用词,增加写作语篇用词的丰富度。从图 4.2.3 可以看出,在教师的引导下,学生的初稿经过两轮自主学习修改后,总体数量减少,根据威尔科克森符号秩检验(Wilcoxon Signed Rank Test)的结果,修改后的错误数量与修改前相比有显著差异($p <$ 0.01)。说明经过自主学习模式的训练,学生的写作水平有了显著提高。

中国理工科大学生学术英语泛在学习模式有效性研究

| | 单复数错误 | 冠词错误 | 句子结构失当 | 时态错误 | 拼写错误 | 搭配错误 | 中式英语 | 篇章结构失当 | 错误总数 |
|---|---|---|---|---|---|---|---|---|---|
| 初稿百分比 | 11.0% | 6.9% | 5.9% | 5.0% | 4.1% | 3.4% | 9.2% | 2.3% | 47.9% |
| 终稿百分比 | 3.5% | 2.1% | 4.0% | 1.5% | 1.0% | 1.3% | 6.2% | 0.4% | 19.9% |

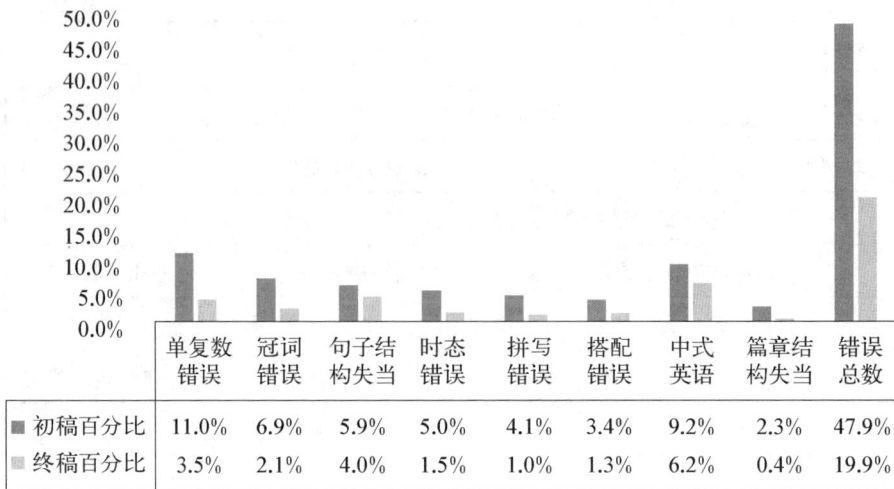

**图 4.2.3　初稿与终稿偏误分析**

　　首先,在语言形式偏误类型中,单复数错误、冠词错误、时态错误和拼写错误的百分比都有了明显下降,表明在与所给语料对比的过程中,学生能够发现错误并进行修正。单复数错误百分比由 11.0% 下降到 3.5%,冠词错误由 6.9% 下降到 2.1%,时态错误和拼写错误也分别下降了 3.5 和 3.1 个百分点。其次,在篇章方面也有了提升,摘要写作有其固定的语步,由于受试在写作前已经学习了摘要的结构,因此该错误出现的比率较小。在开展自主纠错前,教师对本研究构建的自主学习模式进行了详细的阐释,引导学生注意进行宏观和微观上的观察,因此学生有对比摘要宏观结构的意识并进行修正,写作质量得到了显著提升。这一数据也说明了准备阶段教师引导和自主学习中明确目标的重要性。最后,语言形式偏误中句子结构失当和意义偏误中的中式英语虽然有所改善,但是降低的比率较低,修改后还是出现大量的失误。想要识别出中式英语和句式错误需要学习者拥有较好的语言感觉和丰富的语言积累。学生自己书写的语篇反映了其语言能力和书写习惯,而中式表达和句式错误本就是语言能力僵化的结果,在对照纠错时也较难识别出来。

　　通过对偏误的统计和分析发现,在进行本研究建立的语料库自主学习模式后,学生的写作失误有了明显的降低。宏观上开始注重摘要的结构和必要的语步,微观上能够识别自己的语法失误和词汇失误,并进行改正。

但在句法和中式英语方面,学习者自己较难发现问题,因此也没有取得较好的纠错效果。

## 4.2 参与者角色和作用

自主学习的过程主要涉及学生主体、教师辅助、语料库工具这三个参与者。三者各有其角色和作用,对自主学习模式实施效果有着不可忽视的影响。本研究通过课堂观察及记录,访谈教师及分析学生初稿和终稿文本,分析并总结参与者的角色和作用。

### 4.2.1 学习者角色

自主学习不仅仅包含自主的方式,还需要学生有自主的态度和能力保证自己的学习效果。成功的外语教学离不开学习者自身的愿望和需求、足够真实的目标语输入和正确的学习方法(束定芳 2006)。本研究所构建的自主学习模式在教师引导的基础上,能够帮助学生明确学习目标,激发其自我提升的愿望,并给予其充足真实的目标语输入(语料库),用于解决学生在写作中出现的问题,使其完成自我发现、自我纠错、自我反思的过程。通过对初稿和终稿的分析,本研究将学习者通过自主学习过程做出的改变分为三类,即语言层面、结构层次和实质内容的修订。该分类也符合 Burrough-Boenisch (2013)对于学术语篇中语言修改的三个不同层次,即语言校订(language editing)、结构校订(organization editing)和内容校订(content editing)。

语言层面的修订指的是对语言表达、拼写和词汇语法的修订。在 4.1 小节"偏误分析"中,单复数错误、冠词错误、时态错误、拼写错误等都属于此类修订对象。该部分详细的分析表明,在使用语料库进行自主学习的过程中,学生能够意识到自身语言层面的错误并进行修正。在语言层面上,学生还必须实现准确性,可理解性和学科适当性,同时确保整个文本词汇的使用一致性。例如:

(1) English writing is a important skill emphasized in English teaching and a important manifestation of learners' English ability.(初稿)

(2) English writing is a significant skill emphasized in L2 teaching and an important manifestation of learners' English ability.(终稿)

句(1)为学生初稿中的句子,句中出现了明显的冠词使用错误及单词的重复使用。在实施完两轮自主修订后,学生发现其冠词误用的现象并进行了句(2)中的修正。同时,该学生也注意到了单词重复,进行了 significant 和 important 的同义替换,增加了写作词汇使用的丰富度。最后可以看出,通过对同一类型语料的观察,该学生将 English teaching 换成了更具有学科适当性的专业词汇 L2 teaching。

结构层次的修订则意味着对摘要结构的进一步修改。大多数学术论文摘要包含研究背景、研究目标、研究方法、研究结果和总结五大部分。在初稿中有 2.3% 的同学出现了篇章结构的失误,在进行观察后,学生对缺失的语步或不当顺序进行了调整,终稿中只有 0.4% 的学生依旧出现了结构上的偏误。

实质内容的修订指对写作实际内容的更改和选择。在本次实验中,较为突出的内容修订体现在对实验数据的增添上,例如:

（3）In this study, the writing ability of two groups of students is compared, an ordinary class and an experimental class.（初稿）

（4）94 non-English major students are divided into an intervention group（n=45）and a control group（n=49）.（终稿）

从句(3)和句(4)可以看出,在概览语料库中大量高水平的学术论文摘要后,学生意识到摘要中数据的缺失,并仿照语料库中介绍实验方法的典型例句进行了内容修订。添加数据后,实验方法更加清晰且更有公信力和说服力。

#### 4.2.2　教师角色

自主学习的过程虽然以学生自己发现问题、培养能力为主,但由于水平有限,学生有时缺乏发现问题的能力和解决问题的思路,缺乏有效反馈而导致兴趣减弱。教师行为对学生投入学习有深远的影响,教师有责任维持和推进学生学习(马婧 2020)。因此,本研究采取有教师引导的自主学习模式。根据教师访谈结果可知,教师的任务主要体现在准备、讨论和反馈三个阶段上。

教师表明准备阶段是学生出现最多疑问的阶段:"有很多学生对于最终的写作任务是有疑问的,因为这次的摘要写作算很大一部分学期成绩,学生就比较在乎,因此详细询问了摘要写作的要求……再就是语料库的网站对他们来说是一个很新的东西,很多学生根本没听过语料库,所以一开始有畏难情绪。通过示范,教他们怎么搜索怎么判断之后,学生还是可以做出来的……"由此可见,准备阶段的问题集中在两方面。一方面是学生对于学习目标的疑惑,因此教师应选择合适的学习材料,并帮助学生制定明确的学习目标;另一方面是学生对于学习工具的不熟悉,在接触到新的学习方法,尤其是需要借助其他工具时,教师对学生进行细致的培训和帮助,可以减少工具给学生带来的困难感。

第二个任务是在讨论阶段辅助学生进行讨论。在本实验中,教师作为引导者在每轮自主纠错后,同学生进行了两轮讨论和反馈。在自主学习的过程中,学生水平有限,在本实验的第一轮自主纠错训练中,学生难以识别自己的中式英语和句式上的错误。在第一轮自主纠错后的讨论中,教师收集了典型问题并给予明确和及时的反馈,使学生能够在第二轮自主纠错中有针对性地进行训练。因此在自主学习过程中提供及时有效的监控和指导十分必要。

第三个任务是在反馈阶段提供反馈和引导总结。学生上交终稿后,教师在比对两稿的基础上,对学生出现的典型问题进行分析,并在课堂上引导学生进行总结,例如收集学术写作中的固定句式等,这些都有助于学生下一次自主学习的开展。

### 4.2.3 语料库角色

语料库因其大量真实的语料受到广大教师和研究者的青睐。作为该模式中的重要组成部分,语料库为学生提供大量的源语言输入和对照标准。语料库中适用于自主学习的功能值得探究。本实验根据实际操作,总结其中三个值得关注的语料库功能。

第一个是索引行功能。使用语料库可以执行对词汇的检查,例如介词的使用或搭配,观察句子位置来分辨连接词,同时搜索具有相似含义的两个项目(例如 show 和 demonstrate),可以很容易地确定该学科的写作偏好。第二个是词块功能(clusters),第三个是搭配词(collocate)功能。这两个功能主要用于语言的选择和修订,可以帮助学生检查词组和搭配。词块功能可以提供最常出现的短语,搭配词功能则可以展示固定出现的一些词组搭配,有利于学生发现固定的语言搭配,提高自己的语言能力,在总结后应用于下一次写作任务中。

## 4.3 模式优势及局限性

本研究结果体现了语料库辅助学术摘要写作自主学习模式具有一定的优势,但也存在自身局限性。首先该模式突破了课堂教学的时间和地点限制,使学生能够利用课上学到的知识随时随地进行普适性学习,提高学生的自主学习能力。根据教师在课堂上的支架教学及提供的学习方法,学生可以自主进行论文写作的修改和润色,缓解了通常情况下学术英语写作练习时间不够的问题。其次,该模式增强了教师和学生之间的互动性。在设定好学习目标后,学生需要将课下自主学习的成果和问题在课堂上同教师讨论,课堂上教师也有足够的时间和学生互动,为其提供反馈和指导。最后,语料库辅助的方式提供了具有真实性和实用性的大量数据,能够展现特定学科的写作特点,便于查找词组和搭配,为学术论文写作提供了参考依据。同时,该模式也存在一定的局限性。课堂中教师的准备情况、对学生的反馈引导、教师本身的信息技术素养都是影响学生学习效果的因素。该模式涉及网络资源的使用和电脑操作,对学生的信息技术素养和网络硬件条件有较高的要求。在自主学习过程中,学生的课下学习需要极高的自觉性和主观能动性,如何监督学生和保证学习效果,也是需要注意的问题。

## 5. 结语

本研究构建了语料库辅助学术摘要写作自主学习模式并进行了为期9周的实证研究。结果表明使用语料库进行自主修改后,学生能够显著减少摘要写作中出现的语言失当。在该模式下,学生主要完成自我发现、自我纠错、自我反思的自主学习过程;教师则要扮演好引导者和监控者的角色,在准备阶段、讨论阶段和反馈阶段为学生提供支持;语料库能够为学生提供强大的资源辅助。研究成果总体表明以纠错为目的,学生为主体,教师为辅助,语料库为工具的自主学习模式具有一定的有效性。

## 第三节  学术英语口语课堂动态评估①

## 1. 引言

评估同语言教学的其他环节一样,备受语言学家和教育学家的关注。根据评估目的,通常将其分为终结性评估(summative assessment)和形成性

---

① 本节内容曾作为刘鸿颖、刘芹所著论文《理工科大学生学术英语口语课堂动态评估研究》发表在《外语测试与教学》2020 年第 1 期。此处略作修改。

评估。终结性评估主要侧重于评估学习成果,形成性评估则更重视过程,旨在深入了解每位学生的表现,得到有针对性的反馈来支持学习过程(Stobart 2008)。在过去的 20 年间,基于社会文化理论的动态评估受到国内外研究者的广泛关注,已逐步应用于课堂教学。中国英语学习者往往面临着口语产出能力不高的问题(刘芹 2008),然而无论是在日常生活还是学术交流中,口语是必不可少的关键产出性技能,有必要从调整评估方法的角度加以促进。本研究基于 Vygotsky(1978)的最近发展区理论,以及"概括性"(generalizability)(Bachman 2004)和"超越性"(transcendence)(Feuerstein et al. 1979)动态评估原则,构建"多层级三明治动态评估模式",研究如何以动态的视角评估学生的口语发展水平,及时引导学生进行反思和提升,达到以评促学的目的。

## 2. 理论基础

### 2.1 动态评估

课堂动态评估是测试认知从学习评价(assessment of learning,AOL)到促学评价(assessment for learning,AFL)转变的产物,教师可以在课堂上随时开展动态评估,时间和方式具有高度灵活性。因其与教学过程高度黏合,能够及时得到结果并反馈到教学中,以此达到促学目的。课堂中的评估可以分为教学阶段和评估阶段,两者之间存在循环关系(李清华 2015)。

随着教育界对语言评估的研究,三种不同的评估方法相继发展起来,即"基于数据的决策"(data-based decision-making,DBDM)、"诊断性测试"(diagnostic testing,DT)和"促学评价"。基于数据的决策主要涉及数据的系统收集和分析,以收集的数据为核心改进教学,为课程和学校的决策提供信息(Schildkamp & Kuiper 2010)。DT 被用来描述学习者对任务的应对方法,以揭示解决问题的方案策略,并将其用作每位学习者发展阶段的指导(Crisp 2012)。而 AFL 是形成性评估的一种方法,常常发生在课堂实践当中,侧重于反馈学习过程的质量(Stobart 2008)。课堂动态评估作为测试认知从学习评价到促学评价转变的产物,由教师在课堂上随时开展,具有时间和方式的高度灵活性。因其与教学过程高度黏合,能够及时得到结果并反馈到教学中,以此达到促学目的。

国内外学者对动态评估的研究按照研究内容可以分为以下四类：动态评估中的教师角色，动态评估中的学生角色，动态评估中的测试因素以及动态评估中的外部因素。动态评估中教师角色的研究主要集中于对教师知识、能力和态度的研究。这些因素相互交织，对于成功实施动态评估至关重要。国外动态评估的研究表明，教师对教学的认知、态度和观点能够影响动态评估实施的质量（Rakoczy et al. 2008；Sach 2015）。赵培允（2017）的研究聚焦于教师在动态评估中的时间分配及控制，表明教师在评估中要有灵活的时间策略，促进评估和教学目标的顺利达成。辛伟豪等（2018）对于教师信念的研究表明，教师的自身角色认知以及教学相关方面的信念对课堂教学和动态评估有显著影响。动态评估中学生角色的研究大体可以分为两个方面，一方面是学生的个体能力和知识，另一方面是学生的态度及情感因素。动态评估中所选取的方式和测试本身对于动态评估的成功实施同样关系重大。国内外学者针对动态评估中测试因素的研究各有侧重，国外学者关注测试本身所能提供的反馈和测试收集的方法和过程，而国内研究大多聚焦于动态评估测试标准的探讨、可使用的具体方式方法等方面。影响动态评估的因素除了教师、学生、测试方法等内在因素，还需考虑国家政策、社会文化等外在因素。其中，学校领导在实施动态评估的过程中发挥着不可忽视的作用，应建立全校范围的课堂测试氛围，包括动态评估的目标、规范和预期结果（Havnes et al. 2012；Sach 2015）。

## 2.2　最近发展区理论

Vygotsky（1978）认为，人类的能力处于不断变化的状态当中，学习机制的养成主要依赖符号中介（典型的代表是人类的语言）和物理中介（与自然界交互时所用的工具）两种主要的中介来源。动态评估就是用来发现变化特征和能力的评估方法。Vygotsky（1978：86）将"最近发展区"（ZPD）定义为"独立解决问题所确定的实际发展水平与在成人指导下或与更有能力的同龄人合作解决问题所确定的潜在发展水平之间的距离"。他指出，ZPD 是一个多阶段的进展和连续体，而非一个单一的时间点。ZPD 理论的核心观念是只有积极促进认知能力的发展，才能充分理解认知能力。因而，将评估和教学进一步融合在一起，可以使教师通过不断调整自己的介入内容和形式，适应学习者不断变化的需求，从而最大限度地提高学习者的能力。动态评估就是基于这样一个原则发展起来的（韩宝成

2009),它特别提出中介的相互作用是理解个体能力范围的必要条件,而这种相互作用同时指导这些能力的进一步发展。Bruner(1971)提出了"支架教学"(scaffolding instruction)的概念,即教师要构建必要的教学支架,用于帮助学生构建相应的知识理解,并通过支架教学引领学生达到新的层次,不断引导学生进入一个又一个 ZPD。

基于上述理论,本研究参照 Bodrova & Leong(1995)提出的动态 ZPD 图示(见图 4.3.1),使用支架教学和介入式的动态评估方式,获得口语动态评估的积极反拨效应,使学生的口语产出能力在动态的评估中获得动态的发展。

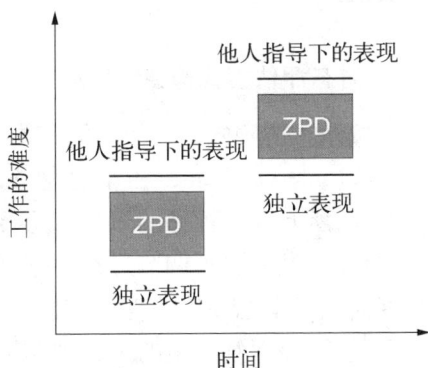

**图 4.3.1 Bodrova & Leong 的动态最近发展区图示**

(Bodrova & Leong 1995:41)

## 2.3 评估的概括性和超越性

概括性是指一个人可以根据他在评估情境中的表现来推断其在非评估情境中未来的表现程度(Bachman 2004)。在传统的非动态评估视角下,评估目的通常是在特定情况下如何执行给定的测试来确保能够测量评估人员希望测量的能力。如果能够确定这项测试测量出了评估人员想要测量的能力,就有可能概括出拥有这项能力的人员在其他情况下的表现。这种方式仅仅将测试者所处的环境视作很多不同变量的集合体,将环境当作个体执行测试时的背景,将能力和测试者所处的环境分离开来。而动态评估的出现促使学者重新审视环境与个人的关系。在动态评估的视角下,个人与环境当中的交互不仅仅是发展和进步产生的背景环境,也是个人发展和进步的来源。

在动态评估的语境中,较为著名的是 Feuerstein et al.(1979)的"超越性"概念。超越性建立在语境高度可变的假设之上,指学习者将自己的所学转换到新语境的能力,以及能够将自己所学重新语境化的程度(Poehner 2008)。在动态评估中,所有的中介和学习者之间的交互都同时具有指导和评估的功能。动态评估重视测量连贯和动态的能力,在 ZPD 汇总协调学习者的发展,不断地改变中介方式,使学习者进入到下一个 ZPD,这样学习者就能达到独立完成任务的程度。

> **3.** 研究设计

## 3.1　动态评估模式构建

按照具体实施方式的不同,Poehner & Lantolf(2005)将动态评估分为介入式(interventionist)和互动式(interactionist)两种。前者使用相同的中介方式,所有参与评估的人员都会受到相同的调节和指导;而后者更注重学习者的发展状况,调节过程主要通过评估者和被评估者的互动而实现,高度体现了动态评估的理论精髓。但由于互动式的动态评估所需师资和时间过长,在课堂实施的过程中需要占用大量的时间,因此本研究采取介入式的动态评估方式。

介入式动态评估又可分为三明治模式和蛋糕模式(Sternberg & Grigorenko 2002)。三明治模式采取"前测—介入—后测"的模式,而蛋糕模式是将干预(指导)嵌入测试过程中,学习者可以对他们认为困难的每个测试项目或任务寻求评估人员的介入。基于前人研究基础及本课程的教学目标,本研究对介入式动态评估中的三明治模式进行了调整,用于学术英语听说课程中口语能力动态评估的研究。在三明治模式采取标准化介入的基础上,本研究构建了多层级的介入方式,形成"支架教学—阶段输出—教师介入—创新任务"口语产出动态评估模式。图 4.3.2 为传统的三明治模式(Dorfler et al. 2009:79)和本研究所涉及的多层级模式的对比。

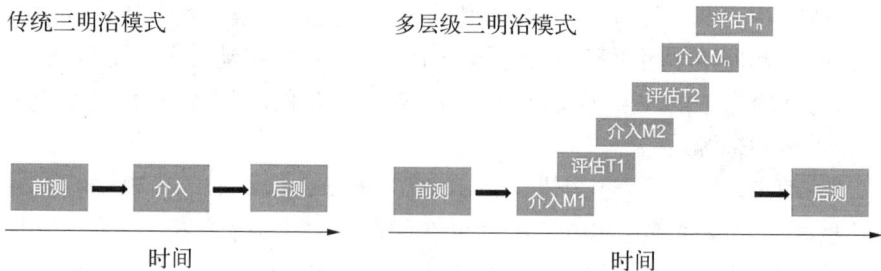

传统三明治模式　　　　　多层级三明治模式

**图 4.3.2　传统三明治模式与多层级三明治模式的对比**

## 3.2　介入内容的确定及评分标准

学术英语听说课程是为学生专业学习需求或为未来工作需求服务

的语言教学课程。该课程有两个层面的教学目标，一是训练学生跨学科的口头和听力学术英语交流能力，例如听讲座、做笔记和参加学术讨论等能力；另一方面是针对某一特定学科领域里各种语类（或称体裁，genre）、语篇、语体和特定表达的语言教学，培养符合学科专业规约的语言交流技能。该课程的口语教学目标主要是培养学生借助 PPT 等多媒体辅助工具，进行本专业英语学术汇报及交流的能力。因此，教学内容分为两大部分，一部分针对所有理工科学生的通用学术英语教学，另一部分是针对不同专业学生的特殊学术英语教学。最终得分由听力笔试和口语报告两部分构成，本研究仅针对学术语境下的口语产出予以开展。

如何确定介入内容是教师授课过程中需要思考的一大问题。在传统的评价模式下，学生由于水平参差不齐，汇报前后得不到有效的指导和反馈，因此很难在汇报的过程中获取知识而得以进步。如果学生在汇报前能获得相应的指导，在汇报后得到有针对性的评估，是否能够调动学生积极性，发挥教师的支架作用，并在评估中产生积极的反拨效应，是本研究拟解决的问题。因此本研究构建了多层级的动态评估模式，在学生的阶段性汇报后，针对该汇报出现的问题进行总结归纳，形成每一次的介入内容，包含对汇报的评价及突出问题的讲解。

在摸底测试中，主要针对三个方面进行评估，即内容结构（指学生进行学术汇报的整体质量）、小组合作（指小组内各成员在汇报中的互相配合程度）和 PPT 制作（学术汇报中的必备要素）。通过对测试情况和录像的观察可以发现，除了上述三项，学生普遍在身体语言、学术词汇和发音技巧等方面存在问题。因此，本研究把内容结构和小组合作列入关键评估项，纳入每一次评估过程，并把 PPT 制作、身体语言、学术词汇和发音技巧作为四项介入内容，融入教学和评估过程。每一次介入既是对上一阶段性产出的评价，又是对下一次产出的指导。由此构成了教师根据评估情况及时调整教学、学生根据反馈随时修正学习的动态评估模式。每阶段评估根据介入内容增加新的评分项，首次介入后的评分标准包含内容结构（40 分）、小组合作（30 分）及 PPT 制作（30 分）三个评分项，在之后的三次介入中根据介入内容分别增加了身体语言（10 分）、学术词汇（10 分）及发音技巧（10 分）等评分项。具体的评分标准如表 4.3.1所示。

**表 4.3.1　第一轮教学实验学术英语口语汇报评分标准**

| 评分内容 | 评 分 标 准 | 分 值 |
|---|---|---|
| 内容结构 | 选材真实、科学。 | 10 |
| | 结构完整、逻辑严密。 | 10 |
| | 引言包括开场主要要素；主体部分观点清晰、逻辑自然、有过渡词；结语完整。 | 10 |
| | 问答环节应对自如。 | 10 |
| 小组合作 | 组员均出席并共同完成汇报。 | 10 |
| | 各组员大致平均分配汇报比重，无过多或过少汇报现象。 | 10 |
| | 各组员汇报内容一致连贯，前后术语一致。 | 10 |
| PPT 制作 | 布局合理：版式背景清晰简洁，无文字堆砌。 | 10 |
| | 信息突出：标题明确，字体大小运用得当。 | 10 |
| | 书面语言：准确精练，无重大语法和拼写错误。 | 10 |
| 身体语言 | 与观众交流：适当的眼神和肢体语言运用。 | 10 |
| 学术词汇 | 运用符合学术语境的学术词汇。 | 10 |
| 发音技巧 | 语音语调自然流畅，声音清晰响亮，语速适中。 | 10 |

## 3.3　研究对象

参与本研究的对象为上海理工大学两个非英语专业自然班共 52 名学生，来自机械工程、能源动力、计算机及数学等 12 个理工科专业。学生所上课程为学术英语听说，具有学术环境下使用英语进行汇报的需求。所有学生均参与了教学实验并提供了有效数据。

## 3.4　研究问题

结合设计的动态评估模式，本研究提出如下几个研究问题：

（1）该动态评估模式对学生的积极性和学习态度有何影响？

（2）该动态评估模式对学生的口语产出效果有何影响？

（3）动态评估在具体实施中有何局限性？

## 3.5 研究过程

　　根据课程大纲的设计,本实验班级需要同时提高学术语境下听力和口语两项能力。本研究仅围绕学术语境下的口语产出予以开展,所有受试在2019年9月至2020年1月为期16周的课程期间进行了五次学术汇报。根据本研究所构建的多层级三明治动态评估模式,由两名有经验的任课教师对汇报分别进行了五次评估。因评分员间信度(inter-rater reliability)均大于0.7,学生最终分数取两位教师的平均分。在实验结束后,所有学生都参与了问卷调查,从中可了解学生对动态评估的接受程度。本研究中多层级三明治模式的实施重点在于前后测中多层次阶梯式的介入及评估。在这个过程中,每一次介入都有其支架教学的侧重点,由教师提前讲解所要注意的知识点和事项,为学生构建相应的知识体系。在下一个教学周教师在学生完成学术汇报后进行评估,检测学生是否有意识地进行了改善并注意到培养自己的能力。每一次汇报都会根据支架教学的内容增加相应的评分点。具体的实验内容及教学流程如表4.3.2所示。

表 4.3.2　学术英语口语汇报具体教学实验步骤

| 教学周 | 教　学　内　容 |
|---|---|
| 1 | 课程入门:介绍学术英语的用途、特点及不同领域相关话题 |
| 2 | 摸底测试:学生选取自己专业的某个话题进行学术汇报 |
| 3—4 | 正常授课:话题为 Neuroscience and Psychology |
| 5 | 介入1:讲解学术汇报的 PPT 制作类型、风格及注意事项 |
| 6 | 评估1:学生进行 Neuroscience and Psychology 相关话题汇报 |
| 7—8 | 正常授课:话题为 Food Engineering |
| 9 | 介入2:讲解学术口语汇报中的身体语言 |
| 10 | 评估2:学生进行 Food Engineering 相关话题汇报 |
| 11—12 | 正常授课:话题为 Environmental Engineering |
| 13 | 介入3:讲解学术口语汇报中应当注意使用的学术词汇 |

续 表

| 教学周 | 教 学 内 容 |
|---|---|
| 14 | 评估 3：学生进行 Environmental Engineering 相关话题汇报 |
| 15 | 介入 4：讲解学术口语汇报中的发音技巧 |
| 16 | 评估 4：学生对自己所学专业做学术性汇报 |

从上表可知，本研究共进行了五次评估（含第一次摸底测试），其中有四轮介入，分别有不同的教学目的和侧重点，并根据介入进行了四轮评估。为测试学生每一轮介入的接受程度，即学生能否通过教师的支架教学获得并建构知识，进而达到下一个 ZPD，每轮评估的评分标准和比重都根据介入内容进行了增添和调整。同时，根据超越性理论，为测试学生能否在新的语境下使用到之前评估过的能力，后一次的评分标准均包含前一次评分标准的评分项目，以验证学生将所学的知识和能力转移到新任务中的能力。

所有汇报过程都进行了录像以便观察和后续研究，并在课程结束后对所有学生进行了问卷调查。

## 4. 结果与讨论

### 4.1 对学生学习态度的正面影响

对录像及问卷调查结果的分析显示，该动态评估模式对学生产生了以下两方面的积极影响。一方面将学术口语汇报细化，形成各个分项，有助于引导学生有意识地注意细节；另一方面有助于提高学生的主观能动性。

本研究的首要目的是测试多层级三明治动态评估模式在学术交流评估中的可行性。通过课堂观察和对录像的分析发现，多层级的评估模式能够细化终结性评价，将评估内容和目标细化成不同分项。每一次介入后的评估能够引导学生有意识地学习并将所学内容运用在评估汇报的过程中。摸底测试之后的四次评估都分别根据教师介入的内容增添了新的评分项，引导学生有意识地注意该阶段所学知识并加以训练和应用，评分标准可直观显示为倒阶梯形（详见表 4.3.3）。

表 4.3.3　学术英语口语动态评估多层级评分项

| | | | 介入 1 | 介入 2 | 介入 3 | 介入 4 |
|---|---|---|---|---|---|---|
| 评估 4 | 内容结构 | 小组合作 | PPT 制作 | 身体语言 | 学术词汇 | 发音技巧 |
| 评估 3 | 内容结构 | 小组合作 | PPT 制作 | 身体语言 | 学术词汇 | |
| 评估 2 | 内容结构 | 小组合作 | PPT 制作 | 身体语言 | | |
| 评估 1 | 内容结构 | 小组合作 | PPT 制作 | | | |

　　每一层级都对应其教学的阶段性重点。在进行介入 1(PPT 制作)后,在相应的评估 1 中教师增加了 PPT 制作的评分点。在进行评估 1 后,教师进行了介入 2(身体语言)的讲授,因此在评估 2 中增加了身体语言的评分点。通过对比学生的汇报录像,可以发现注重过程评价的动态评估能够引导学生有意识关注所学内容,在教师的支架教学下训练自己,填充自己的支架并获得能力的提升。在学期伊始,学生对学术英语口语汇报的概念十分模糊,不知道该如何准备汇报。而该评估模式通过明确学术汇报的各个分项,使学生对学术英语口语汇报形成具体的认识,从而能够有的放矢地进行准备。此外,该评估模式也将教师的教学流程分成侧重点不同的各个分项,在每一个介入中重点讲解一个分项,保证学生能够有效地掌握并运用到汇报中。

　　同时,本研究设计了问卷来调查学生对动态评估的态度。结果发现,76.7%的同学完全同意"我清楚知道学术英语听说课程所有任务的评分标准",83.3%的同学完全同意"我会根据学术汇报评分标准的具体要求调整我的汇报"。问卷调查结果也表明,当学生明确参与到动态评估的过程中时,他们会有意识地根据评估要求进行练习和调整,继而通过阶段性的进步提高自己学术英语汇报的综合能力。

　　动态评估提高了学生对课程任务和评估的重视程度,在动态的评估中实现了阶段目标和长期发展的结合。口语测试的动态评估使学生有明确的目标,提高了学生不断争取高分的积极性,使学生在整个学期有目标、有兴趣地接受阶段性的挑战和任务,起到了积极正面的效果。同时,每一次口语评估都有评分标准和侧重点,也能够降低学生在准备汇报时的迷茫和焦虑。另一方面,教师及时的反馈和明确的要求可以敦促学生完成任务。

86.6%的同学表示完全同意或同意"老师的及时反馈使我更有动力完成下次的学习任务"。课后与个别同学的访谈表明,教师的分级介入使教学内容更加明晰,使学生的学习可以有的放矢,引导学生注意学术口语汇报中的不同方面。由于清楚地知道评分标准,学生也更有积极性,更愿意为每一次的汇报做充分准备,以获得高分。

**4.2 提升学生口语产出效果**

通过分析学生汇报 PPT 文档、具有多模态特征的口语录像文件以及课堂记录,可以得出如下发现。在摸底测试的学生汇报 PPT 中,存在语言错误,包括单词拼写错误、专有名词翻译错误以及语法错误。在 PPT 内容方面,大部分学生存在文字堆砌的问题,缺少关键词的提取。在 PPT 的美观度上,部分同学选取了卡通模板,不适用于学术汇报的场景。版面设计对比度不够,字体颜色和背景过于接近,观众无法辨识。针对这些问题,在介入 1 中,教师在课堂上对学生 PPT 中出现的问题进行了展示,并选取了一些典型的错误让学生讨论,继而讲授了 PPT 制作的要领和内容,包括如何选取内容、提取关键词、合理使用图片、选取字体和背景等要点(图 4.3.3)。在相应的评估 1 中,学生理解了学术汇报 PPT 应有的要求,选取了简洁大方的模板,展示演讲要点,书面错误也显著减少。

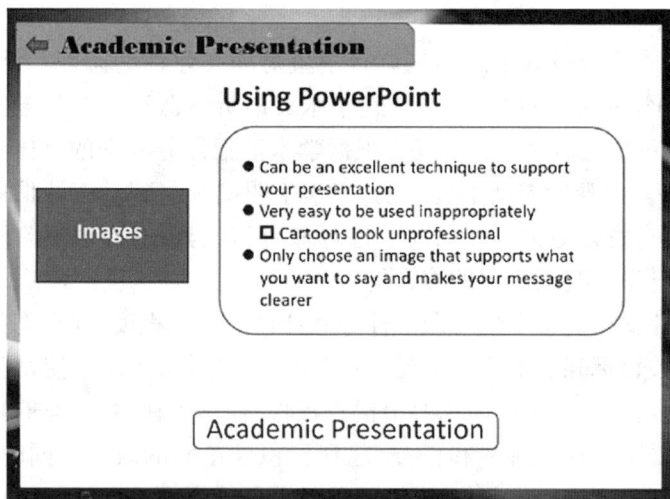

**图 4.3.3 介入 1 案例**

在身体语言方面,学生在汇报时姿态僵硬,全程低头看 PPT,对身体语言的呈现无法掌控。因此在介入 2 中进行了身体语言的教学。教师首先在课堂上解释了身体语言的重要性,并亲自演示演讲中有无身体语言的差异,使同学们有了感性的认识。继而带领所有同学在课堂上进行练习。经过教师的支架教学及引导,并在评估 2 中增加相应的评分项,学生能够有意识地在评估过程中使用学过的身体语言,开始在讲台上走动,运用手势和听众进行交流(参见图 4.3.4)。

评估1

评估2

**图 4.3.4 评估 1 和评估 2 学生在身体语言上的变化**

学术语境与一般语境不同,需要参照学术规范,使用学术词汇来体现学者的专业知识,增加研究和汇报的科学性和可信度。通过介入 3 的讲解,教师在课堂上教授了学术英语中的代表性词汇,并发放学术英语词汇表供学生进行自学。评估 3 增加了学术词汇的评分项,学生在汇报前上交了所用学术词汇的列表,以供老师查阅评分。通过对比可以发现,学生能够有意识地运用所学的学术词汇,提高了学术词汇运用的准确性,在学术词汇覆盖度和多样性方面也有了很大的进步。

在发音技巧方面,教师主要针对语音语调、声音大小和清晰度以及语速进行了讲解,并向学生展示了之前汇报中出现的不当案例。在最后一次评估中,针对上述问题,教师发现学生有明显进步。声音过小的学生能够调整音量,语速过快的学生会通过自我计时来调整语速。

分析整个教学实验的介入和评估过程可以发现,阶段性的介入一方面可以帮助教师注意到学生在学习过程中出现的问题,及时调整教学内容,另一方面可以引导学生产生清晰的阶段性目标,并进行调整,最终达到能力的提升。

## 4.3　局限性

动态评估体系构建的理论基础是人的认知能力在与社会的互动中不断发展。动态评估通过了解学生动态的发展能力，及时提供反馈，从而便于教师引导学生进入下一个 ZPD。但互动式的动态评估方式无论在人力还是时间上都消耗过高，这是进行大规模动态评估时面临的一大难题。因此本研究关注集体 ZPD，采用统一标准的介入，在一定程度上缓和了动态评估的实施难点。但这种方法需要成员具有接近的水平和相同的目标才可以构成共同的 ZPD。

同时，为了更好地保证测试的信度和效度，需要进一步建立动态评估的标准化程序以及进行评估的量化，尝试在大规模学生群体中加以实施。此外，基于超越性的迁移能力测试也是评估发展能力的重要指标，但是现阶段还没有迁移能力的具体分类和量化方法，需要今后开展相关研究。

## 5. 结语

本研究基于 ZPD 理论、测试的概括性和超越性理论，构建了学术英语口语输出的多层级三明治动态评估模式，并在由理工科学生组成的学术英语听说课堂上进行了为期 16 周的实证研究。结果发现，该评估模式有助于学生明确阶段性的目标，在 PPT 制作、身体语言和学术词汇使用等方面都有了不同程度的提高；教师的反馈介入能够构建知识的支架体系，有助于学生得到能力的提升。

# 中国理工科大学生学术英语泛在学习模式的第二轮教学实验

在第一轮教学实验完成后,项目组根据教学中发生的问题调整了"中国理工科大学生学术英语泛在学习模式",在2020年3月至2021年6月进行了第二轮教学实验。2020年3月至2020年6月的春季学期,项目组通过线上教学的方式针对该学习模式中基于语料库的学术英语词汇教学和学术英语口语动态评估模式进行了再一次教学实验(详见本章第一节和第二节)。2020年7月至2020年12月,项目组完善了"上理工泛在学习平台"。2021年3月至2021年6月,在"学术英语读写"和"学术英语听说"两门课程中进行了完整的教学实验,以进一步检验该学习模式的有效性(详见本章第三节和第四节)。

# 第一节　基于语料库的学术英语词汇学习模式构建及应用

## 1. 引言

近年来,教育国际化和学术国际化趋势日益显现,学术英语随之成为热门研究话题。张蔚磊(2018)采用问卷调查和访谈的形式在上海数所高校对学术英语教学现状进行探索,发现虽然学术英语教学在高校中引起了重视,但仍需在教学体系、课程设计、教学方法、评估方式等多方面开展深入研究。其中,作为学术英语听说读写四大基本内容的核心,学术英语词汇起着非常重要的作用。王家义(2012),Jacob(2016),刘萍、刘座雄(2018)等中外学者探讨了学术英语词汇的分类、功能、用途、发展等,以期帮助学生提高学术英语词汇能力。语料库语言学为学术英语词汇教学提供了新思路。语料库提供海量的词汇语料,且这些语料呈现在对应语境中,学生可以通过索引行搜索进行对比分析,深入领会其用途。相较传统的词汇灌输及死记硬背的方法,利用语料库学习学术英语词汇效果更佳。因而,本研究尝试构建基于语料库的学术英语词汇学习模式,并探讨其有效性。

## 2. 研究背景

### 2.1　学术英语词汇

学界关于学术英语词汇的研究围绕学习需求、学术英语词汇能力和学术英语词汇表三方面展开。

Coxhead(2012)通过访谈和读写测试的方式调查学生对学术英语词汇的态度。结果表明,学生认为学术英语词汇学习非常重要,同时对在学术写作中选用合适的词汇及用法有着强烈的意识。Durrant(2014)使用聚类分析和重合分析方法厘清了通用词汇和专业词汇的不同难度,得出学生对于学术英语词汇的需求。这一研究显示专门学术英语词汇不一定受限于某一特定学术领域，拥有相同学术英语词汇的学术领域可以组成领域群，以此来创建统一的学术英语词汇表。该研究为学术英语词汇表的产生奠定了基础。

在学术英语词汇能力研究方面，Clark & Ishida（2005）关于学术英语阅读课程的教学实验结果表明，直接学习该门课程的学生在通用英语词汇能力和学术英语词汇能力上均得到提高，验证了学术英语阅读课程对学术英语词汇学习的重要性。Pan et al.（2016）对比分析英语本族语者和非本族语者发表的英语论文后发现，他们在词块使用的结构特征上存在显著差异。相较于本族语者主要使用名词词组和介词词组，非本族语者使用动词词组和被动语态的频率较高。这一发现验证了 Schmitt（2014）提出的非本族语者因缺乏高质量学术词块的输入导致学术词块使用能力较弱的论断。上述研究从二语习得的角度加以开展，为学术英语词汇教学提供了理论基础。

在学术英语词汇表方面，有跨学科通用学术词汇表（Xue & Nation 1984）和学术词块列表（Simpson-Vlach & Ellis 2010），也有适用于某些学科的专门学术词汇表，如化学学术词汇表（Chemistry Academic Word List, CAWL）（Valipouri & Nassaji 2013）和护理学术词汇表（Nursing Academic Word List, NAWL）（Yang 2015）。Coxhead（2000）创建的 AWL 在很多国家广泛应用于学术英语课堂教学、语言测试和教材编写中，是最有影响力的通用学术词汇表。

## 2.2  基于语料库的学术英语词汇学习模式

Sinclair（1991）是语料库语言学界最早将语料库应用于英语教学的学者。Stevens（1991）指出基于语料库的词汇教学是计算机辅助教学的高级形态。学生在真实的语料库材料中探索词汇的意义和用法，因而得以准确掌握词汇。Schmitt（2000）发现了两个重要的英语词汇学习策略，分别是词汇重复和词汇语境。若能将二者有效结合，词汇学习将更有效果。基于语料库的学术英语词汇学习同时满足这两个条件。一方面，学习需要掌握的目标词汇在语料库中反复出现。另一方面，在语料库中出现的目标词汇存在于特定语境中。

Jacob（2016）在越南一所国际学校的 100 名学生中开展了基于语料库的学术英语词汇教学实验。他们分为实验班和对照班，通过在线方式学习词典上的词汇。同时,Jacob 在实验班中增加了八周的语料库训练,指导学生基于语料库学习学术英语词汇。实验结果显示,实验班学生的产出性词汇量显著高于对照班学生。Barabadi & Khajavi(2017)也开展了基于语料库的学术英语词汇学习与传统词汇教学效果的研究。实验前后实验班和对照班学术英语词汇量测试的独立样本 t 检验显示,基于语料库的学习方法帮助学生扩大了学术英语词汇量,验证了该学习方法的有效性。Chen et al.(2019)在中国香港向英语教师培训基于语料库的教学方法。培训结束后的问卷调查结果表明,参与教师对基于语料库的教学方法培训持肯定态度,认为语料库工具比其他教学资源更有效。另外,他们预测学生也将对基于语料库的教学活动非常感兴趣。

21 世纪初,我国学者(如朱乐红 2000;何安平 2001;许葵花、张卫平 2003)开始关注语料库语言学在英语教学中的应用。濮建忠(2003)基于中国英语学习者语料库(Chinese English Learner Corpus,CELC)研究了学习者在词汇搭配上的使用程度。他指出中国英语学习者尚无法完全掌握词汇的搭配使用。衔接和搭配在学生掌握词块和学术英语词汇学习中至关重要,因此,教师在开展学术英语词汇教学的过程中,需加强这两方面。黄若好、何高大(2009)介绍了基于语料库的学习模型,指出课堂教学应不限于教师的个人经验、知识和技能,而应采用基于语料库的教学材料和教学方法。语料库资源和基于语料库的文本分析可以提升教学内容的代表性,给学生提供真实的训练环境和丰富的学习资料,因而可以吸引学生带着更高的学习主动性采纳基于语料库的学习模式。

朱慧敏(2011)和王家义(2012)从建构主义、词汇-语法理论和词块理论角度讨论了基于语料库教学方法的理论基础,并提出了语料库运用于词汇教学的理念和教学设计。王家义(2012)也从词块理论角度探讨了词汇搭配和语义韵的研究价值,提出在词汇教学中应用搭配、语义韵和词义分析,来提高教学质量和教学效果。刘萍、刘座雄(2018)构建了农业英语论文语料库,并探究了基于语料库的学术英语词汇学习效果。结果显示,通过基于语料库的学习方法,学生写作中的学术英语词汇分布和覆盖面均得以提高,验证了基于语料库的学术英语词汇学习方法的有效性。

回顾国内外关于学术英语词汇和基于语料库的学术英语学习模式研究可以发现,围绕学习者学术英语词汇使用特征和构建学术词汇表的研究为学术英语教学提供了指导和建议,但尚缺乏基于语料库的学术英语词汇学习模式的实证研究。尤其在国内,研究者设计了基于语料库的学习模式和教学流程,但鲜见相关学习模式的有效性验证。本研究尝试通过词汇测验、学术英语写作语篇分析和问卷调查,对构建的基于语料库的学术英语词汇模式进行有效性验证,以期为学术英语词汇学习方法、学习内容和学习过程提供借鉴。

**3. 研究基础**

## 3.1 理论基础

### 3.1.1 数据驱动学习理论

Tribble & Jones(1990)提出的数据驱动学习理论指基于语料库共现的外语学习模式。Johns & Kings(1991)指出数据驱动学习理论指导学生在目标语学习环境中从语料库抽取索引行进行讨论和练习。其主要原理是指导学生在语料库大数据的基础上通过规则、语法、表达和语用特征来观察和总结语言现象(甄凤超 2005)。教师指导学生自主学习的数据驱动学习方式为学术英语词汇教学提供了创新的方法。

相关研究(Huston 2002;邓联健 2006;楚向群 2007;权立宏 2009)也总结出,基于语料库的词汇学习有如下优势:(1)数据驱动学习模式以学生为中心,帮助学生提升自主学习能力;(2)数据驱动学习模式为学术英语词汇学习提供原汁原味的学习资料,帮助学生理解并记忆词汇的特殊用法;(3)基于这种方式的词汇学习更具系统性,能帮助培养学生的逻辑思考能力;(4)通过分析语料库索引行,学生学会根据上下文猜测词义,因而提升了对目标语词汇意义的分析能力。

### 3.1.2 建构主义教学理论

Piaget(1972)从共现和认知发展的角度系统研究了儿童的心理,提出建构主义概念的核心"认知"是基于个体已有知识和经验的积极建构。建构主义理论是当代西方教育心理学最具有影响力的理论,引领了教学改革的发展,为传统意义上的以教师为中心的教学模式向聚焦学生的直接经历、解决问题能力和培养学生创新精神和解决实际问题能力的新型教学模式提供了理论参照。

武晓燕(2006)提出基于建构主义理论的教学方法建议。首先,教师应关注学生的学习动机和学习态度。教学理论、教学策略、教学方法和教学材料都应有利于激发学生的学习动机和态度。其次,由于知识是在特定环境中获取的,必须给学生提供友好的学习环境。再次,需采用与科学研究类似的基于调查的教学方式。在获取知识、发现问题、分析学习材料、找到解决方案的过程中,学生可以加强科学研究能力。最后,需在学习过程中运用多种学习资源。为了支持学生主动探索,并完成意义上的构建,需为学生准备多种学习资源,包括各种教学媒介和文本、听说资料、多媒体课件、网络信息等教学资源。

### 3.1.3 自主学习理论

Holec(1981)首次将自主学习能力定义为控制自我学习的能力。Little(1991)提出拥有自主学习能力的学习者可以独立决定学习目标、学习资料、学习方法,并制定自我评估体系。Benson(2005)认为学习自主性反映在学习管理、认知过程和学习内容三个方面。Gardner & Miller(2002)将自主学习能力归结为个人计划和实施学习的能力。上述学者都重视学习者的独立学习能力,包括制定学习目标、学习内容、学习方法和学习评估。

在自主学习过程中,教师和学生承担不同的角色。Gardner & Miller(2002)认为教师负责指导、评价、提供建议、研发教学资料、管理教学过程、组织教学活动等方面;而学生从被动学习向主动学习转变,负责制定学习计划、评价自主学习能力、自我监控、自我管理等方面。Gary(1997)从激发学生的内在学习动机、注重学习策略、指导学生用好学习资源三个方面提出促进自主学习效果的建议。

### 3.1.4 词汇-语法理论

Sinclair(2004)指出词汇和语法在语言学习中同等重要,而词汇位于构建语言学习模式的中心位置。他继而提出词汇的如下四层意义关系。第一层次是词汇搭配,指某一词汇的特定伴随形式和其周围的词汇,通常涉及该词前后四个单词。第二层次是语法搭配,指某一词汇的语法结构,主要是其词性的常见组合,如否定、情态、进行时等。第三层次是语义偏好,指某一词汇常见的共选词汇倾向和其在意义中的周围词汇。这一层次注重语义特征或词语搭配类别。第四层次是语义韵,指由第三层次语义倾向反映出来的语言使用者立场、态度和情感特征。

何安平(2009)指出单独教授一个词语,无论实词还是功能词,学习者即使查询词典也很难掌握其他语境中的真实含义。相比之下,词汇的大部分典型用法和语境中的确切含义可以通过大规模语料库中的取样和词汇、语法、意义、语用等呈现出来。她进一步提出，来源于词汇-语法理论的基于语料库的词汇教学方法应注意如下四个方面。首先，教师需摒弃语法重于词汇的传统想法，在语言教学中应注重词汇在语法规则上的限制作用，加强词组或词块的教学。其次，应用创新方法取代在独立环境下教授单个单词的方法，因为80%的词语与其他词语搭配使用才能体现其精确含义。再次，将水平阅读（horizontal reading）习惯改变为人像阅读（portrait reading），这样才能符合当今时代获取信息的需求。最后，应培训学生基于语料库的词汇学习方法，擅于在语料库语境中寻找近义词和再现词，因为"类比"是学习者从儿童时期就可以培养的语言能力。

## 3.2 实证基础

### 3.2.1 外教访谈

项目组在所在学校的12名有丰富教学经验的外教中开展了半结构式访谈，以了解外教如何看待学术英语教学的难点和重点。他们都是英语本族语者，学术背景为文学、法律、教学、翻译、机械工程、电子工程、计算机、数学、化学等；分别教授学术英语课程或专业基础课。在教学过程中，两个领域的教师经常合作准备教学材料，开展教学活动。项目组主要询问六方面的问题，并参照Riadh & Ahmed（2016）的文本归纳法，根据受访者的回答进行归类分析。

对于第一个问题："学术英语与通用英语相比，主要特征是什么？"五名外教认为词汇更正式，三名外教认为语言更正式，三名外教认为写作方式更正式，两名外教认为包含学术英语词汇，一名外教认为对学生更具挑战性。由此可见，主要的特征在于学术词汇上。对于第二个问题："学生应该掌握什么学术知识？"八名外教认为是数据汇报，七名外教认为是学术英语写作，五名外教认为是研究设计，四名外教认为是学术英语阅读，一名外教认为是学术英语写作规范。由此可见，主要的学术知识除了写作和阅读以外，还应包括研究设计、数据汇报等学术因素。对于第三个问题："学术英语的用途是什么？"七名外教认为是学术成果汇报，六名外教认为是读懂学术文献，六名外教认为是撰写学术论文，六名外教认为是参加学术会议，两名外教认为是与国际学者交流，一名外教认为是奠定其他学术研究基础。由此可见，学术英语的主要用途是展示学术成果，只有具备基本的学术阅读和写作能力，才可以参加学术会议、与其他学者有效交流。对于第四个问题:"学生英语学习过程中最严重的问题是什么?"四名外教认为是学术写作,四名外教认为是学术词汇,两名外教认为是听力,两名外教认为是口语,一名外教认为是学术阅读。由此可见,外教发现学生最大的学习困难在于学术写作和与之相关联的学术词汇。对于第五个问题:"学生无法准确掌握学术英语并加以合理运用的主要原因是什么?"六名外教认为是缺乏学习动力,三名外教认为是文献阅读较少,三名外教认为是英语基本功差,一名外教认为是缺乏学术英语词汇,一名外教认为是自主学习能力较弱。由此可见,缺乏学习动力是主要问题。对于第六个问题:"语料库方法是否可以运用于学术英语学习中?"九名外教认为对学术英语学习有效,五名外教认为是学习词汇的好方法,两名外教认为对学习学术词汇表有用,一名外教认为对自主学习有帮助。由此可见,语料库运用于学术英语学习有效,尤其是在学术词汇方面会起到好的作用。

　　进一步分析访谈数据可知,受访外教认为在学术英语领域最重要的是学术词汇和学术写作。然而,学生对学术英语词汇和学术英语写作方法的掌握程度不够,应引起师生双方的重视。另外,学生在学术英语学习中存在缺乏学习兴趣、学习动力不强等问题,教师应创新教学方法,以激发学生的学习动机。最后,外教对基于语料库的学术英语学习持肯定态度,并提出学术词汇表的重要作用。

### 3.2.2　学生问卷调查

　　本研究在 44 位上海理工大学的非英语专业学生中开展了八周的数据驱动学术英语词汇教学,课上指导学生在 BAWE 中查找课文中出现的学术词汇,学习其索引行,以更好地了解这些学术词汇的用法。教学实验结束后,向学生发放问卷,调查他们对该教学方法的认可程度。

　　根据问卷数据分析可知,80%的学生认为该词汇学习方法有优势,主要体现在词汇的使用方法、词组结构的使用方法、培养根据上下文推测词义的能力、培养词汇分析能力等。75%的学生对数据驱动词汇学习方法非常感兴趣,认为应该在英语教学课堂中加以推广。68.2%的学生表示该学术英语词汇学习方法激发了他们学习学术英语词汇的兴趣。

　　关于对该学习方法的态度和建议,学生普遍认为数据驱动学习方法帮助他们理解和掌握词汇的更多用途。有些学生指出推测词性和词义帮助他们培养分析能力。另外,数据驱动学习方法让学生加深了对目标词的印象,对词汇记忆颇有帮助。总结发现,目标词汇在语料库的索引行中反复出现,加强了学生对这些词汇的印象,因而可以巩固记忆。数据驱动学习方法让学生有机会主动探索词汇使用方法,提高学生学习学术英语词汇的兴趣。最后,数据驱动学习提供给学生词汇用途的真实材料,帮助他们在语料库中掌握词汇的具体使用方法。

然而,学生反映数据驱动学习方法亦有不足之处。例如,学生表示由于基础较为薄弱,在语料库索引行中很难推测某些词汇的准确含义。因而,在后续研究中,需根据学生的学术英语词汇能力从语料库中找寻合适的学习材料。关于学生问卷调查的详细信息,请参阅本书第三章第一节。

## 4. 研究实施

### 4.1 研究问题

本研究旨在探讨如下三个问题:

(1)基于语料库的学术英语词汇学习模式能否提升受试接受性词汇知识水平?

(2)基于语料库的学术英语词汇学习模式能否提升受试产出性词汇知识水平?

(3)受试如何评价基于语料库的学术英语词汇学习模式?

为了回答第一个研究问题,项目组对受试开展了学术英语词汇前测和后测,对测试数据进行描述性统计、独立样本 $t$ 检验和配对样本 $t$ 检验,探究基于语料库的教学模式是否提升了受试接受性词汇知识水平。关于第二个研究问题,项目组收集了受试的小组学术论文和个人学术论文,建立微型语料库统计他们学术英语词汇的词频、多样性和覆盖面,探究基于语料库的教学模式是否提升了受试产出性词汇知识水平。关于第三个研究问题,项目组在实验班学生中开展了问卷调查,得出学生认为基于语料库的学术英语词汇学习模式的优点、缺点以及改进建议。

### 4.2 模式构建

基于数据驱动学习理论、建构主义理论、自主学习理论和词汇-语法理论,并借鉴孟超、马庆林(2019)和李广伟、戈玲玲(2020)学习模式的原则,本研究构建了"基于语料库的学术英语词汇学习模式",详见图 5.1.1。

基于语料库的学术英语词汇学习模式

| | |
|---|---|
| 学习资料：AWL，BAWE | 分析工具：WordSmith 6.0 |

学习过程

| 提取索引行 | 将BAWE导入WordSmith 6.0，提取AWL中目标词汇的索引行。 |
|---|---|
| 分析索引行 | 根据索引行分析目标词汇的含义、搭配、词组结构。 |
| 总结词汇用途 | 总结目标词汇的含义、搭配和词组结构。 |
| 提交作业 | 完成作业并上交教师。 |

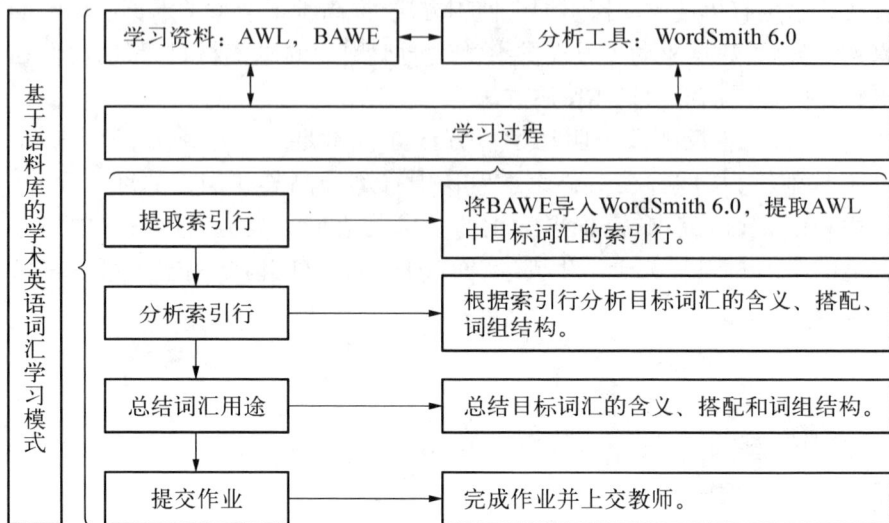

**图 5.1.1　基于语料库的学术英语词汇学习模式**

　　基于语料库的学术英语词汇学习模式涵盖三个方面：学习资料、分析工具和学习过程。

　　学习资料采用的是 AWL 和 BAWE，原因如下。Coxhead（2000）基于语料库建设标准，从数百万篇学术论文和教材文本中提取主要词汇并创建了 AWL，包含商业、人文、科学和法律四个学科领域，涵盖 28 个主题。选入 AWL 的词汇必须满足三个条件：专业性（在通用英语词汇列表中不出现的词汇）、分布广（覆盖大部分主题）、频率高（在语料库中出现 100 次以上）。AWL 共有 570 个单词，分为 10 个子列表，是目前系统学习学术英语词汇的最常用词表（刘迪麟、雷蕾 2020）。BAWE 由英国华威大学研发而成，相对于包含通用领域而非学术领域的英国国家语料库（British National Corpus，BNC）和美国当代英语语料库，更适合于本研究学术英语词汇的学习。

　　本研究使用语料库分析软件 WordSmith 6.0 作为分析工具，对词汇进行检索和分析。学习过程包含四个阶段。

　　首先，学生将 BAWE 导入 WordSmith 6.0，提取 AWL 中目标词汇的索引行。下文以 indicate 为例，展示操作步骤。

　　第一步：启动 WordSmith 6.0，进入主界面，并点击 Concord（见图 5.1.2）。

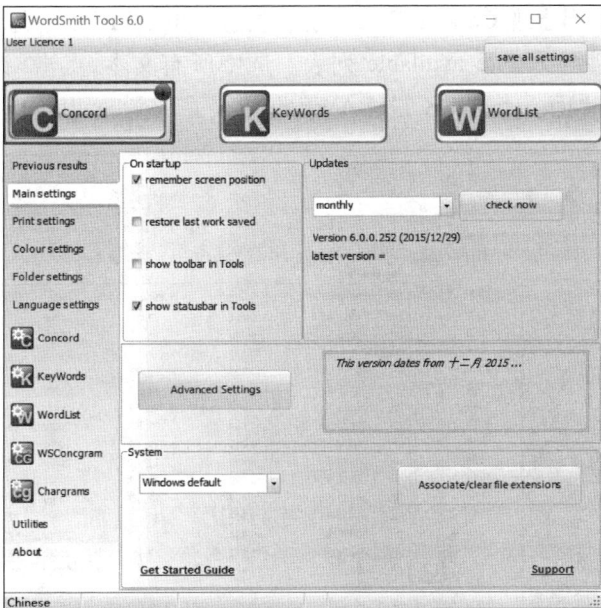

图 5.1.2　WordSmith 6.0 主界面

　　第二步：进入 Concord 界面，点击 File，出现 Getting Started 页面，点击 Choose Texts Now（见图 5.1.3）。

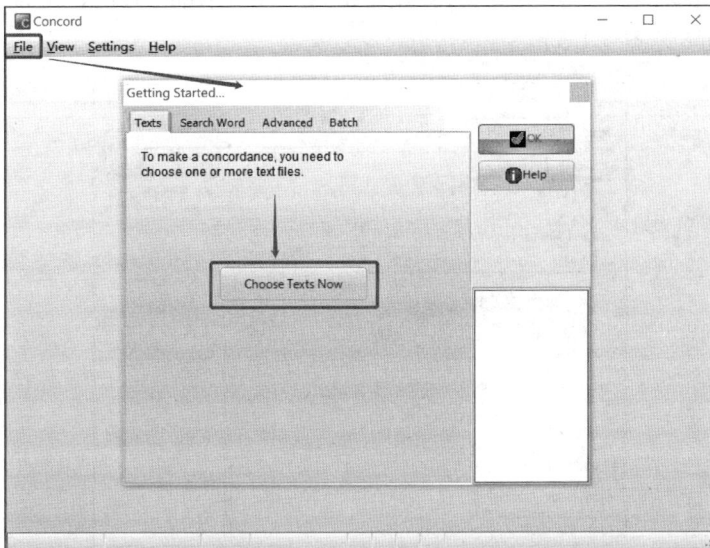

图 5.1.3　WordSmith 6.0 的 Concord 界面

第三步：当出现 Choose Texts 页面时，选择 BAWE 文件夹，该语料库中所有文本自动导入 File available 列表。选中所有文本，点击>键，将其导入 File selected 界面。点击 OK 键，BAWE 即导入了 WordSmith 6.0。（图 5.1.4）

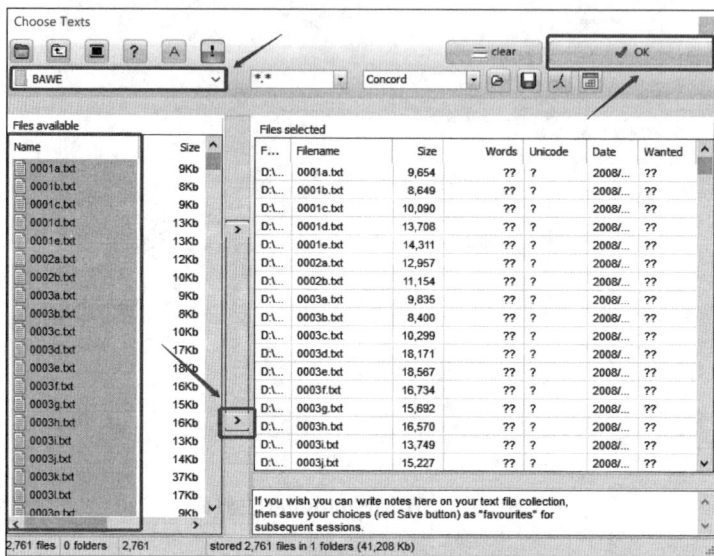

**图 5.1.4　导入 BAWE 界面**

第四步：导入 BAWE 后，弹出 Search Word 界面。键入 indicate 后点击 OK 键（见图 5.1.5）。

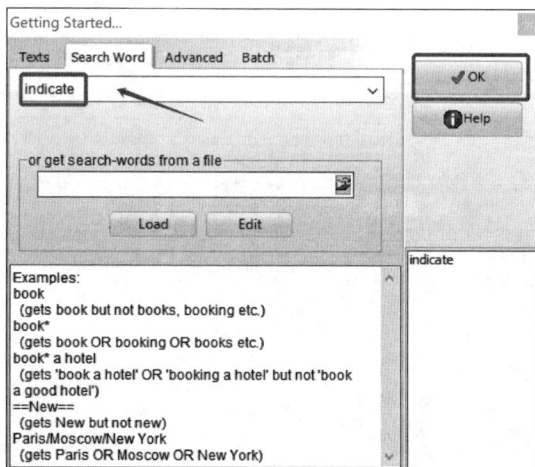

**图 5.1.5　输入目标词汇界面**

第五步：导出 indicate 的索引行（见图 5.1.6）。

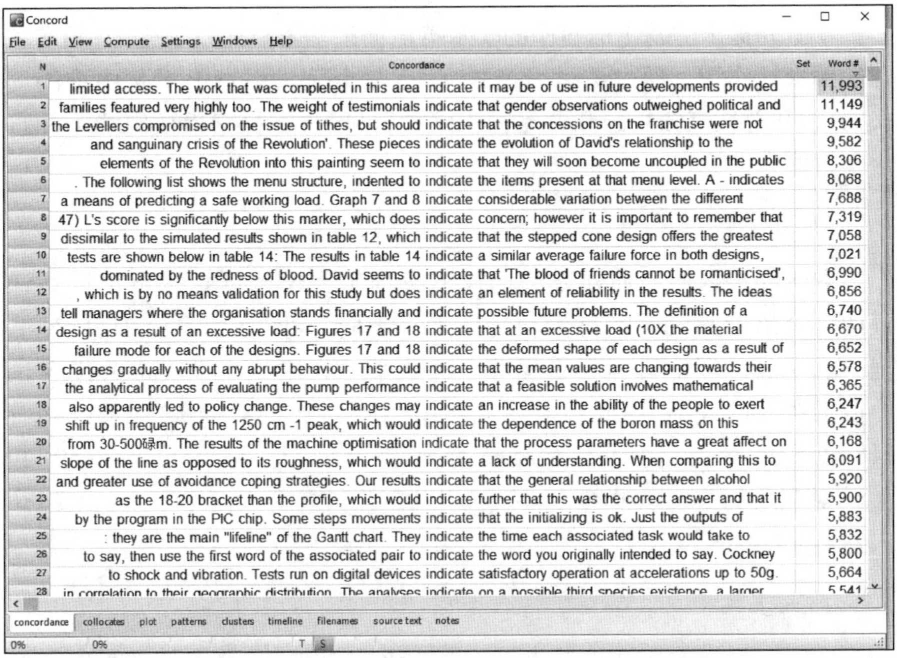

图 5.1.6　目标词汇的索引行

其次，学生在索引行的基础上分析词义、搭配和词组结构。然后，对上述分析结果进行总结，完成作业。下文以 indicate 为例，展现作业问题模板和参考答案。

根据 indicate 的索引行回答下列问题，并进行总结。

（1）问题：根据索引行的上下文，目标词汇的词义是什么？请用英语和中文加以解释。

回答：根据索引行的上下文，我猜测 indicate 的词义是 show that something is true or exists，中文意思为"表明""显示"。

（2）问题：该词汇的高频搭配词是什么？

回答：该词汇的高频搭配词是 results、figure、analyses、findings 等。

（3）问题：索引行中的高频词汇结构是什么？

回答：索引行中的高频词汇结构是 seem to indicate that、Table/Figure indicate that、result indicate that、which may indicate that、this could indicate that 等。

最后,学生完成上述作业,交给任课教师,教师进行批改,给出反馈意见。

本研究提出的基于语料库的学术英语词汇学习模式以学生为中心,教师发挥指导作用。通过该学习模式,学生学会从索引行上下文中推测词义,分析和总结高频搭配和常见词汇结构,可以培养探索性研究能力和自主学习能力。

## 4.3  研究对象

本研究根据便利抽样方法选择上海理工大学修读学术英语读写课程的非英语专业大一本科生。受试来自不同专业,如信息管理、机械工程、电子工程、环境科学与工程等。这些学生在新生入学英语分级考试中取得较高的成绩,因此被分入高级班,在第二学期学习该课程。共有118名受试,分为实验班和对照班,实验班为61人(男生32人、女生29人),对照班为57人(男生32人、女生25人),各分入两个小班(每班30人左右)学习。

## 4.4  研究工具

本研究用到的研究工具为:学术英语词汇测试、学术英语写作微型语料库和调查问卷。项目组采用学术英语词汇前测和后测分析实验班和对照班在实验开始时和实验结束后的成绩差异,探讨基于语料库的学术英语词汇学习模式是否可以有效提升受试对 AWL 的接受性词汇知识水平。项目组收集受试的学术英语文本并加以分析,探讨该模式是否可以有效提升学生对 AWL 的产出性词汇知识水平。另外,项目组在实验班中开展问卷调查,了解对该模式的态度和改进建议,包含该模式的优缺点、对于学术英语学习的建议等。下文分别呈现本研究的三项研究工具。

### 4.4.1  学术英语词汇测试

学术英语词汇测试分长度、形式和难度一致的前测和后测。接受性知识水平通常通过多项选择题、填空题、配对题、翻译题等题型的测试可以获得(Laufer & Nation 1999;Schmitt et al. 2001)。因此,本研究的测试卷包含多项选择题、填空题、配对题和搭配题四种题型。另外,所有的题目来自David(2008),以确保测试效度。

试卷的第一部分为多项选择题,要求学生从 A、B、C、D 四个选项中选

择合适的选项,共 15 题,占总分的 30%,如下题所示(David 2008:14):

There is a marked _____ between the poverty of the poorest members of society and the affluence of the richest.

A. opposite　　　　B. contrast　　　　C. variation

该部分测试学术英语词汇含义的掌握能力。能选择正确选项的学生体现了掌握上述学术英语词汇确切意义的能力。

第二部分提供词汇表格,要求学生从中选择一个单词完成句子,需根据上下文要求转换形式,如下题所示(David 2008:10)。该部分同样占总分的 30%。

| | | | |
|---|---|---|---|
| achieve (*v.*) | automatic (*adj.*) | conceive (*v.*) | create (*v.*) |
| ensue (*v.*) | equilibrium (*n.*) | manipulate (*v.*) | series(*n.*) |
| innovative (*adj.*) | period(*n.*) | precede (*v.*) | section (*n.*) |
| stable (*adj.*) | tradition (*n.*) | mathematics (*n.*) | |

Japanese and Korean companies have invested heavily in the UK, _____ thousands of new jobs.

由上例可以看出,学生从表格词表中选择合适的词汇 create,并根据上下文转换为 creating,符合语法规范。该部分着重考查学生使用学术英语词汇正确形式的能力。

第三部分包含 10 个句子,分成两组,每组 5 个句子,要求学生从两组中找出合适的句子配对成完整句子。该部分占总分的 20%,见下例(David 2008:12)。

1. In 1905, Einstein published the first part of his theory …

2. Most metals expand …

3. As a result of the intense …

4. Fifty years ago, most smokers were not aware …

5. After studying for two hours, it becomes difficult to concentrate …

K. … when they are heated

J. … on your work and so it is a good idea to take a break

A. … of the dangers of smoking

H. … of relativity, which completely changed our ideas of time and space.

F. … heat of the fire, the front half of the train was completely destroyed.

该部分要求学生分析句子的上下文语境。只有在了解学术英语词汇所处上下文和短语搭配的情况下,才能合理地将句子重新组合。因而,该部分检验学生是否掌握了目标词汇的上下文和搭配,体现对学术英语词汇短语结构的掌握程度。

第四部分呈现如下显示的两张词汇表格。学生需从左表中找出一个单词或词组,并根据搭配要求从右表中找出对应的单词或词组,然后填入句子中,见下例(David 2008:15-16)。该部分共有 10 题,每题 2 分,合计20 分,占总分的 20%。

| endangered | sequence of | |
| --- | --- | --- |
| separate | devote | highly |
| transmit | assert | inhibit |
| precise | reacted | verbal |
| natural | economically | |

| events | sophisticated | angrily |
| --- | --- | --- |
| signals | species | feasible |
| details | agreement | the right |
| entities | phenomenon | growth |
| time and money | | |

In spite of advances in technology, we are still at risk from _____ _____ such as earthquakes and floods.

如上例所示,学生从左表和右表中分别选择 natural 和 phenomenon,将之合并后填入句子中。该部分考查学生是否掌握学术英语词汇常见搭配。

由于开展教学实验时无法进行线下考试,因而本研究的前测和后测都采取线上方式进行。实验班和对照班通过线上教学平台同时参与 50 分钟的线上测试。到时间后,平台自动生成答卷,上传至教师系统批改。前测和后测分别检验实验班和对照班在实验前后对学术英语词汇接受性知识的掌握程度。详见附录 6 和附录 7 的两份完整试卷。

### 4.4.2 学术英语写作微型语料库

项目组搜集了小组学术论文和期末考试中的个人学术论文,建成学术英语写作微型语料库。对比分析实验班和对照班两个子库的 AWL 覆盖面、分布和使用频率,旨在探究学生对产出性学术英语词汇知识的掌握程度。

小组学术论文由 4—5 位同学组成小组在课后合作完成。实验班和对照班各分成 13 个小组,完成 13 篇学术论文,每篇有 2 000—2 500 词。论文题目由学生根据专业知识和相关研究问题自行确定。论文内容包括题目、摘要、引言、研究材料和方法、研究结果和讨论、结语等。允许学生在写作论文时查询电子或纸质版词典或专业参考文献。要求学生在课程结束后的两周内上交小组学术论文。

个人学术论文由学生在期末考试中当场完成,不允许查询词典或参考文献。要求学生围绕题为"E-learning in Chinese higher education"的一篇学术文章撰写作文,要求如下:As e-learning in China continues to grow, major research areas such as students' and teachers' perspectives on developments in e-learning are likely to be topic of continuing research interest. Based on the reading material, students are required to write an academic essay including the following points:

1. Analyze the reason why e-learning in China develops so quickly based on the reading material.

2. Discuss the current challenges Chinese university teachers and students have perceived in the process of online education.

3. Discuss the possible changes we can make to enhance e-learning in China.

此外,要求学生用 APA 格式引用阅读材料中的观点或研究结论来支撑论点,但不能连续引用 5 个以上单词。作文的篇幅在 150—200 词之间。

小组学术论文和个人学术论文分别被建成微型语料库,表 5.1.1 显示实验班子库和对照班子库的总词数(total words)、形符(token)和类符(type)。

表 5.1.1　学术英语词汇教学微型语料库基本信息

|  | 实　　验　　班 | | | 对　　照　　班 | | |
|---|---|---|---|---|---|---|
| 小组学术论文语料库 | Total Words | Token | Type | Total Words | Token | Type |
|  | 29 900 | 19 955 | 3 095 | 27 600 | 19 511 | 3 088 |
| 个人学术论文语料库 | Total Words | Token | Type | Total Words | Token | Type |
|  | 10 800 | 9 388 | 1 243 | 10 200 | 8 204 | 1 144 |

本研究参照张骞(2012)运用 Range 软件对词汇覆盖面进行分析。Range 是用来计算词汇频率并统计词汇列表覆盖面的软件,通常适用于跨文本词汇分布。其主要功能有分析并对比词汇量,词汇相似度和不同处,尤其是语料库中 AWL 的覆盖面。本研究从不同文本中收集数据并分析词汇分布情况。图 5.1.7 展示 Range 软件的工作页面。

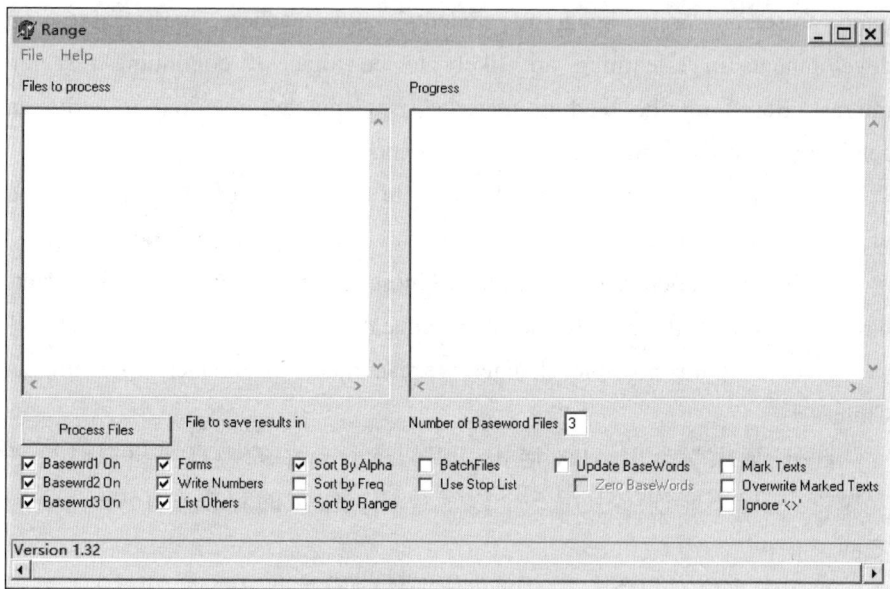

**图 5.1.7　词汇教学实验中 Range 软件的工作页面**

上图中选项列表中最左边的三个选项 Basewrd1 On、Basewrd2 On、Basewrd3 On 分别显示基于三种词汇列表的计算方法,其中 Basewrd3 On 基于 Coxhead(2000)的 AWL,反映学术英语篇章的情况。Range 可以显示语料库中词汇的特别信息,如词汇种类、每个词汇列表的词族等,并根据字母顺序、使用频率和使用范围进行排序。

本研究使用 Range 软件对自建微型语料库中 AWL 词汇的多样性、覆盖面、使用频率进行分析。首先点击 File 键选择需要分析的语篇,然后选择 Basewrd3 On 和 Sort by Freq,之后点击 Process Files 键,软件自动计算得出结果,如 AWL 在微型语料库中的形符、类符、覆盖面、使用频率等,详见图 5.1.8。

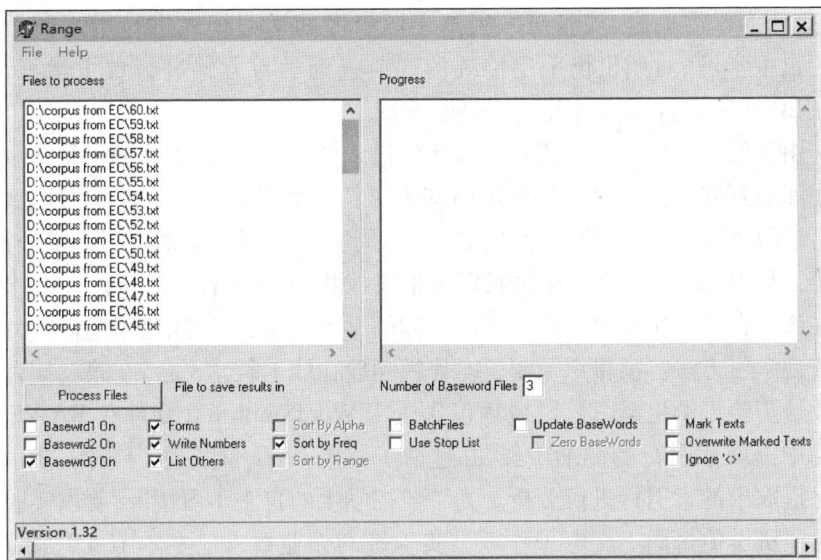

**图 5.1.8　词汇教学实验中 Range 软件的操作界面**

### 4.4.3　调查问卷

项目组在实验教学结束后,在实验班中实施问卷调查,以进一步了解受试对该教学模式的态度和建议。调查问卷由李克特五级量表和简答题组成。为方便受试理解问卷内容,问卷由中文写成。

与附录 5 类似,该份问卷的第一部分参照 Yoon & Hirvela(2004)和 Liu & Jiang(2009)设计了 15 条描述语,分为四个方面。第 1 题至第 8 题询问受试对基于语料库的学术英语词汇学习模式优势的认可度;第 9 题至第 12 题询问受试对该学习模式难点的认可度;第 13 题和第 14 题询问受试对该学习模式改进建议的认可度;最后一题询问受试相对于传统的词汇学习方法,对本研究提出学习模式的兴趣和接受度。该部分设计为李克特五级量表形式,受试根据对上述 15 条描述语的认可程度,从"1 = 完全不同意""2 = 不同意""3 = 一般""4 = 同意""5 = 完全同意"中选择合适的选项。问卷第二部分为简答题,要求受试对基于语料库的学术英语词汇学习模式提供详细看法,分别为该模式最困难之处、该模式的优缺点、对该模式的改进建议。该问卷调查采用网上分发和收集的形式开展,详见附录 8 的完整问卷。

### 4.5　研究过程

实验前,实验班和对照班均参加学术英语词汇线上测试。实验期间将

AWL 作为学习内容,实验班采用基于语料库的学习模式进行学术英语词汇的自主学习,对照班仍采用传统的词典查询学习方式进行自主学习,实验在 2020 年 3 月至 6 月开展,为期 16 周。

由于受试在教学实验进行阶段无法进入课堂学习,因而实验采取线上方式在课后开展。实验班的学生运用基于语料库的学术英语词汇学习模式在课后学习 AWL。实验班和对照班在第一周完成相同的学术英语词汇前测。从第二周开始,给实验班和对照班学生发放相同的 AWL 学习任务,要求学生在课后自学。实验班采用基于语料库的学习方法,而对照班采用传统的词典查询学习方法。项目组录制了操作视频放在线上教学平台,在第二周课上播放给实验班学生学习。该视频包含运用 WordSmith 6.0 软件在 BAWE 语料库中提取索引行的详细步骤,并选取了三个 AWL 词汇作为案例,演示如何对提取出的索引行进行分析。为了监控学生的自主学习情况,要求实验班和对照班学生每周上交电子作业。实验班的作业要求已在本节 4.2 部分阐述,对照班的作业要求如下。首先,用中英双语介绍所学词汇的含义;其次,提供在学术英语写作中可能用到的词组搭配;最后,运用词汇的相应含义造句。在最后一周,实验班和对照班同学完成相同的学术英语词汇后测,完成包含个人学术论文的期末考试,并对实验班同学开展问卷调查。课程结束后,要求所有学生上交小组学术论文。表 5.1.2 显示详细的实验过程。

表 5.1.2　基于语料库的学术英语词汇教学实验过程

| 教学周 | 实　　验　　班 | 对　　照　　班 |
|---|---|---|
| 1 | 学术英语词汇前测 | 学术英语词汇前测 |
| 2 | 1. 学习基于语料库的学术英语词汇学习模式<br>2. 运用该模式学习 AWL 中 20 个单词<br>3. 上交作业 | 1. 使用词典学习 AWL 中 20 个单词<br>2. 上交作业 |
| 3—15 | 1. 运用该模式每周学习 30—50 个 AWL 词汇<br>2. 每周上交作业 | 1. 使用词典每周学习 30—50 个 AWL 词汇<br>2. 每周上交作业 |
| 16 | 1. 学术英语词汇后测<br>2. 学术英语写作测试<br>3. 上交小组学术英语论文<br>4. 问卷调查 | 1. 学术英语词汇后测<br>2. 学术英语写作测试<br>3. 上交小组学术论文 |

## 5.1 词汇测试

本研究中,受试是否在学术英语词汇接受性知识上有所提高由实验班和对照班的前测和后测成绩对比分析得出。项目组首先对实验班和对照班的学术英语词汇前测和后测数据进行描述性统计分析,然后实施独立样本 $t$ 检验和配对样本 $t$ 检验。

### 5.1.1 实验班和对照班前测和后测描述性统计

表 5.1.3 显示实验班和对照班在实验前进行的学术英语词汇前测数据的描述性统计结果,包含最低分、最高分、平均分、标准差、倾斜度、峰值、信度系数克伦巴赫 $\alpha$ 系数等。

**表 5.1.3 学术英语词汇教学实验班和对照班前测描述性统计**

|  | 人数 | 最低分 | 最高分 | 平均分 | 标准差 | 倾斜度 | 峰值 | 克伦巴赫 $\alpha$ 系数 |
|---|---|---|---|---|---|---|---|---|
| 实验班 | 61 | 38.0 | 92.0 | 71.21 | 10.881 | −1.13 | 1.30 | 0.70 |
| 对照班 | 57 | 41.0 | 93.0 | 71.61 | 11.432 | −0.32 | −0.28 | 0.60 |

从表 5.1.3 可知,前测中实验班和对照班的平均分相似,分别为 71.21 和 71.61,表明在实验前他们拥有相同的学术英语词汇接受性技能。实验班和对照班的倾斜度和峰值分别为−1.13、1.30 和−0.32、−0.28,都在−2 至+2 之间,符合正态分布(Bachman 2004)。

接下来对实验班和对照班在实验后的学术英语词汇后测进行描述性统计,数据详见表 5.1.4。

**表 5.1.4 学术英语词汇教学实验班和对照班后测描述性统计**

|  | 人数 | 最低分 | 最高分 | 平均分 | 标准差 | 倾斜度 | 峰值 | 克伦巴赫 $\alpha$ 系数 |
|---|---|---|---|---|---|---|---|---|
| 实验班 | 61 | 47.0 | 96.0 | 73.87 | 10.430 | −0.34 | −0.02 | 0.70 |
| 对照班 | 57 | 50.0 | 94.0 | 73.67 | 8.632 | −0.22 | 0.22 | 0.60 |

从表 5.1.4 可知，后测中实验班和对照班的平均分相似，分别为 73.87 和 73.67。与前测相比，分别提高 2.66 分和 2.06 分，显示经过一学期的教学，两组学生在学术英语词汇接受性技能上都有略微提高。另外，实验班和对照班的倾斜度和峰值分别为-0.34、-0.02 和-0.22、0.22，都在-2 至+2 之间，符合正态分布（Bachman 2004）。

由于前测和后测数据都符合正态分布，两场考试的信度系数克伦巴赫 $\alpha$ 系数都在 0.60 至 0.80 之间，属于可接受的信度要求（杨晓明 2012），可以开展进一步的数据分析。接下来进行独立样本 $t$ 检验和配对样本 $t$ 检验。

### 5.1.2　实验班和对照班前后测对比分析

表 5.1.5 显示前测的独立样本 $t$ 检验结果。从表 5.1.5 可知，列文方差齐性检验（Levene's Test for Equality of Variances）的 $F$ 值为 0.862，显著值为 0.355，大于 0.05，表明实验班和对照班的方差（variance）相等，因而需观察独立样本 $t$ 检验的第一行数据（Carsten & Aek 2018）。显著值 0.846（双尾检验）表明实验班和对照班的前测成绩不存在统计意义上的显著差异（$p>0.05$），即两组学生在实验前的学术英语词汇接受性知识水平相当。

**表 5.1.5　学术英语词汇教学实验班和对照班前测独立样本 $t$ 检验**

| | | 列文方差齐性检验 | | 平均分相等 $t$ 检验 | | | | | | |
| | | $F$ | 显著值 | $t$ | 自由度 | 显著值（双尾） | 平均差 | 标准误 | 差值的95%置信度区间 | |
| | | | | | | | | | 下限 | 上限 |
| 前测 | 假设方差齐性 | .862 | .355 | -.195 | 116 | .846 | -.400 | 2.053 | -4.468 | 3.666 |
| | 假设方差非齐性 | | | -.195 | 114 | .846 | -.400 | 2.057 | -4.476 | 3.674 |

从表 5.1.6 可知，列文方差齐性检验的 $F$ 值为 2.390，显著值为 0.125，大于 0.05，表明实验班和对照班的方差相等，因而需观察独立样本 $t$ 检验

的第一行数据（Carsten & Aek 2018）。显著值 0.909（双尾检验）表明实验班和对照班的后测成绩不存在统计意义上的显著差异（$p > 0.05$），即两组学生在实验后的学术英语词汇接受性知识水平相当。

表 5.1.6　学术英语词汇教学实验班和对照班后测独立样本 $t$ 检验

| | | 列文方差齐性检验 | | 平均分相等 $t$ 检验 | | | | | | |
|---|---|---|---|---|---|---|---|---|---|---|
| | | $F$ | 显著值 | $t$ | 自由度 | 显著值（双尾） | 平均差 | 标准误 | 差值的95%置信度区间 | |
| | | | | | | | | | 下限 | 上限 |
| 后测 | 假设方差齐性 | 2.390 | .125 | .114 | 116 | .909 | .202 | 1.769 | −3.302 | 3.706 |
| | 假设方差非齐性 | | | .115 | 114 | .909 | .202 | 1.758 | −3.280 | 3.684 |

为了检验实验班和对照班前后测成绩是否存在差异，进行配对样本 $t$ 检验，结果如表 5.1.7 和表 5.1.8 所示。

表 5.1.7　学术英语词汇教学实验班前测和后测配对样本 $t$ 检验

| | | 配　对　差　值 | | | | | $t$ | 自由度 | 显著性（双尾） |
|---|---|---|---|---|---|---|---|---|---|
| | | 平均分 | 标准差 | 标准误 | 差值的95%置信度区间 | | | | |
| | | | | | 下限 | 上限 | | | |
| 实验班 | 前测成绩-后测成绩 | −2.656 | 10.202 | 1.306 | −5.268 | −.043 | −2.033 | 60 | .046 |

从表 5.1.7 可知，显著值为 0.046（双尾检验），小于 0.05，表明实验班前后测成绩存在统计意义上的显著差异。具体而言，实验班后测平均分高于前测平均分 2.656 分。

表 5.1.8　学术英语词汇教学对照班前测和后测配对样本 *t* 检验

| | | 配　对　差　值 | | | | | *t* | 自由度 | 显著性（双尾） |
| | | 平均分 | 标准差 | 标准误 | 差值的95%置信度区间 | | | | |
| | | | | | 下限 | 上限 | | | |
| 对照班 | 前测成绩-后测成绩 | -2.053 | 10.976 | 1.454 | -4.965 | .860 | -1.412 | 56 | .164 |

　　从表 5.1.8 可知，显著值为 0.164（双尾检验），大于 0.05，表明对照班前后测成绩不存在统计意义上的显著差异。换言之，对照班经过一学期的学习，其学术英语词汇接受性技能未得到有效提升。

　　总而言之，通过实验班和对照班学术英语词汇前后测数据统计分析，可知虽然实验班和对照班在前测和后测成绩对比上不存在统计意义上的显著差异，但实验班前后测成绩对比上存在统计意义上的显著差异，而对照班不存在差异。由此可以推断，运用基于语料库的学术英语词汇学习模式进行 AWL 学习的实验班相对使用传统词典查询方法学习的对照班而言，其学术英语词汇的接受性技能得以有效提升。Huang（2014）对基于语料库的词汇-语法范式学习抽象名词的效果开展研究。结果表明，运用该方法学习词汇的实验班比没有使用该方法的对照班掌握更多的搭配和衔接手段，且错误更少。他认为学生获得这些成绩是由于他们更注重目标词汇的使用方法，因而提高了词汇的使用准确性。Almahbashi et al.（2015）对比分析了基于语料库的词汇学习方法和词典查询词汇学习方法，认为前者可以使学生更好地理解词汇含义、掌握搭配形式，证明基于语料库的词汇学习方法相较于词典查询学习方法无论在短期还是长期上都起到更好的学习效果。本研究结果验证了上述学者的观点。

## 5.2　写作文本

　　为了探究教学实施后实验班和对照班在学术英语词汇产出性知识上的掌握程度，项目组收集了两组学生的小组学术论文和个人学术论文，并建成微型语料库。通过分析软件 Range，得出两个语料库中 AWL 的词汇多样性、覆盖面和使用频率，详见下文。

## 5.2.1 小组学术论文

表 5.1.9 显示实验班和对照班小组学术论文微型语料库中 AWL 使用的覆盖面,包含形符(token)、类符(type)、类符/形符比(type/token ratio, TTR)和标准化类符/形符比(Std. TTR),详见表 5.1.9。

**表 5.1.9　学术英语词汇教学实验班和对照班小组**
**学术论文 AWL 使用多样性及覆盖面**

| 班级 | 实　验　班 | | | | 对　照　班 | | | |
|------|-------|------|------|----------|-------|------|------|----------|
| 指标 | Token | Type | TTR | Std. TTR | Token | Type | TTR | Std. TTR |
| AWL | 2 046 | 571 | 27.91% | / | 2 150 | 580 | 26.97% | / |
| 总词汇 | 19 955 | 3 095 | 15.51% | 38.27% | 19 511 | 3 088 | 15.83% | 38.53% |
| 覆盖面 | 10.25% | 18.45% | / | / | 11.02% | 18.78% | / | / |

从上表可知,实验班 AWL 的形符和类符覆盖面分别为 10.25% 和 18.45%,与对照班的 11.02% 和 18.78% 相近。实验班的总词汇形符和类符数分别为 19 955 和 3 095,类符/形符比为 15.51%。对照班的总词汇形符和类符数分别为 19 511 和 3 088,类符/形符比为 15.83%。Baker (2000)指出相较于原始 TTR,Std. TTR 数据更可靠,尤其在所对应语篇长度不同的情况下。WordSmith 6.0 软件可以测算每个文本以 1 000 词为单位的 TTR,然后得出平均数,代表 Std. TTR。因此,本研究使用该软件测算实验班和对照班的 Std. TTR。由表 5.1.9 可知,两组受试在总词汇上的 Std. TTR 分别为 38.27% 和 38.53%,表明两组受试的总词汇多样性相当。实验班 AWL 的形符和类符值分别为 2 046 和 571, TTR 为 27.91%;而对照班的形符和类符值分别为 2 150 和 580,TTR 为 26.97%。表明两组受试的学术英语词汇多样性不同,实验班略好于对照班。

项目组使用 Range 软件提取出实验班和对照班小组学术论文中 AWL 最高频的前 30 个单词,并测算了类符频数(type frequency,TYFREQ)和词族频数(family frequency,FAFREQ)。前者指某个词在一个词族中基本形式的出现次数,后者指某个词在一个词族中所有形式的出现次数(鲍贵、王霞 2005),详见表 5.1.10。

中国理工科大学生学术英语泛在学习模式有效性研究

表 5.1.10 学术英语词汇教学小组学术论文中 AWL 最高频 30 词

| 序号 | 实 验 班 语 料 库 | | | 对 照 班 语 料 库 | | |
|---|---|---|---|---|---|---|
| | 词 族 | TYFREQ | FAFREQ | 词 族 | TYFREQ | FAFREQ |
| 1 | RESEARCH | 62 | 70 | RESEARCH | 51 | 70 |
| 2 | PARTICIPATE | 2 | 55 | PARTICIPATE | 1 | 37 |
| 3 | ANALYSE | 0 | 55 | ANALYSE | 0 | 31 |
| 4 | TECHNOLOGY | 47 | 50 | TECHNOLOGY | 22 | 22 |
| 5 | DATA | 49 | 49 | DATA | 30 | 30 |
| 6 | ATTITUDE | 19 | 38 | ATTITUDE | 14 | 27 |
| 7 | AUTHOR | 31 | 37 | AUTHOR | 30 | 32 |
| 8 | METHOD | 16 | 35 | METHOD | 10 | 32 |
| 9 | PERCENT | 30 | 33 | PERCENT | 28 | 33 |
| 10 | IMPACT | 27 | 32 | IMPACT | 15 | 15 |
| 11 | ABSTRACT | 26 | 26 | ABSTRACT | 24 | 24 |
| 12 | DESIGN | 6 | 23 | DESIGN | 4 | 21 |
| 13 | RESPOND | 0 | 47 | RESPOND | 4 | 44 |
| 14 | CONSUME | 1 | 47 | CONSUME | 11 | 19 |
| 15 | SURVEY | 21 | 24 | SURVEY | 26 | 44 |
| 16 | PROCESS | 18 | 21 | PROCESS | 20 | 22 |
| 17 | NETWORK | 15 | 20 | NETWORK | 18 | 26 |
| 18 | INVESTIGATE | 8 | 24 | INVESTIGATE | 6 | 35 |
| 19 | PROPORTION | 17 | 19 | PROPORTION | 26 | 27 |
| 20 | CONCLUDE | 5 | 34 | TRADITION | 0 | 36 |
| 21 | FACTOR | 4 | 28 | CREDIT | 79 | 81 |

| 序号 | 实　验　班　语　料　库 | | | 对　照　班　语　料　库 | | |
|---|---|---|---|---|---|---|
| | 词　族 | TYFREQ | FAFREQ | 词　族 | TYFREQ | FAFREQ |
| 22 | CREATE | 0 | 47 | MODE | 15 | 21 |
| 23 | AFFECT | 12 | 20 | CONDUCT | 10 | 21 |
| 24 | NEGATE | 1 | 20 | MAJOR | 4 | 18 |
| 25 | GENDER | 18 | 19 | ASPECT | 4 | 17 |
| 26 | INTELLIGENCE | 4 | 40 | RESOURCE | 1 | 17 |
| 27 | ECONOMY | 6 | 19 | PROMOTE | 10 | 16 |
| 28 | PSYCHOLOGY | 1 | 17 | COMMODITY | 2 | 16 |
| 29 | FOCUS | 5 | 17 | REQUIRE | 1 | 16 |
| 30 | STATISTIC | 1 | 14 | SERIES | 15 | 15 |

　　由表 5.1.10 可见,实验班和对照班微型语料库中有 19 个单词同时出现在最高频 30 词中,分别为 research、participate、analyse、technology、data、attitude、author、method、percent、impact、abstract、design、respond、consume、survey、process、network、investigate 和 proportion。在这些词汇中,前 12 个单词的 TYFREQ 和 FAFREQ 在实验班中的出现频率高于对照班。例如,实验班语料库中 technology 的 TYFREQ 和 FAFREQ 分别为 47 和 50,而对照班语料库中两个值均为 22。实验班语料库中 data 的 TYFREQ 和 FAFREQ 均为 49,而对照班语料库中两个值均为 30。实验班语料库中 impact 的 TYFREQ 和 FAFREQ 分别为 27 和 32,而对照班语料库中两个值均为 15。实验班语料库中 attitude 的 TYFREQ 和 FAFREQ 分别为 19 和 38,而对照班语料库中两个值分别为 14 和 27。由此可见,实验班中大部分高频词的类符频数和词族频数都高于对照班,表明教学周期完成后,实验班的学术英语词汇使用频率高于对照班。因而,基于语料库的学术英语词汇学习模式可以有效提高学生小组写作中的学术英语使用频率。

### 5.2.2　个人学术论文

　　本研究对期末考试中个人学术论文的两组受试微型语料库进行 AWL

使用的覆盖面统计分析,包含形符、类符、类符/形符比和标准化类符/形符比,详表5.1.11。

**表 5.1.11　学术英语词汇教学实验班和对照班个人
学术论文 AWL 使用多样性及覆盖面**

| 班级<br>指标 | 实　验　班 | | | | 对　照　班 | | | |
|---|---|---|---|---|---|---|---|---|
| | Token | Type | TTR | Std. TTR | Token | Type | TTR | Std. TTR |
| AWL | 880 | 227 | 25.78% | / | 719 | 183 | 25.45% | / |
| 总词汇 | 9 388 | 1 243 | 13.24% | 21.11% | 8 204 | 1 144 | 13.94% | 21.36% |
| 覆盖面 | 9.37% | 18.26% | / | / | 8.76% | 16.00% | / | / |

从上表可知,实验班的总词汇形符和类符数分别为 9 388 和 1 243,TTR 为 13.24%;对照班的总词汇形符和类符数分别为 8 204 和 1 144,TTR 为 13.94%;两组受试的 Std. TTR 分别为 21.11% 和 21.36%。表明两组受试的总词汇多样性相当。实验班 AWL 的形符和类符数分别为 880 和 227,TTR 为 25.78%;而对照班的形符和类符数分别为 719 和 183,TTR 为 25.45%。表明两组受试呈现相似的学术英语词汇多样性。然而,实验班的形符覆盖面(9.37%)和类符覆盖面(18.26%)均高于对照班的形符覆盖面(8.76%)和类符覆盖面(16.00%)。表明实验教学周期后的实验班使用 AWL 的数量高于对照班。因而,基于语料库的学术英语词汇学习模式可以有效增加学生的学术英语词汇使用数量。

随后,使用 Range 软件提取出实验班和对照班个人学术论文中 AWL 最高频的前 30 个单词,并测算了类符频数和词族频数,详见表 5.1.12。

**表 5.1.12　学术英语词汇教学个人学术论文中 AWL 最高频 30 词**

| 序号 | 实　验　班　语　料　库 | | | 对　照　班　语　料　库 | | |
|---|---|---|---|---|---|---|
| | 词　族 | TYFREQ | FAFREQ | 词　族 | TYFREQ | FAFREQ |
| 1 | AUTHOR | 120 | 120 | AUTHOR | 100 | 101 |
| 2 | METHOD | 63 | 84 | METHOD | 28 | 41 |

| 序号 | 实 验 班 语 料 库 | | | 对 照 班 语 料 库 | | |
| --- | --- | --- | --- | --- | --- | --- |
| | 词　族 | TYFREQ | FAFREQ | 词　族 | TYFREQ | FAFREQ |
| 3 | CHALLENGE | 23 | 53 | CHALLENGE | 23 | 40 |
| 4 | TECHNOLOGY | 24 | 47 | TECHNOLOGY | 20 | 39 |
| 5 | LECTURE | 24 | 27 | LECTURE | 13 | 16 |
| 6 | INFRASTRUCTURE | 23 | 27 | INFRASTRUCTURE | 22 | 22 |
| 7 | ADAPT | 11 | 13 | ADAPT | 8 | 9 |
| 8 | RESEARCH | 10 | 11 | RESEARCH | 7 | 8 |
| 9 | BENEFIT | 4 | 10 | BENEFIT | 3 | 9 |
| 10 | AWARE | 3 | 9 | AWARE | 2 | 6 |
| 11 | APPROACH | 4 | 8 | APPROACH | 0 | 6 |
| 12 | PRIORITY | 7 | 7 | PRIORITY | 3 | 4 |
| 13 | ENHANCE | 20 | 22 | ENHANCE | 21 | 24 |
| 14 | TRADITION | 2 | 18 | TRADITION | 4 | 29 |
| 15 | COMPUTE | 0 | 17 | COMPUTE | 0 | 22 |
| 16 | COMMUNICATE | 6 | 11 | COMMUNICATE | 3 | 13 |
| 17 | SHIFT | 6 | 9 | SHIFT | 13 | 14 |
| 18 | DESIGN | 8 | 8 | DESIGN | 10 | 13 |
| 19 | CONCEPT | 4 | 8 | CONCEPT | 5 | 9 |
| 20 | ACCESS | 6 | 6 | ACCESS | 14 | 14 |
| 21 | PROCESS | 6 | 6 | PROCESS | 13 | 13 |
| 22 | PROFESSIONAL | 15 | 15 | PROFESSIONAL | 15 | 15 |
| 23 | CONVENE | 0 | 14 | REQUIRE | 3 | 13 |
| 24 | PROMOTE | 5 | 9 | ROLE | 9 | 10 |

第五章　中国理工科大学生学术英语泛在学习模式的第二轮教学实验

中国理工科大学生学术英语泛在学习模式有效性研究

| 序号 | 实 验 班 语 料 库 | | | 对 照 班 语 料 库 | | |
|------|------|--------|--------|------|--------|--------|
| | 词 族 | TYFREQ | FAFREQ | 词 族 | TYFREQ | FAFREQ |
| 25 | EQUIP | 2 | 9 | FOCUS | 5 | 10 |
| 26 | ATTITUDE | 4 | 8 | DEVICE | 0 | 7 |
| 27 | PERSPECTIVE | 4 | 8 | INTERACT | 0 | 6 |
| 28 | IMPLEMENT | 7 | 7 | TREND | 6 | 6 |
| 29 | INNOVATE | 4 | 7 | PARTICIPATE | 1 | 6 |
| 30 | RESOURCE | 0 | 6 | FACILITATE | 0 | 6 |

由表 5.1.12 可见,实验班和对照班微型语料库中有 22 个单词同时出现在最高频 30 词中,分别为 author、method、challenge、technology、lecture、infrastructure、adapt、research、benefit、aware、approach、priority、enhance、tradition、compute、communicate、shift、design、concept、access、process 和 professional。在这些词汇中,前 12 个单词的 TYFREQ 和 FAFREQ 在实验班中的出现频率高于对照班。例如,实验班语料库中 author 的 TYFREQ 和 FAFREQ 均为 120,而对照班语料库中两个值分别为 100 和 101。实验班语料库中 method 的 TYFREQ 和 FAFREQ 分别为 63 和 84,而对照班语料库中两个值分别为 28 和 41。实验班语料库中 technology 的 TYFREQ 和 FAFREQ 分别为 24 和 47,而对照班语料库中两个值分别为 20 和 39。实验班语料库中 lecture 的 TYFREQ 和 FAFREQ 分别为 24 和 27,而对照班语料库中两个值分别为 13 和 16。实验班语料库中 adapt 的 TYFREQ 和 FAFREQ 分别为 11 和 13,而对照班语料库中两个值分别为 8 和 9。由此可见,实验班中大部分高频词的类符频数和词族频数都高于对照班,表明期末考试中实验班个人学术论文的学术英语词汇使用频率高于对照班。因而,基于语料库的学术英语词汇学习模式可以有效提高学生个人写作中的学术英语词汇使用频率。

上述关于写作文本的研究结果与前人研究有相似性。例如,Karras (2016)研究发现使用基于语料库词汇学习方法的实验班比使用词典查询方法学习词汇的对照班词汇增长量更大;Guan（2013）,刘萍、刘座雄

（2018）研究发现基于语料库的词汇学习方法在词汇使用多样性和准确性、猜测词汇含义、记忆词汇等方面都占据优势。本研究结果进一步证明了基于语料库的词汇学习方法使学生得以接触海量的真实语料，他们获得的词汇知识更牢固，在词汇使用方面更有益。

## 5.3 问卷调查

### 5.3.1 李克特五级量表

教学实验结束后，在实验班开展问卷调查，进一步了解受试对该学习模式的态度和改进建议。表 5.1.13 显示运用 SPSS 26.0 软件得出的李克特五级量表中 15 条描述语的频数。

表 5.1.13　学术英语词汇教学实验班调查问卷数据统计

| 序号 | 完全不同意（%） | 不同意（%） | 一般（%） | 同意（%） | 完全同意（%） | 平均分 |
|---|---|---|---|---|---|---|
| 1 | 5.2 | 6.9 | 53.4 | 20.7 | 13.8 | 3.31 |
| 2 | 0.0 | 5.2 | 34.5 | 46.5 | 13.8 | 3.69 |
| 3 | 0.0 | 6.9 | 32.8 | 43.1 | 17.2 | 3.71 |
| 4 | 0.0 | 6.9 | 41.4 | 39.6 | 12.1 | 3.57 |
| 5 | 0.0 | 6.9 | 25.9 | 53.4 | 13.8 | 3.74 |
| 6 | 1.7 | 5.2 | 37.9 | 39.7 | 15.5 | 3.62 |
| 7 | 1.7 | 8.6 | 36.2 | 39.7 | 13.8 | 3.55 |
| 8 | 3.4 | 8.6 | 41.4 | 34.5 | 12.1 | 3.43 |
| 9 | 0.0 | 15.5 | 46.5 | 34.5 | 3.5 | 3.25 |
| 10 | 0.0 | 10.3 | 53.5 | 34.5 | 1.7 | 3.28 |
| 11 | 1.7 | 8.6 | 58.6 | 27.6 | 3.5 | 3.22 |
| 12 | 1.7 | 12.1 | 55.2 | 29.3 | 1.7 | 3.17 |
| 13 | 1.7 | 5.2 | 27.6 | 44.8 | 20.7 | 3.78 |
| 14 | 0.0 | 17.2 | 43.1 | 29.3 | 10.4 | 3.33 |
| 15 | 8.6 | 13.8 | 15.5 | 56.9 | 5.2 | 3.36 |

  第 1 至 8 条描述语有关基于语料库的学术英语词汇学习模式的优势，主要包含扩大词汇量、学习特定语境下的词汇使用方法、了解词组结构的使用、培养根据上下文猜测词义和词汇使用方法的分析能力等。由表 5.1.13 可知，描述语 1 的平均分为 3.31，选择一般的受试比例为 53.4%，表明受试对于该学习模型扩大词汇量持一般态度。描述语 2 的平均分为 3.69，选择同意和完全同意的受试比例分别为 46.5% 和 13.8%，表明 60.3% 的受试认为该学习模式能帮助他们了解目标词汇的特定使用环境。描述语 3 的平均分为 3.71，选择同意和完全同意的受试比例分别为 43.1% 和 17.2%，表明 60.3% 的受试认为该学习模式可以帮助他们理解目标词汇的词组结构。描述语 4 的平均分为 3.57，选择一般的受试比例为 41.4%，表明他们对于该学习模式帮助学生熟悉词汇的新用法持一般态度。描述语 5 的平均分为 3.74，选择同意和完全同意的受试比例分别为 53.4% 和 13.8%，表明三分之二以上的受试认为该学习模式可以帮助他们了解学术语境中的词汇搭配方法。描述语 6 和 7 的平均分为 3.62 和 3.55，选择同意的受试比例均为 39.7%，而选择完全同意的受试比例分别为 15.5% 和 13.8%，表明大部分受试认为该学习模式对培养根据语境猜测词义并掌握目标词汇使用方法的分析能力颇有益处。描述语 8 的平均分为 3.43，选择同意和完全同意的受试比例总和为 46.6%，表明近一半的受试认为该学习模式可以帮助他们加强对目标词汇的印象，因而有利于词汇记忆。

  第 9 至 15 条描述语围绕受试对学习模式的难度和评价展开。描述语 9、10、11、12 的平均分相近，分别为 3.25、3.28、3.22、3.17，选择一般的受试比例分别为 46.5%、53.5%、58.6% 和 55.2%，表明大部分受试认为在学习词性、语境中的词义、语境中的搭配等方面的难度一般，反映该学习模式对于学习者的难度尚可。描述语 13 的平均分为 3.78，在 15 个描述语中最高，选择同意和完全同意的受试比例分别为 44.8% 和 20.7%，表明大部分受试认为若能将该学习模式与词典使用结合起来，会提升学习效果。描述语 14 的平均分为 3.33，选择一般的受试比例为 43.1%，表明近一半的受试对在学习过程中获得老师的指导和帮助持一般态度。描述语 15 的平均分为 3.36，选择同意和完全同意的受试比例分别为 56.9% 和 5.2%，表明 62.1% 的受试认为与传统的词典学习方法相比，基于语料库的学习模式可以提高他们的学习兴趣。

### 5.3.2 简答题

  为了进一步了解受试对于该学习模式的态度和想法，项目组将三道简答题的回答总结出来，详见表 5.1.14。

表 5.1.14　学术英语词汇教学调查问卷简答题回答总结

| 问　　题 | 回　　答 | 频数(百分比) |
|---|---|---|
| 1. 学习学术英语词汇对你来说最大的困难是什么? | 记忆 | 9(29.0%) |
| | 词汇使用方法 | 5(16.1%) |
| | 从语境中猜测词汇含义 | 5(16.1%) |
| | 缺乏学习动力 | 4(12.9%) |
| | 词汇量太大 | 4(12.9%) |
| | 区分近义词 | 2(6.5%) |
| | 掌握搭配使用方法 | 2(6.5%) |
| 2. 你觉得这种词汇学习模式有哪些优点和缺点? | 优点: | |
| | 展示语境中的特定使用方法 | 6(22.2%) |
| | 对记忆词汇更有帮助 | 6(22.2%) |
| | 激发学习兴趣 | 5(18.5%) |
| | 对学习词汇的特定使用方法有帮助 | 5(18.5%) |
| | 展示语境中的搭配 | 3(11.1%) |
| | 提高词汇分析能力 | 2(7.5%) |
| | 缺点: | |
| | 比较耗时 | 9(45.0%) |
| | 有些复杂 | 8(40.0%) |
| | 不是对每一个学术英语词汇都适用 | 3(15.0%) |
| 3. 对于这种词汇学习模式,在活动设计和课下自主学习方面有什么建议? | 需要与词典学习方法相结合以确定词汇含义 | 6(35.3%) |
| | 需进一步了解近义词的不同使用方法 | 4(23.5%) |
| | 若能进行相应的词汇练习将更有帮助 | 4(23.5%) |
| | 需加强教师的指导 | 3(17.5%) |

　　表 5.1.14 呈现回答三个简答题的受试人数、占比和主要表述。有 31 名受试回答了第一个简答题。其中,9 名受试认为很难记忆学术英语词汇,占比 29.0%;各有 5 名受试认为正确使用学术英语词汇和在特定语境中猜测词义有难度,分别占比 16.1%;各有 4 名受试认为缺乏学习动力和学术英语词汇量太大是需要克服的困难,分别占比 12.9%;各有 2 名受试认为区分近义词和掌握搭配使用方法给他们的学术英语词汇学习带来难度,分别占比 6.5%。

　　有 27 名受试和 20 名受试分别回答了第二个简答题中关于优点和缺点的问题。在基于语料库的学术英语词汇学习模式的优点方面,各有 6 名受试认为该模式展示了学术英语词汇在特定语境中的使用方法和该模式有利于记忆学术英语词汇,分别占比 22.2%;各有 5 名受试认为该模式激发了他们学习学术英语词汇的兴趣和帮助他们学习目标词汇在特定语境中的用法,分别占比 18.5%;3 名受试认为该模式展示了目标词汇在特定语境中的搭配,有利于他们掌握学术英语词汇的常用搭配形式,占比 11.1%;2 名受试认为该模式可以帮助他们提高对词汇使用的分析能力,占比 7.5%。在缺点方面,9 名受试认为该模式比较复杂,占比 45%;8 名受试认为用该模式学习比较耗时,占比 40%;3 名受试认为有些词汇在语料库中未呈现明显规律,因而该模式不适用于所有学术英语词汇的学习,占比 15%。

　　有 17 名受试回答了第三个简答题。其中,6 名受试(占比 35.3%)指出他们通过语料库特定语境猜测了目标词汇的含义后,仍然需要借助词典加以确认,因而将该模式与词典查询方法结合起来更有效。4 名受试(占比 23.5%)建议运用该模式学习近义词,这样可以帮助学生了解不同的词汇使用语境并学会近义词的使用方法。另有 4 名受试(占比 23.5%)认为应在该学习模式中增加词汇练习题,帮助学生更好地巩固所学知识。有 3 名受试(占比 17.5%)提出由于某些学生缺乏学习动力,在该模式的使用上应加强教师的指导作用。

　　刘萍、刘座雄(2018)研究发现基于语料库的词汇学习方法的主要难度在于在语料库中搜索目标词汇并解读索引行。Quan(2016)的研究在呈现了类似结果的基础上,也反映了学习者认为基于语料库的学习模式耗时费力,且效果不明显,不愿意持续使用。与前人研究结果相比,本研究认为基于语料库的学习模式对某些学生而言确实存在难度,因而可以考虑本研究受试提出的将语料库方法与词典查询方法相结合、通过该学习模式区分近义词、加强教师指导等建议,在将来的教学和研究中予以实施。

本研究基于数据驱动学习理论、建构主义理论、自主学习理论和词汇-语法理论,并借鉴孟超、马庆林(2019)和李广伟、戈玲玲(2020)学习模式的原则,构建了"基于语料库的学术英语词汇学习模式",并于2020年在上海理工大学修读"学术英语读写"课程的理工科大一学生中进行了一学期的教学实验,以验证其有效性。

根据受试学术英语词汇前测和后测数据的描述性统计分析可知,实验班和对照班在一学期的教学周期完成后成绩均有所提高。两组学生在前测和后测中的独立样本 $t$ 检验结果未呈现统计意义上的显著性差异;但在前测和后测之间的配对样本 $t$ 检验中,实验班呈现统计意义上的显著性差异,而对照班没有。由此得知基于语料库的学术英语词汇学习模式可以有效提升学术英语词汇接受性知识水平。两组受试小组学术论文微型语料库对比分析结果显示,实验班关于 AWL 的 TTR 和使用频率均高于对照班。两组受试个人学术论文微型语料库对比分析结果显示,实验班关于AWL 的覆盖面和使用频率均高于对照班。由此得知基于语料库的学术英语词汇学习模式可以有效提升学术英语词汇产出性知识水平。教学周期结束后的实验班问卷调查结果显示,受试认为该学习模式在学习词汇搭配、加强词汇记忆效果、根据语境猜测词汇意义、在学术写作中更合理使用学术词汇、增强词汇分析能力等方面有优势;但学习起来较为复杂、比较耗时,且不适用于所有学术英语词汇。因而建议在使用该模式学习的过程中,将其与词典查询方法结合起来、增加近义词的辨析练习、加强教师指导等,以提高学习效果。

本研究通过教学实验验证了所构建的基于语料库的学术英语词汇学习模式在提升学生接受性和产出性学术英语词汇能力方面均有效果,增加了在实际教学过程中运用该模式的可信度。基于语料库的学习模式在当今大数据背景中是一种创新学习方法,学生可以通过该模式查询学术英语词汇的各种使用方法,并运用到自己的学术写作中,提升写作水平。另外,该学习模式可以有效提升学生的学习动机,使他们获得更好的学术英语词汇学习效果。

## 第二节 学术英语口语动态评估 模式构建及应用

### 1. 引言

理工科大学生在从事科学研究的过程中对科研成果转化、国际学术论文发表有着越来越大的需求。作为语言能力中重要的产出性技能,学术英语口语能力在国际交流中起到重要作用。评估是教育过程中不可或缺的一个重要环节,旨在检验学习成果和教学效果。传统测试方法一般只注重评估学生学习的最后结果,忽略其学习过程中的变化,这个不足之处在动态评估中可以得到一定的弥补。动态评估将教学和评估相结合,动态地衡量学习者的学习过程,以确定学习者目前的能力和潜在的发展能力。本研究修正了第四章第三节中提出的"多层级三明治动态评估模式",并应用于中国理工科大学生学术英语口语教学,旨在研究如何从动态的视角评估学生的口语发展水平,及时引导学生进行反思和提升,达到以评促学的目的。本研究拟回答以下三个问题:(1)如何构建理工科大学生学术英语口语动态评估模式?(2)该模式对学生的学习成绩和学习动力影响如何?(3)学生对于该模式的态度和建议如何?

### 2. 理论基础

因第四章第三节对最近发展区理论和评估的概括性、超越性两方面已进行了较为详尽的阐述,本部分主要讨论动态评估理论。二语教育领域的评估从传统意义上来说是获得学生知识水平和语言能力的过程(McNamara

2004)。动态评估认为教学和评估不是彼此割裂的活动，而是紧密结合的整体。"当教学干预嵌入评估过程，解释学生能力并指导他们向更高水平发展时"，就发生了结合（Lidz & Gindis 2003：99）。本节讨论动态评估的定义，动态评估与非动态评估的区别，并介绍主要的动态评估模式。

## 2.1　动态评估定义

Luria(1961)首次提出了动态评估概念，Feuerstein(1976)对其加以推广。诸多学者在此基础上研发了各种动态评估流程和实施方法，为动态评估在教学实践中的运用提供了保障。近年来，动态评估在心理学、教学法、外语教育等领域得到广泛应用（韩宝成 2009）。由于动态评估仍处在发展阶段，虽然各国学者对其进行了大量的研究，但尚未得出统一的定义。本部分介绍常用的动态评估定义。

Feuerstein et al.(1979)认为与静态评估不同，动态评估是崭新的心理测量方法和交互性评估体系。Feuerstein et al.(1988)结合他们的介入学习经验理论（Mediated Learning Experience Theory），提出社会交往和间接经验对构成个人知识体系至关重要。动态评估注重通过干预提高能力（Lidz 1991）。Lidz & Gindis(2003)指出由于无法作为静态的特质加以衡量，能力是新兴并且动态的，是全世界个体之间社会交往的结果。人们通过参与各种各样的社会活动，通过身边的干预（mediation）用独特的方式掌握认知功能。评估并不是纯粹的干预相关行为。评估、指导和弥补是动态评估过程中不可割裂的因素。Lidz(1991)强调"动态"意味着"变化"（change）而非"稳定"（stability）。传统的评估方式最大化反映静态，而非在真实世界中的变化。Lidz(1987)指出，教师和学生在动态评估过程中扮演多个角色。教师是考官、干预人、记录员；而学生是学习者、考生、主动参与者。考官和考生之间交互的目标是发现学生的潜力所在，并寻找帮助学生提升学习兴趣、促进自信、提高水平的方法。

Sternberg & Grigorenko(2002)提出动态评估过程可以提供其他评估方式不具备的所有信息。他们认为动态评估将评估与教学结合起来，对学生的知识和能力有了更好的了解，使评估结果的解读和使用更为有效。Poehner(2008)指出评估和教学不应分割成两个方面。相反，两者应紧密结合，这样在评估过程中才能反映并促进学生能力的提升。他将动态评估定义为"将干预嵌入评估过程的一系列方式"（Poehner, 2008：69）。

韩宝成(2009)认为动态评估指将评估和干预结合起来的过程，使考生通过提示、指导和反馈主动参与测试活动,并评价他们的思考、认知、学习和解决问题的能力。该评估方式注重学生的未来发展。张艳红(2008)指出,基于智力发展概念,动态评估观察并评价学生在不同学习节点的发展和变化。动态评估最突出的特征是过程目标、教学干预和评估三者的结合。这种评估方式需要教学介入,以促进学生能力的发展。

综合考量国内外学者对动态评估的认识,本研究将动态评估的特征归纳为过程性、发展性和交互性。动态评估不仅是与教学结合的评估方式,而且是以过程为导向的教学方式。在整个教学过程中,教师和学生都参与评估。教师观察学生的学习状态,给出相应干预;而学生对于教师干预的回应也是教师评判学生的基础。动态评估的最终目标是判断学生所需要的帮助,以持续关注他们的未来发展,激发他们的学习潜力。

## 2.2　动态评估与非动态评估

如上文所述,动态评估将评估和教学统一的观点是为了在评估过程中给学生提供干预和支持,目的是掌握并促进他们能力的提升。Sternberg & Grigorenko(2002)认为,不是动态评估的评估都称为静态评估。然而,Poehner (2008)指出"动态"评估和"非动态"评估(non-dynamic assessment, NDA)是更为准确的术语。图 5.2.1 展示静态评估、动态评估和非动态评估的内在区别。

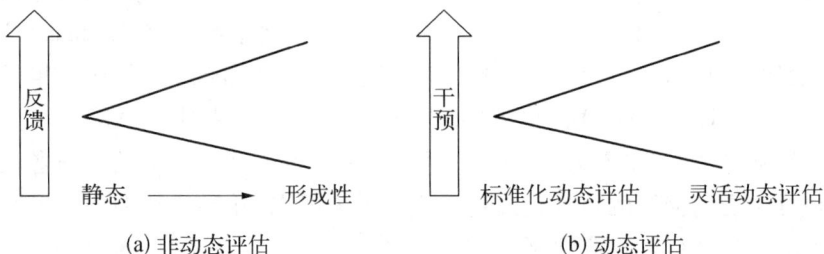

| (a) 非动态评估 | (b) 动态评估 |

**图 5.2.1　静态评估、动态评估和非动态评估的区别**

图 5.2.1 显示,非动态评估和静态评估可以放在同一个连续统一体上。非动态评估的连续统一体指在评估过程中提供反馈(feedback)的不同程度,一端是静态评估,另一端是形成性评估。根据干预的不同种类,动态评估可以放在另一个连续统一体上,一端是标准化(standardized)动态评估,另一端是灵活的(flexible)动态评估。

动态评估和非动态评估不能放在同一个连续统一体上的原因如下：评估步骤中对能力的看法；开展评估的目的；评估者的角色（Poehner 2008）。关于对能力的看法，动态评估的理论基础"最近发展区理论"认为能力不是与生俱来的，而是新兴并动态形成的（Lidz & Gindis 2003）。对动态评估而言，学生的能力不是测量出来的固定特征，而是个人在世界中的社会交互。非动态评估对能力持不同看法，认为人类的能力具有固定、可预测的分离性特征，可以进行量化测量（Ratner 1997；Newman & Holzman 1997）。关于对评估目的的看法，非动态评估注重成熟的、已经发展完毕的技能和知识，而动态评估注重未来发展和学习潜力。非动态评估认为评估者需采取客观中立的态度，把评估误差减少到最低；而动态评估中，由于评估者介入评估过程，评估者和被评估考生之间的关系有所变化。具体而言，非动态评估倡导的中立态度被教学和帮助的氛围所取代（Sternberg & Grigorenko 2002）。

## 2.3 主要动态评估模式

不同学者从不同重点出发，制定了一系列动态评估模式。Lantolf & Poehner（2004）将动态评估模式大致分为互动式（interactionist）和介入式（interventionist）两类。互动式动态评估注重干预者和学习者之间交互形成的合作对话和协助；而介入式动态评估使用更关注量化结果的标准化管理过程。Sternberg & Grigorenko（2002）把动态评估过程分为三明治模式和蛋糕模式。三明治动态评估模式通过"前测—干预—后测"过程加以实施，干预阶段发生在前测和后测之间，在非动态环境下发生。在蛋糕动态评估模式中，只要发生问题，就可以提供干预。

在介入式动态评估模式中，Budoff（1987）提出的"学习潜力测量方法"（learning potential measurement approach）采用了实验心理学典型的"前测—处理—后测"研究设计，指出实验者在处理阶段应遵循标准流程指导学生找到问题解决方案。该方法由于干预的标准化处理适用于大批量的学生。Guthke（1982）提出的"学习测试方法"（learntest approach）将干预加入考试本身，提供了在评估过程中可以使用的五种标准化提示语。学生的考试结果除了考分，还有所需的提示语数量以及完成考试的时间。Brown & Ferrara（1985）提出的"等级提示语方法"（graduated prompt approach）尝试在考试中纳入超越性考题，旨在发现考生迁移新能力、解决新问题的能力水平。

在互动式动态评估模式中,介入发生在考官和考生的互动中。学生个人或学生群体的发展是互动式动态评估的关注点。这种评估模式相较于量化评估,更注重质化评估。Feuerstein et al.(1988)提出了"结构认知可修改理论"(Structural Cognitive Modifiability Theory)和"介入学习经验理论"。前者指人类是开放的,而非关闭的体系。人类的认知能力是可塑的,但只能通过不同方式和不同程度的介入和教学才能发展。后者指学习是交互的过程,教师、学生和学习任务始终发生相互作用。作为中间体的教师,可以有意识地选择、安排、重复学习刺激,因而对学生的认知发展起到重要作用。Feuerstein(1976)提出的"学习潜力评估方式"(learning potential assessment device)由 15 个小测试构成。在具体实施中,考官根据观察到的考生答题情况,随时调整考题的出现频率、出现顺序、复杂程度和考试环境,从而激发学生的好奇心和兴趣,促进学生认知结构的发展。考官需注意在任何考试阶段对考生的行为做出回应。由此可见,"学习潜力评估方式"的设计与介入紧密相关,以过程为导向,而非以结果为导向;注重考官和学生之间的互动,指出学生如何通过考官帮助取得成功。

**3. 模式构建**

### 3.1  学术英语口语动态评估模式

#### 3.1.1  构建原则

中国英语学习者面临着英语口语产出能力较弱的问题(刘芹 2008)。由于口语能力是日常生活和学术交流中不可或缺的重要产出能力,有必要调整评估模式,使其有所提高。

Poehner(2008)借用了 Feuerstein et al.(1988)的"介入学习经验",提出将动态评估应用于二语学习的三大原则,分别是介入者-学习者之间的对话、动态评估交互环节的协调、二语动态评估的对象。根据上述原则,Poehner 将动态评估应用于二语为法语的高年级本科生口语教学中。研究结果显示,动态评估是掌握学生能力并帮助他们克服语言困难的有效工具。基于此研究,Poehner(2008:103)提出了二语发展基本动态评估模式(见图 5.2.2)。

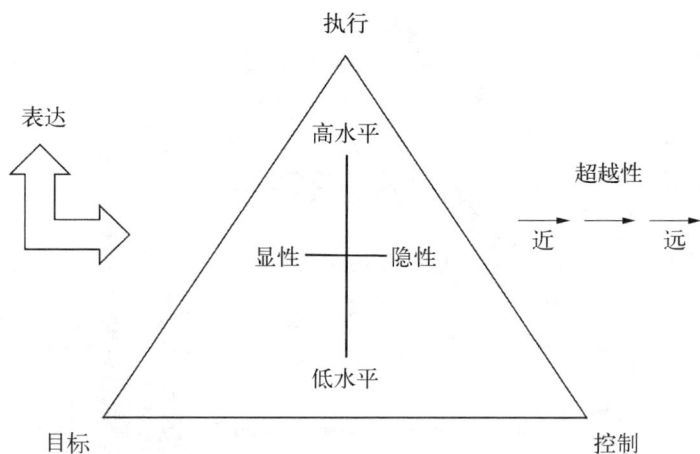

**图 5.2.2　Poehner 的学生发展能力动态评估模式**

（Poehner 2008：103）

图 5.2.2 显示在动态评估中记录学生能力发展状况的方法。三角形中的横线反映介入者对动态评估的贡献，而纵线反映学生对动态评估的贡献。介入从显性（explicit）向隐性（implicit）移动，而学生行为从低水平（low）向高水平（high）移动。三角形左边的表达（verbalization）可以解释学生低等能力的内部原因。超越性（transcendence）放置在三角形的右边，显示整个体系的移动轨迹。目标（orientation）、执行（execution）和控制（control）代表评估过程中的三个阶段。目标阶段包括分析某一考试任务要求的能力，执行阶段与外部表现相关，控制阶段代表学生评价自己行为并做出所需改变的能力（Leont'ev 1981）。本研究基于此模式构建中国理工科大学生学术英语口语动态评估模式。

### 3.1.2　模式展示

程序性介入式动态评估模式可以分为三明治模式和蛋糕模式（Sternberg & Grigorenko 2002）。三明治模式采用"前测—介入—后测"的形式，而蛋糕模式将介入（指导）嵌入测试过程，学生在遇到每一个有难度的测试题目或任务时都可向评价者提出介入请求。本研究在第一轮教学实验中构建了多层级动态评估模式，并进行了试点教学，取得较好的效果，但当时的介入内容并未明确（参见刘鸿颖、刘芹 2020a）。因此，项目组采用交互式评估模式中的交互理念，修正了第一轮教学实验的多层级三明治模式，应用到第二轮教学实验的学术英语听说课程，根据"支架教学—阶段输出—教师介入—先验项目"的流程予以开展（详见图 5.2.3）。

多层级三明治模式

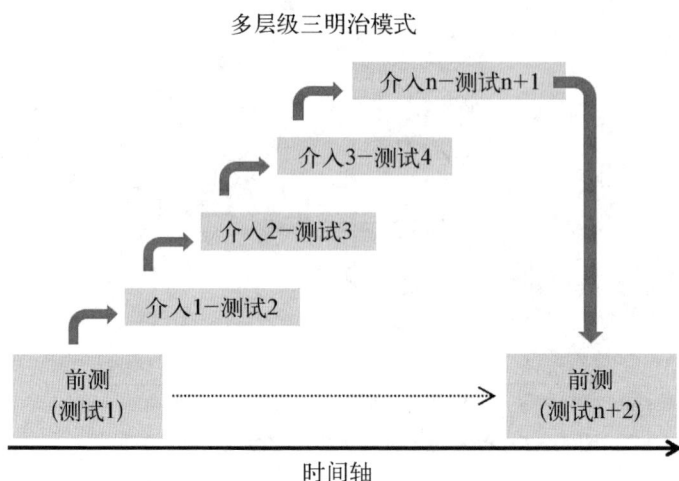

介入n－测试n+1

介入3－测试4

介入2－测试3

介入1－测试2

前测
(测试1)

前测
(测试n+2)

时间轴

**图 5.2.3　多层级三明治动态评估修正模式**

　　修正了的多层级三明治动态评估模式（multi-layer sandwich DA model）由前测、后测和多轮阶段性介入和评估组成。每一次介入围绕前一次测试中发现的问题展开。通过这一模式，评估与教学过程相结合，可以及时发现学生的学习问题并给出反馈，然后开展下一轮测试和介入教学，得以持续将学生的学术英语口语水平提升到高一级水平。该模式不仅可以验证教师反馈的有效性并鼓励学生通过比较相邻评价结果提升水平，而且可以通过前测和后测比较学生整体水平的发展。同时，该模式结合动态评估和大学教学对诊断性评估的需求，每两个相邻的测试可以反映完整的动态评估过程。例如在测试 1（Test 1）和测试 2（Test 2）中，教师在测试 1 的评估过程中发现学生的普遍问题，在测试 1 后决定介入内容。然后根据每位学生的不同情况提供不同的反馈和学习指导。在测试 1 后的课堂教学中，教师仍然围绕该主题进行支架教学，以加深学生的印象。在反馈和支架教学完成后，学生进入测试 2。教师可以观察学生是否在测试 2 的动态评估过程中有所进步，并发现学生在该测试中遇到的新问题。在开展整个动态评估模式的过程中，整个学期的教学目标可以分为几个部分的小目标，能有效降低学生完成教学项目的困惑和压力。与此同时，教师对每个教学小目标的清晰反馈能帮助学生找到各自的学习困难，并进行自我修正。

## 3.2 课堂使用方法

### 3.2.1 评估步骤

图 5.2.4 展示多层级三明治动态评估模式的主要评估步骤。

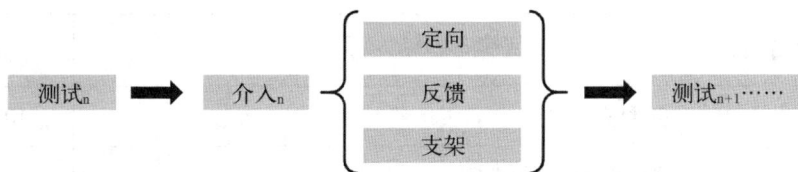

**图 5.2.4 多层级三明治动态评估模式的主要评估步骤**

每一次测试后进行介入教学,包括制定目标(orientation)、提供反馈(feedback)和支架教学(scaffolding)。在制定目标阶段,教师根据学生的口头汇报发现问题。此时,教师不仅需要确定符合每位学生情况的个性化和交互式动态评估活动,而且需关注班级的整体情况以确保评估过程的可行性。因此,在制定目标阶段,教师根据学生的口头汇报找出共性问题,并决定相应的介入主题。在提供反馈阶段,教师给每位学生提供关于该介入主题的个性化评价和反馈。在支架教学阶段,教师在课堂教学中对该问题进行进一步阐释和教学指导,并提供相应的课后学习资料让学生开展自主学习。在完成介入过程后,学生再一次进行口头汇报。教师对学生解决问题的程度和个人能力的提升进行评估,决定下一次介入教学的主题。

该模式在如下方面体现了动态评估的本质。首先,学生能力的发展是动态的,因而教师在第一阶段"制定目标"时对学生能力的评价也是动态的。教师将持续发现学生口头汇报中的新问题和新进展,以此决定介入教学的内容。其次,教师对学生的反馈根据学生的实际表现动态变化。最后,教师在支架教学中的教学内容根据不同主题的变化而发生变化。

在本轮教学实验中,所有学生在一学期的教学中进行五次关于不同主题的学术汇报。两名有经验的教师根据本研究构建的多层级三明治动态评估模式进行五次评价,学生的最后得分由两位教师共同给出。

### 3.2.2 评分标准

口头产出的评价较为复杂,包含学术汇报内容、口头表达、PPT 布局等。在传统评价方式中,口头汇报的前后都不会给出有效的指导和反馈,因而学生难以在汇报过程中获得知识、取得进步。本研究采取动态评估方式,可以在上述方面有所改进,帮助学生持续提高口头汇报水平。项目组将第一轮教学实验中使用的评分标准(参见第四章第三节)进行调整后,制定了本轮教学实验使用的评分标准(详见表5.2.1)。

表 **5.2.1** 第二轮教学实验学术英语口语汇报评分标准

| 评分内容 | 评 分 标 准 | 分值 |
|---|---|---|
| 内容结构<br>(40%) | 选材真实科学。 | 10 |
| | 结构完整、逻辑严密。 | 10 |
| | 引言部分包含问候语和话题简要介绍;主体部分包含过渡词;结尾部分完整。 | 10 |
| | 无重大语法和发音错误。 | 10 |
| 小组合作<br>(30%) | 小组成员均出席并合作完成汇报。 | 10 |
| | 小组成员分工均衡,无过多或过少汇报的情况。 | 10 |
| | 小组成员汇报内容和术语一致,组员之间有效衔接。 | 10 |
| PPT 制作<br>(30%) | 布局合理:版式背景清晰简洁,无文字堆砌现象。 | 10 |
| | 信息突出:标题明确,字体大小颜色运用得当。 | 10 |
| | 书面语言:准确简练,无重大语法和拼写错误。 | 10 |
| 身体语言<br>(10%) | 与观众交流:适当运用眼神和肢体语言。 | 10 |
| 副语言<br>(10%) | 语调自然流畅,声音清晰,语速适中,合理停顿。 | 10 |

第一个评分点为内容结构,指学生学术汇报内容上的完整性和结构上的合理性。因诸多学术汇报要求几位学生合作完成,因而第二个评分点为小组合作,指学术汇报时小组成员之间在内容上的有效衔接。学术汇报经常需要用到 PPT 辅助展示,因此第三个评分点为 PPT 制作,具体指字体、风格、学术规范等。除了上述三个方面,学生在身体语言和副语言方面也会存在问题,因而把这两方面也列为评分点。由于学生之前较少接触学术汇报 PPT 制作和身体语言、副语言等非言语口语特征,本研究除了将内容

结构、小组合作作为主要评估内容嵌入每一个评估过程之外,将 PPT 制作、身体语言和副语言作为三次介入主题加入教学和评估过程。每一次介入除了对上一次口头汇报进行评价以外,还对下一次汇报提供指导。这就形成了动态评估过程,教师根据评估情况及时调整介入教学内容,而学生根据反馈随时修正学习过程。每一阶段的评估根据介入内容增加新的评估项目。第一次介入后的评估包含三个主要项目:内容结构、小组合作和PPT 制作。在接下来的三次介入后,根据介入内容的补充分别增加身体语言和副语言两个评分点。

## 4. 模式应用

本研究把构建的多层级三明治动态评估模式应用到上海理工大学学术英语听说课程的口语教学模块,通过问卷调查、访谈和微变化研究等方法收集数据,验证该评估模式在具体课程使用中的有效性。

### 4.1 教学对象

本次教学实验的教学对象是两个班级共 67 名理工科专业学生,他们来自材料工程、光电信息、环境工程、机械工程、能源动力工程、数学物理、医疗器械等专业。其中男生 43 名(占比 64.18%),女生 24 名(占比 35.82%)。在16 周的教学中,要求学生根据不同的学术主题用英语完成五次学术汇报。为保证研究伦理,在授课开始前,任课教师向学生介绍了实验教学情况和研究过程,学生均表示愿意参加。

### 4.2 研究工具和方法

#### 4.2.1 口头汇报

在 16 周的教学实验中,67 名学生共进行了五次口头学术汇报。其中第一次(前测)至第四次为小组学术汇报,第五次(后测)为个人学术汇报。根据学校安排,2020 年上半年所有课程采用线上授课方式。因此,根据教学安排,学生把五次学术汇报录像上传至课程教学平台供教师查看。教师根据表 5.2.1 所列的评分标准对学术汇报录像进行打分,得知学生的整体学习情况。为了确保评分信度,除了任课教师,另邀请一名有经验的教师对学生上交的学术汇报录像进行单独评分。因两位教师的评分相关性很高(几次评分的皮尔逊相关系数为 0.85—0.93),所以取他们的平均分作为学生的最后成绩。

此外,项目组根据介入教学主题增加评分项目,以探究学生对介入内容的吸收程度和口头汇报质量的提升水平。每次评分得出的成绩都依据100 分制进行换算,方便在同一标准上进行记录。另外,为了更好地观察学生在动态评估过程中每个阶段的具体表现,项目组从研究对象中选出代表性学生,仔细观察他们在每一评估阶段的相关录像内容并进行分析。由此得知学生在动态评估过程中对教师反馈的吸收程度和学术汇报的细节变化。

### 4.2.2 问卷调查

问卷调查是国内外研究中常用的研究方法。为了解本研究学生对课程学习效果和评估模式的意见和建议,每次介入教学和反馈完成后,在学习平台上给学生发放问卷进行调查。问卷分为两个部分,第一部分为李克特五级量表,第二部分为简答题。李克特五级量表中的内容主要涉及对学术英语口语的认识、情感上的接受度、对介入的反馈、对教师评价的反应等。简答题主要询问遇到的学习困难、对教师评价的反馈、教师评价对自信心和学习动机的影响等。由于每次介入的重点内容不同,该部分围绕介入内容提出针对性的问题。根据问卷调查,教师可以得知介入方法和内容是否合适,在下一次评估过程中进行改进。具体的四份问卷可详见附录9—12。

### 4.2.3 访谈

本研究的后测为多层级三明治动态评估模式的最后一个评估环节。后测结束后,在参加该项教学实验的学生中开展半结构式访谈,以期获得关于该评估模式更多的反馈信息。访谈主要围绕学习困难、不同介入主题的难度、不同介入主题对提高口语产出能力的有效性、对学术汇报态度的变化等展开。详见附录 13 的访谈提纲。

### 4.2.4 微变化研究法

微变化研究是认知心理学领域的新型研究方法,适用于探究认知发展的轨迹和机制,着重研究个人或小组发展过程中的可变性(周瑞枝 2013)。该方法直接观察正在发生的变化,考察变化的不同方面。文秋芳(2003)指出微变化研究方法在二语习得领域有广阔的研究前景。Siegler & Crowley(1991)认为除了发展心理学领域,微变化研究同样适用于研究教师和学生之间或者学生和学生之间如何进行交互以获取新的能力。本研究尝试使用该研究方法深入探究学生口语能力发展过程中的细微变化,以期结合问卷调查、访谈和口头汇报成绩,研究动态评估过程中学生口语能力的发展路径,为其后续学习提出建议。

### 4.2.5　数据分析工具

本研究收集到的数据可分为量化数据和质化数据两类。量化数据主要来自前测、后测、口头汇报和问卷调查;质化数据主要来自微变化研究中两位学生的学术汇报表现和整个教学实验结束后的学生访谈。关于量化数据,使用社会统计软件包 SPSS 26.0 进行分析,包括如下方面:(1)运用描述性统计列出介入教学开始前的学生口头汇报能力情况;(2)运用描述性统计列出学生对动态评估模式介入教学后学习效果的反馈;(3)运用描述性统计对学生在介入教学进行前和完成后的学习情感变化进行比较;(4)运用独立样本 $t$ 检验对学生在介入教学进行前和完成后的口语汇报成绩进行对比分析;(5)运用配对样本 $t$ 检验对高分组学生和低分组学生前测和后测成绩进行对比分析。关于质化数据,对两位学生的学术汇报表现进行深入对比研究,并使用质性分析软件 NVivo12 对收集到的学生访谈信息进行分析,得出学生对多层级三明治动态评估模式应用的实际感受和改进建议。

## 4.3　研究过程

本轮教学实验于 2020 年 3 月至 6 月一个学期共 16 周内进行,每周 2 个学时,共 32 学时,课程教学在线上进行。学生上交的口头汇报需采取录像形式,同时显示讲话人和 PPT。根据动态评估安排,学生需在每次上课前上交录像,使教师有时间进行评估,并在当周的课堂上进行反馈和教学介入。表 5.2.2 显示完整的 16 周教学实验过程。

表 5.2.2　学术英语口语评估实验过程

| 教学周 | 流　程 | 内　　　容 |
|---|---|---|
| 1—2 | 教学指导 | 介绍课程目标、特征和学术英语相关话题 |
| 3 | 测试 1(前测) | 围绕人工智能主题进行小组学术汇报 |
| | 制定目标 1 | 找共性问题:PPT 制作 |
| | 提供反馈 1 | 给学习小组和个人提供 PPT 制作问题的反馈 |

| 教学周 | 流　程 | 内　　容 |
|---|---|---|
| 4 | 支架教学 1 | 在 PPT 制作方面提供教学内容和材料 |
| 5 | 主题教学 | 食品工程 |
| 6 | 测试 2 | 围绕食品工程主题进行小组学术汇报 |
| | 制定目标 2 | 找出共性问题：身体语言 |
| | 提供反馈 2 | 给学习小组和个人提供身体语言问题的反馈 |
| 7 | 支架教学 2 | 在身体语言方面提供教学内容和材料 |
| 8 | 主题教学 | 环境工程 |
| 9 | 测试 3 | 围绕环境工程主题进行小组学术汇报 |
| | 制定目标 3 | 找出共性问题：副语言 |
| | 提供反馈 3 | 给学习小组和个人提供副语言问题的反馈 |
| 10 | 支架教学 3 | 在副语言方面提供教学内容和材料 |
| 11 | 主题教学 | 能源工程 |
| 12 | 测试 4 | 围绕能源工程主题进行小组学术汇报 |
| | 制定目标 4 | 找出共性问题：遗忘之前学习的内容 |
| | 提供反馈 4 | 给学习小组和个人提供 PPT 制作、身体语言和副语言问题的反馈 |
| 13 | 支架教学 4 | 在 PPT 制作、身体语言和副语言方面提供教学内容和材料 |
| 14 | 复习课 | 进行课程听力部分以及口语介入内容的复习 |
| 15 | 听力考试 | 听力考试 |
| 16 | 测试 5（后测） | 每位学生根据自己的专业进行个人学术汇报 |
| | 提供反馈 5 | 给学习小组和个人提供所有学术汇报要点方面的反馈 |

由表 5.2.2 可知,整个教学实验涉及四个阶段的动态评估过程,每个阶段均包含测试、制定目标、提供反馈和支架教学。每个动态评估阶段夹杂在正常的教学过程中,使学生在分阶段完成主题教学任务的同时,明确各评估重点,并掌握教师反馈和支架教学内容。以第一次动态评估阶段为例,在第三周课前完成测试 1 后,教师查看学生上交的小组学术汇报录像,发现共性问题在于 PPT 制作方面。因此教师把教学目标 1 制定为 PPT 制作,并在第三周上课时针对学生的录像提供反馈信息。在第四周上课时,教师针对 PPT 制作开展支架教学,主要内容为如何制作高质量的学术汇报 PPT。第一阶段动态评估过程完成后,学生进行下一个学术汇报(测试 2),并进入第二阶段动态评估过程。第三阶段和第四阶段的动态评估过程亦是如此。一直到最后一次上课前,学生提交作为后测的个人学术汇报,教师在最后一次课上进行反馈,整体梳理学术汇报要点,帮助学生夯实学习效果。

## 5. 数据分析与讨论

### 5.1 量化分析

本研究构建了多层级三明治动态评估模式,应用于 67 位理工科大学生的学术英语听说课堂,通过对比分析教学实验前后学生学术英语口语能力的变化,以及该模式在实施过程中对学生的影响,研究其有效性。在量化数据部分,主要针对 A、B、C、D 四套调查问卷和口语能力测试结果进行分析。

#### 5.1.1 对学生学术英语口语认知的影响

在多层级三明治动态评估模式的应用过程中,共实施了四次有针对性的介入,分别是 PPT 制作、身体语言、副语言、上述三项综合。为了征集学生对教师评价和评分标准的主观态度,项目组设计了 A、B、C、D 四份问卷,并在四次介入课程后,给学生充足的时间完成线上问卷调查。使用 SPSS 26.0 测算四份问卷的信度,得出克伦巴赫 $\alpha$ 系数分别为 0.90、0.99、1.00 和 0.96,均超过 0.9,表明较高的信度系数。

四份问卷中的如下描述语与学生对学术英语口语的认知有关,分别为 A2、A3、B2、B3、C2、C3 和 D2,表 5.2.3 显示平均分统计结果。

表 5.2.3　学生对学术英语口语的认知

| 问卷 | 描　　　述　　　语 | 平均分 |
|---|---|---|
| A | A2：学术汇报对于我的专业学习很重要。 | 4.07 |
| | A3：通过这次课程，我发现汇报时的 PPT 很重要。 | 4.42 |
| B | B2：学术汇报对于我的专业学习很重要。 | 4.10 |
| | B3：通过这次课程，我发现汇报时的身体语言很重要。 | 4.48 |
| C | C2：学术汇报对于我的专业学习很重要。 | 4.13 |
| | C3：通过这次课程，我发现汇报时的语音语调很重要。 | 4.42 |
| D | D2：学术汇报对于我的专业学习很重要。 | 4.18 |

　　表 5.2.3 显示，描述语 A2、B2、C2 和 D2 内容相同，探究学生是否随着动态评估模式的进行对学术英语口语重要性的认知有所改变。四条描述语的平均分分别为 4.07、4.10、4.13 和 4.18，显示上升趋势，表明随着评估模式的进行，学生越来越觉得学术英语口语重要。描述语 A3、B3 和 C3 显示不同的介入主题，考查学生对学术汇报不同方面的重视程度。三条描述语的平均分分别为 4.42（PPT 制作）、4.48（身体语言）和 4.42（副语言）。从三条描述语的高平均分来看，大部分学生对它们持非常重视的态度。

### 5.1.2　对学生情感的影响

　　本次教学实验共进行了四次介入教学。前三次分别有针对性地围绕 PPT 制作、身体语言和副语言展开，而第四次是进行总结和复习。因此，本节对第一次介入教学后的问卷 A 和第三次介入教学后的问卷 C 数据进行对比分析，探究多层级三明治动态评估模式对学生情感和学习动机的影响。在问卷 A 和问卷 C 中均有七条描述语，询问多层级三明治动态评估模式对学生情感变化的影响，例如是否对开展学术汇报感兴趣、对学术汇报的满意度等。选项 5（完全同意）和选项 4（同意）显示学生同意该描述语，选项 1（完全不同意）和选项 2（不同意）显示学生不同意该描述语，而选项 3（一般）表示学生持摇摆不定的态度。表 5.2.4 和表 5.2.5 分别显示两套问卷中学生对相关描述语各个选项的选择情况。

表 5.2.4　问卷 A 中学生对学术英语口语的情感

| 描　述　语 | 1(%) | 2(%) | 3(%) | 4(%) | 5(%) | 平均分 |
|---|---|---|---|---|---|---|
| A1：我喜欢用英语进行学术汇报。 | 0.0 | 4.4 | 40.3 | 46.3 | 9.0 | 3.60 |
| A5：我发现做英语学术汇报很有趣。 | 0.0 | 7.5 | 50.7 | 28.4 | 13.4 | 3.48 |
| A6：我对本次的汇报很满意,也有信心下次会做得更好。 | 0.0 | 4.0 | 29.9 | 52.7 | 13.4 | 3.75 |
| A7：有同伴和我一起完成学术汇报,我感到很愉快。 | 0.0 | 3.0 | 19.4 | 43.3 | 34.3 | 4.09 |
| A9：我喜欢得到教师的评价和成绩的发布。 | 0.0 | 3.0 | 25.4 | 53.7 | 17.9 | 3.87 |
| A13：我喜欢教师对汇报进行分项打分。 | 0.0 | 0.0 | 25.4 | 50.7 | 23.9 | 3.99 |
| A15：我喜欢教师在评价中肯定我的优点。 | 0.0 | 0.0 | 17.9 | 49.3 | 32.8 | 4.15 |

　　由表 5.2.4 中 A1 的数据可知平均分为 3.60,其中只有 55.3%的学生表示喜欢开展英语学术汇报,40.3%的学生态度不明确,而 4.4%的学生表示不喜欢开展英语学术汇报。A5 的数据显示平均分为 3.48,其中只有 41.8% 的学生对学术汇报感兴趣,而大部分学生不感兴趣或态度不明确。A6 的数据显示平均分为 3.75,其中 66.1%的学生表示对此次上交的学术汇报很满意,并有信心下次取得更大的进步。A7 询问学生对小组合作的看法,平均分为 4.09,77.6%的学生表示乐于同其他同学合作完成学术汇报。A9、A13 和 A15 询问教师评分和评价对学生的影响,平均分为 3.87、3.99 和 4.15。其中,71.6%的学生同意或完全同意教师对学术汇报进行评价并发布成绩,74.6%的学生对教师分项评分表示赞同,82.1%的学生对教师在评价时肯定他们的优点表示满意。

　　对问卷 A 的数据分析显示,学生在教学实验初期对英语学术汇报的热情并不是很高。然而,大部分学生愿意与同学合作完成学术汇报任务,超过 70%的学生同意教师的评分方式,并希望得到教师的认可。

表 5.2.5 问卷 C 中学生对学术英语口语的情感

| 描　述　语 | 1(%) | 2(%) | 3(%) | 4(%) | 5(%) | 平均分 |
|---|---|---|---|---|---|---|
| C1：我喜欢用英语进行学术汇报。 | 0.0 | 0.0 | 22.4 | 44.8 | 32.8 | 4.10 |
| C5：我发现做英语学术汇报很有趣。 | 0.0 | 1.5 | 32.8 | 41.8 | 23.9 | 3.88 |
| C6：我对本次的汇报很满意，也有信心下次会做得更好。 | 0.0 | 0.0 | 19.4 | 53.7 | 26.9 | 4.07 |
| C7：有同伴和我一起完成学术汇报，我感到很愉快。 | 0.0 | 0.0 | 6.0 | 55.2 | 38.8 | 4.33 |
| C9：我喜欢得到教师的评价和成绩的发布。 | 0.0 | 0.0 | 16.4 | 46.3 | 37.3 | 4.21 |
| C13：我喜欢教师对汇报进行分项打分。 | 0.0 | 0.0 | 19.4 | 46.3 | 34.3 | 4.15 |
| C15：比起之前，我更能接受教师在评价中提出我的需改进之处。 | 0.0 | 0.0 | 4.4 | 47.8 | 47.8 | 4.43 |

由表 5.2.5 中 C1 的数据可知平均分为 4.10，其中 77.6% 的学生表示喜欢开展英语学术汇报，比表 5.2.4 中 A1 的 55.3% 超出 22.3%，平均分相应增长 0.5。对英语学术汇报的兴趣（第 5 条描述语）也从问卷 A 的 41.8% 上升到问卷 C 的 65.7%，平均分相应增长 0.4。描述语 C6 显示，80.6% 的学生表示对此次上交的学术汇报很满意，并有信心下次取得更大的进步，相较问卷 A 上升了 14.5%，平均分相应增长 0.32。C7 显示学生对小组合作的认可度高达 94.0%，相较问卷 A 上升了 16.4%，平均分相应增长 0.24。C9 和 C13 的平均分为 4.21 和 4.15，比问卷 A 该两条描述语的平均分分别增长 0.34 和 0.16。具体而言，83.6% 的学生同意教师对学术汇报进行评价并发布成绩，80.6% 的学生对教师分项评分表示赞同。问卷 C 中的描述语 15 与问卷 A 中的描述语 15 有所不同，从"我喜欢教师在评价中肯定我的优点"变化为"比起之前，我更能接受教师在评价中提出我的需改进之处。"这一改变的目的是探究教师对学生正面和负面的评价是否都能得到学生情感上的认可。C15 的平均分为 4.43，其中 95.6% 的学生对教师提出他们英语学术汇报中的不足之处表示接受。

对比问卷 A 和问卷 C 的数据可知,随着多层级三明治动态评估模式在教学实验中的推进,学生对英语学术汇报的兴趣在逐步增长。学生对自身学术汇报作品的满意度有所增加,并有信心完成下一次学术汇报。对教师评分方式的认可度也有所增加。

### 5.1.3　学生对多层级三明治动态评估模式的评价

问卷 A 和问卷 C 中均有五条描述语与多层级三明治动态评估模式的应用相关,包括制定目标、提供反馈和支架教学。表 5.2.6 反映问卷 A 和问卷 C 中相关描述语的对比情况。

**表 5.2.6　问卷 A 和问卷 C 中学生对多层级三明治动态评估模式的评价**

| 描　述　语 | 项目 | 1(%) | 2(%) | 3(%) | 4(%) | 5(%) | 平均分 |
|---|---|---|---|---|---|---|---|
| 我喜欢汇报前教师提供的资料和表达方式。 | A4 | 0.0 | 0.0 | 14.9 | 64.2 | 20.9 | 4.06 |
| | C4 | 0.0 | 0.0 | 3.0 | 52.2 | 44.8 | 4.42 |
| 教师的评价使我反思这次汇报的不足。 | A10 | 1.5 | 1.5 | 6.0 | 43.3 | 47.7 | 4.34 |
| | C10 | 0.0 | 0.0 | 4.5 | 47.8 | 47.7 | 4.43 |
| 课堂上教师的讲评有助于提高我的汇报水平。 | A11 | 0.0 | 1.5 | 9.0 | 47.8 | 41.7 | 4.30 |
| | C11 | 0.0 | 0.0 | 3.0 | 47.8 | 49.2 | 4.46 |
| 在准备下一次汇报时,我会特别注意教师提出的意见。 | A12 | 0.0 | 0.0 | 6.0 | 41.8 | 52.2 | 4.46 |
| | C12 | 0.0 | 0.0 | 3.0 | 43.3 | 53.7 | 4.51 |
| 我会根据教师告知的评分标准调整我的汇报。 | A14 | 0.0 | 1.5 | 9.0 | 40.3 | 49.2 | 4.37 |
| | C14 | 0.0 | 0.0 | 9.0 | 49.3 | 41.7 | 4.33 |

问卷 A 和问卷 C 的第 4 条描述语与支架教学相关,教师为学生提供教学资料和表达方式,帮助学生构建基本的学术汇报知识结构。在问卷 A 中,85.1%的学生认可教师提供的支架教学资料,另有 14.9%的学生对此不确定。在问卷 C 中,只有 3.0%的学生对此持不确定态度,97.0%的学生认可教师提供的支架教学资料。对比两套数据可知,在教学实验初期,学生可能不理解或不知道如何使用教师提供的支架教学资料。随着教学实验

的开展,他们有能力使用教师提供的支架教学资料和学术汇报表达方式,提高学术汇报成绩,因而对支架教学更为认可,因而平均分也从问卷 A 的 4.06 上升到问卷 C 的 4.42。

描述语 10 和描述语 11 与提供反馈相关。根据问卷 A 中描述语 A10 的数据分析可知,91.0%的学生认为他们可以根据教师讲评找到学术汇报中的不足之处,表明大部分学生在多层级三明治动态评估模式教学实验的初期就能快速找到学术汇报中的弱点,反映了该阶段反馈的有效性。问卷 C 中第 10 条描述语的平均分 4.43 与问卷 A 中的 4.34 差别不大,但 95.5% 的学生对该描述语表示赞同,比问卷 A 增长了 4.5%,表明随着教学实验的推进,学生认识学术汇报弱点的能力也在同步提升。根据问卷 A 中描述语 A11 的数据分析可知,89.5%的学生认为教师在课堂上的讲评有助于提高他们的学术汇报水平,问卷 C 中描述语 C11 的该数据增长到 97.0%,表明获得了更多学生的认可,而平均分也相应提升了 0.16。

描述语 12 和描述语 14 与制定目标相关,问卷 A 和问卷 C 在这两条描述语上的平均分相近,需进一步分析不同选项的情况。描述语 12 询问学生在准备下一次学术汇报时,是否会关注教师提出的反馈意见。对比问卷 A 和问卷 C 中该条描述语的数据可知,不确定比例从 A12 的 6.0%下降到 C12 的 3.0%,同意人数从 A12 的 94.0%上升到 C12 的 97.0%。关于描述语 14,问卷 A 中 89.5%的学生表示会根据教师的评分标准对学术汇报进行调整,而问卷 C 中有 91%的学生对此持肯定态度。

对比问卷 A,问卷 C 中所有与多层级三明治动态评估模式评价相关描述语的同意比例都有上升趋势,表明学生在教学实验过程中,对该评估模式的认可度逐步上升。

### 5.1.4  多层级三明治动态评估模式对学生成绩的影响

本研究在教学实验开始前和结束后分别进行前测和后测。前测形式为根据"人工智能"主题进行小组学术汇报;后测形式为围绕自己的专业进行个人学术汇报。汇报时间均为五分钟左右,要求制作 PPT 进行辅助。学生把汇报全程录像后上传教学平台,供两位教师评分。由于评分员间信度大于 0.7,取两位教师的平均分作为学生得分。前测的评分点和比重为内容结构(40%)、小组合作(30%)和 PPT 制作(30%),满分 100 分;后测的评分点和比重为内容结构(40%)、PPT 制作(30%)、身体语言(10%)和副语言(10%),满分 90 分,根据学生的得分换算成 100 分制,方便与前测成绩进行比较。表 5.2.7 显示前测和后测的成绩对比。

### 表 5.2.7　学术英语口语评估前测和后测成绩对比

| 测　　试 | 平均分 | 最高分 | 最低分 | 显著值 |
|---|---|---|---|---|
| 前　　测 | 84.89 | 90.0 | 82.0 | .000 |
| 后　　测 | 90.40 | 95.0 | 79.0 | |

表 5.2.7 显示,学生前测平均分为 84.89,后测平均分为 90.40,增长了 5.51 分。配对样本 $t$ 检验结果显示存在统计意义上的差距($t=4.508$, $p<0.01$)。虽然经过一个学期的学习,学生学术汇报的成绩有所提高是正常的,但从深层次挖掘原因不难发现,本研究中使用了比较严格的学术汇报分项评分表,学生根据不同的评估维度注重学术汇报质量的提高。另外,随着多层级三明治动态评估模式在教学实验中的滚动式运用,学生的学习兴趣、学习动机和学习自觉性均得到了有效提高,他们对教师反馈和介入教学材料的接受程度也在不断提高,因而提升了学术汇报的整体水平。

如上文所言,每一轮动态评估都有一个主题。教师发现学生学术汇报中的共性问题,寻找介入教学主题,相应修改评分标准。教学实验中发生的三次小组学术汇报评估标准在内容结构、小组合作两个主要评分点外,分别叠加了 PPT 制作、身体语言和副语言三个评分点。表 5.2.8 显示各评分点在不同学术汇报上的平均分。表 5.2.9 显示各评分点在相邻测试中所得平均分的威尔科克森符号秩检验 $p$ 值情况。

### 表 5.2.8　学术英语口语评估各评分点平均分

| 评分点 | PPT1 | PPT2 | PPT3 | PPT4 | PPT5 | BL3 | BL4 | BL5 | PL4 | PL5 |
|---|---|---|---|---|---|---|---|---|---|---|
| 平均分 | 83.31 | 87.36 | 90.03 | 92.51 | 94.08 | 74.43 | 69.43 | 89.96 | 90.33 | 93.24 |

注:PPT1/2/3/4/5 = 第一次至第五次测试的 PPT;BL 3/4/5 = 第三次至第五次测试的身体语言;PL 4/5 = 第四次和第五次测试的副语言

### 表 5.2.9　学术英语口语评估相邻测试中各评分得分对比

| | PPT1 - PPT2 | PPT2 - PPT3 | PPT3 - PPT4 | PPT4 - PPT5 | BL3 - BL4 | BL4 - BL5 | PL4 - PL5 |
|---|---|---|---|---|---|---|---|
| 威尔科克森符号秩检验显著值 $p$ | .000 | .000 | .000 | .000 | .158 | .000 | .000 |

注:PPT1/2/3/4/5 = 第一次至第五次测试的 PPT;BL 3/4/5 = 第三次至第五次测试的身体语言;PL 4/5 = 第四次和第五次测试的副语言

根据表 5.2.8 和表 5.2.9 可知,第一次至第五次学术汇报测试中的 PPT 制作平均分呈稳步上升态势,且四对相邻测试中的平均分存在统计意义上的显著差异($p<0.01$),表明每一次测试中的 PPT 制作得分显著高于前一次。由于测试 1(即前测)后教师对学生 PPT 制作方面提供了反馈信息和相关内容的支架教学,学生在测试 2 中的 PPT 制作得分有了 4 分多的大幅度提高,平均分从 83.31 提高到 87.36。相比之下,测试 3 至测试 5 的三次 PPT 制作成绩提高比较稳定,均在 2 分左右。表明即使教师没有进一步介入 PPT 制作教学,学生已经掌握了相关要求,有能力将所学知识和能力进行迁移,持续提高该项能力。测试 3 后教师对身体语言方面提供了反馈信息和相关内容的支架教学。然而,相较于测试 3 身体语言 74.43 的平均分,测试 4 的平均分反而下降至 69.43。虽然这一对相邻测试中的平均分不存在统计意义上的显著差异,这一反常现象仍需引起注意。深入分析原因后发现,因课程安排较为紧凑,在上交测试 4 学术汇报录像前,教师已经进行了副语言的介入教学。由于身体语言和副语言都是学生很陌生的评分点,很难同时掌握,因而在准备测试 4 时,一部分学生把更多的注意力放到刚刚学会的副语言上,而遗忘了身体语言的介入教学内容。学生在测试 4 副语言评分点高达 90.33 的平均分从另一方面也验证了刚刚完成相关支架教学的学生对副语言的掌握较好。在测试 5(后测)进行之前,教师总结了所有的介入主题内容并再一次强调了评分标准中所有的评分点。因此,测试 5 中身体语言和副语言这两个评分点的平均分都显著高于测试 4($p<0.01$)。

### 5.1.5 讨论

本节中对问卷调查和测试成绩的量化分析展示了多层级三明治动态评估模式在应用于课堂教学时对学生提升学术英语口语能力产生的作用。

(1)提升学生对学术英语口语的认知

在教学实验开始时,学生对学术英语口头汇报的认知非常模糊,不知该如何进行准备。分项制定的评分标准把学术英语口头汇报的重要评分点都清晰展示出来,供学生确定分项学习目标。另一方面,该评分标准也把教师的教学过程切分为不同主题,关注不同的侧重点,在每次介入教学时只围绕一个评分点进行详细讲解,确保学生能有效掌握并运用到自己的学术汇报中。

(2)促进教与学的双赢

动态评估理论强调评价和教学的统一性,认为对学生能力的完整评价需要教学介入,以此促进学生能力的发展。反之,为了使教学能够指导学生的发展,教师必须全面衡量学生的能力。因此,评价和教学成为以学生发展为导向的辩证统一体。以口语动态评估标准为例,完整描述学生的口头表达能力不仅依靠对某一个口语行为的表现进行观察,而且需要在学生学习口语的过程中开展特定的介入教学活动或社会交互活动。在本研究中,教师通过教学介入活动,敏锐判断学生的学术汇报能力,根据共性问题设计下一阶段的支架教学内容;学生在每个教学环节的表现反过来即时验证教师介入教学的有效性,促使教师持续改进介入教学活动的设计。事实表明,该评估模式在教学的两个方面都进行了评价,因而促进了教与学的持续发展。

（3）增加学生的学习动力

多层级三明治动态评估模式增加了学生对课程内容和评价方式的注意力,实现了评估过程中阶段性目标和长远目标的结合。口语动态评估使学生明确了学习目标、增加了寻求高分的积极性、带着阶段性学习目标接受阶段性挑战,整个学期都保持学习兴趣,对学习本身起到了正面作用。同时,每一次学术汇报测试都有评分标准和明确的评分点,可以减少学生在准备学术汇报时的困惑和焦虑。另一方面,教师在每次学术汇报测试后提供的即时反馈和对下一次学术汇报测试的明确要求也敦促学生积极准备,更好地完成学习任务。

## 5.2 质化分析

质化分析的数据来源于两位学生整个教学实验过程中学术汇报的表现和教学实验全部结束后对所有学生的访谈。前者使用微变化研究法进行分析,后者使用 NVivo12 软件进行分析。

### 5.2.1 微变化研究

在本轮教学实验过程中,学生不仅呈现学术汇报的共性问题,也反映出很多个性问题。为了深入研究不同能力学生在整个教学过程中学术汇报能力的变化,本研究选取前测中得分最高学生(得分 90)和最低学生(得分 72)作为研究对象,在征求他们的同意后开展微变化研究。他们分别是女生(代号为学生 H)和男生(代号为学生 L)。项目组根据两位同学的学术汇报录像、问卷调查和访谈内容进行微变化研究。为了同时观察个人汇报和 PPT 制作的情况,要求演讲者和 PPT 同时出现在画面中。本节将分四个阶段进行阐述。

### 5.2.1.1 第一阶段 测试1（前测）—介入1—测试2

测试1要求学生围绕人工智能主题开展小组学术汇报，评估涵盖三个评分点：内容结构（40%）、小组合作（30%）和PPT制作（30%）。评分要求分别为：主题清晰、结构完整、学术阐述能吸引观众的注意力；小组成员之间的分工均衡、衔接流畅、表达风格一致；PPT布局合理、主要信息突出、无文字错误。以下为学生H和学生L在测试1中的表现。

学生H

学生H所在的小组共有四位成员。第一位成员介绍人工智能的起源、目标、分类和历史。学生H作为第二位成员介绍人工智能的实际应用，特别突出其模式识别功能的意义、现状和前景。第三位成员介绍人工智能对交通的影响，例如管理交通和预测延误。第四位成员介绍人工智能在未来制造业的运用、对人类生活的影响以及涉及的伦理问题。整个学术汇报结构严谨、内容充实，学生能够结合自身专业进行详细阐述，能够吸引观众的注意力。在四位小组成员中，学生H在内容和结构上的表现最为突出。

在小组合作方面，虽然学生A在测试1结束后的问卷A中对描述语A7（有同伴和我一起完成学术汇报，我感到很愉快。）和A8（和同伴讨论有利于学术汇报的准备。）都选择5（完全同意），但在小组学术汇报录像中，并没有在开始发言时感谢上一位学生和介绍自己，也没有在结束自己的发言时，介绍后面的小组成员。表明她虽然重视小组合作，但在进行小组学术汇报时缺乏正确的衔接技巧。教师在测试1后的个人介入环节，向学生H提出了上述问题，以帮助她在下一次汇报中有所改进。

由于教师在测试1中发现的共性问题是PPT制作，因而在课堂介入1的支架教学部分着重讲授学术汇报PPT的制作方法。下文将阐述学生H在测试1中呈现的PPT，以及完成介入1后在测试2中呈现的PPT，研究第一轮动态评估对该学生在PPT制作方面的影响。在测试1中，学生H制作的PPT主题与学术汇报主题完全一致，且显示强大的技术感（见图5.2.5）。学生H的PPT布局清晰，首页是目录，能引导观众了解汇报的结构。每一页都显示关键词，能突出该部分重点。缺点是存在文字堆砌现象，且字体和风格与前一位学生存在较大的差异，削弱了小组学术汇报的整体感。在学术规范性上，虽然在概念部分引用了专家的定义，但没有给出文献来源。

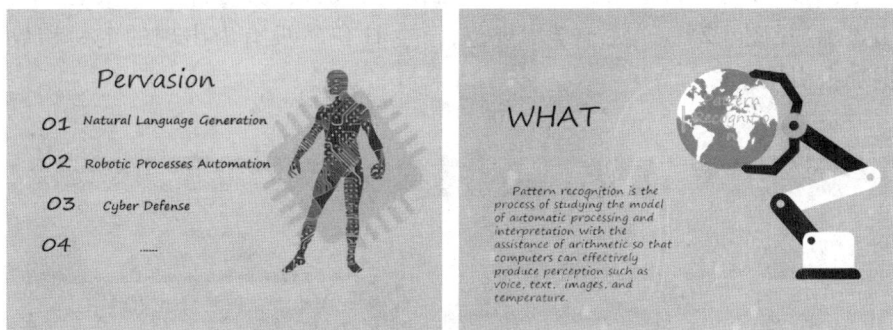

图 5.2.5　学生 H 在测试 1 中的 PPT

在介入 1 中，教师除了向学生 H 指出了 PPT 制作上的个性化问题，还在课堂支架教学中呈现了 PPT 制作的共性问题，并提供如下解决方案。PPT 的封面页会给观众留下第一印象，需明确标出汇报标题，并加上汇报人、汇报时间、学校标识等个性化要素。另外，需增加结束页，感谢观众并留下汇报人的联系方式。PPT 内部逻辑需清晰明了，要有目录页和衔接页，方便观众通过 PPT 了解学术汇报的主要脉络。学生应关注学术规范问题，凡是引用均需标出来源，引用格式需规范且在末尾加上参考文献页。PPT 的风格和主颜色需简约大气。不建议增加动画和声音，否则会降低学术性，也会在实际汇报时增加翻页的难度。PPT 是学术汇报的视觉辅助工具，不能大段复制汇报文本中的内容。为了让观众更好地接受学术汇报的主要内容，建议将其作为提纲罗列在 PPT 中。在介入 1 时，教师播放了 PPT 制作较好和较差的小组学术汇报录像，并进行细致点评，让学生对优点和不足都有感性认识，帮助学生提升 PPT 制作能力。

问卷调查 A 中有关于教师介入 1 的简答题。学生 H 认为从情感上来说，她可以接受教师的讲评，但"希望下次播放录像时，只播放汇报好的小组录像，不播放汇报不好的小组录像"。该建议表明学生 H 不太接受教师在课堂教学这一公众场合中直接指出学生犯的错误，因而教师在下一次的介入和反馈中应特别注意方式方法。

在测试 2 的 PPT 制作中，学生 H 的 PPT 风格仍然与其他小组成员不一致。究其原因主要是教学在线上进行，学生缺乏面对面的沟通机会。但在 PPT 质量上面，有了很大改进。首先，学生 H 在 PPT 中加入结构图呈现学术汇报中的要点,也减少了文字的堆砌。其次,在关键部分加粗进行突出显示(见图5.2.6)。关于学术规范,学生 H 仍然没有为出现的定义和数据加上引用来源。

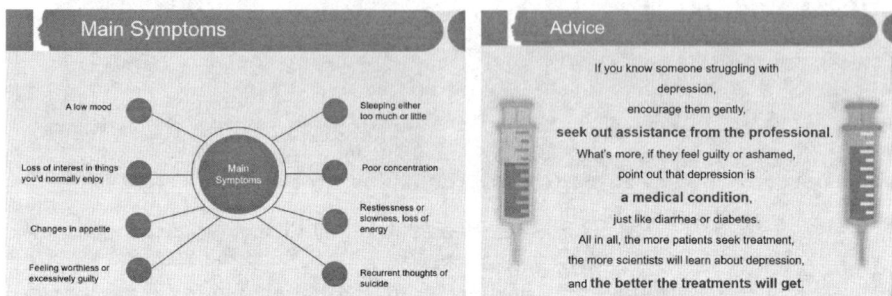

**图 5.2.6 学生 H 在测试 2 中的 PPT**

学生 L

学生 L 所在小组的学术汇报主题是 5G。该小组有四名成员,分别从发展历史、5G 的定义和特征、5G 在中国的发展和应用、5G 的未来发展前景四个方面进行阐述。第一位成员向观众介绍实物手机,可以很好地吸引观众的注意力。第二位和第三位成员分别介绍 5G 的定义、特征、在中国的发展和应用。学生 L 是小组中的最后一名成员,介绍 5G 的未来发展和应用前景。整个学术汇报内容充实并提供了大量的数据,学术性较强,但错误较多。

在小组合作方面,学生 L 在测试 1 结束后的问卷 A 中对描述语 A7(有同伴和我一起完成学术汇报,我感到很愉快。)和 A8(和同伴讨论有利于学术汇报的准备。)都选择 5(完全同意)。作为该小组学术汇报的最后一位成员,学生 L 没有进行自我介绍,也没有对前面三位成员的汇报进行简要总结。教师在测试 1 后的个人介入环节,向学生 L 提出了上述问题,以帮助他在下一次汇报中有所改进。

下文将阐述学生 L 在测试 1 中呈现的 PPT,以及完成介入 1 后在测试 2 中呈现的 PPT,研究第一轮动态评估对该学生在 PPT 制作方面的影响。在测试 1 中,学生 L 制作的 PPT 非常美观,且风格与其他小组成员保持一致。关于学术规范,PPT 上没有呈现定义和数据的引用来源。该学生 PPT 的最大问题在于将汇报文字全部复制粘贴到 PPT 上,在汇报时直接朗读

（参见图5.2.7）。虽然在PPT上应出现学术汇报的主要内容以方便观众理解，但在PPT页面出现成段的文字并不能突出重点，无法帮助观众理解主要内容，影响汇报效果。

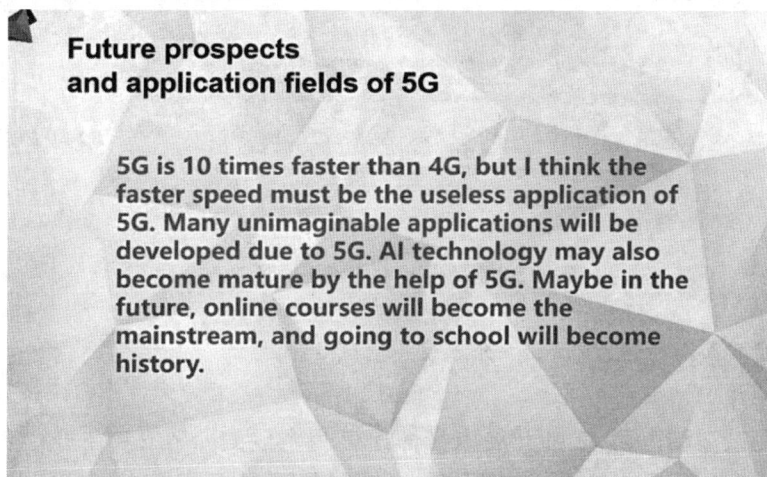

**Future prospects
and application fields of 5G**

5G is 10 times faster than 4G, but I think the faster speed must be the useless application of 5G. Many unimaginable applications will be developed due to 5G. AI technology may also become mature by the help of 5G. Maybe in the future, online courses will become the mainstream, and going to school will become history.

图 5.2.7　学生 L 在测试 1 中的 PPT

在介入 1 中，教师向学生 L 指出了 PPT 制作上的个性化问题，并提供了解决方案。另外，在课堂支架教学中，教师还呈现了 PPT 制作的共性问题，并提供了解决方案（因与学生 H 相应部分相同，此处不再赘述）。关于问卷 A 中有关于教师介入 1 的简答题，学生 L 回答道："教师评价与我的问题完全匹配，不会打击我的学习积极性。教师给出的评价和改进建议可以帮助我了解这次学术汇报的问题和改进方法。我相信下次会做得更好。"表明教师介入没有挫伤学生 L 的学习热情，反而激发了他提高下一次学术汇报质量的信心。学生 L 进一步指出"教师在课堂上提供的指导和建议都非常详细，教师播放汇报做得好的同学的录像也让我能更好地进行学习。"表明除了教师的口头指导，学生 L 也需要从同学处学习优点并加以模仿。

在测试 2 的 PPT 制作中，学生 L 没有大段堆砌汇报文字，转而呈现主要内容，使 PPT 重点突出。同时，他将主要内容进行分类并用数字加以排列（参见图 5.2.8）。关于学术规范，学生 L 仍然没有为出现的定义和数据加上引用来源。

**229**

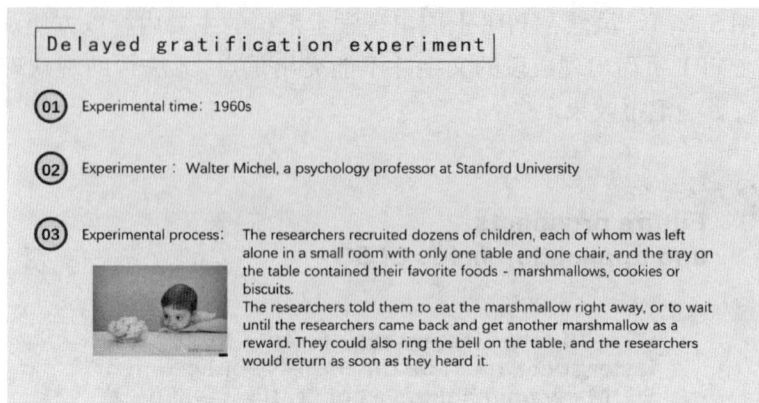

図 **5.2.8** 学生 **L** 在测试 **2** 中的 PPT

### 5.2.1.2 第二阶段 测试 2—介入 2—测试 3

学生 H

测试 2 结束后,教师开展以身体语言为主题的介入 2。在进行介入 2 的反馈和支架教学之前,教师再次总结了测试 2 中仍然存在的 PPT 制作问题,例如学生 H 仍然缺失的资料引用来源。在向学生 H 提供身体语言反馈时,教师首先肯定了该学生丰富的身体语言。她能够脱稿进行阐述,并用意义丰富的手势语进行辅助。如图 5.2.9 所示,当她讲到"精神问题"(mental illness)时,用手指着头部;当她讲到"它至少持续两周"(It lingers

mental illness

It lingers for at least two consecutive weeks.

图 **5.2.9** 学生 **H** 在测试 **2** 中的身体语言

for at least two consecutive weeks.）时，伸出两根手指强调"2"这个数字。与此同时，学生 H 在身体语言方面也存在一些小问题，如出现经常性的摆手、很多无意义的无意识手势等。相反，当学生 H 不做任何手势时，将双手放在腹部，则可保持端正的身体姿势。另外，学生 H 能与观众保持一定的眼神交流，但也经常看着 PPT 内容，有些不自然。提供反馈后，教师在身体姿势、眼神交流、面部表情和手势使用四方面给出了建议。

如图 5.2.10 所示，学生 H 在测试 3 中的身体语言有了很大改进。首先，她将非正式 T 恤衫更换成正式的白色衬衣。其次，她保留了有意义的手势，并减少了无意义的摆手动作。另外，不需要手势时，学生 H 根据教师的建议将两手交叉放在腹部，同时挺直身体保持庄重的站立姿势。在眼神交流方面，学生 H 始终保持看着观众，没有去看 PPT。

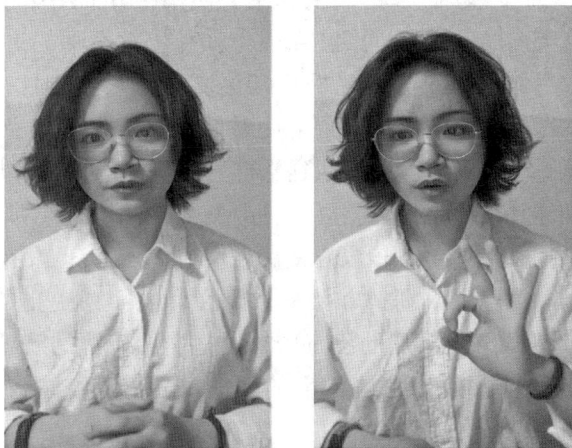

图 5.2.10　学生 H 在测试 3 中的身体语言

在测试 3 结束后的问卷 B 的简答题中，学生 H 对教师的讲评指导表示肯定。她说道："老师说的是对的，我很高兴能得到老师的表扬，也看到了自己的不足之处。"关于与上次学术汇报相比取得的进步，学生 H 指出主要是减少了很多无意义的手势，但在一些关键内容上增加了表示强调意义的身体语言。她认可身体语言的准确使用对英语学术汇报非常重要，所以愿意挑战自己，争取取得更好的汇报效果。

由此可见，学生 H 理解了教师在介入 2 中提供的反馈和建议，并及时修正了自己身体语言的使用。然而，虽然教师已两次提出需要增加资料引用来源，但学生 H 在测试 3 的 PPT 中仍然没有在这方面有所改进。可能的原因是该学生只是本科二年级，还没有机会正式撰写学术论文，所以没有相关学术规范意识，纠正起来比较困难。反观身体语言，由于教师的反馈和建议都比较直观，学生 H 也非常认可，而且教师的称赞促进了学生的学习积极性，因而主观上愿意接受自身存在的不足，并勇于改进。

学生 L

如前文所言，介入 2 的主题是身体语言。在进行介入 2 的反馈和支架教学之前，教师再次总结了测试 2 中仍然存在的 PPT 制作问题，例如学生 L 仍然缺失的资料引用来源。在提供反馈时，教师首先肯定了该学生在 PPT 文字内容上的改进，然后围绕身体语言进行评价。在学术汇报过程中，学生 L 采取坐姿，身穿整洁的服装，但没有运用身体语言进行辅助。学生 L 与观众没有眼神交流，而是全程看着 PPT。进行上述问题的反馈后，教师在身体姿势、眼神交流、面部表情和手势使用四方面给出了建议。

在测试 3 结束后的问卷 B 的简答题中，学生 L 对教师的讲评指导表示肯定。他说道："身体语言对学术汇报非常重要，我同意老师指出的不足之处，也会加强练习。"然而，他也指出："老师教的在演讲中增加身体语言的方法实际上很难模仿。等到之后我们回到学校上课，我看到老师和其他同学怎么做，估计学起来会快一些，我也会更关注这一点，让我的汇报质量更高。"与测试 2 类似，在测试 3 中，学生 L 没有使用任何身体语言，也没有看着观众。

总结而言，学生 L 可以理解并接受教师在介入 2 中提出的反馈意见。关于在测试 1 和测试 2 中出现的没有增加资料引用来源的问题，学生 L 在测试 3 中进行了改进。关于身体语言的问题，虽然学生 L 认识到其重要性，并赞同教师提出的改进意见，但他认为在远程教学的情况下，很难模仿并加以改进；因而，在测试 3 中，该学生没有进步（参见图 5.2.11）。

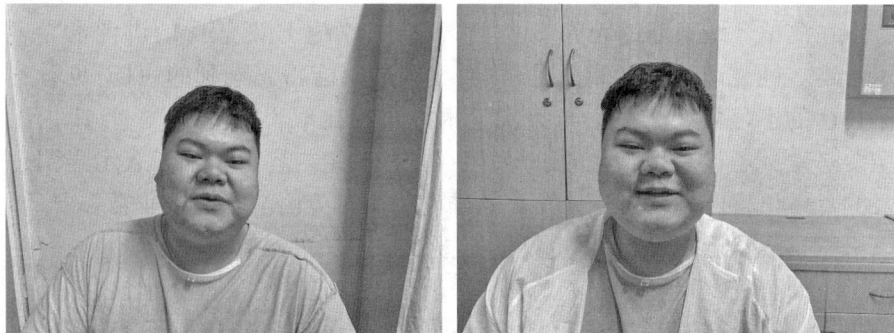

图 5.2.11　学生 L 在测试 2 和测试 3 中的身体语言

### 5.2.1.3　第三阶段 测试 3—介入 3—测试 4

学生 H

在测试 3 完成后进行的介入 3 以副语言为主题,关注学生在学术汇报中的语音语调问题。学生 H 的整体英语水平不错。在学术汇报时,她语音标准、保持稳定的语速,并遵循基本的英语语调规则。所以在介入时,教师表扬了学生 H 的语音语调,并鼓励她继续保持。由于大学阶段早已过了学习外语的关键期(critical age),很难在短时间内提高语音水平,因此教师的支架教学围绕语调展开,反映在如下三个方面。(1)语速:建议学生略微降低汇报语速,一方面体现汇报人的自信心和权威性,另一方面方便观众跟上汇报的节奏。反之,若语速过快,会给汇报人增加压力,而观众也不知所云。(2)停顿:建议学生在句子结束和主要观点结束后进行停顿,使观众能与汇报人保持信息同步。若汇报人有提问的情况,需在问题之后加上停顿,给观众一定的时间进行思考,之后再给出答案。(3)语调:学生需关注英语的基本语调,尤其是在提问和举例时注意语调的变化。

学生 H 在测试 4 中保持了优势。她声音响亮,语速适中,对升调和降调的把握很好。尤其是在举例时,学生 H 能一开始使用升调,在完成最后一个例子后用降调。值得一提的是,学生 H 在测试 4 的 PPT 中增加了资料引用来源。在教师三次提出这方面问题的时候,学生 H 在用到的定义和数据后面加上了引用。

测试 4 结束后的问卷 C 的简答题要求学生回顾对三次教师评价的感受。学生 H 说道:"每次得到老师的改进建议,我都认真学习,并在下一次做得更好。"她认为教师评价对她的自信心、学习兴趣和学习动机有促进作用。

学生 L

学生 L 的汇报语速适中,但由于对汇报内容的熟悉度不够,发生数次在意群内停顿的情况。另外,学生 L 对重音的掌握程度不高,整个汇报过程的语调也比较平淡,没有在合适位置加入升调和降调,容易给观众增加疲劳感。对此,教师给出相应的副语言支架教学内容(同学生 H),此处不再赘述。在测试 4 中,学生 L 汇报声音响亮,语速适中,语调方面也有了很大进步。另外,虽然教师在介入 3 中没有提及学生 L 的身体语言问题,但他在测试 4 中有了改进。查看学生 L 的问卷可以发现,虽然他在家中的线上学习期间难以完全掌握身体语言,但通过观摩教师播放的这方面做得较好同学的学术汇报视频,学生 L 进行了模仿学习,取得了一定成效。且正如学生 L 补充的,"在家里用手机学习和录像效果不太好,我相信回到教室面对面上课后,我会在身体语言方面有更大的进步。"关于语音语调问题,学生 L 在问卷中指出,"改进发音问题需要很长的时间,我不太有信心下一次汇报有很大进步。但我会照着老师教的方法先提升语调。"

学生 L 的进步表明,教师在课堂针对共性问题的支架教学对每一位学生都起到了效果,学生可以据此发现自己的弱点并加以改进。虽然有些方面在短期内无法得到大幅度提升,但学生仍然认真对待,并尝试做出改变。

#### 5.2.1.4 第四阶段 测试 4—介入 4—测试 5(后测)

在测试 4 完成后,教师进行了介入 4 的教学。由于这是本轮教学实验的最后一次介入,学生即将独立完成个人学术汇报,展示各自的英语学术汇报能力,教师在这次介入时总结了每位学生前三次介入的重点内容,供学生进行复习。

学生 H

教师对学生 H 的总体评价为:PPT 制作符合学术汇报主题,文字和配套图片都很丰富,且全部用英文呈现,排版简洁,重点内容突出;汇报时声音响亮,语速适中,能很好掌握语调,能使用恰当的停顿,保持良好的汇报节奏;穿着得体,身体姿势挺拔,能合理使用身体语言辅助汇报。

在测试 5(后测)中,学生 H 围绕自身的传播科技专业进行学术汇报。她首先介绍传播科学的研究基础;然后介绍大范围传播技术的理论基础,尤其是经典的议程设置理论;然后介绍大众传播技术的主要研究方法。学生 H 采取站姿进行学术汇报,穿着正式,显示良好的学术汇报姿态,且能合理运用手势,汇报流畅自然,效果良好。基于她的学术汇报表现,学生 H 获得了高分。

在访谈中,当被问及教学实验过程中遇到的问题以及是否得以解决时,学生 H 回答道:"我一开始喜欢用很多手势。当意识到这个问题后,我在不进行身体移动时,将两手交叉放在腹部,可以有效控制无意识的手势。前两次的小组学术汇报我们几个组员分别准备,没有进行很好的沟通,因而 PPT 的展现形式不一致。老师提出这个问题后,我自告奋勇进行小组汇报 PPT 的设计和最后的统稿工作,就解决了这个问题。"关于教师给出的三个介入主题,学生 H 认为难度不大,且教师的信息反馈和支架教学效果都很好,学生可以掌握。她认为经过整个教学实验的数次学术汇报练习,"能力有了很大提升,感谢老师在每次学术汇报后的细致评价和改进建议"。学生 H 进一步指出:"老师的评价完整,内容丰富,既表扬优点,也指出不足之处,对学生的帮助很大。我每次上交学术汇报录像后,都期待着能得到老师的评价,让我对自己的水平有更清晰的认识,并针对不足之处进行有效改进。"

学生 L

教师对学生 L 的总体评价为:PPT 制作精良,最大的优点是条理清晰;汇报语速适中,表达流畅;身体语言方面存在问题。

在测试 5(后测)中,学生 L 围绕自身的电子工程专业进行学术汇报。他首先运用热点话题引出自己的专业,然后解释该专业涉及社会生活的方方面面,最后总结该专业的重要性。在测试 5 中,学生 L 采取站姿进行汇报,这也是他第一次采取这个姿势,对他而言是个突破。但由于不熟练,他在汇报过程中经常出现身体摇摆的情况,且着装也不够正式。汇报过程较为流畅,发音清晰,使用一些手势进行辅助,也与观众进行了一些眼神交流。虽然学生 L 在学术汇报的各个方面都没有做到最好,但他的每一次汇报相较上一次都有所进步。

在访谈中,当被问及教学实验过程中遇到的问题以及是否得以解决时,学生 L 回答道:"我一开始做学术汇报时非常紧张,PPT 也做得不好。做了几次以后有所改进,尤其是 PPT 越来越好,再也不会发生直接把大段的汇报内容复制粘贴在 PPT 上的情况了。"关于三次介入内容的难点,学生 L 认为 PPT 制作相对简单,身体语言和副语言较难掌握,尤其是在汇报过程中有手足无措之感。他指出:"每次学术汇报时我都不知道把手放在哪儿,感觉整个身体都是僵硬的。如果我关注了身体语言,就不知道该说什么;如果我关注了学术汇报的内容,就会忘了身体语言。两者很难兼顾。但我一直在努力学习其他做得好的同学,希望能有所改善。"关于对学术汇报的态度,学生 L 说道:"一开始我对学术汇报毫无概念,现在知道应该怎么进行了。但感觉进步不大,不过没有一开始那么容易紧张了。我现在知道好的学术汇报并非遥不可及,只要努力学习,勤于练习,一定可以进步的。"

## 5.2.2 学生访谈

本轮教学实验全部结束后,项目组在教学平台上发布访谈问题,要求学生围绕遇到的学习困难、三个介入主题、教学环节、讲评环节、学术汇报学习态度等方面对多层级三明治动态评估模式的应用进行讨论。基于扎根理论,使用质化数据分析软件 NVivo12 构建节点并加以分析和总结,探究学生对学术英语口头汇报的主要态度。通过开放式编码、核心式编码、选择式编码三层数据编码方式,将访谈信息自下而上地加以归纳,形成具有协调关系的不同层面的节点。

　　首先基于学生访谈的原始文本进行开放式编码。通过梳理相关内容，共得到 358 个三级节点和 437 个关联节点。在核心式编码中，三级节点归结为 22 个有概化意义的二级节点，展示影响学生观点的相关因素。对二级节点再一次进行归纳和总结，形成 6 个一级节点，分别是学生反馈、最好的教学活动、态度、任务难度、情感、学习难度（详见图 5.2.12）。

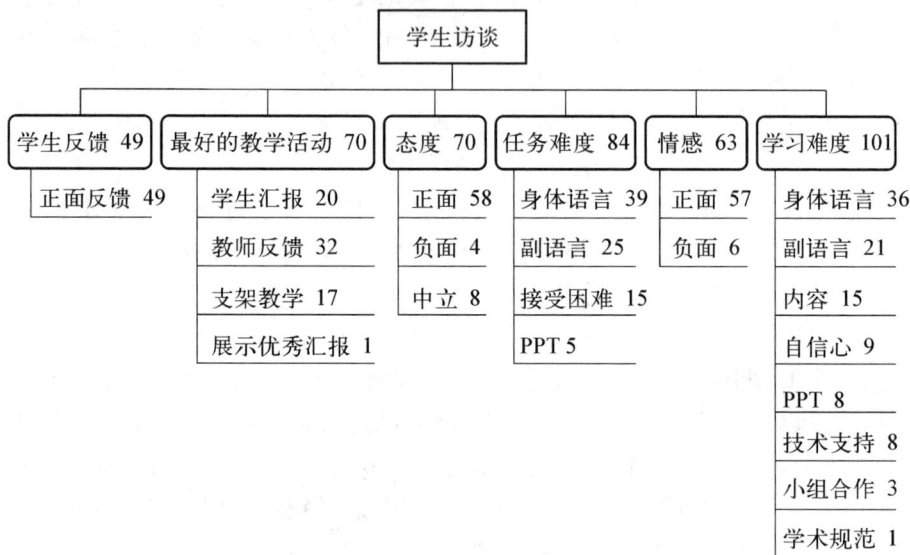

**图 5.2.12　学生访谈节点结构图**

　　由于三级节点数量众多，图 5.2.12 中只显示一级节点和二级节点，在名称后显示关联节点的数量。在 6 个一级节点中，学习难度占据的比重最大（含 101 个关联节点）。接下来是任务难度（含 84 个关联节点）、态度和最好的教学活动（均含 70 个关联节点）。情感和学生反馈获得的学生关注度较低（分别含 63 和 49 个关联节点）。在 22 个二级节点中，正面态度和正面情感所占的比重最大（分别含 58 和 57 个关联节点）。虽然一级节点中的学生反馈只有 49 个关联节点，但在二级节点中，这 49 个关联节点全部为正面反馈，说明学生对多层级三明治动态评估模式持肯定意见。其他受到较多学生关注的二级节点是一级节点任务难度中的身体语言和一级节点学习难度中的身体语言（分别含 39 和 36 个关联节点），说明形象思维能力较弱的理工科大学生在身体语言方面存在学习难度，且对教师指导的接受能力较差。相应地，这两个一级节点中的副语言比重也较大（分别含

25 和 21 个关联节点），也反映了理工科大学生在该方面的学习难度和接受薄弱度。另外需要指出的是，在一级节点最好的教学活动中，教师反馈、学生汇报和支架教学都占据较高比重（分别含 32、20、17 个关联节点），说明学生对多层级三明治动态评估模式的运用方式较为满意。

学生反馈、态度和情感通常可分为正面、负面和中立三类。由图 5.2.12 可知，大部分是正面的，体现了学生对多层级三明治动态评估模式的正面评价。访谈三级节点的归纳总结显示如下学生态度方面的正面变化：汇报压力减少、汇报起来更自然、自信心得到提高、开展学术汇报的兴趣得到提高等。但同时，学生也反映整个教学实验需要完成的学习任务较多，因而心理压力较大。有些学生表示尚未形成学术汇报的正面学习动机。从情感上而言，很多学生提到教师的评价是准确的，同时言辞比较柔和，指出的优点和缺点都较易为学生所接受。少数学生表示当听到不足之处时会感到紧张和伤心，希望教师能提供更多的课外学习资料，方便他们自学，并加以改进。

学生对任务难度和学习难度方面的理解与实际学术汇报时遇到的困难基本相同。学生认为身体语言和副语言是在实际开展学术汇报时的难点，也是最难提升的两个方面。关于最有效的教学活动，大部分学生认为是教师评价以及对学生不足之处的改进建议。第二个有效的教学活动是学生自己做的学术汇报，学生认为把教师上课指导的相关内容和自己的汇报实践结合起来，可以取得进步。

### 5.2.3 讨论

本节中对 H、L 两位学生的微变化研究和对全体学生访谈的数据分析进一步展示了多层级三明治动态评估模式在学术英语口头汇报应用上的作用。结果显示，在该模式下，不同英语能力的理工科大学生都可以在教师的帮助下清楚找出自身学术汇报上的问题，并在一定程度上进行改进。教师和学生协同工作，构建了教学和评估共同体。对每位学生在测试过程中的细致观察可以避免教师评价失误或低估学生的能力。在师生互动环节，诸多学生汇报中的不足之处得以显现，教师可以给出及时反馈和指导，不断提升评估过程中的介入方式和介入内容，帮助学生有效提高能力。

基于上述数据，本研究指出，为了获取最佳的多层级三明治动态评估模式应用效果，需关注如下几点。首先是介入的连续性。本研究发现虽然教师反复提醒需根据学术规范增加引用来源，但学生 H 在前三次学术汇报的 PPT 中始终出现遗漏资料引用来源的问题。直到第四次学术汇报时她才加上参考文献资料。类似情况也发生在学生 L 的缺失身体语言方面。虽然教师第一次发现时已经向他提出了这一问题,但他在下一次学术汇报中并没有改进。当学生 L 仔细观摩其他学生的学术汇报录像后,他才加以模仿,在后续的学术汇报中增加了身体语言。上述现象表明,学生不会一下子掌握学习内容。即使教师在课堂授课中着重进行了相关支架教学,学生也会遗漏学习重点,无法进行改进。因此,教师应确保发现问题、提供反馈、支架教学这三个动态评估重要环节的高度相关性,在同一主题上保持持续输入,并开展反复练习。在整个动态评估过程中,虽然每次都有介入主题,但不应忽视之前涉及的主题,以免学生学了新的内容遗忘以前的学习内容。在整个评价过程中保持一致性是有效开展多层级三明治动态评估模式的前提保障。

另外,阶段性评价可以促进学生最近发展区的持续发展。因而,多层级三明治动态评估模式对学生提供两个正面影响。一方面,动态评估模式精细评价学术汇报的每一个重要内容,有助于帮助学生在相关内容上有意识地关注。另一方面,动态评估能帮助学生提升学习的主观能动性。通过微变化研究和访谈研究,可以发现该评估模式将终结性评估的标准加以细化,形成不同的评价内容和学习目标。每次介入教学后的细化评价可以指导学生有针对性地学习,并在接下来的汇报和评价中付诸实践。该模式提升学生对教学任务和评估重点的主动意识,将动态评估的阶段性目标和长远发展合二为一。在学术英语汇报中应用动态评估使学生明确了学习目标、提高了学习热情、持续争取高分。这样,学生得以接受阶段性挑战和任务,保持整个学期的学习目标和学习兴趣,起到正面的反拨效应。同时,由于每次的学术汇报都有清晰的评分标准和评价重点,也可以减轻学习困惑和焦虑,使学生准备学术汇报时更有针对性,取得更好的学习效果。

## *6.* 结语

本研究的多层级三明治动态评估模式基于 Poehner(2008)提出的学生发展能力动态评估模式构建完成,提出两个构建原则。第一个原则是测试和教学的统一性,一方面可以更好地将测试目标和教学目标结合起来,增加教师和学生的互动;另一方面可以激发学生的潜能,促进学生的发展。

第二个原则是在传统的三明治动态评估模式的基础上提出多层级架构。具有强大交互性的动态评估模式需要更灵活的授课实践和更小型的测试小组。在授课班级学生数量较多,授课时间固定的情况下,很难保证可行性。因此,有着相对固定步骤的三明治模式更契合大部分高校现有的课程需求。

经过一学期的教学实验可知,多层级三明治动态评估模式提升了学生对学术英语口语的认识。在教学实验开始之前,学生几乎没有接触过学术英语口语,也没有机会练习,因而在学术英语口语方面存在诸多问题。在一学期的教学实验结束后,学生对学术英语口头汇报有了大致概念,理解了学术汇报的基本步骤,也制定了取得进步的个性化目标。根据问卷调查结果,学生对学术英语口语的理解程度从学期开始时的平均分 4.07 上升到学期结束时的 4.18。关于三个主要的介入主题(即 PPT 制作、身体语言和副语言),学生认可度的平均分都很高,分别是 4.42、4.48 和 4.42。关于学生在学术英语口语能力提高方面所做的努力,学期末的访谈结果显示,学生在教学实验开始前对学术英语口语的认识非常模糊,也不知如何加以提高。通过一学期动态评估中的介入教学,学生理解了自己的优点和薄弱之处,也能与同伴互相学习。因此,在教学实验结束后,大部分学生表示已经有了明确的改进目标,增加了学习动力。

多层级三明治动态评估模式一学期的应用提高了学生的学术英语口语成绩。5.1 小节的配对样本 $t$ 检验结果显示后测平均分高于前测平均分。这表明应用多层级三明治动态评估模式后,学生的学术英语口语成绩有了显著提高。另外,该模式对学生的阶段性测试也起到了正面促进作用,大部分介入主题的得分在相邻测试中都有了提高。两名学生的微变化分析也显示学生在大多数情况下可以及时修正学术英语口语表现中的弱点,并做出改变。但是,学生需要更多的时间学习相对困难的身体语言和副语言,并加以掌握。在学术规范等不熟悉的方面,学生也需要教师的反复提醒才可以加以改进。

多层级三明治动态评估模式提高了学生学术英语口语学习的热情。在教学实验开始时的问卷调查中,只有 55.3% 的学生表示对学术汇报感兴趣,40.3 的学生态度一般,4.4% 的学生不感兴趣;另外,只有 41.8% 的学生认为学术汇报有趣。在第三次介入后的问卷调查中,77.6% 的学生表示对学术汇报感兴趣,增长了 22.3%;认为学术汇报有趣的学生人数比例也从 41.8% 上升至 65.7%。问卷调查数据也显示,多层级三明治动态评估模式的应用增加了学生的学术汇报自信心。第三次介入后的问卷调查中有

80.6%的学生认为有信心更好地完成下一次学术汇报,相比教学实验开始时的问卷调查增加了14.5%。

由此可见,动态评估模式在不同的介入阶段都促进了学生的学习热情,使他们对开展学术汇报更有兴趣,也更有信心取得进步。主要原因在于多层级三明治动态评估模式根据学生潜能实施教学过程,关注每一位学生的实际表现,找出优点和弱点,并加以针对性指导。由于学生不需要达到统一标准,教师不会给低水平学生制定高标准,也不会给高水平学生制定低标准。无论学生的基础如何,该模式均能匹配个性化指导,激发他们的学习动机,并帮助他们实现自我能力的提升。

动态评估来源于Vygotsky(1978)的最近发展区理论,强调发展学生潜在水平的重要性,指通过评估者和学生的互动,探索和发现学生潜在发展能力的一系列评估方式。它对教育和发展心理学领域的评估实践有着突出贡献。Gibbons(2003)将互动式动态评估模式应用于基于内容的外语教学实验。近年来,随着动态评估研究的深入,在外语教学领域开展动态评估研究也形成了逐步扩展的态势。Wang(2010)讨论了使用计算机来运用交互式动态评估模式,考查基于互联网的动态评估模式和一般的基于互联网测试的有效性。本研究构建了多层级三明治动态评估模式,并应用于课堂教学,发现从动态的视角评价学生的口语发展水平对学生的学习表现有正面反拨作用。基于理论和实证基础构建的本研究动态评估模式可以为将来的类似研究提供参考。

## 第三节 泛在学习视域下的学术英语写作教学模式构建及应用

### 1. 引言

学术英语写作能力能够反映学生的英语综合应用能力。在"新工科"建设的背景下,理工科大学生利用英语进行学术交流和从事工作的专业需求不断增加,学术英语写作教学受到越来越多的关注,学术英语写作课程的设置也是大学开展英语教学的新趋势。然而,由于大学英语课程学分和学时均较少,难以开设专门的写作课程培养学生的学术英语写作能力。本研究将泛在学习理念和语料库教学方法加以融合,构建了基于语料库的中国理工科大学生学术英语写作教学模式,并根据第三章提出的教学安排,在上海理工大学学术英语读写课程中进行了一学期的教学实验,旨在探究泛在学习视域下基于语料库的中国理工科大学生学术英语写作教学效果。

## 2. 研究背景

作为外语教学的一部分,学术英语教学的目的在于提高大学生的英语语言能力和专业研究能力,从而培养学生在自身学科领域进行国际交流的能力。为顺应高等教育的新发展,满足国家和社会对新时代人才的需求,大学英语教学需要与学生专业相结合,才能为学生开展相关科学研究、参与国际学术交流奠定扎实的基础。

随着"一带一路"倡议和"双万"计划的实施,《大学英语教学指南(2020版)》(教育部高等学校大学外语教学指导委员会 2020)(以下简称《指南(2020版)》)明确了开设学术英语课程,提高学生学术英语能力的必要性。《指南(2020版)》在"课程结构与内容"部分提出,大学英语课程可分为三大类:通用英语课程、专门用途英语课程和跨文化交际课程。专门用途英语课程包括学术英语和职业英语(English for Occupational Purposes,EOP)两类课程;学术英语课程又可分为通用学术英语课程和专门学术英语课程(向明友 2020)。由于学术英语的重要作用,它在中国高校越来越受到重视。

信息技术和人工智能为大学英语教育带来了崭新的教学方法、学习方法和无与伦比的丰富教学资源。《指南(2020版)》指出,"在信息化与智能化时代,多媒体技术以及大数据、虚拟现实技术、人工智能技术等现代信息技术已成为外语教育教学的重要手段"(教育部高等学校大学外语教学指导委员会 2020:32)。该指南提倡高校充分利用信息技术创建多元化的教学环境,建议使用线上线下混合教学模式,帮助学生发展自主学习能力(何莲珍 2020)。

近年来,学术英语教学在中国高校日益获得师生的关注。然而,相关研究显示,学生只拥有阅读英语原版学术论文的能力,尚缺乏用英语进行学术写作和口头交流的能力,他们的英语水平无法满足将来工作和学术发展的需要(王华 2018)。理工科大学生在中国大学生中为数众多,他们的学术英语写作教学亟须得到重视。

中国理工科大学生的学术英语写作教学也应与新技术和新资源相结合,创建新的教学模式。目前,在英语教学中运用语料库的优势已然显现。由于其强大的检索功能,语料库给师生提供了丰富的教学和学习资源,同时还能提升学生的学习主动性和学术英语思维能力。然而,在中国理工科大学生中运用语料库进行学术英语写作教学的研究相对较少。为了满足中国高校理工科人才培养的需求和学生对提高国际学术交流能力的需求,极有必要探索有效的教学模式。

## 3. 理论基础

本研究的理论基础为数据驱动学习理论、输入输出理论(Input-Output Theory)和过程体裁教学法(process genre approach)。在本章第一节词汇教学中已经介绍了数据驱动学习理论,此处阐释后两种理论。

### 3.1 输入输出理论

Krashen(1984)提出的输入假说(Input Hypothesis)成为二语习得领域的核心理论。他认为学习者在有效掌握目标语之前,需要在无意识的情况下经常接触并使用目标语。在语言习得过程中,应把学习者置于可理解的语言输入环境。Krashen(1985)认为可理解的语言输入为"i+1",即学习者面临的语言知识应高于其目前的水平 i。由于学习者能理解大部分输入内容,教学只需针对稍微有难度和挑战性的内容。此外,Krashen(1985)强调语言输入除了让学习者感到有趣,还应与其现有知识相关。因此,理想的输入应该可理解、有趣、与学习者相关且内容充足。

Swain(1985)提出了输出假说理论(Output Hypothesis Theory),指出语言输出的三大功能为注意触发功能(noticing triggering function)、假设检验功能(hypothesis testing function)和元语言反思功能(metalinguistic reflective function)。学习者可以关注自身的语言问题,通过说和写的输出

活动,意识到语言知识和语言使用之间的差异。因此,教师应触发其学习积极性,并帮助他们在学习使用过程中不断修正表达。学习者应尝试在书面或口头表达观点时选择更合适的目标语词汇或表述方式,最终提高语言使用的准确性和流利性,全面提升二语水平。

文秋芳(2013)提出输出驱动假设(Output-Driven Hypothesis),认为外语学习的输出比输入更为重要。输出驱动外语学习不仅能提高学生的语言接受能力,而且能激发他们在教学过程中学习新知识的愿望。其次,从教学目标来看,培养口语、写作、翻译等表达能力更符合社会需求。文秋芳(2014)提出输出驱动-输入促成假设(Output-Driven, Input-Enabled Hypothesis),为英语教学者和学习者提供了更为全面的理论指导。

基于输入输出理论,教师可以在写作教学过程中从如下三个方面提高学生的英语写作技能。第一,选择合适的阅读材料促进知识的积累。建议学生选择与实际用途相关的阅读材料,这样在理解与篇章相关的文化背景时,除了掌握单词和句型外,还可以熟悉文章的写作模式和技巧,为写作输出做准备。第二,增加学生背诵和模仿训练的输出。背诵可以加强语言输入,增进学生对语法知识的理解,提高词汇、句型和固定表达的记忆效果,促进语言积累,进而使语言输出更符合标准。第三,依托信息技术促进输入和输出。随着信息技术的不断发展,大数据时代给大学英语写作教学带来很多技术和资源,例如语料库、慕课、翻转课堂等能在短时间里给学生提供大量信息。得益于网络技术,教师可以给学生提供生动的学习案例,帮助激发学生学习兴趣,进而促进他们语言输入和输出的持续训练。

## 3.2 过程体裁教学法

二语写作教学主要经历了结果教学法(product approach)、过程教学法(process approach)和体裁教学法(genre approach)三种范式。最初,结果教学法是最常见的教学方法,在英语教学中长期居于主导地位。其最大优势是帮助学生系统掌握英语写作的本质,培养语言习得能力,使学生在考试中获得高分。然而,该方法也有不足之处,如以教师为中心,过于注重教学和训练,忽视了学生的学习过程。由于无法体现学习主观性,结果教学法也无法让学生获得创新所需的发展空间。

Douglas(1967)首次提出过程教学法,强调教师应通过在课堂中逐步展示写作过程来引导学生的学习。过程教学法的主要优点在于帮助学生对自身写作过程建立更全面的了解(Brown 2007),注重学生的写作过程和写作技巧,可让学生的写作能力在写作过程和课堂模仿中得以充分展示等。然而,该方法注重固定程序而忽略个体不同,因而忽视了对不同类型语篇需使用不同的训练方法。

由于结果教学法和过程教学法都存在不足,体裁教学法应运而生。该方法基于语篇图式结构开展写作教学活动,以达到某些特殊的目标而非写作本身(Hyland 2003)。为了探究语篇结构背后的社会文化因素和心理认知机制,体裁教学法不仅简要描述语言特征,而且阐释语篇构造基础,揭示实现交际意图的有效方法(秦秀白 2000)。这一教学方法使学生把写作当作社会交流活动的常规场合,促进他们创造性思维能力的发展。然而,由于体裁五花八门,教师难以在课堂上全部应用。

Badger & White(2000)结合上述三种方法的优点提出过程体裁教学法,包含如下七个步骤:(1)创造情境;(2)分析示范文本的写作目的;(3)考虑语场、语旨和语式;(4)计划提纲;(5)撰写初稿;(6)修改文本;(7)撰写终稿。另外,该方法在教学的每个阶段都坚持以学生为中心。韩金龙(2001)总结了过程体裁教学法的优点:首先,使学生明确文本是在某些社会环境下为满足特殊社会需求而创作的;其次,帮助学生在写作过程中发展语言知识和写作技能;再次,学生从某些语域的示范文本中获得输入,从教师和同学处获得指导和帮助;最后,学生在教师的帮助下积极参与写作过程。总而言之,过程体裁教学法可以加深学生对写作本质的认识,帮助学生获得语言知识和写作能力,提高学生的学习动力和写作热情。

**4. 研究实施**

## 4.1　研究问题

本研究旨在回答以下三个问题:
(1)如何构建基于语料库的中国理工科大学生学术英语写作教学模式?
(2)该教学模式对学生的学习成绩和写作水平影响如何?
(3)学生对于该教学模式的态度和建议如何?

## 4.2　模式构建

基于数据驱动学习理论、输入输出理论和过程体裁教学法,结合 Feez

（1998）和韩萍、侯丽娟（2012）的相关模型构造原理，本研究构建了"基于语料库的中国理工科大学生学术英语写作教学模式"（见图5.3.1）。

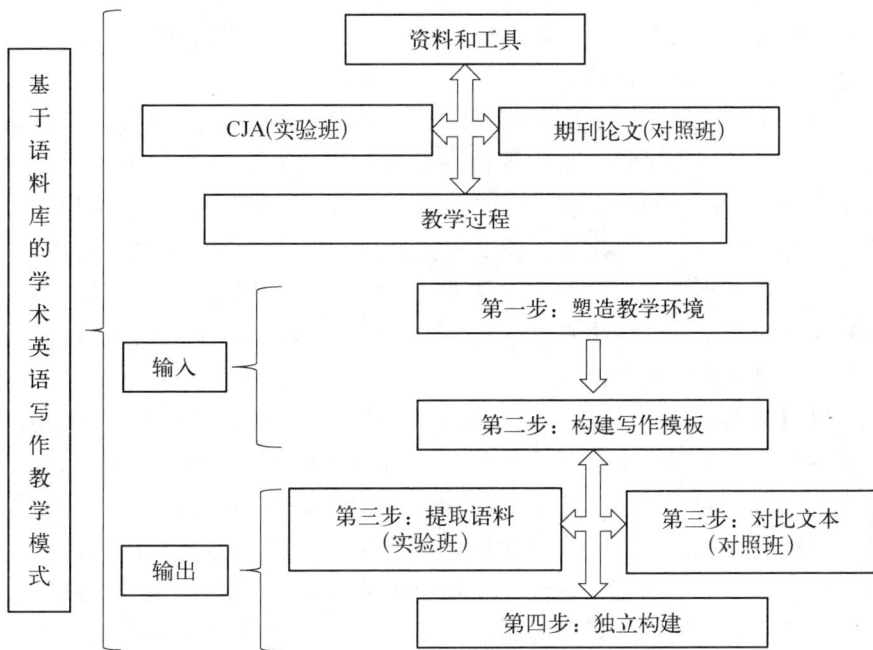

图 5.3.1　基于语料库的学术英语写作教学模式

该教学模式分为两大部分：资料和工具；教学过程。实验班使用的教学资料是期刊论文语料库（Corpus of Journal Articles，CJA）。该语料库由香港理工大学构建，包含期刊引证报告（Journal Citation Reports，JCR）和Scimago期刊排名（Scimago Journal Rank，SJR）中共 721 种高被引期刊。CJA 覆盖 38 个主要学科领域，包括经济、机械工程、管理、应用物理、应用科学、计算机等；有 760 篇论文，库容 6 015 063 词，分为三个子库：研究论文子库、文献综述子库、理论文章子库。该语料库可在线直接检索，用户可以随时随地利用手机或其他电子设备进行操作，使用方便。由于本研究涉及的学生有着不错的英语语言能力且来自不同学科背景，CJA 作为他们的教学资料较为合适。对照班的教学资料选自国际核心期刊的英语论文。学生在教师的指导下选择各自学科领域或自己感兴趣的论文。

教学过程分为两个阶段：输入和输出。输入阶段有两个步骤：塑造教学环境和构建写作模版。第一步"塑造教学环境"旨在介绍学术论文的交

**245**

际目的和使用背景,要求学生分小组讨论学术论文的写作目的和语言表达特征。学生课前在泛在学习平台上就学术论文与非学术论文的区别、学术论文的结构、学术论文每个部分的特征、学术论文词汇的特征、学术论文句子的特征等方面展开讨论;课中各小组汇报讨论结果,教师进行点评,并给出上述问题的综合性回答。

第二步"构建写作模板"旨在分析不同语域的典型写作案例,以此构建可以参照的写作模板。学生课前在泛在学习平台上就不同语域论文的写作步骤、主要特征和不同写作方式进行分组讨论。课中各小组汇报讨论结果,教师进行点评,给出学术论文不同部分的特征说明。在这一阶段,教师每周着重分析学术论文的一个语步,分别为摘要、引言、研究方法、研究结果与讨论和结语。学生在教师的指导下,观察每个语步的语域特征,总结出微语言结构的特征。

以引言为例,其交际目的是向读者介绍学术论文的主要内容,阐述该研究的价值。Swales & Feak(2012)基于对多种学科论文的广泛研究,提出学术论文引言的构建研究空间(Creating a Research Space,CARS)模型,用于分析引言内部段落和句子之间的逻辑关系。他们同时提出大部分研究论文引言中常见的三个语步:1)明确研究领域,展示该研究领域的重要性并介绍以前的研究结果;2)提出研究缺陷,指出以前研究的不足和可扩展之处;3)明确当前研究的定位,阐述研究重要性、研究问题或可能的研究结论。教师在进行引言部分的教学时,除了介绍上述三个语步,还需从微观层面分析每个语步的语言特征,引导学生寻找典型句子模板,如语步1可使用"The issue of … has received considerable attention …""Previous studies have reported …";语步2可使用"Most studies in the field of X have only focused on … However, few studies have been able to draw on any systemic research into …";语步3可使用"This study seeks to investigate the usefulness of …; The study sought to answer the following specific research questions …"等。除了上述句型,教师还需引导学生找出每个语步中使用的不同时态,如回顾前期研究时使用过去时、一般现在时和现在完成时的区别。

该教学模式的第三步体现了实验班和对照班在教学安排上的不同。实验班的第三步为"提取语料",教学资料是CJA。在学习了学术论文的一个部分后,学生需要学习从AWL(Coxhead 2000)中选出的20—30个学术单词。这些单词是在学术论文相应部分出现的高频词。实验班学生分成小组,每组负责若干个学术单词的深入研究。学生根据教师的指导和要求,课前在 CJA 上搜索学术单词的搭配形式和常用句型,并分析其属于哪一个语步。同时,学生还需对这些单词的常用时态和语态等语言特征进行总结。最后,每组选择一位代表,在课中进行 PPT 汇报,阐述对相关单词的语料库研究结果。下文展示 CJA 的详细操作过程。

1. 打开 CJA 网站 http://rcpce.engl.polyu.edu.hk/cja2014/advanced2.htm,进入首页,详见图 5.3.2。

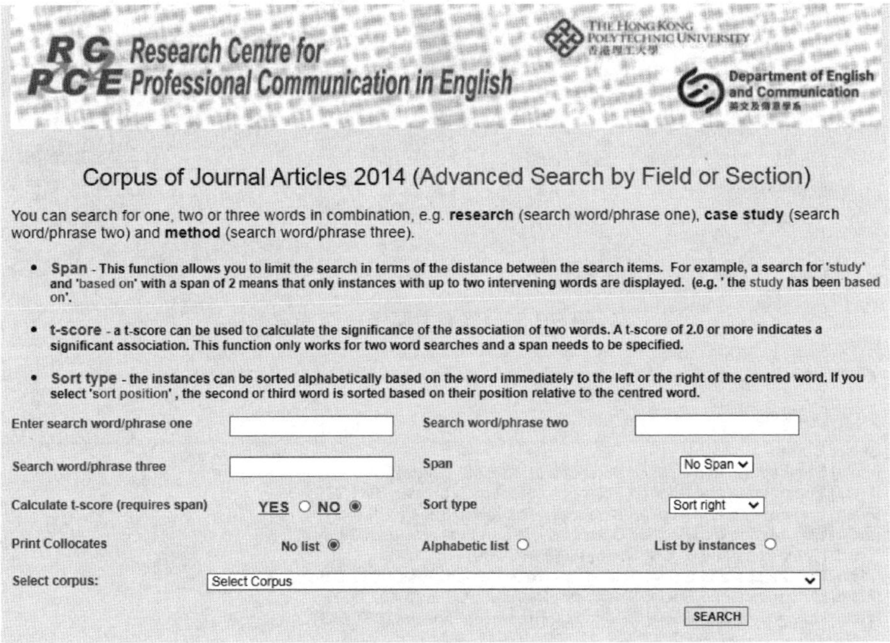

图 5.3.2 CJA 首页

2. 抽取学术词汇的索引行,详见图 5.3.3 和图 5.3.4(以 examine 为例)。

第一,输入单词 examine。第二,点击 Sort type 下拉框,选择 Sort left。第三,点击 List by instance,可得到该单词左搭配按频数从高至低排列的所有形式。第四,点击 Select corpus 下拉框,选择 Abstracts(摘要)子语料库,出现图 5.3.4 之界面。根据教学要求,选择子语料库时也可点击 Methods(研究方法)、Results & Discussion(研究结果与讨论)或 Conclusion(结语)。第五,点击 SEARCH。

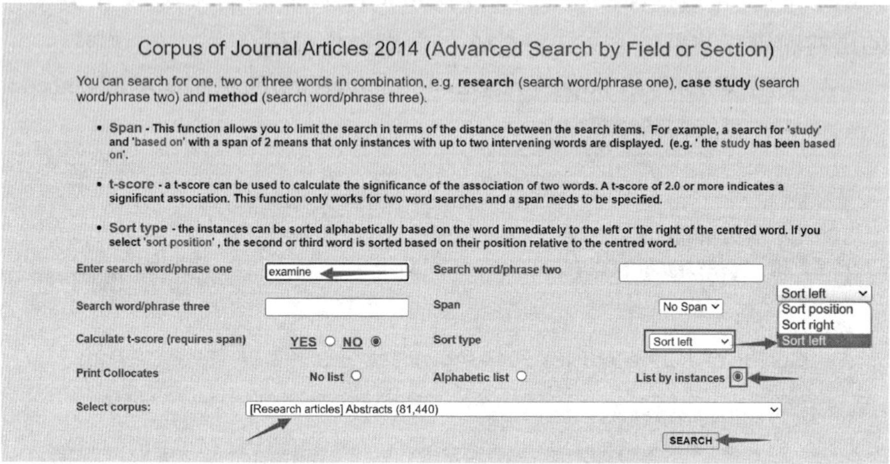

中国理工科大学生学术英语泛在学习模式有效性研究

**Corpus of Journal Articles 2014 (Advanced Search by Field or Section)**

You can search for one, two or three words in combination, e.g. **research** (search word/phrase one), **case study** (search word/phrase two) and **method** (search word/phrase three).

- **Span** - This function allows you to limit the search in terms of the distance between the search items. For example, a search for 'study' and 'based on' with a span of 2 means that only instances with up to two intervening words are displayed. (e.g.' the study has been based on'.

- **t-score** - a t-score can be used to calculate the significance of the association of two words. A t-score of 2.0 or more indicates a significant association. This function only works for two word searches and a span needs to be specified.

- **Sort type** - the instances can be sorted alphabetically based on the word immediately to the left or the right of the centred word. If you select 'sort position', the second or third word is sorted based on their position relative to the centred word.

| | | | |
|---|---|---|---|
| Enter search word/phrase one | examine ← | Search word/phrase two | | Sort left ▼ |
| Search word/phrase three | | Span | No Span ▼ | Sort left / Sort position / Sort right |
| Calculate t-score (requires span) | YES ○ NO ● | Sort type | Sort left ▼ | Sort left |
| Print Collocates | No list ○ | Alphabetic list ○ | List by instances ● ← |
| Select corpus: | [Research articles] Abstracts (81,440) ▼ |
| | | | SEARCH ← |

图 5.3.3　CJA 主要操作页面

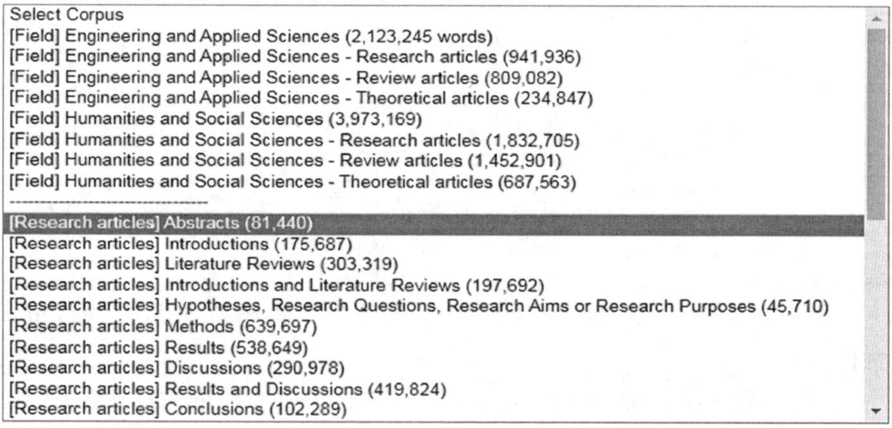

Select Corpus
[Field] Engineering and Applied Sciences (2,123,245 words)
[Field] Engineering and Applied Sciences - Research articles (941,936)
[Field] Engineering and Applied Sciences - Review articles (809,082)
[Field] Engineering and Applied Sciences - Theoretical articles (234,847)
[Field] Humanities and Social Sciences (3,973,169)
[Field] Humanities and Social Sciences - Research articles (1,832,705)
[Field] Humanities and Social Sciences - Review articles (1,452,901)
[Field] Humanities and Social Sciences - Theoretical articles (687,563)
--------------------------------------
[Research articles] Abstracts (81,440)
[Research articles] Introductions (175,687)
[Research articles] Literature Reviews (303,319)
[Research articles] Introductions and Literature Reviews (197,692)
[Research articles] Hypotheses, Research Questions, Research Aims or Research Purposes (45,710)
[Research articles] Methods (639,697)
[Research articles] Results (538,649)
[Research articles] Discussions (290,978)
[Research articles] Results and Discussions (419,824)
[Research articles] Conclusions (102,289)

图 5.3.4　CJA 选择界面

完成第 2 步后,出现 examine 的索引行,见图 5.3.5。

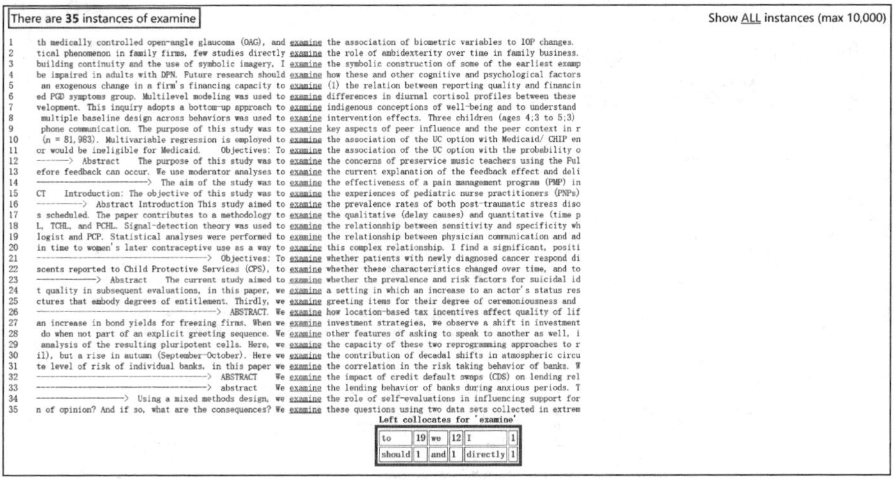

图 5.3.5　CJA 索引行界面(1)

3. 由于此时出现的仅仅是包含 examine 的 35 条索引行,学生需要进一步操作以得到更为详细的信息。在图 5.3.5 所示界面的左下角,有不同的功能键,详见图 5.3.6。

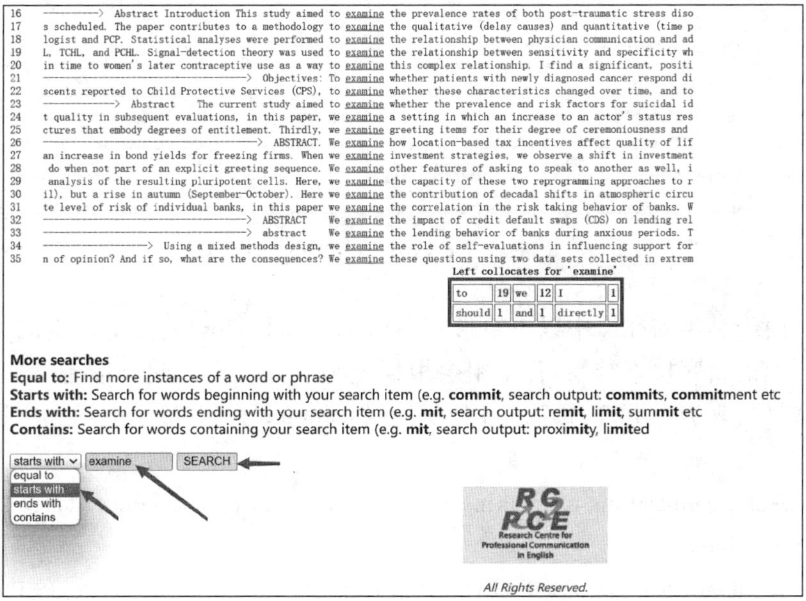

图 5.3.6　CJA 索引行界面(2)

学生可以在左下角的下拉框中选择 starts with，输入单词 examine，点击 SEARCH。这样，就能搜索到含有 examine 的所有句子，包括含有该单词的过去时和一般现在时的句子，结果如图 5.3.7 所示。然后，在索引行的基础上分析该学术单词的含义、搭配和词组结构。

| There are **82** instances of examine |

```
1    t quality in subsequent evaluations, in this paper, we examine a setting in which an increase to an actor's status res
2    ed PGD symptoms group. Multilevel modeling was used to examine differences in diurnal cortisol profiles between these
3    ctures that embody degrees of entitlement. Thirdly, we examine greeting items for their degree of ceremoniousness and
4    ----------------------------------------> ABSTRACT. We examine how location-based tax incentives affect quality of lif
5    be impaired in adults with DPN. Future research should examine how these and other cognitive and psychological factors
6    velopment. This inquiry adopts a bottom-up approach to examine indigenous conceptions of well-being and to understand
7    multiple baseline design across behaviors was used to examine intervention effects. Three children (ages 4;3 to 5;3)
8    an increase in bond yields for freezing firms. When we examine investment strategies, we observe a shift in investment
9    phone communication. The purpose of this study was to examine key aspects of peer influence and the peer context in r
10   do when not part of an explicit greeting sequence. We examine other features of asking to speak to another as well, i
11   th medically controlled open-angle glaucoma (OAG), and examine the association of biometric variables to IOP changes.
12   (n = 81,983). Multivariable regression is employed to examine the association of the UC option with Medicaid/ CHIP en
13   or would be ineligible for Medicaid.     Objectives: To examine the association of the UC option with the probability o
14   analysis of the resulting pluripotent cells. Here, we examine the capacity of these two reprogramming approaches to r
15   ------> Abstract   The purpose of this study was to examine the concerns of preservice music teachers using the Ful
16   il), but a rise in autumn (September-October). Here we examine the contribution of decadal shifts in atmospheric circu
17   te level of risk of individual banks, in this paper we examine the correlation in the risk taking behavior of banks. W
18   efore feedback can occur. We use moderator analyses to examine the current explanation of the feedback effect and deli
19   The aim of the study was to examine the effectiveness of a pain management program (PMP) i
20   CT     Introduction: The objective of this study was to examine the experiences of pediatric nurse practitioners (PNPs)
21   ----------------------------------------> ABSTRACT    We examine the impact of credit default swaps (CDS) on lending rel
22   ----------------------------------------> abstract    We examine the lending behavior of banks during anxious periods. T
23   ------> Abstract Introduction This study aimed to examine the prevalence rates of both post-traumatic stress diso
24   s scheduled. The paper contributes to a methodology to examine the qualitative (delay causes) and quantitative (time p
25   L, TCHL, and PCHL. Signal-detection theory was used to examine the relationship between sensitivity and specificity wh
26   logist and PCP. Statistical analyses were performed to examine the relationship between physician communication and ad
27   tical phenomenon in family firms, few studies directly examine the role of ambidexterity over time in family business.
28   ------> Using a mixed methods design, we examine the role of self-evaluations in influencing support for
29   building continuity and the use of symbolic imagery, I examine the symbolic construction of some of the earliest examp
30   n of opinion? And if so, what are the consequences? We examine these questions using two data sets collected in extrem
31   in time to women's later contraceptive use as a way to examine this complex relationship. I find a significant, positi
32   ----------------------------------------> Objectives: To examine whether patients with newly diagnosed cancer respond di
33   ------> Abstract     The current study aimed to examine whether the prevalence and risk factors for suicidal id
34   scents reported to Child Protective Services (CPS), to examine whether these characteristics changed over time, and to
35   all phases. Individual differences in performance were examined at the participant level and the target pattern level.
36   dy size and composition underlie these differences. We examined data from 28 male and 24 female outdoor group-housed y
37   en with Specific Language Impairment (SLI). This paper examines errors in these linguistic domains in these two popula
38   istics were generated and the coordinates of the curve examines for the best compromise between sensitivity and false-
39   ambidexterity over time in family business. This study examines how family firm ambidexterity changes over time as a r
40   at intersectional inequalities in food work. Our study examines how inequality is perpetuated through restaurant and f
41   ----------------------------------------> abstract   This article examines how Thai-Burma border residents are enrolled and engag
42   ce (FTF) modes. Utilizing stimulated recall, the study examined if 24 intermediate-level learners of Spanish as a fore
43   l outcomes (e.g., liking) in initial interactions were examined in a live interaction paradigm, which also included a
44   undary spanning actors in such networks-an aspect less examined in the governance network literature. Boundary spanner
```

**图 5.3.7　CJA 索引行界面(3)**

由于学生需在课中以小组形式向教师和其他同学汇报所负责的学术单词的语料库检索结果，各小组会根据教师事先提出的问题准备好回答，并选择代表进行 PPT 展示。此处仍然以 examine 为例，显示提问和回答的内容。

Answer questions by making a summary based on the concordance lines of "examine".

1. What does the target word mean from the concordance context? Please interpret the meaning of the word both in English and Chinese.

Answer: From the concordance context, I guess that the word "examine" means to do a test or study about something, and refers to"测试、检验、研究"in Chinese.

2. What are the high-frequency words for the left collocation? Please write down those words and their relative phrases or sentences, and then analyze their tenses, voice and which move they commonly belong to.

Answer: From the collocation table, it can be seen that the highest frequent word in the left is "to", which mainly indicates the purpose of the study, thus they belong to Move 2 in the abstract. And they are used in past tense and active voice. Here are some useful sentences:

The purpose of this study was to examine ...

The aim of the study was to examine ...

The objective of this study was to examine ...

This study aimed to examine ...

3. What are the high-frequency words for the right collocation? The requirements are the same as Question 2.

Answer: omitted.

4. Please give a summary of the usage of the word "examine" and what should be paid attention to when you use it in your learning.

Answer: omitted.

对照班第三步的教学安排为"对比文本"。每位学生在学校电子图书馆搜索两篇发表在国际高被引期刊上的相关专业最新的学术论文。这些纯正的学术论文可以提高学生对英语学术论文的认识,帮助他们提升学术英语写作能力。教师在课中分别完成摘要、引言、研究方法、研究结果与讨论、结语的教学后,要求学生课后对比这两篇论文相关部分的结构、典型语步、句子结构、时态、语态和学术词汇等重要因素。下一堂课以小组为单位,进行 PPT 展示。图 5.3.8 显示一个小组对摘要部分的分析情况。

第四步"独立构建"中,实验班和对照班在期中和期末分别完成摘要和综述的写作任务,以检验对学术英语论文写作的掌握情况。

**Title: Management accounting practices before and during economic crisis: Evidence from Greece**

Abstract

Economic crisis *might affect* management accounting and the use of its practices within the organizations. (Move 1: Introduction)

The purpose of this study *is to investigate* the impact of the Greek economic crisis in management accounting practices in the Greek industry and *to examine* shifts in trends in different accounting techniques' panels in usage and importance before (2008) and during (2013) the country's economic crisis. (Move 2: Purpose)

Empirical data *were collected* from 301 firms belonging to various Greek industries, which fully completed and returned a structured questionnaire regarding the perceived importance and actual usage of various management accounting techniques for these two periods. Sixty-two techniques *were incorporated* in the survey and *were* further *subdivided* into 5 panels: (a) cost accounting, (b) planning–budgeting, (c) decision support systems, (d) performance evaluation, and (e) strategic analysis. Factor analysis *was employed* to summarize and reduce the 62 variables into fewer factors for both surveys. (Move 3: Methods/procedures)

The survey *revealed* that the importance and the usage of ABC systems, planning, strategy, and SMA techniques *increased* during the crisis, while at the same time the level of importance and usage of traditional cost accounting techniques *was decreased.* (Move 4: Results)

Budgeting techniques *are* still *widely used*. (Move 5: Conclusions)

This abstract includes fives moves. Past tense and present tense are mainly used in this abstract. Past tense for introducing methods , results. Present tense for Introduction, purpose and conclusions.

Passive voice are used in methods and conclusions. Active voice for introducing purpose. And both passive and active in describing the results.

Phrases or sentences：
Move1: ...might affect...
Move2:The purpose of...is to...
Move4:The survey revealed that...

**图 5.3.8　摘要的分析页面**

## 4.3　研究对象

本研究采取便利抽样方法选取上海理工大学修读学术英语读写课程的非英语专业大一本科生。他们来自不同的理工科专业，如机械工程、电子工程、环境工程、计算机工程、数学、物理等。学生均为在入学英语分级考试中的高分学生，因而分在高水平班级中，在大一第一学期完成通用英语教学后进入第二学期的学术英语读写课程。本研究共涉及 59 名受试，其中 30 人属实验班，29 人属对照班。

选择上述学生作为教学实验受试的原因如下。首先，他们都来自理工科专业，与本研究实施的中国理工科大学生学术英语写作教学的目标学生相符。其次，学生根据兴趣选择学术英语读写课程，对学术英语写作有着相对较高的学习积极性，因而可以在教学实验实施过程中保持较高的配合度。最后，两个班级的任课教师相同，可以避免实验进行中的教师干扰因素。在实验开展之前，授课教师向学生介绍教学实验的详细安排，所有学生都同意参加。

## 4.4　研究工具

本研究使用的研究工具为前测、后测、摘要写作、综述写作和调查问卷。项目组使用学术英语能力前测和后测来分析实验班和对照班学生在一学期教学实验完成后是否存在成绩上的显著性差异,旨在检验基于语料库的学术英语写作教学模式是否有效提高了学生的学术英语基本能力。项目组收集并分析学生在期中和期末分别撰写的摘要和综述,探讨该教学模式是否促进学生学术英语写作水平的提高。另外,项目组在教学实验前和教学实验后向实验班学生发放问卷,调查他们对该教学模式的态度、反馈及建议。

### 4.4.1 前测和后测

前测和后测所用试卷在长度、形式和难度上完全相同,均包含两个部分。第一部分测试学术英语词汇知识,含五个题型:词汇替代、多项选择、填空、句子配对和搭配,占总分的 75%。相关考题选自 *Check Your Vocabulary for Academic English*(David 2008:20 - 25)。下文为该部分考题节选。

In **Section A**, students are required to choose one word from the list which could be used in place of the words shown in **bold** without changing the meaning of the sentence. This section contains 10 items, which accounts for 15% of the total score. For example, some of the items are as follows.

| | | | |
|---|---|---|---|
| vital (*adj.*) | adequate (*adj.*) | chemicals (*n.*) | conduct (*n.*) |
| examine (*v.*) | credible (*adj.*) | property (*n.*) | concern (*n.*) |
| approach (*n.*) | occupy (*v.*) | | |

1. A salient **feature** of multiphase machines is the ability to operate under open-phase conditions. _____

2. Poisonous **substances** released into the sea may be absorbed by fish and then find their way into the human food chain. _____

3. A growing number of scientists find it **plausible** that other life forms may exist elsewhere in the universe. _____

该部分考题测试学生是否有足够的学术词汇量。如果词汇量足够,学生会很容易找到粗体词的替代词。

In **Section B**, students need to choose the most appropriate word from A, B or C for the blank of each sentence. This section consists of 10 items, which accounts for 15% of the total score. For instance, one of the items is as follows.

1. In this experiment, two participants were _____ from the analysis of recognition memory data due to excessive false alarm rates.

    a. deleted          b. excluded          c. prevented

2. Although none of these elements stand alone, incorporating the best available research _____ is increasingly important when making informed healthcare and treatment decisions.

    a. demonstration        b. evidence         c. certification

这部分考题测试学生是否掌握学术英语词汇的准确意思。如果学生明确三个选项中学术单词的准确意思,将很容易找到符合对应句子含义的选项。

In **Section C**, there is a word list of 10 words, and students are required to use each word only once to complete 10 sentences. This section occupies 15% of the total score. In the case of nouns and verbs, students may need to change the form of the word. For example:

| | | | |
|---|---|---|---|
| reliability (*n.*) | limitation (*n.*) | requirement (*n.*) | consistent (*adj.*) |
| criteria (*n.*) | instrument (*n.*) | quality (*n.*) | reduction (*n.*) |
| effect (*n.*) | propose (*v.*) | | |

1. This study modified the measurement items whose _____ and validity had already been tested in the relevant previous study.

2. Their inclusion improves data _____ and confirms the findings of this study.

3. However, when correcting for effects related to the measurement _____ we wanted to use all effect size measures separately.

这部分考题测试学生是否清晰理解句子的上下文和词汇意思。如果学生抓住这些意思,就能够选择合适词汇填入下方的句子中。

In **Section D**, there are 10 sentences that are divided into two parts. Students need to choose the best ending for each of the sentence extracts. This section takes up 15% of the total score. Examples are shown as follows.

1. We are restricted to only one outcome **variable** ...

2. Meta-analysis has been **recognized** ...

3. This increase in default risk may lead to a **decrease** …

4. We further developed a mechanical model to **predict** …

5. This assumption states that agents use all the relevant information when forming expectations about future events, and their expectations do not **systematically** …

6. This paper demonstrates a method for using information visualization and statistical analysis to **explore** …

7. Despite their awareness of the importance of rational considerations of cost and benefit in environmental politics, scholars have found **limited** …

8. The analysis highlights the discursive strategies **employed** …

9. Our analysis of the firms equity and credit risk **suggest** …

10. For implementation purposes, a compact and convenient **alternative** ...

a… evidence of local influences on environmental opinion.

b… differ from the realized outcomes.

c… that both increase after the freeze.

d… by courts as a valuable aid to their decisions regarding psychological research.

e… complex patterns in the activity of design practitioners, over time.

f… in credit rating and an increase in yield demanded by bondholders.

g… expression can be obtained in terms of the residuals, yielding.

h… by different actors and the way their arguments have been consolidated in the practices of urban policy-making.

i… by the intense effort to build any outcomes data for unfunded ventures.

j… both geometry and mechanical properties of our compliant nanostructures that agrees well with experiments.

这部分考题检验学生是否掌握粗体词的准确意思并理解句子的内在逻辑。

In **Section E**, there are 10 sentences and each sentence has 2 blanks. Firstly, students need to read the sentences. Then they should take one word from the box on the left and combine this with one from the box on the right to make a collocation for the blanks of the sentences. This section accounts for 15% of the total score. Examples are as follows.

| declining | detailed | behavior | aspects |
| bridging | significant | evidence | approach |
| experimental | sufficient | gaps | description |
| different | assess | association | trend |
| consumer | systematic | differences | investigation |

1. The article uses a laboratory experiment to investigate how perceived consumer navigational control affects _____ _____.

2. The aim of this article is to present an _____ _____ for studying the formation and transformation processes of archaeological fire structures.

在这部分考题中，学生需要从左、右两个方框中分别选择一个词语，将其组合并填入下方的句子中。此部分检验学生是否掌握了学术英语词汇的常见搭配。

前测和后测的第二部分检验学生对结构、时态、连接等语言特征的基础知识，分为四个部分，占总分的 25%。相关考题选自 *Academic Writing in English*（史宝辉 2017）。下文为该部分考题节选。

In **Section F**, there is a table that shows the typical information format of a part of a paper, for example, abstract. Students are required to read an abstract and identify the sentences in the abstract that correspond to the moves in the table. This section tests students' comprehension of each step's content and meaning. The item example is as follows.

| Move# | Typical Information | Implied Questions |
| --- | --- | --- |
| Move1 | Background(B) | What do we know about the topic? |
| Move2 | Purpose(P) | What is the study about? |
| Move3 | Methods(M) | How and where was it done? |
| Move4 | Results(R) | What was discovered? |
| Move5 | Conclusions(C) | What do the findings mean? |

① Experience with payments for ecosystem services (PES) highlights the effects of program design on landowner participation, impacting the program's ability to achieve environmental and, where applicable, social objectives. ② We conducted an exploratory study in western Panama at the initial stage of PES consideration to identify potential landowner interest in PES and factors that would affect landowner interest and eligibility. ③ We report the results from a household survey of 344 farmers and ranchers (92% response rate). ④ Eighty percent of the respondents expressed interest in PES participation. ⑤ Respondents stated interest was significantly related to farm size, income, age, land tenure, and previous involvement in conservation. ⑥ We also found that alternative specifications for landowner eligibility requirements, targeting criteria, and other parameters could greatly affect landowners' ability to participate, most strongly for respondents lower in socioeconomic status. ⑦ We provide a framework for exploring potential landowner interest in PES at the very first stage of program exploration, from which program design can be strategically advanced with realistic PES scenarios to explore efficient payment levels and projected environmental benefits. ⑧ Our findings highlight the importance of making explicit trade-offs that result from alternative PES design choices in affecting landowners' interest and eligibility to participate.

B: _____  P: _____  M: _____  R: _____  C: _____

（史宝辉 2017：150 - 151）

In **Section G**, there are two items in which students need to rewrite the several sentences of each item by using a conjunction, time adverbial, linking passive or -ed particle. Answers may vary due to several possibilities. This section aims to check whether students have a smooth flow of ideas in writing and proceed through the paper with logical progression. Examples are as follows.

1. 38 relevant organizations were contacted by telephone or e-mail. They were asked to identify unpublished reports.

_____

_____

2. The plants had set seed. Each tagged seed head was collected. Each tagged seed head was placed in individual brown paper bags. The tagged seed head was allowed to dry naturally.

（史宝辉 2017：73）

In **Section H**, there are four items with four blanks of each item. Students need to fill in the blanks with appropriate prepositions according to convention in paper. This section intends to check whether students know how to describe tables and figures when reporting results. Examples are shown as follows.

1. The various genetic mechanisms that can result in cancer are discussed _____ Chapter 10.

2. The consumption of daily goods is illustrated _____ the pie chart.

3. As can be seen _____ Table 1, London has the largest underground railway system.

4. As described _____ the previous section, there are two types of motivations.

（史宝辉 2017：103）

In **Section I**, students will be given a passage of a section of the paper, for instance, the introduction. They need to fill in the blanks with correct tense for each verb that is given in brackets. This section tests whether students know the tense difference of each step and each part of the academic paper. The example of the item is as follows.

Giuseppe Airoldi _____ (create) the first crossword puzzle on 14 Sept. 1890 while Arthur Wynne published the first "modern" puzzle on 21 Dec. 1913 (Wikipedia, 2009). The popular pastime of completing crossword puzzles is becoming a pedagogical activity now.

Some of the disciplines that have employed crossword puzzles _____ (include) information systems (Gomez & Scher, 2005), human development (Weisskirch, 2006), education (Bonwell & Sutherland, 1996), psychology (Crossman & Crossman, 1983; Hambrick et al. 1999), human physiology (Bailey et al, 1999), sociology (Chiders 1996), geography (McKenny 1970), and biology (Frankin et al. 2003). Bowell & Sutherland (1996) _____ (promote) puzzles as an active-learning strategy. Weiskic (2006) felt that crossword puzzles _____ (provide) an appealing way for exam review.

The use of "games" in pedagogical settings is not uncommon. Sulzman (2004) _____ (utilize) variations of games such as Jeopardy and Pictionary in introductory soil science recitation sections. Davis (1997) _____ (employ) a Chutes and Ladders approach in teaching nitrogen transformations to cooperative extension audiences.

(史宝辉 2017：43)

完整的前测和后测试卷请见附录 14 和附录 15。

### 4.4.2　摘要和综述

本研究有关学生学术英语写作能力分段输出为期中的摘要写作和期末的综述写作,旨在评价学生的学术英语写作产出能力。

在期中,学生需上交一篇 200 词的学术论文摘要,包含论文题目和关键词。学生须根据前半学期所学知识完成摘要撰写。摘要为课后作业,不规定撰写时间,可查阅资料。摘要题目由学生根据学科背景知识和相关研究问题设定。摘要的结构至少包含背景信息、研究目的、研究方法、研究结论、讨论中的三个部分。从语言(40%)、结构(30%)和内容(30%)方面进行打分,每个方面又可细分为三至四个评分点(详见表 5.3.1)。为保证评分的公正性,两位教师分别对摘要进行评分。因评分员间信度大于 0.7,取其平均分作为最后得分。

表 5.3.1　学术英语写作教学摘要评分表

| 评分内容 | 评　分　标　准 | 占比 |
|---|---|---|
| 语言(40%) | 总体表达符合书面语言要求,表述精确、严谨、客观。 | 10% |
| | 无重大语法、拼写和时态错误。 | 10% |
| | 使用摘要所需的常见句型。 | 10% |
| | 词组搭配自然、真实,与学术英语表达相符。 | 10% |
| 结构(30%) | 摘要所需的主要内容(背景信息、研究目的、研究方法、研究结论、讨论等)完整。 | 10% |
| | 语步顺序正确、符合逻辑。 | 10% |
| | 连接词使用准确。 | 10% |

| 评分内容 | 评 分 标 准 | 占比 |
|---|---|---|
| 内容(30%) | 摘要篇幅符合要求。 | 10% |
| | 内容和术语简洁、易懂。 | 10% |
| | 研究内容具有创新性。 | 10% |

学期结束时,学生须根据一篇 1 000 词的学术论文撰写 200 词的综述。综述是长篇文章的短篇形式,需达到如下要求:第一,综述长度不能大于原文的三分之一;第二,综述需忠于原文,不能更改事实或观点,也不能遗漏重要内容;第三,综述需为连贯语篇,而非提纲形式;第四,撰写综述时需合理分段。综述的评分与摘要略有不同,分为形式(10%)、语法(20%)、语言(30%)和内容(40%)。综述为课内练习,要求学生在上课时用 60 分钟完成,不允许查阅资料。与摘要一样,为保证评分的公正性,两位教师分别对综述进行评分。因评分员间信度大于 0.7,取其平均分作为最后得分。

### 4.4.3　调查问卷

本研究使用调查问卷进一步探究受试对该教学模式的看法和改进建议。问卷调查对象为实验班学生,分别在教学实验前和完成后发放。两份问卷均包含李克特五级量表和简答题两个部分。问卷内容参考 Yoon & Hirvela (2004)和刘芹、刘鸿颖(2020)进行编制,通过问卷星平台发放和回收。

教学实验前发放的问卷旨在探明学生在学术英语写作上的难点和态度。第一部分"李克特五级量表"包含 12 条描述语:第 1—4 条描述语探究学生对学术英语重要性和有用性的态度,第 5—10 条描述语与学术英语学习的难点相关,第 11—12 条描述语调查学生对学术英语写作的建议。问卷的第二部分为三个简答题,要求学生对学术英语写作学习和教学提出建议。

教学实验后发放的问卷旨在揭示学生对学术英语写作学习态度上的转变,以及他们在教学实验后学术英语写作能力上的提升。第一部分"李克特五级量表"包含 12 条描述语:第 1—5 条描述语与基于语料库的学术英语写作教学模式有用性有关,第 6—9 条描述语与学生在教学实验中面临的困难和挑战有关,第 10—12 条描述语探究学生对该教学模式的态度和建议。问卷的第二部分为三个简答题,分别考察学生的学习需求和困难、该模式的优缺点和学生对该模式的改进建议。

为了学生更好地理解并回答问卷问题,两份问卷都用中文撰写、中文回答。两份完整问卷请见附录 16 和 17。

## 4.5 数据分析工具

本研究使用 SPSS 26.0 对前测和后测得分、摘要和综述得分进行描述性统计、独立样本 $t$ 检验和配对样本 $t$ 检验,并对问卷调查结果进行描述性统计。

另外,本研究将实验班和对照班的摘要和综述建成微型语料库,使用语料库分析软件 WordSmith 6.0 分别计算两个班学生摘要和综述文本的标准化类符/形符比(Std. TTR)。该软件可以根据每个文本测算出每 1 000 个单词的 TTR,然后测算出所有文本的平均 TTR,得出 Std. TTR。图 5.3.9 和图 5.3.10 显示软件操作过程。

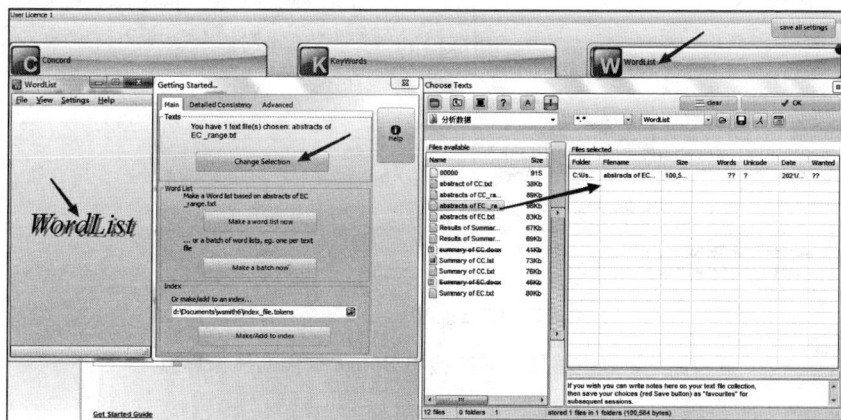

**图 5.3.9　WordSmith 6.0 操作界面(1)**

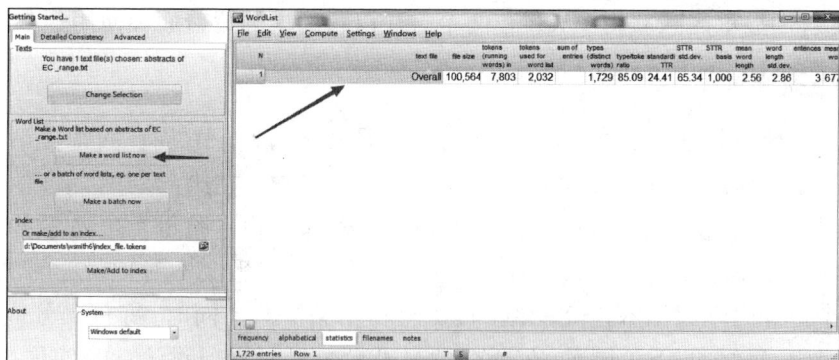

**图 5.3.10　WordSmith 6.0 操作界面(2)**

进入图 5.3.9 的 WordSmith 6.0 主页面,选择 WordList。点击 Choose Texts Now,从 Files available 名录里选择需要的文本,点击 OK。然后点击 Make a word list now,即可出现图 5.3.10 所示频率数据。

另外,本研究使用 Range 软件,测算实验班和对照班语料库学术英语词汇出现的频率和覆盖面,主要功能包括词汇量的分析和对比,词汇的相近点和不同之处,尤其是 AWL 的使用覆盖面。图 5.3.11 显示 Range 软件的操作界面。

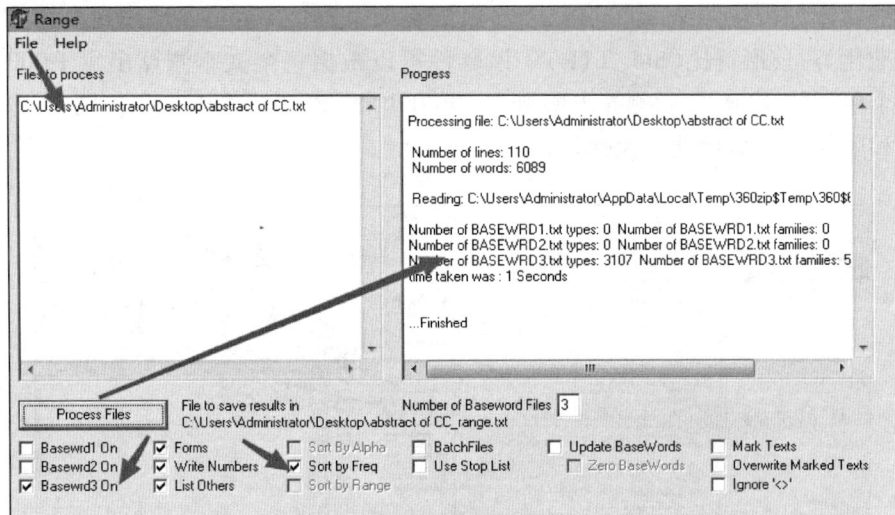

**图 5.3.11　写作教学实验中 Range 软件的操作界面**

首先,打开 Range 软件,点击 File 选择需要分析的文本,选择 Basewrd3 On 和 Sort by Freq。然后,点击 Process Files,软件自动出具输出数据报告(见右栏显示区),获得 AWL 在两个自建语料库中的覆盖面和使用频率。

## 4.6　研究过程

本研究教学实验在 2021 年 3 月至 6 月实施,持续 16 周。教师在第一周告知实验班和对照班学生整个学期的教学安排。在第二周两个班学生参加前测(前测内容详见 4.4.1)。第三周,教师带领实验班学生熟悉基于语料库的学术英语写作教学模式,对照班学生则熟悉文本对比教学方式。两个班同时学习学术论文的结构、功能和相关概念。同时,每个班分成 7 个小组,每组 4—5 位同学,在泛在学习平台上进行学习讨论。第四周,教师把 CJA 的操作方式介绍给实验班学生,并举例说明课后练习的完成要求。在对照班,教师指导每位学生从学校电子图书馆挑选两篇他们学科相关领域的最新英文原版期刊学术论文,并举例说明课后练习的完成要求。从第五周开始,教师根据学术论文的架构分别介绍一个部分,两个班的学生课后根据不同要求在泛在学习平台上进行讨论,完成相应作业,并选出代表在下一周课上进行 PPT 汇报。课上共安排四次 PPT 汇报,最后一次的课后作业以文本形式在第十四周上交。在期中的第八周,上交摘要作业。在期末,分别在第十五周和十六周上课时间安排后测和综述撰写(后测内容详见 4.1.1)。实验班和对照班 16 周的详细安排见表 5.3.2。

表 5.3.2　学术英语写作教学实验班和对照班的教学安排

| 教学周 | 实　验　班 | 对　照　班 |
|---|---|---|
| 1 | 介绍学期教学安排和作业要求 | 介绍学期教学安排和作业要求 |
| 2 | 前测 | 前测 |
| 3 | 1. 介绍基于语料库的学术英语写作教学模式<br>2. 介绍学术论文的结构、功能和相关概念<br>3. 学生分组 | 1. 介绍文本对比教学方式<br>2. 介绍学术论文的结构、功能和相关概念<br>3. 学生分组 |
| 4 | 1. 介绍 CJA 和操作方式<br>2. 举例说明课后练习完成要求 | 1. 指导学生从电子图书馆搜索两篇学术论文<br>2. 举例说明课后练习完成要求 |
| 5 | 1. 讲解**摘要**的语步和语言特征<br>2. 提供 20—30 个学术单词,指导学生课后在**摘要**子语料库中完成检索任务 | 1. 讲解**摘要**的语步和语言特征<br>2. 指导学生在课后对比分析两篇学术论文的**摘要**部分 |
| 6 | 1. PPT 展示<br>2. 布置**摘要**撰写任务 | 1. PPT 展示<br>2. 布置**摘要**撰写任务 |
| 7 | 1. 讲解**引言**的语步和语言特征<br>2. 提供 20—30 个学术单词,指导学生课后在**摘要**子语料库中完成检索任务 | 1. 讲解**引言**的语步和语言特征<br>2. 指导学生在课后对比分析两篇学术论文的**引言**部分 |
| 8 | 1. PPT 展示<br>2. 提交**摘要**并讨论 | 1. PPT 展示<br>2. 提交**摘要**并讨论 |
| 9 | 1. 讲解**研究方法**的语步和语言特征<br>2. 提供 20—30 个学术单词,指导学生课后在**研究方法**子语料库中完成检索任务 | 1. 讲解**研究方法**的语步和语言特征<br>2. 指导学生在课后对比分析两篇学术论文的**研究方法**部分 |

续　表

| 教学周 | 实　验　班 | 对　照　班 |
|---|---|---|
| 10 | PPT 展示 | PPT 展示 |
| 11 | 1. 讲解**研究结果与讨论**的语步和语言特征<br>2. 提供 20—30 个学术单词,指导学生课后在**研究结果与讨论**子语料库中完成检索任务 | 1. 讲解**研究结果与讨论**的语步和语言特征<br>2. 指导学生在课后对比分析两篇学术论文的**研究结果与讨论**部分 |
| 12 | PPT 展示 | PPT 展示 |
| 13 | 1. 讲解**结语**的语步和语言特征<br>2. 提供 20—30 个学术单词,指导学生课后在**结语**子语料库中完成检索任务 | 1. 讲解**结语**的语步和语言特征<br>2. 指导学生在课后对比分析两篇学术论文的**结语**部分 |
| 14 | 1. 讨论学生上一周的书面作业<br>2. 讨论期中摘要作业 | 1. 讨论学生上一周的书面作业<br>2. 讨论期中摘要作业 |
| 15 | 后测 | 后测 |
| 16 | 撰写综述 | 撰写综述 |

## 5. 数据分析与讨论

### 5.1　前测与后测数据分析

　　本部分运用量化分析方法探究基于语料库的学术英语写作教学模式对学生学术英语写作能力的影响,主要分析实验班和对照班的前测及后测成绩。首先进行描述性统计,然后运用独立样本 $t$ 检验和配对样本 $t$ 检验做进一步分析。

#### 5.1.1　实验班和对照班前测及后测描述性统计

　　表 5.3.3 显示两个班前测成绩的描述性统计情况,含最低分、最高分、平均分、标准差、倾斜度、峰值和信度系数克伦巴赫 $\alpha$ 系数。

**表 5.3.3　学术英语写作教学实验班和对照班前测描述性统计**

| | 人数 | 最低分 | 最高分 | 平均分 | 标准差 | 倾斜度 | 峰值 | 克伦巴赫 α 系数 |
|---|---|---|---|---|---|---|---|---|
| 实验班 | 30 | 33.5 | 71.0 | 57.25 | 10.981 | −0.74 | −0.19 | 0.70 |
| 对照班 | 29 | 37.5 | 70.0 | 57.21 | 9.252 | −0.55 | −0.66 | 0.60 |

　　由表 5.3.3 可知,实验班和对照班的前测平均分相似,分别为 57.25 和 57.21,表明他们在教学实验前拥有相同的学术英语知识水平。实验班和对照班前测的克伦巴赫 α 系数分别为 0.70 和 0.60,在 0.6 至 0.8 之间,显示中等信度(杨晓明 2012)。此外,两个班前测的倾斜度和峰值分别为 −0.74、−0.19 和 −0.55、−0.66,都在 −2 至 +2 之间,符合正态分布(Bachman 2004)。接下来对实验班和对照班的后测结果进行描述性统计,数据详见表 5.3.4。

**表 5.3.4　学术英语写作教学实验班和对照班后测描述性统计**

| | 人数 | 最低分 | 最高分 | 平均分 | 标准差 | 倾斜度 | 峰值 | 克伦巴赫 α 系数 |
|---|---|---|---|---|---|---|---|---|
| 实验班 | 30 | 55.5 | 88.5 | 71.68 | 8.622 | 0.20 | −0.62 | 0.81 |
| 对照班 | 29 | 47.0 | 84.0 | 66.31 | 10.841 | −0.16 | −0.98 | 0.80 |

　　从表 5.3.4 可知,实验班和对照班的后测平均分分别为 71.68 和 66.31,显示出 5 分多的差距。与前测相比,实验班和对照班的后测平均分分别提高 14.43 分和 9.10 分。这表明经过一个学期的教学实验,两个班学生的学术英语知识水平均得到了有效提高,且实验班的提高幅度更大。实验班和对照班后测的克伦巴赫 α 系数分别为 0.81 和 0.80,超过 0.8,显示较高信度(杨晓明 2012)。此外,两个班后测的倾斜度和峰值分别为 0.20、−0.62 和 −0.16、−0.98,都在 −2 至 +2 之间,符合正态分布(Bachman 2004)。

　　由于两个班的前测和后测有着合理信度值,且都符合正态分布,可以进行后续的推断性统计。因此,下面对两个班的测试成绩进行对比分析。

### 5.1.2　实验班和对照班前测及后测对比分析

　　在教学实验前,项目组对实验班和对照班前测成绩进行独立样本 t 检验,以发现两个班是否存在学术英语知识水平上的显著性差异。表 5.3.5 显示前测的独立样本 t 检验结果。

**表 5.3.5　学术英语写作教学实验班和对照班前测独立样本 $t$ 检验**

| | | 列文方差齐性检验 | | 平均分相等 $t$ 检验 | | | | | | |
|---|---|---|---|---|---|---|---|---|---|---|
| | | $F$ | 显著值 | $t$ | 自由度 | 显著值（双尾） | 平均差 | 标准误 | 差值的95%置信度区间 | |
| | | | | | | | | | 上限 | 下限 |
| 前测（对照班-实验班） | 假设方差齐性 | 1.051 | .310 | -.016 | 57 | .987 | -.0431 | 2.649 | -5.348 | 5.262 |
| | 假设方差非齐性 | | | -.016 | 55.966 | .987 | -.0431 | 2.642 | -5.335 | 5.249 |

从表 5.3.5 可知，列文方差齐性检验的 $F$ 值为 1.051，显著值为 0.310，大于 0.05。这表明实验班和对照班的方差相等，因而需观察独立样本 $t$ 检验的第一行数据（Carsten & Aek 2018）。显著值 0.987（双尾检验）表明实验班和对照班的前测成绩不存在统计意义上的显著差异（$p>0.05$），即教学实验前两个班学生在学术英语知识上的水平相当。表 5.3.6 显示实验班和对照班后测的独立样本 $t$ 检验结果。

**表 5.3.6　学术英语写作教学实验班和对照班后测独立样本 $t$ 检验**

| | | 列文方差齐性检验 | | 平均分相等 $t$ 检验 | | | | | | |
|---|---|---|---|---|---|---|---|---|---|---|
| | | $F$ | 显著值 | $t$ | 自由度 | 显著值（双尾） | 平均差 | 标准误 | 差值的95%置信度区间 | |
| | | | | | | | | | 上限 | 下限 |
| 后测（对照班-实验班） | 假设方差齐性 | 1.772 | .188 | -2.111 | 57 | .039 | -5.373 | 2.546 | -10.470 | -.276 |
| | 假设方差非齐性 | | | -2.103 | 53.410 | .040 | -5.373 | 2.556 | -10.498 | -.248 |

从表 5.3.6 可知,列文方差齐性检验的 $F$ 值为 1.772,显著值为 0.188,大于 0.05。这表明实验班和对照班的方差相等,因而需观察独立样本 $t$ 检验的第一行数据(Carsten & Aek 2018)。显著值 0.039(双尾检验)表明实验班和对照班的后测成绩存在统计意义上的显著差异($p<0.05$),即实验班学生在教学实验后的学术英语知识水平显著高于对照班学生,平均分相差 5.37 分。

为了检验实验班和对照班前后测成绩是否存在差异,项目组进行了配对样本 $t$ 检验,结果如表 5.3.7 和表 5.3.8 所示。

**表 5.3.7　学术英语写作教学实验班前测和后测配对样本 $t$ 检验**

| | | 配　对　差　值 | | | | | $t$ | 自由度 | 显著性(双尾) |
| | | 平均分 | 标准差 | 标准误 | 差值的95%置信度区间 | | | | |
| | | | | | 下限 | 上限 | | | |
| 实验班 | 前测−后测 | −14.433 | 14.820 | 2.706 | −19.967 | −8.899 | −5.334 | 29 | .000 |

从表 5.3.7 可知,显著值为 0.000(双尾检验),小于 0.05,意味着实验班前测与后测成绩存在统计意义上的显著差异。具体而言,实验班后测平均分高于前测平均分 14.43 分。

**表 5.3.8　学术英语写作教学对照班前测和后测配对样本 $t$ 检验**

| | | 配　对　差　值 | | | | | $t$ | 自由度 | 显著性(双尾) |
| | | 平均分 | 标准差 | 标准误 | 差值的95%置信度区间 | | | | |
| | | | | | 下限 | 上限 | | | |
| 对照班 | 前测−后测 | −9.103 | 13.489 | 2.505 | −14.234 | −3.973 | −3.634 | 28 | .001 |

从表 5.3.8 可知,显著值为 0.001(双尾检验),小于 0.05,意味着对照班前测与后测成绩存在统计意义上的显著差异。具体而言,对照班后测平均分高于前测平均分 9.10 分。

总而言之,根据实验班和对照班前测及后测的描述性统计可知,两个班在教学实验后的成绩均高于教学实验前的成绩。此外,独立样本 *t* 检验和配对样本 *t* 检验结果均显示统计意义上的显著性差异,表明基于语料库的教学模式不仅有效提高了学生的学术英语知识水平,而且提高幅度远远大于传统意义上的论文文本分析教学方式。因而,该教学模式对学术英语写作教学具有积极影响。

## 5.2　摘要与综述数据分析

为了探究教学实验对实验班和对照班的学术英语产出是否产生影响,本研究在学期中和学期末分别让两个班学生撰写摘要和综述。项目组收集了实验班和对照班的写作文本,建成四个微型语料库,分别为实验班摘要、对照班摘要、实验班综述、对照班综述。通过语料库分析软件 WordSmith 6.0 和 Range,计算出微型语料库中学术英语词汇的使用多样性、覆盖面和使用频率,详见下文。

### 5.2.1　摘要

项目组使用 Range 软件分别测算实验班和对照班摘要微型语料库中 AWL 的形符、类符和类符/形符比。然后,使用 WordSmith 6.0 测算总字数和标准化类符/形符比,以检验实验班和对照班摘要在 AWL 的使用多样性和覆盖面上是否存在差异性。表 5.3.9 显示计算结果。

**表 5.3.9　学术英语写作教学实验班和对照班摘要中
AWL 使用多样性及覆盖面**

| 班级 | 实　　验　　班 | | | | 对　　照　　班 | | | |
|---|---|---|---|---|---|---|---|---|
| 指标 | Token | Type | TTR | Std. TTR | Token | Type | TTR | Std. TTR |
| AWL | 771 | 327 | 42.41% | / | 681 | 285 | 41.85% | / |
| 总词汇 | 6 503 | 1 575 | 24.22% | 41.33% | 6 084 | 1 446 | 23.77% | 40.23% |
| 覆盖面 | 11.86% | 20.76% | / | / | 11.19% | 19.71% | / | / |

从上表可知,实验班 AWL 的形符和类符覆盖面分别为 11.86% 和 20.76%,与对照班的 11.19% 和 19.71% 相近。实验班的总词汇形符数和类符数分别为 6 503 和 1 575,类符/形符比为 24.22%。对照班的总词汇形符

和类符数分别为 6 084 和 1 446,类符/形符比为 23.77%。Baker(2000)指出,相较于原始类符/形符比,标准化类符/形符比数据更可靠,尤其是在所对应的语篇长度不同时。由表 5.3.9 可知,实验班摘要中的总词汇标准化类符/形符比为 41.33%,略高于对照班的 40.23%,表明实验班摘要中的总词汇多样性大于对照班。另外,实验班摘要中 AWL 的类符/形符比为 42.41%,也略高于对照班的 41.85%,表明实验班摘要写作中对 AWL 的使用多样性略好于对照班。

项目组使用 Range 软件提取出实验班和对照班摘要中 AWL 最高频的前 20 个单词,并测算了类符频数。表 5.3.10 显示具体情况。

表 **5.3.10** 学术英语写作教学实验班和对照班摘要中 **AWL** 最高频 **20** 词

| 序号 | 实验班语料库 | | 对照班语料库 | |
|---|---|---|---|---|
| | 词　族 | TYFREQ | 词　族 | TYFREQ |
| 1 | CONSUMPTION | 33 | CONSUMPTION | 22 |
| 2 | ENERGY | 21 | DEPRESSION | 17 |
| 3 | RESEARCH | 19 | CONSUMER | 13 |
| 4 | SURVEY | 18 | DISCRIMINATION | 13 |
| 5 | VEHICLE | 18 | SURVEY | 13 |
| 6 | MEDIA | 14 | DATA | 12 |
| 7 | INNOVATION | 13 | SEXUAL | 12 |
| 8 | PHYSICAL | 13 | CONTEMPORARY | 11 |
| 9 | TECHNOLOGY | 13 | RESEARCH | 11 |
| 10 | RESOURCE | 12 | TRADITIONAL | 10 |
| 11 | ANALYSIS | 11 | AFFECT | 9 |
| 12 | CONCEPT | 11 | ENERGY | 9 |

| 序号 | 实验班语料库 | | 对照班语料库 | |
|------|------|--------|------|--------|
| | 词　族 | TYFREQ | 词　族 | TYFREQ |
| 13 | ENVIRONMENT | 9 | METHOD | 9 |
| 14 | PERIOD | 9 | ANALYSIS | 8 |
| 15 | METHOD | 8 | DISTRIBUTION | 8 |
| 16 | DATA | 7 | REGULATOR | 8 |
| 17 | FACTOR | 7 | FACTOR | 7 |
| 18 | INVESTIGATE | 7 | FUNCTION | 7 |
| 19 | IRRATIONAL | 7 | MENTAL | 7 |
| 20 | MEDICAL | 7 | PHENOMENON | 7 |

　　由表 5.3.10 可知,实验班和对照班微型语料库中有 8 个单词同时出现在最高频 20 词中,分别为 consumption、energy、research、survey、analysis、method、data 和 factor。实验班上述 8 个单词出现的总频率为 124,高于对照班的 91。例如,实验班语料库中 consumption 的 TYFREQ 为 33,而对照班语料库中为 22。实验班语料库中 research 的 TYFREQ 为 19,而对照班语料库中为 11。此外,实验班最高频 20 词的总频率为 257,也高于对照班的 213。由此可见,实验班中大部分高频词的类符频数高于对照班,表明教学周期完成后,实验班的学术英语词汇使用频率高于对照班。因而,基于语料库的学术英语写作教学模式可以有效提高学生摘要写作中学术英语词汇的使用频率。

5.2.2　综述

　　与摘要类似,项目组分别测算实验班和对照班综述微型语料库中 AWL 的形符、类符、类符/形符比和标准化类符/形符比,以检验实验班和对照班综述在 AWL 的使用多样性和覆盖面上是否存在差异。表 5.3.11 显示计算结果。

**表 5.3.11　学术英语写作教学实验班和对照班综述中 AWL 使用多样性及覆盖面**

| 班级 | 实验班 | | | | 对照班 | | | |
|---|---|---|---|---|---|---|---|---|
| 指标 | Token | Type | TTR | Std. TTR | Token | Type | TTR | Std. TTR |
| AWL | 620 | 224 | 36.13% | / | 669 | 217 | 32.44% | / |
| 总词汇 | 6 346 | 1 117 | 17.60% | 38.38% | 6 068 | 1 094 | 18.03% | 39.15% |
| 覆盖面 | 9.80% | 20.05% | / | / | 11.03% | 19.84% | / | / |

由上表可知,实验班 AWL 总词汇的形符和类符数分别为 6 346 和 1 117,类符/形符比为 17.60%。而对照班 AWL 总词汇的形符和类符数分别为 6 068 和 1 094,类符/形符比为 18.03%。实验班和对照班的标准化类符/形符比分别为 38.38% 和 39.15%。这表明对照班综述总词汇的多样性略大于实验班。在 AWL 的覆盖面方面,实验班的形符覆盖面为 9.80%,低于对照班的 11.03%;类符覆盖面为 20.05%,略高于对照班的 19.84%;两者数据基本持平。但实验班的类符/形符比为 36.13%,高于对照班的 32.44%,因此实验班综述中学术英语词汇的使用多样性高于对照班。

项目组同样使用 Range 软件提取出实验班和对照班综述中 AWL 最高频的前 20 个单词,并测算了类符频数,详见表 5.3.12。

**表 5.3.12　学术英语写作教学实验班和对照班综述中 AWL 最高频 20 词**

| 序号 | 实验班语料库 | | 对照班语料库 | |
|---|---|---|---|---|
| | 词　族 | TYFREQ | 词　族 | TYFREQ |
| 1 | TECHNOLOGY | 94 | TECHNOLOGY | 87 |
| 2 | DATA | 29 | DISCRIMINATION | 35 |
| 3 | DISCRIMINATION | 24 | BENEFIT | 19 |
| 4 | AUTHOR | 22 | DATA | 17 |
| 5 | FEATURE | 22 | LEGISLATION | 15 |
| 6 | RATIONAL | 19 | RATIONAL | 15 |

| 序号 | 实验班语料库 | | 对照班语料库 | |
| :---: | :---: | :---: | :---: | :---: |
| | 词 族 | TYFREQ | 词 族 | TYFREQ |
| 7 | BENEFIT | 17 | INTERACTION | 14 |
| 8 | LEGISLATION | 17 | ALTER | 12 |
| 9 | COMPLEX | 11 | AUTHOR | 10 |
| 10 | INTERACTION | 11 | FEATURE | 10 |
| 11 | ALTER | 9 | FINALLY | 10 |
| 12 | FINALLY | 8 | SEXUALITY | 10 |
| 13 | ISSUE | 8 | NOTION | 9 |
| 14 | OUTCOME | 8 | OUTCOME | 9 |
| 15 | POTENTIAL | 8 | COMPLEX | 8 |
| 16 | SEXUALITY | 7 | POTENTIAL | 8 |
| 17 | INTELLIGENCE | 6 | BIAS | 7 |
| 18 | STRUCTURE | 6 | FUNDAMENTAL | 6 |
| 19 | BIAS | 5 | DISPLAY | 5 |
| 20 | CONSENT | 5 | ENORMOUS | 5 |

由表 5.3.12 可知,实验班和对照班微型语料库中有 16 个单词同时出现在最高频 20 词中,分别为 technology、data、discrimination、author、feature、rational、benefit、legislation、complex、interaction、alter、finally、outcome、potential、sexuality 和 bias。实验班上述 16 个单词的总频率为 311,高于对照班的 286。此外,实验班最高频 20 词的总频率为 336,也高于对照班的 311。由此可见,实验班大部分高频词的类符频数高于对照班,表明教学周期完成后,实验班的学术英语词汇使用频率高于对照班。因而,基于语料库的学术英语写作教学模式可以有效提高学生综述写作中的学术英语词汇的使用频率。

## 5.3 问卷调查分析

### 5.3.1 前测问卷

本研究在实验班中开展问卷调查,以进一步探明学生对学术英语写作教学的态度和建议。前测问卷调查主要探究学生对学术英语写作重要性的认识和学习过程中可能遇到的困难。首先,使用 SPSS 26.0 对问卷中李克特量表部分进行信度分析,得出信度系数为 0.808,表明该问卷具有较高的信度,可以进行数据统计分析。表 5.3.13 显示该部分 12 条描述语选项 1—5 的百分比和平均分。

表 5.3.13　学术英语写作教学实验班前测问卷数据统计

| 序号 | 完全不同意(%) | 不同意(%) | 一般(%) | 同意(%) | 完全同意(%) | 平均分 |
|---|---|---|---|---|---|---|
| 1 | 0.0 | 6.7 | 13.3 | 46.7 | 33.3 | 4.07 |
| 2 | 0.0 | 0.0 | 6.6 | 46.7 | 46.7 | 4.40 |
| 3 | 0.0 | 0.0 | 10.0 | 53.3 | 36.7 | 4.27 |
| 4 | 0.0 | 0.0 | 0.0 | 33.3 | 66.7 | 4.67 |
| 5 | 0.0 | 3.4 | 33.3 | 40.0 | 23.3 | 3.83 |
| 6 | 0.0 | 0.0 | 36.7 | 43.3 | 20.0 | 3.83 |
| 7 | 0.0 | 0.0 | 36.7 | 43.3 | 20.0 | 3.83 |
| 8 | 0.0 | 0.0 | 23.3 | 36.7 | 40.0 | 4.17 |
| 9 | 0.0 | 3.3 | 26.7 | 43.3 | 26.7 | 3.93 |
| 10 | 0.0 | 3.4 | 33.3 | 50.0 | 13.3 | 3.73 |
| 11 | 0.0 | 6.7 | 33.3 | 53.3 | 6.7 | 3.60 |
| 12 | 0.0 | 3.4 | 43.3 | 43.3 | 10.0 | 3.60 |

在前测问卷中,描述语 1 至 4 询问学生对学术英语写作重要性和有用性的态度,涉及学术英语能否帮助专业课程学习、培养学术思维和研究能力、提升逻辑思维和材料整合能力,以及助推撰写文献回顾、摘要、报告、研

究论文等。从表 5.3.13 可知,描述语 1 的平均分为 4.07,选择同意和完全同意的总百分比为 80%,表明大部分学生认识到学术英语写作的重要性。描述语 2 的平均分为 4.40,选择同意和完全同意的总百分比为 93.4%,表明几乎所有学生都认为学术英语写作可以帮助他们培养学术思维和研究能力。描述语 3 的平均分为 4.27,选择同意和完全同意的总百分比为 90%,表明大部分学生认为通过学习学术英语写作,他们可以提升逻辑分析和材料整合能力。此外,100% 的学生都赞同描述语 4 提出的学术英语写作对他们撰写文献综述、摘要、报告和研究论文有帮助,此项平均分也最高,为 4.67。

描述语 5 至 10 有关学习学术英语写作的难度。从表 5.3.13 可知,描述语 5 至 7 的平均分均为 3.83,选择同意和完全同意的总百分比均为 63.3%,表明大部分学生认为他们无法快速读懂英语教材和专业论文,对英语学术论文的整体框架和句子结构不甚了解。描述语 8 的平均分为 4.17,共 76.7% 的学生认为或部分认为他们的学术词汇和专业词汇不足。描述语 9 的平均分为 3.93,共 70% 的学生认为或部分认为他们在撰写英语报告和研究论文上存在困难。描述语 10 的平均分为 3.73,共 63.3% 的学生认为或部分认为他们无法根据语境猜测词汇的含义。

描述语 11 和 12 调查学生对学术英语写作的建议,两者的平均分均为最低的 3.60。描述语 11 中选择同意和完全同意的总百分比为 60%,表明超过一半的学生认为学术英语写作教学应该与计算机技术和网络技术相结合。描述语 12 中,共 53.3% 的学生认为或部分认为教师在开展学术英语写作教学时需要向学生介绍学习方法和策略。

表 5.3.14 统计了实验班学生对简答题的回答情况,有助于进一步了解他们对学术英语写作教学的态度和期待。下文总结并分析学生回答情况。

**表 5.3.14　学术英语写作教学实验班前测问卷简答题回答统计**

| 问　题 | 回　答 | 频数(百分比) |
|---|---|---|
| 1. 学习学术英语写作对你来说最大的困难是什么? | 学术词汇量不够 | 8(30.8%) |
| | 不清楚词汇搭配和含义 | 6(23.1%) |
| | 不清楚专业句子 | 4(15.4%) |

| 问　　题 | 回　　答 | 频数(百分比) |
|---|---|---|
| 1. 学习学术英语写作对你来说最大的困难是什么? | 不熟悉学术论文的结构 | 4(15.4%) |
| | 缺乏学习动力或兴趣 | 2(7.7%) |
| | 不知如何写摘要或综述 | 2(7.7%) |
| 2. 你期望通过学术英语写作学到什么? | 积累学术词汇和搭配方式 | 11(45.8%) |
| | 撰写学术论文和报告 | 4(16.7%) |
| | 学习学术论文的结构 | 4(16.7%) |
| | 掌握撰写学术论文的技巧和方法 | 3(12.5%) |
| | 提高学术思维能力 | 1(4.1%) |
| | 学习如何收集数据和材料 | 1(4.1%) |
| 3. 你对学术英语写作教学还有意见和建议吗? | 教师介绍学术英语写作的特殊技能和策略 | 5(62.5%) |
| | 教师提供与学术英语写作有关的学习资料 | 3(37.5%) |

　　首先,26 位学生提出了学术英语写作方面的困难。其中,8 位学生(占比 30.8%)认为他们缺乏学术英语词汇量;6 位学生(占比 23.1%)认为他们不清楚学术英语词汇的搭配和确切含义;分别有 4 位学生(各占比 15.4%)提出他们对专业句子和学术论文结构不熟悉;分别有 2 位学生(各占比 7.7%)认为他们缺乏学习动力或兴趣,以及不清楚如何撰写摘要和综述。

　　其次,24 位学生对基于语料库的学术英语写作教学模式提出了希望。其中,11 位学生(占比 45.8%)希望该教学模式可以帮助他们积累学术词汇和搭配;分别有 4 位学生(各占比 16.7%)希望通过该教学模式学会撰写学术论文或报告,以及了解学术论文的结构;3 位学生(占比 12.5%)希望掌握撰写学术论文的技巧和方法;各有 1 位学生(各占比 4.1%)希望该模式有助于提高学术思维能力以及收集数据和材料的能力。

　　最后,8 位学生对学术英语写作教学提出建议。其中,5 位学生(占比

62.5%）建议教师介绍学术英语写作的特殊技能和策略，3位学生（占比 37.5%）建议教师提供与学术英语写作有关的学习资料。

总之，实验班大部分学生了解学术英语学习过程中的困难和挑战，他们期望该教学模式能帮助他们学习学术英语写作知识，提高学术英语写作能力。

### 5.3.2 后测问卷

后测问卷旨在调查经过教学实验后，实验班学生对该教学模式的态度。表5.3.15显示数据分析结果。

表5.3.15 学术英语写作教学实验班后测问卷数据统计

| 序号 | 完全不同意（%） | 不同意（%） | 一般（%） | 同意（%） | 完全同意（%） | 平均分 |
|---|---|---|---|---|---|---|
| 1 | 0.0 | 0.0 | 16.7 | 40.0 | 43.3 | 4.27 |
| 2 | 0.0 | 0.0 | 10.0 | 36.7 | 53.3 | 4.43 |
| 3 | 0.0 | 0.0 | 16.7 | 50.0 | 33.3 | 4.17 |
| 4 | 0.0 | 0.0 | 30.0 | 40.0 | 30.0 | 4.00 |
| 5 | 0.0 | 0.0 | 10.0 | 53.3 | 36.7 | 4.27 |
| 6 | 0.0 | 16.7 | 33.3 | 23.3 | 26.7 | 3.60 |
| 7 | 3.3 | 6.7 | 40.0 | 33.3 | 16.7 | 3.53 |
| 8 | 0.0 | 6.7 | 33.3 | 50.0 | 10.0 | 3.63 |
| 9 | 0.0 | 0.0 | 20.0 | 73.3 | 6.7 | 3.87 |
| 10 | 0.0 | 10.0 | 16.6 | 56.7 | 16.7 | 3.80 |
| 11 | 3.3 | 0.0 | 36.7 | 33.3 | 26.7 | 3.80 |
| 12 | 0.0 | 13.3 | 36.7 | 43.3 | 6.7 | 3.43 |

描述语1至5询问基于语料库的学术英语写作教学模式的优点。描述语1的平均分为4.27，选择同意和完全同意的总百分比为83.3%，表明大部分学生认为这种教学模式能帮助他们学习学术词汇使用的具体语境

和用法。描述语 2 的平均分为最高的 4.43,选择同意和完全同意的总百分比为 90%,表明绝大多数学生认为他们通过该教学模式学习了学术英语词汇的搭配和句型。描述语 3 的平均分为 4.17,有 83.3% 的学生选择同意和完全同意,表明他们认为该教学模式能帮助他们理解学术论文的结构。描述语 4 的平均分为 4.00,70% 的学生选择同意和完全同意,表明他们认为可以通过该教学模式掌握学术论文的体裁。描述语 5 的平均分为 4.27,有 90% 的学生选择同意和完全同意,表明他们通过使用语料库,掌握了学术词汇和句子的深层含义。

描述语 6 至 9 涉及操作语料库和理解语料库材料中的困难。描述语 6 和 7 的平均分相近,分别为 3.60 和 3.53,各有 50% 的学生选择同意和完全同意,表明一半的学生认为难以分析语料库中学术词汇的搭配形式和难以分析总结论文语步的句式。描述语 8 的平均分为 3.63,60% 的学生选择同意和完全同意,认为难以理解语料库中的真实材料。描述语 9 的平均分为 3.87,有 80% 的学生选择同意和完全同意,表明他们对用语料库检索词汇并分析语步句式结构感到困难。

描述语 10 至 12 询问学生对该教学模式的态度和建议。描述语 10 的平均分为 3.80,选择同意和完全同意的总百分比为 73.4%,表明大部分学生认为该教学模式比传统教学方法更能调动学生的学习积极性。描述语 11 的平均分亦为 3.80,有 60% 的学生选择同意和完全同意,表明他们会在以后的论文写作中使用语料库方法。描述语 12 的平均分最低,为 3.43,有一半的学生选择同意和完全同意,表明他们认为该教学模式有改进空间。

表 5.3.16 总结了实验班学生对简答题的回答情况,有助于进一步了解他们对该教学模式的反馈建议。

表 5.3.16　学术英语写作教学实验班后测问卷简答题回答统计

| 问　　题 | 回　　答 | 频数(百分比) |
|---|---|---|
| 1. 对你来说通过语料库学习学术英语写作最大的收获及困难分别是什么? | 学会了学术英语词汇的用途和搭配形式 | 9(45.0%) |
| | 掌握了学习学术英语写作的新方法 | 5(25.0%) |
| | 掌握学术论文的结构和句型 | 4(20.0%) |
| | 在学术英语写作学习中很有用 | 2(10.0%) |

| 问　　题 | 回　　答 | | 频数(百分比) |
|---|---|---|---|
| 2. 你觉得基于语料库的学术英语写作教学有哪些优点和缺点? | 优点 | 学习学术词汇的全面和专业用法 | 7(43.7%) |
| | | 有充分的案例 | 4(25.0%) |
| | | 学习在特殊语境中的写作方法 | 3(18.7%) |
| | | 扩充学习资料 | 2(12.5%) |
| | 缺点 | 有点复杂 | 6(60.0%) |
| | | 比较耗时 | 2(20.0%) |
| | | 缺乏兴趣 | 2(20.0%) |
| 3. 你对基于语料库的学术英语写作教学还有意见和建议吗? | 教师需加强指导 | | 4(36.3%) |
| | 将语料库和练习结合起来 | | 3(27.2%) |
| | 做总结 | | 2(18.1%) |
| | 扩充语料库或建立自己的语料库 | | 2(18.1%) |

关于第一个问题,20位学生回答了通过语料库学习学术英语写作的收获。其中,9位学生(占比45.0%)认为他们学会了学术英语词汇的用途和搭配形式,5位学生(占比25.0%)认为他们掌握了用语料库学习学术英语写作的新方法,4位学生(占比20.0%)认为他们掌握了学术论文的结构和句型,2位学生(占比10.0%)认为语料库在学术英语写作学习中很有用。

关于第二个问题,16位学生回答了该教学模式的优点。其中,7位学生(占比43.7%)认为该模式帮助他们学习学术词汇的全面和专业用法,4位学生(占比25.0%)认为语料库提供了充分的案例,3位学生(占比18.7%)认为他们学习了在特殊语境中的写作方法,2位学生(占比12.5%)认为语料库可以扩充学习资料。另一方面,有10位同学提出了该教学模式的不足之处。其中,6位学生认为该模式较为复杂,2位学生认为该模式较为耗时,另有2位同学对该模式不感兴趣。

关于第三个问题,11位学生提出了该模式的改进建议。其中,4位学生(占比36.3%)认为教师的指导至关重要,需进一步加强,3位学生(占比

27.2%)建议将语料库和练习结合起来,2位学生(占比18.1%)建议教师在完成一阶段教学之后进行总结,以帮助学生更好地进行学习反思,另有2位学生(占比18.1%)希望能扩充语料库或建设自己的语料库。

总之,虽然基于语料库的教学模式对学生来说也存在困难和不足之处,但他们已意识到该模式的优点。学生提出的改进建议可以用在将来的教学和研究中。

## 6. 结语

学术英语写作教学符合新时代大学英语教学的发展方向,可以有效提高学生的学术英语水平和专业英语能力,帮助他们参与学术活动、开展学术研究。本研究基于过程体裁教学法和Feez(1998),韩萍、侯丽娟(2012)的教学模型,构建了基于语料库的学术英语写作教学模式,指导学生使用语料库检索真实语篇,并分析其语言特征。该模式不仅激发了学生的学习兴趣,而且提升了他们的学术英语写作能力。项目组根据输入输出理论,将语料库作为学生学习的输入材料,将摘要和综述作为输出语篇,分析该教学模式对学生提高学术英语写作能力所起的作用。

学生在学术英语写作表现上的变化从如下两方面得以显现。一方面,根据前测和后测成绩可知,实验班和对照班经过一个学期的教学均提高了学术英语写作能力。后测成绩显示实验班显著高于对照班,表明基于语料库的教学模式能有效提高学生的学术英语基础知识。另一方面,根据摘要和综述的写作情况,可以发现实验班学生比对照班学生使用更多的学术英语词汇,且词汇分布面较广,表明该教学模式可以提升学生的学术英语写作水平。教学实验前开展的问卷调查数据分析表明,实验班的大部分同学意识到学术英语写作的重要性及自身在这方面的薄弱之处,有着学习学术英语写作的强烈愿望。教学实验结束后的问卷调查数据分析表明,实验班学生认为基于语料库的学术英语教学模式可以促进他们提高学术英语写作能力,但由于使用语料库较为耗时费力,希望得到教师更多的指导。

一学期的教学验证了本研究构建的学术英语写作模式在提高学术英语词汇使用和学术英语写作能力上的有效性,表明该模式可以应用于学术英语写作教学。此外,该教学模式激发了学生提高学术英语写作的学习动力,对学生的学术学习起到正面的促进效应。最后,学生对该教学模式的反馈可以为后续研究提供建议。因此,本研究在一定程度上弥补了国内学术英语写作教学实证研究的不足,也为相关领域开展类似研究提供了参考。

## 第四节　泛在学习视域下的学术英语口语教学模式构建及应用

### 1. 引言

学术英语口语在学术英语能力培养过程中的作用不容忽视。多模态语料库的出现为数据驱动的语言学习发展带来了新的生机,符合"多媒体"时代语言教学的需要,能够为学术英语口语教学提供蕴含丰富信息的例证。交流是多渠道的,言语表达和非言语表达相结合才能形成完整的交流。外语教学的目的是使学生具备运用各种方法进行有效交流的能力,所以非言语交际应该被纳入外语教学的范围。本研究将泛在学习理念和语料库教学方法加以融合,构建基于多模态语料库的中国理工科大学生学术英语口语教学模式,并根据第三章提出的教学安排,在上海理工大学学术英语听说课程中进行了为期 8 周的试教学后,开展了 16 周的教学实验,旨在探究以下两个研究问题:(1)如何构建并应用基于多模态语料库的中国理工科大学生学术英语口语教学模式?(2)基于多模态语料库的学术英语口语教学模式的效果如何?

### 2. 研究背景

在教育国际化和"新工科"建设的大背景下,中国理工科大学生在具备专业知识的同时,需有能力进行学术英语表达(刘芹、刘鸿颖 2020)。然而,在听、说、读、写四项基本英语技能之中,英语口语对中国学生而言难度较大。束定芳(2006)调查发现,大学生更倾向于在轻松有趣的环境下学习英语,只有6%的学生选择通过阅读教材学习英语。

大学英语教学资料不应局限于教材,可采用多模态形式,体现高阶性、创新性和挑战度(束定芳 2020)。

近年来,学术英语教学在中国高校日益获得师生的关注。然而,相关研究显示,学生尚缺乏用英语进行口头学术交流的能力,无法满足推广学术研究成果的需求(王华 2018)。理工科大学生在中国大学生中为数众多,他们的学术英语口语教学亟须得到重视,以提高他们在该方面的能力。

因而,中国理工科大学生的学术英语口语教学也应与新技术和新资源相结合,创建新的教学模式。目前,语料库有着丰富的教学资源和强大的检索功能,其重要性已在英语教学中开始显现。但由于多模态口语语料库构建的困难,在中国理工科大学生中运用多模态语料库进行学术英语口语教学的研究相对匮乏。为了满足中国理工科大学生提高国际学术口头交流能力的需求,有必要构建针对该类学生的多模态学术英语口语语料库,并探索有效的教学模式,以培养他们用英语在自己的专业领域内进行口头展示和国际交流的能力。

## 3. 研究基础

### 3.1　理论基础

本研究的理论基础为多模态话语分析(Multimodal Discourse Analysis)和数据驱动学习。在上文词汇教学中已经介绍了数据驱动学习,此处着重阐释多模态话语分析理论。

语言不仅仅体现在言语层面,大部分的语篇含义由非言语层面显示,例如响度、音调、语调、语速等副语言特征和手势、姿势、面部表情等身体语言。另外,PPT、声音设备、网络、实验室和周围环境等因素也包含在内(张德禄 2009)。上述环境中产出的交流是多模态的。多模态话语分析利用形成意义资源的多种模态来分析话语。交流及其含义不仅仅通过语言才能传达,图像、手势、目光注视、姿势等都包含在交流形式中(Jewitt 2009)。

多模态性（multimodality）又称为"非言语"（nonverbal）或"共言语"（co-verbal）交流，是新型口头陈述的重要因素（Bonsignori & Camiciottoli 2016）。换言之，多模态性是表达、交流、互动的创新方法，它超越言语信号，研究各种交流方式。多模态性进入话语分析领域的原因在于话语含义的一部分信息隐藏在非言语因素中。在国外的社会科学研究领域，多模态交流已成为热门话题（Feldman & Rim 1991；Argyle 2004；Harrigan et al. 2005；Knapp & Hall 2006）。以前仅仅从言语交流层面分析的问题由于考虑了非言语因素或不同交流模态之间的互动而获得了新的含义。基于此，Poggi（2003）提出交流系统框架，包含意义种类和表达意义的信号种类；Hong（2005）构建了课堂话语语料库，从多模态性的角度展示学习者的各种特征。

国内的多模态话语分析研究始于李战子（2003），诸多学者在该领域显示出越来越高的研究兴趣。Gu（2006）采用语料库语言学研究方法对多模态文本进行分析，包含社会情境、活动类型、参与者说话和动作的行为等。张德禄（2009）基于系统功能语言学构建了五个层面的多模态话语分析理论模型。刘芹、潘鸣威（2012）着重学习者非言语行为的研究，发现在多模态环境下，学生在非言语交流中表现不自然，表达不充分。

朱永生（2007）指出大部分前人研究只在单模态层面开展，这可能是方向性错误。因而，本研究从多模态性角度出发，考虑文本外不同模态的情况，包含学生在学术英语表达过程中的言语因素和非言语因素。

## 3.2　实证基础

### 3.2.1　试教学问卷调查

项目组首先开展了为期 8 周的自建小型"多模态学术英语口语语料库"（Multimodal Corpus of Academic Spoken English，MUCASE）应用试教学，以期为接下来的 16 周教学实验提供实证基础。上海理工大学一个教学班共 35 名学术英语听说课程学生参加了试教学。教师使用 MUCASE 教授语调、手势、头部活动、脸部表情、身体动作、目光交流等六个方面的非言语特征。在试教学结束后，项目组对参加的学生进行问卷调查，探究他们的学习态度、对该教学模式的评价以及开展的课后活动。问卷改编自张德禄（2015）的"外语学习态度问卷"，采用李克特五级量表的形式，包括 15 条描述语：1—5 为认知维度，6—10 为情感维度，11—15 为行为维度。完整问卷详见附录 18。

项目组共发放了 35 份问卷,回收有效问卷 31 份。使用 SPSS 26.0 对数据进行统计分析,详见表 5.4.1。

**表 5.4.1 学术英语口语学习态度调查问卷数据统计**

| 序号 | 完全不同意(%) | 不同意(%) | 一般(%) | 同意(%) | 完全同意(%) | 平均分 |
|---|---|---|---|---|---|---|
| 1 | 0.0 | 6.4 | 25.8 | 45.2 | 22.6 | 3.84 |
| 2 | 0.0 | 0.0 | 32.3 | 48.4 | 19.3 | 3.87 |
| 3 | 0.0 | 0.0 | 3.2 | 54.9 | 41.9 | 4.39 |
| 4 | 0.0 | 0.0 | 3.2 | 74.2 | 22.6 | 4.19 |
| 5 | 0.0 | 3.2 | 19.4 | 48.4 | 29.0 | 4.61 |
| 6 | 0.0 | 19.3 | 32.3 | 38.7 | 9.7 | 3.39 |
| 7 | 0.0 | 3.2 | 9.7 | 67.7 | 19.4 | 4.03 |
| 8 | 0.0 | 25.8 | 32.3 | 29.0 | 12.9 | 3.29 |
| 9 | 3.2 | 9.7 | 16.1 | 48.4 | 22.6 | 3.77 |
| 10 | 0.0 | 0.0 | 16.1 | 54.9 | 29.0 | 4.13 |
| 11 | 0.0 | 6.4 | 25.8 | 54.9 | 12.9 | 3.74 |
| 12 | 0.0 | 9.7 | 9.7 | 64.5 | 16.1 | 3.87 |
| 13 | 0.0 | 22.6 | 25.8 | 35.5 | 16.1 | 3.45 |
| 14 | 0.0 | 3.2 | 41.9 | 48.4 | 6.5 | 3.58 |
| 15 | 3.2 | 25.8 | 35.5 | 25.8 | 9.7 | 3.13 |

认知维度探究学生对学术英语口语学习的认识、理解和评价,例如学习目标、学习方法、学习内容等。好的认知在指导学生学术英语口语学习和促进学习目标达成方面起到至关重要的作用。第 1 至第 5 条描述语主要询问学生对学术英语学习的重要性、教学方法和多媒体学习的认识。由表 5.4.1 可知,在描述语 1 中,无人选择完全不同意,6.4% 的学生选择不同意,25.8% 的学生选择一般,选择同意和完全同意的学生分别为 45.2% 和

22.6%,平均分为3.84,这表明学生对学术英语口语学习的重要性有充分的认识。在描述语2中,无人选择完全不同意和不同意,32.3%的学生选择一般,选择同意和完全同意的学生分别为48.4%和19.3%,平均分为3.87,这表明大部分学生认为良好的学术英语口语表达对将来工作有益。在描述语3中,无人选择完全不同意和不同意,3.2%的学生选择一般,选择同意和完全同意的学生分别为54.9%和41.9%,平均分为4.39,这表明大部分学生认为教师的教学方法对他们的学习方法存在潜在影响。在描述语4中,无人选择完全不同意和不同意,3.2%的学生选择一般,选择同意和完全同意的学生分别为74.2%和22.6%,平均分为4.19,这表明学生非常清楚在课堂上认真听课的重要性。在描述语5中,无人选择完全不同意,3.2%的学生选择不同意,19.4%的学生选择一般,选择同意和完全同意的学生分别为48.4%和29.0%,平均分为4.61,这表明大部分学生把多媒体作为学习手段。

情感维度指学生在MUCASE中学习非言语特征时的情感状态,反映了学生对该教学方法的认可度。描述语6至10涉及学生是否喜欢学术英语和现有的教学方式,他们的学习兴趣、学习习惯,以及对基于多模态语料库的非言语特征教学方法的认可度。根据描述语6和8的答案分布来看,无人选择完全不同意,各有19.3%和25.8%的学生选择不同意,各有32.3%的学生选择一般,各有38.7%和29.0%的学生选择同意,各有9.7%和12.9%的学生选择完全同意,平均分分别为3.39和3.29,这表明学生基本上对学术英语口语持肯定态度。可见试教学提高了学生的学习兴趣。在描述语7中,无人选择完全不同意,3.2%的学生选择不同意,9.7%的学生选择一般,选择同意和完全同意的学生分别为67.7%和19.4%,平均分为4.03,这表明大部分学生喜欢该教学模式。在描述语9中,各有3.2%和9.7%的学生选择完全不同意和不同意,16.1%的学生选择一般,各有48.4%和22.6%的学生选择同意和完全同意,平均分为3.77,这表明相当一部分学生愿意在多媒体的环境下开展自主学习。在描述语10中,无人选择完全不同意和不同意,16.1%的学生选择一般,54.9%和29.0%的学生分别选择同意和完全同意,平均分为4.13,这表明大部分学生喜欢基于多模态语料库的非言语特征教学方法。

行为维度指学生在学习过程中的趋势、反应或行为。学生对教学的参与度以及合作程度反映了教学的质量。描述语11至15包含学生对学术英语口语的评价、他们的学习方法、学习目标、课中和课后的投入程度等。

在描述语 11 和 12 中,无人选择完全不同意,选择不同意的分别为 6.4% 和 9.7%,选择一般的分别为 25.8% 和 9.7%,选择同意的分别为 54.9% 和 64.5%,选择完全同意的分别为 12.9% 和 16.1%,平均分分别为 3.74 和 3.87,这表明大部分学生重视学术英语口语的学习,因而对学习方法和学习目标都非常明确。在描述语 13 和 14 中,无人选择完全不同意,选择不同意的分别为 22.6% 和 3.2%,选择一般的分别为 25.8% 和 41.9%,选择同意的分别为 35.5% 和 48.4%,选择完全同意的分别为 16.1% 和 6.5%,平均分分别为 3.45 和 3.58,这表明学生愿意在课内与教师交流并做笔记。在描述语 15 中,选择完全不同意和不同意的分别为 3.2% 和 25.8%,选择一般的为 35.5%,选择同意和完全同意的分别为 25.8% 和 9.7%,平均分为 3.13,这表明超过一半的学生在课后可以开展自主学习。

### 3.2.2 试教学开放式访谈

试教学结束后,该班班长搜集了学生对教学过程的反馈信息,尤其是"学习困难"和"该教学模式的优缺点"两方面,随后项目组对班长进行了开放式访谈。经其允许,访谈过程进行了录音,转写如下。

问:同学们在进行学术英语展示时的主要困难是什么?

答:有些同学的困难在词汇方面,他们倾向于使用通用词汇而非学术词汇进行口头汇报。有些同学认为非言语交流需要适可而止,他们担心过多的手势或身体动作会对学术汇报起到反作用。也有些同学在进行学术汇报时容易紧张,总是担心忘词或发音不标准。他们对在同学面前展示非言语特征感到不好意思,尤其在目光交流和手势方面更拘谨,笔直站立或许是"最安全"的姿态。我个人觉得,流利的口头表达辅以自然的非言语最为重要。我在词汇方面没什么问题,因为一旦不清楚某些单词的用法,可以查词典。学术汇报与日常的口头交流极为不同,后者无论是言语还是非言语都更为随意。在做学术汇报时,我通常先写好文稿,确保表达严谨且无语法错误。我平时在与同学交谈时,可以自然地进行目标交流、微笑、做手势、点头或摇头。但在进行学术汇报时做不到。有时因为紧张,语调也会发生问题,且一直在担心非言语表达是否自然。另外,我有时太注重学术表达的准确性而忘了进行非言语展示,使学术汇报很呆板,我正在努力改进。

问:基于多模态语料库开展非言语特征教学的优缺点是什么?

答:大部分同学认为通过语料库里的数据分析和选择出来的样本录像能帮助他们更容易理解非言语交流的特征。他们可以模仿得体的表达,避免有问题的表达,两者之间的区别使得学习更有针对性。由于语料库资源来源于我们一个学校的同龄人,观察他们的学术英语口语展示录像能拉近距离,并帮助我们自我反思。但语料库的容量不够大,我们无法得知其他学校学生的情况,学习起来存在片面性。另外,这8周主要学习非言语特征,虽然针对性很强,但有些单调,希望老师也能教言语方面的内容。

问:同学们对这个教学模式的建议和期望是什么?

答:首先,该课程的学习内容很多,但学分偏少,希望能增加学分,使学生更重视学术英语口语的学习。其次,该教学模式新颖有趣,让大家增加了对非言语特征的理解程度。多模态语料库由来自同龄人的100个学术英语口语报告所构成,充足的信息和案例帮助我们通过模仿学习,达到更好的学习效果。然而,由于上课时间有限,我们无法在课堂上开展足够的口语活动,建议在课后组织学术英语口语活动。

表5.4.2总结了此次访谈的主要内容。

表 5.4.2　学术英语口语试教学访谈主要内容

| 关　键　点 | 回　　答 |
|---|---|
| 学习困难 | 学术词汇 |
| | 非言语交流的合适度和自然度 |
| | 缺乏自信 |
| | 背诵文稿 |
| | 语音语调 |
| 该教学方式的优点 | 学习和模仿很有趣 |
| | 容易理解 |
| | 学习目的明确 |
| 该教学方式的缺点 | 例子不够丰富 |
| | 单调 |
| | 缺乏练习 |

> **4.** 构建基于多模态语料库的学术英语口语教学模式

## 4.1　模式提出

　　基于数据驱动学习理论和多模态话语分析理论，并参考李广伟、戈玲玲(2020)的教学模式构建结构，项目组提出如下基于多模态语料库的学术英语口语教学模式，详见图 5.4.1。

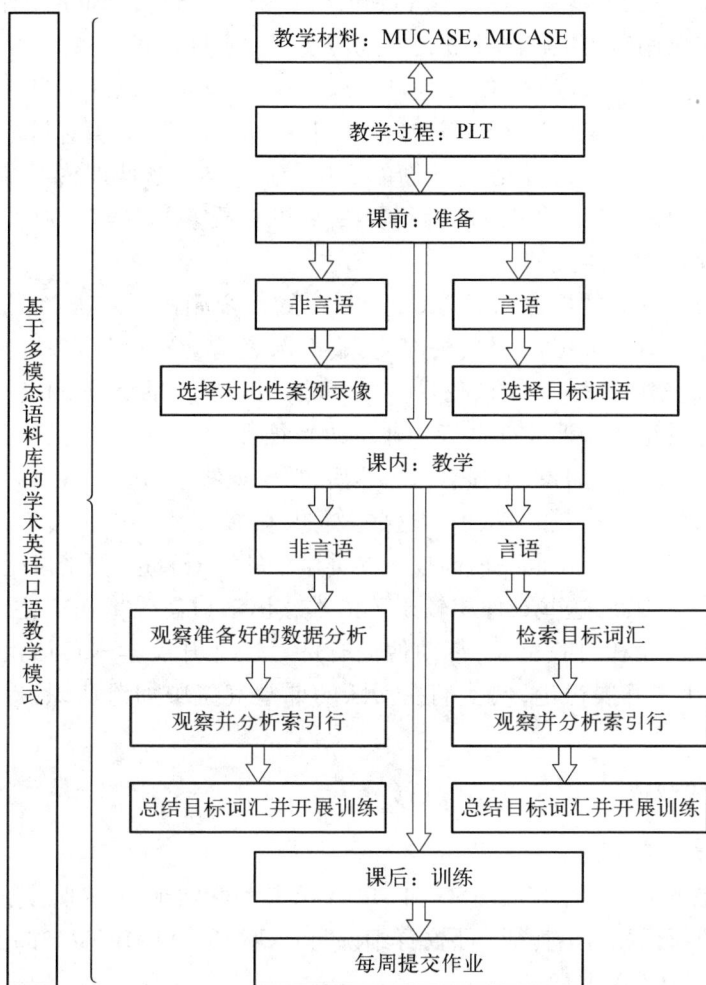

**图 5.4.1　基于多模态语料库的学术英语口语教学模式**

该教学模式分成两个部分,教学材料和教学过程。MUCASE 和密歇根大学学术口语语料库(Michigan Corpus of Academic Spoken English, MICASE)两个语料库作为教学资料,支撑"准备—学习—训练"(Preparation, Learning and Training, PLT)教学过程。在课前,教师选择目标词汇和对比性案例录像,为授课做准备。在课中,学生学习学术英语口语词汇和案例录像,对应言语和非言语部分。

言语部分的授课通过 MICASE 中的学术英语词汇进行,分检索(retrieving)、观察和分析(observing and analyzing)、总结和训练(summarizing and training)三个步骤。学生先从 MICASE 中检索出目标词汇,围绕该词汇的诸多索引行可以使学生获得对词汇使用的感性认识。然后,学生观察索引行,分析目标词的意义、用途和词族。这样,学生可以理解目标词汇和相应词族在学术英语口语环境中的含义和用途。最后,学生对目标词汇和相应词族进行总结,并自己生成新的语句。做总结和延伸训练可以提高学生的理解,加深学习效果。最后,学生每周提交录像作业至泛在学习平台,供教师评估和学生互评。

非言语部分的授课通过 MUCASE 中的一个副语言特征(即语调)和五个身体语言特征(即手势、头部动作、面部表情、身体移动和目光交流)进行,分观察(observation)、观看(watching)和讨论(discussion)三个步骤。学生首先观察教师课前准备好的非言语特征数据分析,了解其定义、分类和功能,得出整体印象,增强意识。然后,学生观看教师事先准备好的对比性案例录像,进一步加深认识。这些录像从多模态语料库中搜索得出,这样学生可以通过观察同一所高校中同类学生的口语表达,更清晰地认识到问题所在。因而,这些录像相较于英语本族语演讲者录像而言,更能帮助学生进行对比和自我反思,帮助他们有针对性地开展学术英语汇报。然后,在学生中开展讨论,使他们在活跃的课堂气氛中加深认识,提高学习效果。

## 4.2 模式解读

### 4.2.1 本研究使用的语料库

如图 5.4.1 所示,MUCASE 和 MICASE 是教学实施的基础,分别用于教授非言语特征和言语特征。下文详细说明 MUCASE 和 MICASE 的信息。

#### 4.2.1.1 MUCASE

该语料库包含 100 名上海理工大学一年级和二年级理工科专业本科

生的学术英语演讲视频;其中一年级 25 名,二年级 75 名;男生 56 名,女生 44 名。视频都与学术话题相关,分为两大类。第一类为专业介绍,要求学生用学术话语介绍专业或讲解专业中的主要概念。第二类为汇报小组学术研究开展情况。每个视频 3—6 分钟,100 个视频合计 399 分 13 秒,转写文字合计 44 385 词。由于学生在 2019—2020 学年第二学期开始时有一段时间无法返回校园上课,因此部分收集到的视频在学生家里完成,其他视频在学校的多媒体教室或演讲厅录制完成。无论视频在何种场地录制,学生都使用了合适的设备,如摄像机、智能手机、屏幕和投影仪,基本满足学术英语报告的需求。

项目组拿到视频录像后,参照刘芹、潘鸣威(2012)的方法使用多模态标注软件 Elan 5.4 进行标注,分确定语言种类和层级、选择时间间隔、输入注释信息三个步骤。在具体标注时,每条注释语对应一个层级和一个时间间隔。表 5.4.3 展示层级名称和注释信息。图 5.4.2 展示 Elan 5.4 的主界面图。注释语分为六个层级,对应六种非言语特征,分别为语调(intonation)、手势(gesture)、头部动作(head movement)、面部表情(facial expression)、身体移动(body movement)和目光交流(eye contact)。图 5.4.3 展示一个录像的 Elan 5.4 标注页面,所有层级名称和注释信息同步出现,便于进一步观察。

表 5.4.3　非言语特征的层级名和注释语

| 层级 | 层 级 名 | 注 释 信 息 |
|---|---|---|
| 1 | Intonation | R, F, L, RF, FR |
| 2 | Gesture | move left/right/both hand(s), put left/right/both hand(s) on the chest, wave hands, constantly shake hands |
| 3 | Head movement | nod, shake |
| 4 | Facial expression | smile, brow |
| 5 | Body movement | walk, bow, turn from side to side |
| 6 | Eye contact | blink, look at draft, look at PPT, look down, look up, look at the audience |

中国理工科大学生学术英语泛在学习模式有效性研究

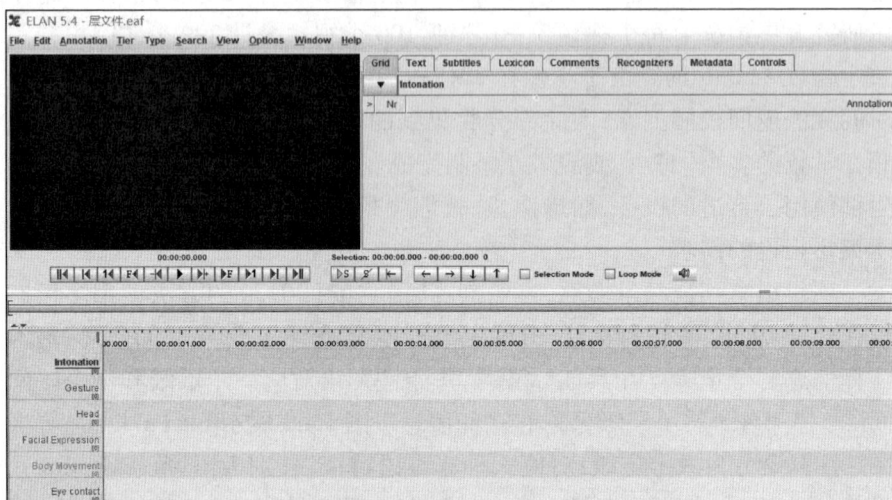

图 5.4.2　Elan 5.4 的主界面

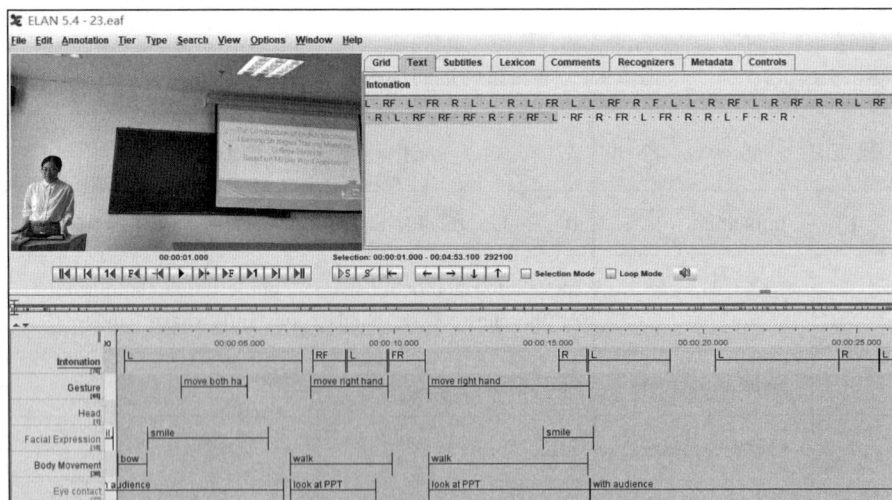

图 5.4.3　Elan 5.4 的标注界面

张德禄(2009)认为非言语特征在话语含义中起到重要作用,他提出的多模态话语分析理论框架包含副语言特征、身体特征和非身体特征三类。本研究涉及前面两个类别,具体为语调、手势、头部活动、脸部表情、身体动作、目光交流六个维度。项目组运用 Elan5.4 对 MUCASE 中的视频录像进行标注,并用 SPSS 26.0 软件对结果进行统计分析,详见下文。

语调

语调的标注分为五种,分别是升调(R)、降调(F)、平调(L)、升降调(RF)和降升调(FR)。表 5.4.4 显示 100 个视频中这五种语调的分布情况。

表 5.4.4　语调数据统计

|  |  | 频　数 | 百分比(%) |
|---|---|---|---|
| 有效数据 | F | 407 | 16.8 |
|  | FR | 100 | 4.1 |
|  | L | 1 051 | 43.4 |
|  | R | 442 | 18.3 |
|  | RF | 421 | 17.4 |
|  | 总数 | 2 421 | 100.0 |

由表 5.4.4 可知,出现频数最多的语调为平调(1 051 次),占比 43.4%。升调、升降调和降调的频数百分比类似,分别为 18.3%、17.4% 和 16.8%。出现频数最低的语调为降升调,仅占比 4.1%。表明大部分学生在进行学术英语汇报时语调平淡。语调有助于传达情感、强调重要内容,语调过于平淡使表达枯燥、重点不突出。MUCASE 中只有小部分学生能够自如变换语调,在吸引观众注意的同时,使学术汇报更生动。

手势

手势的标注分为八种,分别是频繁握双手(constantly shake hands)、移动双手(move both hands)、移动左手(move left hand)、移动右手(move right hand)、把双手放在胸口(put both hands on the chest)、把左手放在胸

口（put left hand on the chest）、把右手放在胸口（put right hand on the chest）和挥动双手（wave hands）。表 5.4.5 显示 100 个视频中这八种手势的分布情况。

表 5.4.5　手势数据统计

| | | 频　数 | 百分比（%） |
|---|---|---|---|
| 有效数据 | constantly shake hands | 281 | 17.1 |
| | move both hands | 378 | 23.0 |
| | move left hand | 398 | 24.2 |
| | move right hand | 394 | 24.0 |
| | put both hands on the chest | 130 | 7.9 |
| | put left hand on the chest | 18 | 1.1 |
| | put right hand on the chest | 27 | 1.6 |
| | wave hands | 16 | 1.0 |
| 总　数 | | 1 642 | 100.0 |

由表 5.4.5 可知,移动左手和移动右手的频数最多,分别为 24.2% 和 24.0%。移动双手的频数次之,占比 23.0%。接下来是频繁握双手,占比 17.1%。其他的手势频数都低于 10%,最少的是挥动双手,占比 1.0%。表明大部分学生习惯于在讲话时进行手的移动;相较于移动双手,他们更倾向于移动单手(左手或右手)。观察录像可知,有些学生习惯于只用一种手势,如把双手或单手放在胸前。

头部活动

与其他非言语特征不同,头部活动相对简单,只有点头(nod)和摇头(shake)两种。根据常识,点头通常表示赞同或希望观众赞同;而摇头表示反对。观察录像可知,学生在表达观点时会出现头部活动。表 5.4.6 显示 100 个视频中这两种头部活动的分布情况。

表 5.4.6　头部活动数据统计

| | | 频　　数 | 百分比(%) |
|---|---|---|---|
| 有效数据 | nod | 130 | 58.8 |
| | shake | 91 | 41.2 |
| | 总数 | 221 | 100.0 |

由表 5.4.6 可知,点头的占比(58.8%)高于摇头的占比(41.2%),表明学生在学术汇报时更倾向于表达或寻求赞同,而非反对。但头部活动的总频数只有 221 次,相对于语调(2 421 次)和手势(1 642 次)少很多。

脸部表情

脸部表情分为微笑(smile)和眉毛动作(brow)两种。在讲话中微笑是最常见的脸部表情,显示友好。眉毛动作又分为皱眉(frown)和抬眉(raise an eyebrow)。讲话中眉毛发生动作不一定都带有含义,有时仅仅是习惯动作。表 5.4.7 显示 100 个视频中这两种脸部表情的分布情况。

表 5.4.7　脸部表情数据统计

| | | 频　　数 | 百分比(%) |
|---|---|---|---|
| 有效数据 | smile | 65 | 56.0 |
| | brow | 51 | 44.0 |
| | 总数 | 116 | 100.0 |

由表 5.4.7 可知,微笑的占比(56.0%)高于眉毛动作的占比(44.0%),表明学生倾向于给听众留下友好的印象。与头部动作类似,总频数只有 116 次,反映大部分学生在进行学术报告时对脸部表情不够重视或过于害羞。

身体动作

身体动作的标注分为鞠躬(bow)、左右移动(turn from side to side)和走动(walk)三种。表 5.4.8 显示 100 个视频中这三种身体动作的分布情况。

表 5.4.8　身体动作数据统计

| | | 频　数 | 百分比(%) |
|---|---|---|---|
| 有效数据 | bow | 26 | 11.6 |
| | turn from side to side | 157 | 70.1 |
| | walk | 41 | 18.3 |
| | 总数 | 224 | 100.0 |

由表 5.4.8 可知,左右移动的频数远远超过其他两种,占比 70.1%。表明学生在进行学术汇报时倾向于左右移动身体,可能与他们需要看 PPT 有关。在做汇报时,学生无论自己看 PPT 还是提醒听众看 PPT,都需要转动身体面向 PPT,结束后再转动身体至面向听众位置。频数第二的是走动,占比 18.3%。在演讲台上进行学术汇报时,如果一直站着会显得身体僵硬,因此走动几步可以表现得更自然。教师在讲课时习惯于走动,以吸引学生注意。但针对习惯于在课堂上坐着听讲的学生而言,进行学术汇报时辅以走动并不容易,需要时间加以模仿和练习。鞠躬的频数最低,占比 11.6%。在讲话时鞠躬通常是礼貌的表现。在学术汇报开始或结束时,建议演讲者向听众鞠躬,表达谢意。但 100 个学生视频中只有 13 位学生在汇报开头和结尾处鞠躬,说明学生缺乏这方面的意识。

目光交流

目光交流的标注分为眨眼(blink)、看演讲稿(look at draft)、看 PPT(look at PPT)、往下看(look down)、往上看(look up)和看听众(look at the audience)。表 5.4.9 显示 100 个视频中这六种目光交流的分布情况。

表 5.4.9　目光交流数据统计

| | | 频　数 | 百分比(%) |
|---|---|---|---|
| 有效数据 | blink | 62 | 2.3 |
| | look at draft | 309 | 11.5 |
| | look at PPT | 636 | 23.7 |

| | | 频 数 | 百分比(%) |
|---|---|---|---|
| 有效数据 | look down | 225 | 8.4 |
| | look up | 111 | 4.1 |
| | look at the audience | 1 339 | 49.9 |
| | 总 数 | 2 682 | 100.0 |

由表5.4.9可知,大部分学生养成了在汇报时看听众的习惯,占比49.9%。在学术汇报时看着听众可以及时得到听众的反馈,提高汇报效果。看PPT的频数次之,占比23.7%。在学术汇报中,通常要求汇报人制作PPT,使其汇报更清晰易懂,有时也降低他们记忆讲稿的难度。频数第三的是看讲稿,占比11.5%。有些学生由于事先准备不充分,或临场紧张,在汇报时看着讲稿。往下看和往上看的占比分别为8.4%和4.1%。这两种目光交流通常源于害羞或缺乏自信,导致与听众交流不充分,影响学术汇报效果。往下看和往上看合计占比12.5%,表明仍有部分学生在进行学术汇报时不善于运用目光交流与听众保持沟通。频数最少的是眨眼,占比2.3%。相较于其他目光交流,在讲话中眨眼是自然反应,意义不大,其比例可以忽略不计。

### 4.2.1.2 MICASE

MICASE用于教授学生学术词汇。该语料库由密歇根大学研发,包含152个学术讲座的转写文本,涉及生物医学、人文艺术、物理科学、工程等各个学科,合计1 848 346个单词。所有文本都存放于网站,用户可以在线搜索特定语境中的词汇,获得与文本、话语和讲话人相对应的索引行信息。MICASE界面简洁,用户友好,表5.4.10展示其详细信息。由于保护版权的原因,MICASE中的文本无法下载并输入检索软件,用户只能在语料库主页上在线检索目标词汇。这一学习方法与"泛在学习"(U-learning)时时处处皆可学的理念完全吻合(Robledo & Ayala 2018)。相较于传统的语料库检索方法,MICASE的在线检索提高了检索效率。

中国理工科大学生学术英语泛在学习模式有效性研究

表 5.4.10　MICASE 详细信息

| Speaker Attributes | Transcript Attributes |
|---|---|
| gender | speech event type |
| age | academic division |
| academic position/role | academic discipline |
| native speaker status | participant level |
| first language | interactivity rating |

### 4.3　本研究的教学过程

如图 5.4.1 所示,基于多模态语料库的教学模式包含"准备—教学—训练"三个阶段。教师在课前准备相关教学资料,每周课后收集学生作业检查学习效果。教学模式的主要部分在于课内教学,教师指导学生学习非言语特征和学术词汇。前者主要由教师完成,后者主要由学生在教师的指导下自主完成。

在非言语特征部分,教师首先对多模态语料库中的非言语特征数据进行分析,然后至少播放四个案例录像,让学生产生感性认识。下文以"手势"(gesture)为例,展示具体教学过程。

1. 教师询问学生关于"手势"的问题,激发学习兴趣;然后给出"手势"的定义、分类和功能,根据 MUCASE 中提取出来的信息用表格、直方图和饼图的形式进行展示(详见表 5.4.5,图 5.4.4 和图 5.4.5)。魏琳(2015)指出,中国理工科大学生善于运用手势对音节进行强调,以说服听众接受观点。MUCASE 的数据分析验证了这一点。

2. 为了给学生提供直观的例子,以帮助他们更好地理解非言语交流,教师从 MUCASE 中挑选案例录像进行辅助展示。这些例子并非随机抽取,而是具有较强的对比性。由下文中例 A、例 B、例 C 和例 D(参见图 5.4.6、图 5.4.7、图 5.4.8 和图 5.4.9)可知,A 和 B 录像中学生展示了较好的手势,而 C 和 D 录像中的手势使用较差。两组录像的强烈对比使学生明确手势的重要性。

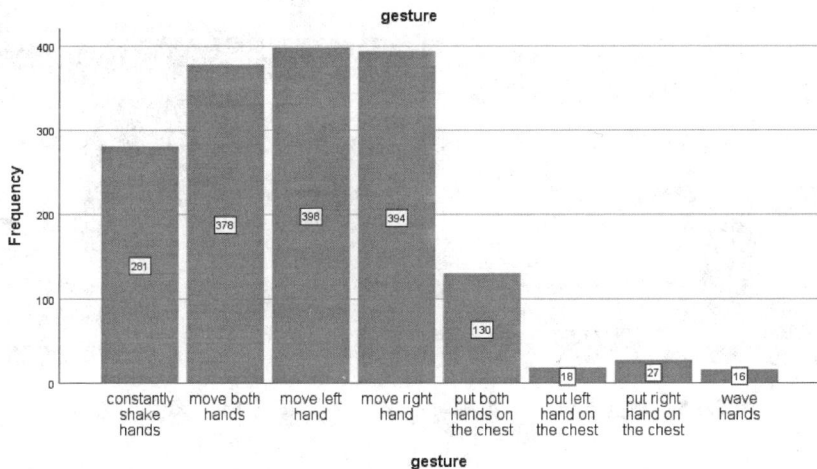

图 5.4.4　手势分析直方图

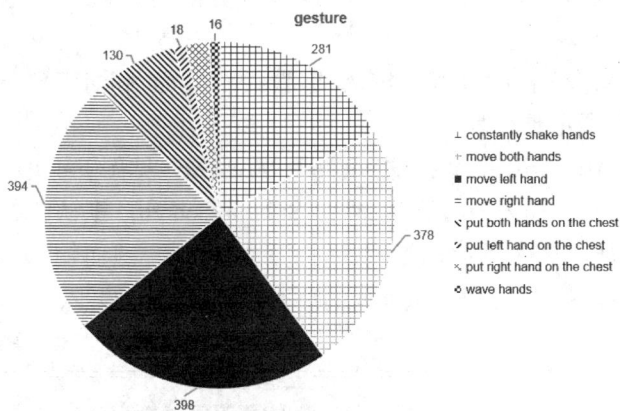

图 5.4.5　手势分析饼图

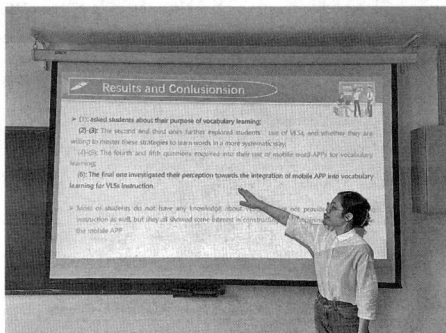

图 5.4.6　案例录像 A

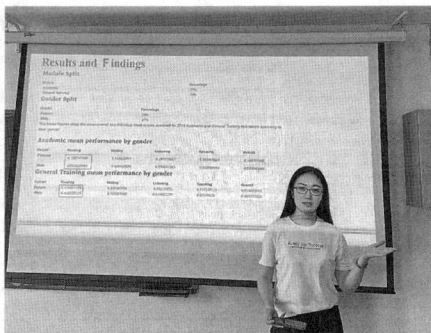

图 5.4.7　案例录像 B

第五章　中国理工科大学生学术英语泛在学习模式的第二轮教学实验

图 5.4.8　案例录像 C

图 5.4.9　案例录像 D

　　3. 学生在教师的指导下对观看的录像内容进行小组讨论,挑选出在手势方面做得最好的学生。因看法不同,该部分的讨论通常较为热烈,活跃了课堂气氛。

　　在言语部分,教师使用 MICASE 教授学生学术词汇。下文以单词 engage 为例,展示具体教学过程。

　　1. 搜索 MICASE 主页,点击 Search MICASE(见图 5.4.10),进入主界面,在文本内容中输入目标词汇,点击 Submit Search。默认状态为讲话人,显示文本特征。输入目标词汇时需注意词族问题,因而输入 engag* 而非 engage(见图 5.4.11),这样 engage 的所有形式都可以显现。

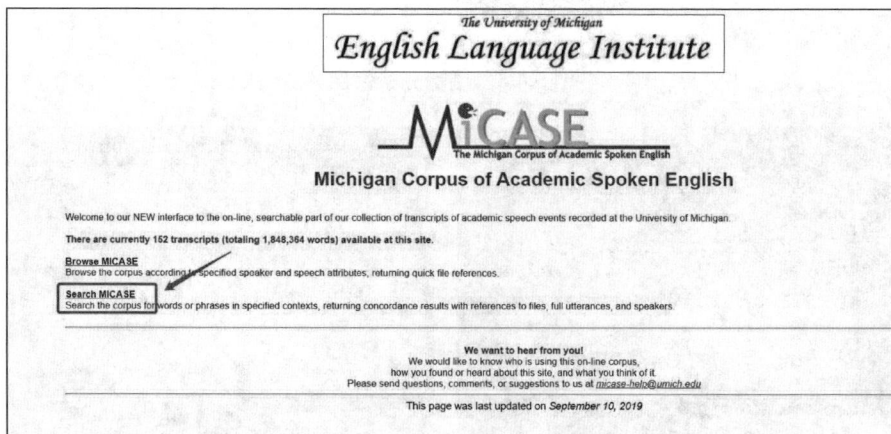

图 5.4.10　MICASE 主页

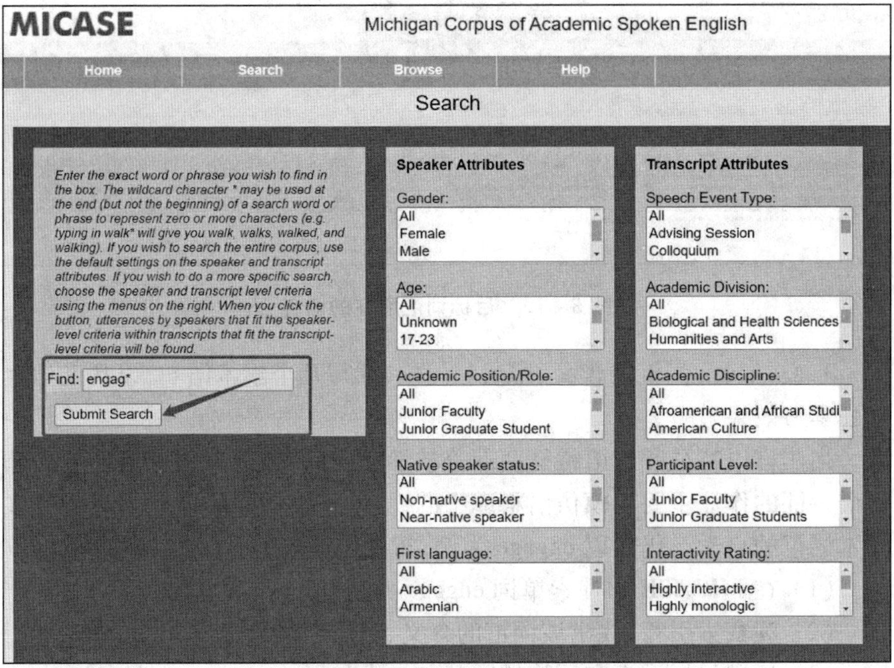

图 5.4.11　MICASE 搜索界面

2. engage 的索引行自动跳出(见图 5.4.12),页面中显示包含该单词所有词族的句子。点击页面右侧的 view 即可得出句子的上下文,便于更好地理解语境。由图 5.4.13 可知讲话人的信息和目标词汇所在的语境。

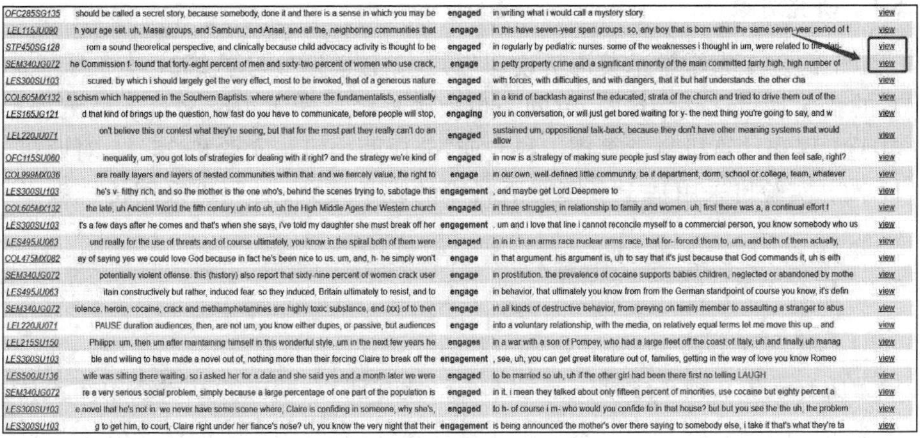

| | | | | |
|---|---|---|---|---|
| OFC285SG135 | should be called a secret story, because somebody, done it and there is a sense in which you may be | engaged | in writing what i would call a mystery story. | view |
| LEL115JU090 | h your age set. uh, Masai groups, and Samburu, and Anaai, and all the, neighboring communities that | engage | in this have seven-year span groups. so, any boy that is born within the same seven year period of t | view |
| STP450SG128 | rom a sound theoretical perspective, and clinically because child advocacy activity is thought to be | engaged | in regularly by pediatric nurses. some of the weaknesses i thought in um, were related to the data | view |
| SEM340JG072 | he Commission 1- found that forty-eight percent of men and sixty-two percent of women who use crack, | engage | in petty property crime and a significant minority of the main committed fairly high, high number of | view |
| LES300SU103 | scured. by which i should largely get the very effect, most to be invoked, that of a generous nature | engaged | with forces, with difficulties, and with dangers, that it but half understands. the other cha | view |
| COL605MX132 | e schism which happened in the Southern Baptists. where where the fundamentalists, essentially | engaged | in a kind of backlash against the educated, strata of the church and tried to drive them out of the | view |
| LES165JG121 | d that kind of brings up the question, how fast do you have to communicate, before people will stop, | engaging | you in conversation, or will just get bored waiting for y- the next thing you're going to say, and w | view |
| LEL220JU071 | on't believe this or contest what they're seeing, but that for the most part they really can't do an | engaged | sustained um, oppositional talk-back, because they don't have other meaning systems that would allow | view |
| OFC115SU060 | inequality, um, you got lots of strategies for dealing with it right? and the strategy we're kind of | engaged | in now is a strategy of making sure people just stay away from each other and then feel safe, right? | view |
| COL999MX036 | are really layers and layers of nested communities within that. and we fiercely value, the right to | engage | in our own, well-defined little community. be it department, dorm, school or college, team, whatever | view |
| LES300SU103 | he's v- richly rich, and so the mother is the one who's, behind the scenes trying to, sabotage this | engagement | , and maybe get Lord Deepmere to | view |
| COL605MX132 | the late, uh Ancient World the fifth century uh into uh, uh the High Middle Ages the Western church | engaged | in three struggles, in relationship to family and women. uh, first there was a, continual effort t | view |
| LES300SU103 | f's a few days after he comes and that's when she says, i've told my daughter she must break off her | engagement | , um and i love that line i cannot reconcile myself to a commercial person, you know somebody who us | view |
| LES495JU083 | e in an in an arms race nuclear arms race, they f- forced them to, um, and both of them actually, | engaged | in that argument. his argument is, uh to say that it's just because that God commands it, uh is eith | view |
| COL475MX082 | ay of saying yes we could love God because in fact he's been nice to us. um, and, h- he simply won't | engaged | in prostitution. the prevalence of cocaine supports babies children, neglected or abandoned by mothe | view |
| SEM340JG072 | potentially violent offense. this (history) also report that sixty-nine percent of women crack user | engage | in behavior, that ultimately you know from from the German standpoint of course you know, it's defin | view |
| LES495JU063 | itain constructively but rather, induced fear. so they induced, Britain ultimately to resist, and to | engage | in all kinds of destructive behavior, from preying on family member to assaulting a stranger to abus | view |
| SEM340JG072 | iolence, heroin, cocaine, crack and methamphetamines are highly toxic substance, and (xx) of to then | engages | in a war with a son of Pompey, who had a large fleet of the coast of Italy, uh and finally oh manag | view |
| LEL220JU071 | PAUSE duration audiences, then, are not um, you know either dupes, or passive, but audiences | engaged | to be married so uh, uh if the other girl had been there first no telling LAUGH | view |
| LEL215SU150 | Philippi. um, then um after mantaining himself in this wonderful style, um in the next few years he | engagement | , see, uh, you can get great literature out of, families, getting in the way of love you know Romeo | view |
| LES300SU103 | ble and willing to have made a novel out of, nothing more than their forcing Claire to break off the | engaged | in it. i mean they talked about only fifteen percent of minorities, use cocaine but eighty percent a | view |
| LES500JU136 | wife was sitting there waiting. so i asked her for a date and she said yes and a month later we were | engaged | to h- of course i m- who would you confide to in that house? but but you see the the uh, the problem | view |
| SEM340JG072 | re a very serious social problem, simply because a large percentage of one part of the population is | engagement | is being announced the mother's over there saying to somebody else, i take it that's what they're ta | view |
| LES300SU103 | a novel that he's not in. we never have some scene where, Claire is confiding in someone, why she's, | | | view |
| LES300SU103 | g to get him, to court, Claire right under her fiance's nose? uh, you know the very night that their | | | view |

图 5.4.12　目标词汇的索引行

中国理工科大学生学术英语泛在学习模式有效性研究

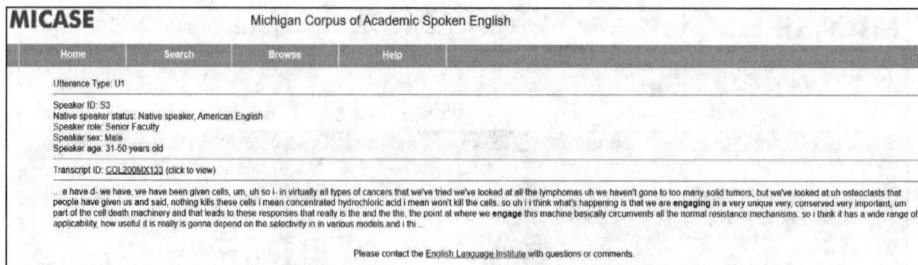

**图 5.4.13　目标词汇所在的语境**

3. 总结目标词汇的含义、用法和词族，撰写几个学术语句，以帮助学生加强学习效果。

当非言语特征和言语特征两部分教学完成后，教师布置课后作业。非言语特征的作业主要为模仿语料库中的视频，言语特征的作业为进行更多学术词汇的自学。仍然以 engage 为例，布置作业如下：

（1）在 MICASE 中搜索单词 engage 并截屏。

（2）观察索引行，找出该词汇的含义、用法和词族。

（3）运用目标词汇和词族撰写几句学术句子。

**5. 研究实施**

## 5.1　研究对象

上海理工大学学术英语听说课程共 42 名学生参与了 2021 年 3 月至 6 月的教学实验，持续 16 周，由同一位教师任教。学生主要来自环境工程、电子工程和计算机科学等理工科专业，分成两个班。实验班 25 人，对照班 17 人。实验班采用基于多模态语料库的教学模式，对照班采用传统教学模式。

## 5.2　研究工具

### 5.2.1　前测和后测

所有学生在前一学期上了学术英语读写课程，期末考试成绩用作该教学实验的前测。因平均分未显示显著性差异，表明两个班的学生处于相近的英语水平。前测考试内容为学术英语论文写作，考查学生的逻辑思维能力和创新意识、语篇风格、篇章组织、语言准确度和引用规范性（详见附录19的评分标准）。表5.4.11展示前测的独立样本 $t$ 检验结果。

**表5.4.11　学术英语口语教学实验班和对照班前测独立样本 $t$ 检验**

| | | 列文方差齐性检验 | | 平均分相等 $t$ 检验 | | | | | | |
|---|---|---|---|---|---|---|---|---|---|---|
| | | $F$ | 显著值 | $t$ | 自由度 | 显著值（双尾） | 平均差 | 标准误 | 差值的95%置信度区间 | |
| | | | | | | | | | 下限 | 上限 |
| 成绩 | 假设方差齐性 | .014 | .906 | −.251 | 40 | .803 | −.277 | 1.107 | −2.514 | 1.960 |
| | 假设方差非齐性 | | | −.251 | 39.879 | .803 | −.277 | 1.104 | −2.510 | 1.955 |

由表5.4.11可知，列文方差齐性检验的显著值为0.906，大于0.05，显示实验班和对照班具有相同方差，因此选择第一行独立样本 $t$ 检验结果（Carsten & Aek 2018）。双尾检验显著值为0.803，大于0.05，表明两个班的平均分不存在统计意义上的显著性差异。因而，两个班学生教学实验开始前的英语水平相当。

后测为教学实验结束后的期末考试。学生从12个理工科学术领域里的话题（详见附录20）中随机抽取一个，准备5分钟后进行5分钟左右的口头学术报告。汇报结束后，教师根据该话题或学生汇报内容提出1至2个问题，学生即时回答。学术报告和问答得分占比分别为70%和30%。评分点包括语音语调、语法词汇、流利程度和交际能力（详见附录21）。与前测类似，对后测结果进行独立样本 $t$ 检验，考查实验班和对照班的成绩是否存在统计意义上的显著性差异。

### 5.2.2　学术英语论坛

在教学实验的第14周，全体学生参加了学术英语论坛，以检验他们的学习效果，由三位有经验的教师担任裁判。实验班和对照班各分成五个小组，每组由3—5名同学组成。他们以小组为单位事先准备好学术报告，在论坛中选择一位代表进行展示。评委从言语表达（delivery）和非言语特征两方面进行评分。言语表达占比40%，分为清晰度（clarity）、完整性（completeness）、合适度(appropriateness)、逻辑性(logicality)四个方面,各为10%。非言语特征占比60%,分为视觉辅助(visual aids,30%)、身体语言(body language,20%)和副语言(paralanguage,10%)。表5.4.12为详细评分标准。

表5.4.12　学术英语论坛评分标准

| 内容和占比 | 标　　准 |
|---|---|
| Delivery（40%） | Clarity, completeness, appropriateness, logicality |
| Visual Aids（30%） | Reasonable layout, free of mistakes |
| Body Language（20%） | Appropriate body language |
| Paralanguage（10%） | Intonation and pause |

由表5.4.12可知,评分标准的最后两项测试学生的非言语能力,占总分的30%。在论坛奖项设置上,除了常规奖项,另外为非言语能力表现优秀学生设置了"最佳表现奖"。实验班和对照班五个小组各选派一名水平最高学生进行学术英语论坛的展示,对比他们的非言语部分成绩可知两个班是否存在差异。

在言语方面,将学生的学术英语论坛汇报录音转写成文本,分析学术词汇的丰富性和使用频率,检验两个班级是否存在产出性词汇知识方面的差异。表5.4.13为实验班和对照班学术英语论坛汇报的题目。

表5.4.13　实验班和对照班学术英语论坛汇报题目

| | 实　验　班 | 对　照　班 |
|---|---|---|
| 题目 | Loneliness — A Psychological Issue in Modern Society | Artificial Intelligence |
| | Genetically Modified Food | Internet Celebrity Economy |
| | Time to Question Biotechnology | The Application of Natural Pigment in Food Engineering |
| | Paperless Learning | Aerospace Science and Engineering |
| | The Security of Facial Recognition | The Adverse Impact of Semiconductor Shortage |

### 5.2.3 问卷调查

教学实验结束后在实验班中开展了问卷调查,以进一步了解学生对该教学模式的态度、仍然存在的学习困难、意见和建议。问卷由中文写成,分为个人信息、15个五级量表描述语和三个简答题。该问卷也参考了张德禄(2015)的外语学习态度问卷,分为认知维度、情感维度和行为维度三方面。在内容上与试教学阶段的问卷类似,只是在措辞上根据本轮教学实验的具体情况进行了修改。简答题询问学生对学术英语口语的态度、他们存在的学习困难、该教学模式的优缺点和改进建议。详见附录22的完整问卷。

## 5.3 研究过程

教学实验共进行了16周。在第1周,教师介绍该学期使用的教学方法,确保学生知道如何开展教学。然后播放两个学术英语口语视频,帮助学生了解如何开展学术英语展示,如使用学术词汇、运用合适的非言语交际等。在第2周,教师事先准备几个学术英语词汇,指导学生如何使用工具进行学习。然后介绍非言语交际的六个特征。第3周至第13周,每周的教学均分为言语和非言语两个部分。实验班从MUCASE和MICASE两个语料库中获取学习资料,而对照班按照传统教学方法从在线工具获取学习资料。两个班学生每周都上交作业至泛在学习平台,供教师检查学习效果。在第14周开展学术英语论坛,以进一步检验学习效果。第15周进行课程复习。第16周为考试周,实验班同时进行问卷调查。表5.4.14展示详细教学过程。

表5.4.14 实验班和对照班学术英语口语教学过程

| 教学周 | 实　验　班 | 对　照　班 |
|---|---|---|
| 1—2 | 1. 介绍MUCASE和MICASE<br>2. 观看学术英语口语录像<br>3. 介绍基于多模态语料库的教学模式<br>4. 学习如何使用MICASE<br>5. 介绍非言语交际的六个特征 | 1. 介绍在线词典<br>2. 观看学术英语口语录像<br>3. 介绍基于词典和线上录像的教学模式<br>4. 学习如何使用在线词典<br>5. 介绍非言语交际的六个特征 |
| 3—13 | 1. 每周运用MICASE学习学术词汇<br>2. 每周观看MUCASE中的对比性视频录像(至少4个)并开展讨论<br>3. 每周上交作业 | 1. 每周运用在线词典学习学术词汇<br>2. 每周观看在线学术英语口语录像<br>3. 每周上交作业 |

续 表

| 教学周 | 实 验 班 | 对 照 班 |
|---|---|---|
| 14 | 学术英语口语论坛 | 学术英语口语论坛 |
| 15 | 课程复习 | 课程复习 |
| 16 | 问卷调查、期末考试 | 期末考试 |

**6. 数据分析与讨论**

## 6.1 前测和后测

　　本研究前测的目的为检验实验班和对照班是否存在学术英语能力上的显著差异。由于实验教学的时间有限,没有在学期开始时开展前测,而是采用前一个学期学术英语读写课程的期末成绩作为前测成绩。因两个学期之间是寒假,间隔不到一个月,因而学生的英语能力不会发生显著变化。前测成绩分析结果显示实验班和对照班之间不存在显著差异,由此可知两个班学生的英语水平在进入教学实验时相当。

　　为了检验教学实验结束后实验班和对照班学生的整体英语口语水平是否存在显著性差异,在学期结束时开展了后测。测试以口头汇报和对话的方式展开。学生从 12 个话题中随机抽取一个,准备 5 分钟后,进行 5 分钟左右的学术汇报,并回答教师提出的问题。考试时学生一个一个进行,期间不能开展讨论。表 5.4.15 显示后测成绩的描述性统计结果,包含最高分、最低分、平均分、标准差、倾斜度和峰值。

**表 5.4.15　学术英语口语教学实验班和对照班后测成绩描述性统计**

| | 人 数 | 最高分 | 最低分 | 平均分 | 标准差 | 倾斜度 | 峰 值 |
|---|---|---|---|---|---|---|---|
| 实验班 | 25 | 96.0 | 8.0 | 93.08 | 2.142 | −0.56 | −0.41 |
| 对照班 | 17 | 96.0 | 11.0 | 92.06 | 2.860 | −0.67 | 1.21 |

表 5.4.15 显示实验班和对照班的平均分为 93.08 和 92.06。两个班的倾斜度和峰值分别为−0.56、−0.41 和−0.67、1.21，均在−2 至 2 之间，符合正态分布（Bachman 2004），可以进行下一步的独立样本 $t$ 检验（见表 5.4.16）。

**表 5.4.16　学术英语口语教学实验班和对照班后测独立样本 $t$ 检验**

| | | 列文方差齐性检验 | | 平均分相等 $t$ 检验 | | | | | | |
| --- | --- | --- | --- | --- | --- | --- | --- | --- | --- | --- |
| | | $F$ | 显著值 | $t$ | 自由度 | 显著值（双尾） | 平均差 | 标准误 | 差值的95%置信度区间 | |
| | | | | | | | | | 上限 | 下限 |
| 成绩 | 假设方差齐性 | .269 | .607 | 1.324 | 40 | .193 | 1.021 | .771 | −.538 | 2.580 |
| | 假设方差非齐性 | | | 1.253 | 27.802 | .221 | 1.021 | .815 | −.649 | 2.691 |

由表 5.4.16 可知，列文方差齐性检验的显著值为 0.607，大于 0.05，显示实验班和对照班方差相等，取第一行结果（Carsten & Aek 2018）。双尾检验显著值为 0.193，大于 0.05，表明两个班后测成绩不存在统计意义上的显著差异。有必要进一步开展学术英语论坛非言语特征和言语特征对比分析。

## 6.2　学术英语论坛

### 6.2.1　非言语特征分析

在教学实验第 14 周，实验班和对照班所有 42 位同学参加了学术英语论坛，分成 10 个小组，每个班 5 组。每组选出一位学生进行学术汇报，三位教师评委分别打分，平均分为该学生的最后得分。表 5.4.17 显示非言语特征部分得分。

**表 5.4.17　实验班和对照班学术英语论坛非言语特征得分**

| | 实 验 班 | 对 照 班 |
| --- | --- | --- |
| 非言语特征得分 | 25.00 | 23.00 |
| | 25.00 | 24.00 |

续　表

|  | 实　验　班 | 对　照　班 |
|---|---|---|
| 非言语特征得分 | 27.00 | 23.00 |
|  | 28.00 | 25.00 |
|  | 27.00 | 24.00 |
| 平均分 | 26.40 | 23.20 |

　　表 5.4.17 显示,实验班每位学生的非言语特征得分都高于对照班,实验班平均分(26.40)高出对照班平均分(23.20)3.2 分。另外,论坛根据非言语特征得分评出"最佳表现奖",得主也来自实验班。从论坛情况来看,实验班学生普遍比对照班学生更有自信。例如,有更多的声音变化、能自然展示手势和身体动作、能用丰富的脸部表情传达情感等。实验班学生在教学实验中除了听教师讲解非言语特征以外,还观看了从 MUCASE 中选出的对比性录像视频并加以讨论。这些与他们背景相同学生的口语展示给实验班学生加深了感性认识,促进了对非言语特征的学习效果。对照班学生虽然观看了教师选择的针对每一个非言语特征的示范学术展示录像,但由于针对性不强,学习效果不明显。

## 6.2.2　言语特征分析

　　项目组将每个小组的论坛展示录音转写成文字,制作成实验班和对照班学术英语论坛微型语料库。运用语料库分析软件 WordSmith 6.0 分析两个班在用词上面是否存在显著性差异。实验班微型语料库含 3 150 词,对照班微型语料库含 2 980 词。表 5.4.18 展示两个微型语料库中出现频率最高的 10 个单词。

**表 5.4.18　学术英语口语教学实验班和对照班微型语料库中 10 个高频词**

| 序　号 | 实　验　班 | 对　照　班 |
|---|---|---|
| 1 | TECHNOLOGY | SHOW |
| 2 | INDICATE | BENEFIT |
| 3 | SIGNIFICANT | INFLUENCE |
| 4 | METHOD | FOCUS |

| 序　号 | 实　验　班 | 对　照　班 |
|---|---|---|
| 5 | IMPACT | ELEMENT |
| 6 | INVOLVE | WAY |
| 7 | OCCUR | GOAL |
| 8 | EXPERIMENT | POSITIVE |
| 9 | COMPUTE | ACHIEVE |
| 10 | EXPOSE | CHEMICAL |

　　表 5.4.18 显示,实验班 10 个最高频词全部是学术词汇,可以在 Coxhead(2000)编制的 AWL 中找到。相比之下,对照班 10 个最高频词中有三个不属于 AWL,分别是 show、influence 和 way,排序为第 1、第 3 和第 6。上述三个单词在实验班高频词中出现的是近义词,分别为 indicate、impact 和 method,排序为第 2、第 5 和第 4。表明实验班学生比对照班学生对学术英语词汇的意识更强。

## 6.3　问卷调查数据分析

### 6.3.1　李克特五级量表

　　本研究采用问卷调查获取更多信息。在实验班中发放了 25 份调查问卷,回收有效问卷 24 份。问卷的第一部分是李克特五级量表,旨在调查学生对学术英语学习和基于多模态语料库教学模式的学习态度。该部分共有 15 条描述语,内容基本与试教学问卷相同,但根据本轮教学实验的情况进行略微调整。表 5.4.19 显示该部分数据分析结果。

**表 5.4.19　学术英语口语教学实验班调查问卷数据统计**

| 序号 | 完全不同意(%) | 不同意(%) | 一般(%) | 同意(%) | 完全同意(%) | 平均分 |
|---|---|---|---|---|---|---|
| 1 | 0.0 | 8.3 | 20.8 | 33.3 | 37.6 | 4.00 |
| 2 | 0.0 | 4.2 | 20.8 | 33.3 | 41.7 | 4.13 |
| 3 | 0.0 | 0.0 | 8.3 | 37.5 | 54.2 | 4.46 |

中国理工科大学生学术英语泛在学习模式有效性研究

| 序号 | 完全不同意(%) | 不同意(%) | 一般(%) | 同意(%) | 完全同意(%) | 平均分 |
|---|---|---|---|---|---|---|
| 4 | 0.0 | 0.0 | 4.2 | 29.2 | 66.6 | 4.63 |
| 5 | 0.0 | 4.2 | 4.2 | 33.3 | 58.3 | 4.46 |
| 6 | 4.2 | 20.8 | 29.2 | 33.3 | 12.5 | 3.29 |
| 7 | 0.0 | 4.2 | 20.8 | 41.7 | 33.3 | 4.04 |
| 8 | 4.2 | 20.8 | 16.7 | 45.8 | 12.5 | 3.42 |
| 9 | 0.0 | 4.2 | 20.8 | 33.3 | 41.7 | 4.13 |
| 10 | 0.0 | 8.3 | 33.3 | 37.5 | 20.9 | 3.71 |
| 11 | 0.0 | 12.5 | 16.7 | 41.7 | 29.1 | 3.88 |
| 12 | 0.0 | 8.3 | 33.3 | 37.5 | 20.9 | 3.71 |
| 13 | 0.0 | 12.5 | 25.0 | 50.0 | 12.5 | 3.68 |
| 14 | 0.0 | 0.0 | 29.2 | 45.8 | 25.0 | 3.96 |
| 15 | 4.2 | 29.2 | 8.3 | 50.0 | 8.3 | 3.29 |

由上表可知,描述语 1 的平均分为 4.00,选择同意和完全同意的百分比为 33.3%和 37.6%。描述语 2 的平均分为 4.13,选择同意和完全同意的百分比为 33.3%和 47.1%。描述语 3 的平均分为 4.46,选择同意和完全同意的百分比为 37.5%和 54.2%。描述语 4 的平均分为 4.63,选择同意和完全同意的百分比为 29.2%和 66.6%。描述语 5 的平均分为 4.46,选择同意和完全同意的百分比为 33.3%和 58.3%。表明大部分学生认同学术英语口语和多媒体学习的重要性,注重教师的教学内容,在课堂上认真听讲。

描述语 6 的平均分为 3.29,选择同意和完全同意的百分比为 33.3%和 12.5%。描述语 7 的平均分为 4.04,选择同意和完全同意的百分比为 41.7%和 33.3%。描述语 8 的平均分为 3.42,选择同意和完全同意的百分比为 45.8%和 12.5%。描述语 9 的平均分为 4.13,选择同意和完全同意的百分比为 33.3%和 41.7%。描述语 10 的平均分为 3.71,选择同意和完全同意的百分比为 37.5%和 20.9%。表明相当一部分学生喜欢学术英语口语,认同基于多模态语料库的教学模式,喜欢在课后多媒体协助下继续学习。

描述语 11 的平均分为 3.88,选择同意和完全同意的百分比为 41.7%和 29.1%。描述语 12 的平均分为 3.71,选择同意和完全同意的百分比为 37.5%和 20.9%。描述语 13 的平均分为 3.68,选择同意和完全同意的百分比为 50.0%和 12.5%。描述语 14 的平均分为 3.96,选择同意和完全同意的百分比为 45.8%和 25.0%。描述语 15 的平均分为 3.29,选择同意和完全同意的百分比为 50.0%和 8.3%。表明大部分学生重视学术英语口语的学习方式,学会制定学习目标,愿意在课内参加口语活动,并在课后开展自主学习。

### 6.3.2 简答题

问卷最后的简答题进一步探究学生的观点和想法,表 5.4.20 总结回答信息。

**表 5.4.20 学术英语口语教学实验班调查问卷简答题回答总结**

| 问　　题 | 回　　答 | 频数(百分比) |
|---|---|---|
| 1. 经过一个学期的学习,请问你对学术英语口语的看法有什么变化? | 更重视学术英语口语 | 10(41.7%) |
| | 意识到学术英语口语和通用英语口语的不同 | 15(62.5%) |
| | 更注重学术词汇的使用 | 18(75.0%) |
| | 更注重非言语特征的使用 | 19(79.2%) |
| 2. 你觉得在学术英语口语的学习中还存在哪些障碍?请分别就言语和非言语方面谈一谈。 | **言语方面的困难:** | |
| | 选择合适的词汇 | 10(41.7%) |
| | 掌握学术词汇 | 12(50.0%) |
| | 容易遗忘,缺乏流利度 | 7(29.2%) |
| | 发音 | 3(12.5%) |
| | 词汇储备量不够 | 9(37.5%) |
| | **非言语方面的困难:** | |
| | 缺乏自信,容易紧张 | 20(83.3%) |
| | 身体语言僵硬或不合适 | 14(58.3%) |
| | 目光交流不自然 | 4(16.7%) |

| 问　　题 | 回　　答 | 频数(百分比) |
|---|---|---|
| 3. 你觉得基于多模态语料库的学术英语口语教学有哪些优缺点? 有什么改进建议? | **优点:** | |
| | 逼真 | 18(75.0%) |
| | 通过案例和对比的学习针对性很强 | 15(62.5%) |
| | 寓教于乐 | 17(70.8%) |
| | 方便 | 15(62.5%) |
| | 进一步理解学术词汇 | 14(58.3%) |
| | **缺点:** | |
| | 耗时 | 14(58.3%) |
| | 复杂 | 9(37.5%) |
| | 适用性不够 | 10(41.7%) |
| | 口语练习不够 | 12(50.0%) |
| | **建议:** | |
| | 增加更多丰富的例子,补充现有的视频录像 | 8(33.3%) |
| | 增加口语练习机会 | 11(45.8%) |
| | 教师提供更多解释和指导 | 5(20.8%) |

**7.** 结语

　　本研究的主要目的在于探究基于多模态语料库的教学模式在提高学生学术英语口语能力上的有效性,研究结论如下。

　　本研究教学模式分为两个部分,非言语部分和言语部分。在非言语部分,教师从 MUCASE 中提取数据分析结果进行解释,并提供一系列对比性录像视频供学生观看以加深感性认识,在此基础上组织学生讨论加深理解。在言语方面,教师运用 MICASE 从意义、用途、词族等方面教授学术英语词汇。为监控学生的学习进程,教师每周布置作业,学生上传至泛在学习平台,进行互评。

该教学模式的效果可以从如下四个方面得知。第一,从学生的整体口语水平来看,教学实验结束时的后测成绩未显示实验班和对照班之间存在统计意义上的显著差异,表明两个班学生的整体口语水平相当。第二,实验班和对照班在学术英语论坛上的录音转写文本显示,实验班使用学术词汇的意识强于对照班。第三,在非言语特征方面,实验班得分高于对照班。从问卷调查结果来看,大部分学生认可该教学模式。虽然他们存在学习困难,但更重视学术词汇和非言语交流的学习。基于多模态语料库的教学模式指导性更强,MICASE 的学习帮助他们扩充了学术词汇量。另一方面,该教学模式也存在耗时费力,学习起来较为复杂的问题,需要教师提供更多的指导。

学生在传统教学方法下容易遗忘教学内容。基于多模态语料库的教学方法分为非言语和言语两个部分,分别在如下方面起到促学作用。非言语教学增加了学生的学习兴趣,激发了学习热情,加深了对非言语特征的理解程度。言语教学使学生在不同的学术语篇中掌握学术词汇,帮助他们提高学术词汇意识和知识。另外,教师布置的课内外作业促进学生自主学习能力的提高。

由于专业研究所需,培养学生学术英语能力的重要性与日俱增(蔡基刚 2014)。因此,学术英语口语教学日显重要。《国家中长期教育改革和发展规划纲要(2010—2020 年)》(中华人民共和国教育部 2010)指出需加强高质量教学资源的研发,包括线上教学资源。本研究利用多模态语料库构建了泛在教学模式,并应用于学术英语口语教学,为教学方法的优化和校本课程的研发提供了新视角。

理工科大学生是中国大学生中的重要部分,他们的专业研究需要高水平的学术英语口语能力。本研究针对该类学生展开,为他们提供了新的学术英语口语教学模式,参加教学实验学生的反馈也为后续研究提供了参考。

# 结　　论

　　"中国理工科大学生学术英语泛在学习模式"在翔实的理论和实证基础上构建而成,并经过两轮教学实验,验证了其有效性。本章回顾本研究的重点内容,探讨其应用前景,并提出后续研究方案。

## 第一节　研究重点

　　本项目的总体研究目标是了解中国理工科大学生的学术英语学习现状,分析学生学术英语泛在学习需求,借助语料库构建学术英语泛在学习模式,指导学生甄别学术英语核心内容,运用动态评估手段帮助学生内化学术知识,有效提升学术英语应用能力。研究重点为提取了理工科学术英语能力构念,构建了理工科学术英语动态评估模式、中国理工科大学生学术英语泛在学习模式和理工科学术英语泛在学习平台,对中国理工科大学生学术英语泛在学习模式进行了有效性验证。

项目组在全国 30 所高校 8 600 余名师生中开展大范围问卷调查,运用结构方程模型软件 EQS6.4 对回收的 719 份有效教师问卷和 6 825 份有效学生问卷进行验证性因子分析,得出如下结论。首先,教师问卷和学生问卷中学术英语意识(AW)与理工科学术英语能力(AESE)的相关系数分别为 0.76 和 0.75,表明 AW 一定程度上决定了 AESE,应在教和学的过程中强调 AW 的重要性。具体而言,AW 包括熟悉英语国家的学术文化、用英语与老师和同学开展有效交流、具有独立学习和开展研究的能力、掌握相应的学习方法和策略等,尤其是理工科领域的相关内容。

其次,阅读(RD)、写作(WR)、听力(LS)和口语(SP)与 AESE 的相关系数均高于 0.8,表明这四项能力是 AESE 的四个重要组成部分。因此,AESE 的评估可分为阅读、写作、听力和口语四个部分,题目类型应多样化,才能全面测试 AESE 的各个方面。在阅读方面,可以检查学生是否能阅读本领域英语文献资料并记笔记,是否理解教师的英语授课讲义或 PPT,是否理解学术文章的内容和与专业课相关的图表、图形和研究设计。在写作方面,可以检查学生是否能用英语总结、改写和整合专业论文的内容,是否能用英语设计 PPT,是否能用英语撰写文献综述、摘要、实验报告和小论文等。在听力方面,可以检查学生是否能听懂用英语讲授的理工专业课程或学术讲座,是否能在听学术讲座时记录有效信息并提炼讲座重点和主要内容,是否能明白教师在用全英文教授专业课程时的各种教学任务等。在口语方面,可以检查学生是否能在课堂上用英语回答与专业相关的学术问题,是否能用英语汇报实验或研究数据,是否能用英语开展课堂讨论、进行小组汇报、参加学术研讨会等。

在学习内容和评估内容的选择上,应特别重视理工科大学生在相关领域学术环境中反复接触的图表、图形、研究数据、实验报告、实验流程等方面。由于真实的学术英语场景应用到的能力可能是听、说、读、写中的一种,也可能涉及两种及以上,因而在题型上可以分别设计或综合设计(如读写结合、听说结合等)。

---

**2.** 理工科学术英语动态评估模式

理工科学术英语动态评估模式在泛在学习视域下构建而成（参见图 3.2.11）。从培养学生的学术英语意识出发，分阅读能力、写作能力、听力能力、口语能力四个模块；而阅读与写作可以结合为读写能力，听力和口语可以结合为听说能力。为了最大效度地提高学生群体和个体的学习水平，真正发挥动态评估的促学评价功能，采取用于课内教学的介入式动态评估和用于课外自主学习的互动式动态评估相结合的形式。

在课内介入式动态评估中，课程开始时进行前测，课程结束时进行后测，课程进行中根据教学进度安排不同知识或微技能的介入和评估，使学生循序渐进地掌握相关技能。该部分的评估针对整个教学班级进行，促进学生整体能力的提高。在课外互动式动态评估中，学生上交若干次作业给教师批改，教师进行有针对性的指导，学生随时予以修正。该部分的评估针对每位学生进行，促进学生个体能力的提高。

为了增加学生的自主学习能力和团队协同能力，课内和课外评估环节可以加入学生自评和/或同伴互评。教师根据课程的性质和评估侧重点给课内介入式评估和课后互动式评估的各个环节赋分，综合考量得出学生的课程成绩。

---

**3.** 中国理工科大学生学术英语泛在学习模式

构建中国理工科大学生学术英语泛在学习模式是本研究的核心所在。该模式综合泛在学习、学术英语能力、语料库、动态评估等相关领域的理论研究和实证研究基础，以 Nation & Macalister（2010）的语言课程设计模型为原型构建而成（参见图 3.1.2）。

本学习模式的教学目标如下。首先，关注教学内容的整体规划和排列顺序，多样化并系统性地准备学术英语教学内容，根据学生的需求和能力合理安排学习任务。其次，选择合适的教学形式和教学方法呈现教学内容,将课内教学和课外自主学习有机融合,以便学生在现实环境中获取真实的学习体验。最后,采用即时性和交互性的评估方式对教学过程进行监控,检测教学目标的达成情况。

根据上述教学目标,教学原则是以学生为中心,学生自由选择适合自己的学习环境,并根据实际需求选择感兴趣的学习内容。由于泛在学习环境提供海量的学习资源,只要学生具备数字学习的基本技能和条件,就可以决定学习的时间、地点、内容和方式,教师在其中起到指导和督促的作用。这样,学生得以在泛在学习环境中随时随地学习,提高自主学习能力和终身学习能力。

> **4. 理工科学术英语泛在学习平台**

项目所在高校自主构建的"上理工泛在学习平台"(参见图 3.2.1)包含"学习资源库""在线讨论区"和"评估中心",最大程度地为学生提供泛在学习环境。理工学术英语听说、理工学术英语读写、理工学术英语词汇和理工学术英语展示四个学习资源库以学术英语技能为核心,包含与教学内容紧密相关的学习辅助资料,并根据理工科大学生的英语学习需求设计练习和互动环节,将课堂内外有机结合起来,为学生开展学习、参加考试、学科竞赛和学术研究等提供最新的学习资源和学习交流平台。

为了促进学生的自主学习能力和团队协同能力,项目组在"上理工泛在学习平台"里开设了"在线讨论区"和"评估中心"。"在线讨论区"是以学习小组为单位进行学术讨论的在线空间。小组成员可以在讨论区上传学习资源并进行讨论,教师也可以加入小组进行指导。根据课程教学安排,"评估中心"含有学术英语读写(个人)、学术英语听说(小组)和学术英语听说(个人)三个入口。在第一个入口,学生上传"学术英语读写课程"要求的个人书面作业文档,其他学生根据评分标准进行评分。在第二个和第三个入口,学生上传"学术英语听说课程"要求的小组口头作业和个人口头作业录像,其他学生根据评分标准进行评分。

**5.** 泛在学习模式的有效性验证

　　中国理工科大学生学术英语泛在学习模式的有效性验证通过两轮教学实验进行。在 2019 年 9 月至 12 月进行的第一轮教学实验中,项目组分别从学术英语词汇教学、学术英语写作教学和学术英语口语教学三方面展开。通过三种课型的针对性教学实验,验证了该模式在上述方面的教学有效性,并基于教学实验结果调整了泛在学习模式。2020 年 3 月至 2021 年 6 月的第二轮教学实验又分为两个阶段。在 2020 年 3 月至 2020 年 6 月,项目组通过线上教学的方式针对该学习模式中基于语料库的学术英语词汇教学和学术英语口语动态评估模式两个比较难以把握的方面进行了再一次教学实验,验证了调整后的学习模式在这两个领域的有效性。2021 年 3 月至 2021 年 6 月,项目组在"学术英语读写"和"学术英语听说"两门课程中进行了完整的教学实验,进一步检验了该学习模式的有效性。

## 第 二 节　应 用 前 景

　　本研究为综合性研究,兼具基础研究和应用研究之特点,其应用前景如下。

　　首先,本项目的理工科学术英语能力构念和理工科学术英语动态评估模式具有扎实的理论基础和实证基础,可以直接运用到相关领域的教学和研究中。同时,理工科学术英语能力构念和理工科学术英语动态评估模式的构建过程可以复制到其他类别英语能力构念和动态评估模式,为开展类似研究提供了范式。

　　其次,本项目构建的"中国理工科大学生学术英语泛在学习模式"在学术英语词汇、学术英语读写、学术英语听说等课程中进行了应用,已证明其有效性。上述三种课程是理工科学术英语教学的常见课型,项目组设计了基于语料库的教学方案和动态评估模式,可以为教师开展类似教学活动提供参考。

最后,本项目构建的"上理工泛在学习平台"包含海量的理工学术英语听说、理工学术英语读写、理工学术英语词汇和理工学术英语展示学习资源,可供学生自主选择使用。平台内"在线讨论区"和"评估中心"的用户界面友好,方便学生进行学习讨论和自评/互评,教师也可加入进行指导,提高学习效果。

## 第三节 后 续 研 究

本研究针对中国理工科大学生英语学习现状和问题,研究如何依托语料库,通过学习资源、学习方法、评估手段等方面的变革构建有效性和适切性兼具的学术英语泛在学习模式,使他们成为具有扎实学术英语基本功、较强应用能力、通晓国际规则的人才。在有效性研究中,项目组的重点在于验证该学习模式在学术英语词汇的接受和产出能力,以及学术英语写作和学术英语口语两项产出性技能上的运用效果。在后续研究中,将开展该模式在学术英语阅读和学术英语听力两项接受性技能上的运用效果,进而探究学术英语思辨和评价能力,进一步优化"中国理工科大学生学术英语泛在学习模式"。

此外,本项目构建的学习模式针对理工科大学生的学习内容加以设计,应用对象也是几届理工科大学生。在后续研究中,拟尝试构建普适化的中国大学生学术英语泛在学习模式和适用于不同类别高校、不同学生背景、不同学习需求的个性化教学改革方案,以最大限度地挖掘学术英语教学动能,促进我国大学生国际学术交流能力的内涵式发展。

# 参考文献

Abowd, G. D. (2016). Beyond Weiser: From ubiquitous to collective computing. *Computer*, 49(1): 17 – 23.

Adolphs, S. & Carter, R. (2013). *Spoken Corpus Linguistics: From Monomodal to Multimodal*. New York: Routledge.

Al Shlowiy, A., Al-Hoorie, A. H. & Alharbi, M. (2021). Discrepancy between language learners and teachers concerns about emergency remote teaching. *Journal of Computer Assisted Learning*, 37(6): 1528 – 1538.

Alameddinea, M. & Hanadi, S. (2016). Teaching academic writing for advanced level grade 10 English. *Procedia-Social and Behavioral Sciences*, 232(14): 209 – 216.

Alderson, J. C., Clapham, C. & Wall, D. (2000). *Language Text Construction and Evaluation*. Cambridge: Cambridge University Press; Beijing: Foreign Language Teaching and Research Press.

Aljawarneh, S. A. (2019). Reviewing and exploring innovative ubiquitous learning tools in higher education. *Journal of Computing in Higher Education*, 32(1): 57 – 73.

Allwood, J. (2008). Multimodal corpora. In Lüdeling, A. & Kytö, M. (Eds.). *Corpus Linguistics: An International Handbook* (pp. 207 – 225). Berlin: Mouton de Gruyter.

Almahbashi, A., Noor, N. M. & Amir, Z. (2015). The effect of data driven learning on receptive vocabulary knowledge of Yemeni University learners. *The Southeast Asian Journal of English Language Studies*, 21(3): 13 – 24.

Altinmakas, D. & Bayyurt, Y. (2019). An exploratory study on factors influencing undergraduate students' academic writing practices in Turkey. *Journal of English for Academic Purposes*, 37(11): 88 – 103.

Altiok, S., Baser, Z. & Yukselturk, E. (2019). Enhancing metacognitive awareness of undergraduates through using an educational video environment. *Computers & Education*, 139, 129 – 145.

Andujar, A. (2020). Mobile-mediated dynamic assessment: A new perspective for second language development. *ReCALL*, 32(2): 1 – 17.

Argyle, M. (2004). *Bodily Communication*. London and New York: Routledge.

Atai, M. R. & Shoja, L. A. (2011). Triangulated study of academic language needs of Iranian students of computer engineering: Are the courses on track? *RELC Journal*, 42 (3): 305 – 323.

Atkinson, J. W. (1964). *An Introduction to Motivation*. New York: Van Nostrand.

Bachman, L. F. (2004). *Statistical Analyses for Language Assessment*. Cambridge: Cambridge University Press.

Badger, R. & White, G. (2000). A process genre approach to teaching writing. *ELT Journal*, 54(2): 153 – 160.

Baker, M. (2000). Towards a methodology for investigating the style of a literary translator. *Target*, 12(2): 241 – 266.

Bakhoda, I. & Shabani, K. (2019). Bringing L2 learners' learning preferences in the mediating process through computerized dynamic assessment. *Computer Assisted Language Learning*, 32(3): 210 – 236.

Barabadi, E. & Khajavi, Y. (2017). The effect of data-driven approach to teaching vocabulary on Iranian students' learning of English vocabulary. *Cogent Education*, 4 (1): 1 – 13.

Benson, P. (2005). *Teaching and Researching Autonomy in Language Learning*. Beijing: Foreign Language Teaching and Research Press.

Benson, P. (2011). *Teaching and Researching Autonomy*. London: Pearson Education Limited.

Benson, P. (2013). Drifting in and out of view: Autonomy and the social individual. In Benson, P. & Cooker, L. (Eds.). *The Applied Linguistic Individual: Sociocultural Approaches to Identity, Agency, and Autonomy* (pp. 75 – 89). Sheffield: Equinox.

Benson, P. & Voller, P. (2014). *Autonomy and Independence in Language Learning*. New York: Routledge.

Bernsen, N. O. & Dybkjar, L. (2007). Annotation schemes for verbal and non-verbal communication: Some general issues. In Esposito, A., Faundez-Zanuy, M., Keller, E. & Marinaro, M. (Eds.). *Verbal and Nonverbal Communication Behaviours* (pp.139 –161). Berlin and Heidelberg: Springer-Verlag Berlin Heidelberg.

Bodrova, E. & Leong, D. J. (1995). *Tools of the Mind: The Vygotsky Approach to Early Childhood Education*. New York: Merill/Prentice-Hall.

Bomsdorf, B. (2005). Adaptation of learning spaces: Supporting ubiquitous learning in higher distance education. In Davies, N., Kirste, T. & Schumann, H. (Eds.). *Mobile Computing and Ambient Intelligence: The Challenge of Multimedia* (pp. 1 – 13). Germany: Schloss Dagstuhl.

Bonsignori, V. & Camiciottoli, B. C. (2016). *Multimodality across Communicative Settings, Discourse Domains and Genres*. Newcastle upon Tyne: Cambridge Scholars

Publishing.

Boulton, A. (2010). Data-driven learning: Taking the computer out of the equation. *Language Learning*, 60(3): 534 – 572.

Boyinbode, O. K. & Akintola, K. G. (2008). A sensor based framework for ubiquitous learning in Nigeria. *International Journal of Computer Science and Network Security*, 8 (11): 401 – 405.

Brown, A. & Ferrara, R. A. (1985). Diagnosing zones of proximal development. In Wertsch, J. V. (Ed.). *Culture, Communication and Cognition: Vygotskian Perspectives* (pp. 273 – 305). Cambridge: Cambridge University Press.

Brown, H. D. (2007). *Teaching by Principles: An Interactive Approach to Language Pedagogy*. New Jersey: Prentice Hall.

Bruce, I. (2011). *Theory and Concepts of English for Academic Purposes*. Houndmills: Palgrave Macmillan.

Bruner, J. S. (1971). *Toward a Theory of Instruction*. New York: Harvard University Press.

Budoff, M. (1987). The validity of learning potential assessment. In Lidz, C. S. (Ed.). *Dynamic Assessment: An Interactive Approach to Evaluating Learning Potential* (pp. 53 – 81). New York: Guilford.

Burrough-Boenisch, J. (2013). Defining and describing editing. In Matarese, V. (Ed.). *Supporting Research Writing: Roles and Challenges in Multilingual Settings* (pp. 141 – 155). Amsterdam: Elsevier Science.

Cao, Z., Yu, S. & Huang, J. (2019). A qualitative inquiry into undergraduates' learning from giving and receiving peer feedback in L2 writing: Insights from a case study. *Studies in Educational Evaluation*, 63: 102 – 112.

Carless, D. (2007). Learning-oriented assessment: Conceptual bases and practical implications. *Innovations in Education and Teaching International*, 44(1): 57 – 66.

Carsten, R. & Aek, P. (2018). *Quantitative Methods for Second Language Research — A Problem Solving Approach*. New York and London: Taylor & Francis.

Carter, R. (1998). *Vocabulary: Applied Linguistic Perspective (2nd ed.)*. London: Routledge.

Cavus, N. & Ibrahim, D. (2017). Learning English using children's stories in mobile devices. *British Journal of Educational Technology*, 48(2): 625 – 641.

Chang, C., Chang, M. & Heh, J. S. (2015). National palace museum adventure: A mobile educational role-playing game for museum learning. In Kinshuk & Huang, R. (Eds.). *Ubiquitous Learning Environments and Technologies* (pp. 201 – 223). Heidelberg: Springer-Verlag.

Chee, K. N., Yahaya, N., Ibrahim, N. H. & Hassan, M. N. (2017). Review of mobile learning trends 2010 – 2015: A meta-analysis. *Educational Technology & Society*, 20 (2): 113 – 126.

Chen, C., Ibekwe-SanJuan, F. & Hou, J. (2010). The structure and dynamics of cocitation clusters: A multiple-perspective cocitation analysis. *Journal of The American Society for Information Science and Technology*, 61(7): 1386 – 1409.

Chen, M., John, F. & Laurence, A. (2019). Introducing in-service English language teachers to data driven learning for academic writing. *System*, 87(10): 102 – 114.

Chen, Y. S., Kao, T. C., Shen, J. P. & Chiang, C. Y. (2002). *A Mobile Scaffolding Aid-Based Bird-Watching Learning System*. Proc. of IEEE International Workshop on Wireless and Mobile Technologies in Education.

Cheng, G. & Chau, J. (2009). Digital video for fostering self-reflection in an ePortfolio environment. *Learning Media and Technology*, 34(4): 337 – 350.

Cho, E., Compton, D. L., Gilbert, J. K., Steacy, L. M., Collins, A. A. & Lindstrom, E. R. (2017). Development of first-graders' word reading skills: For whom can dynamic assessment tell us more? *Journal of Learning Disabilities*, 50(1): 95 – 112.

Choi, J. I. & Hannafin, M. (1995). Situated cognition and learning environments: Roles, structures, and implications for design. *Educational Technology Research and Development*, 43(2): 53 – 69.

Clark, M. & Ishida, S. (2005). Vocabulary knowledge differences between placed and promoted EAP students. *Journal of English for Academic Purposes*, 4(3): 225 – 238.

Cobb, T. (2007). Computing the vocabulary demands of L2 reading. *Language Learning & Technology*, 11(3): 38 – 63.

Corbin, J. & Strauss, A. (2007). *Basics of Qualitative Research (3rd ed.)*. Thousand Oaks: Sage.

Coxhead, A. (2000). A new academic word list. *TESOL Quarterly*, 34(2): 213 – 238.

Coxhead, A. (2012). Academic vocabulary, writing and English for academic purposes: Perspectives from second language learners. *RELC Journal*, 43(1): 137 – 145.

Crisp, G. T. (2012). Integrative assessment: Reframing assessment practice for current and future learning. *Assessment & Evaluation in Higher Education*, 37(1): 33 – 43.

Crook, A., Mauchline, A., Maw, S., Lawson, C., Drinkwater, R., Lundqvist, K., Orsmond, P., Gomez, S. & Park, J. (2012). The use of video technology for providing feedback to students: Can it enhance the feedback experience for staff and students? *Computers & Education*, 58(1): 386 – 396.

Dale, E. (1946). *Audio-visual Methods in Teaching*. New York: The Dryden Press.

Dang, T. T. (2012). Learner autonomy: A synthesis of theory and practice. *The Internet Journal of Language*, 35: 52 – 67.

Dashtestani, R. (2015). Moving bravely towards mobile learning: Iranian students' use of mobile devices for learning English as a foreign language. *Computer Assisted Language Learning*, 29(4): 815 – 832.

David, P. (2008). *Check Your Vocabulary for Academic English*. London: Macmillan Publishers Limited.

Davin, K. J. (2013). Integration of dynamic assessment and instructional conversations to promote development and improve assessment in the language classroom. *Language Teaching Research*, 17(3): 303 – 322.

Davin, K. J. (2016). Classroom dynamic assessment: A critical examination of constructs and practices. *Modern Language Journal*, 100(4): 813 – 829.

Deeley, S. J. (2018) Using technology to facilitate effective assessment for learning and feedback in higher education. *Assessment & Evaluation in Higher Education*, 43(3): 439 – 448.

参考文献

Delclos, V. R., Burns, M. S. & Kulewicz, S. J. (1987). Effects of dynamic assessment on teachers' expectations of handicapped children. *American Educational Research Journal*, 24(3): 325 – 336.

DeLuca, C., Pyle, A., Braund, H. & Faith, L. (2020). Leveraging assessment to promote kindergarten learners' independence and self-regulation within play-based classrooms. *Assessment in Education: Principles, Policy & Practice*, 27(4): 394 – 415.

Diamond, R., Bullock, A., Lovatt, J. & Stacey, M. (2016). Mobile learning devices in the workplace: 'as much a part of the junior doctors' kit as a stethoscope? *BMC Medical Education*, 16: 207 – 213.

DiCerbo, P. A., Anstrom, K. A., Baker, L. L. & Rivera, C. (2014). A review of the literature on teaching academic English to English language learners. *Review of Educational Research*, 84(3): 446 – 482.

Dolgova, N. & Mueller, C. M. (2019). How useful are corpus tools for error correction? Insights from learner data. *Journal of English for Academic Purposes*, 39(3): 97 – 108.

Dorfler, T., Golke, S. & Artelt, C. (2009). Dynamic assessment and its potential for the assessment of reading competence. *Studies in Educational Evaluation*, 35(2 – 3): 77 – 82.

Douglas, W. (1967). On teaching the process of writing. In Frazier, A. (Ed.). *New Directions in Elementary English* (pp. 183 – 195). Urbana, Ill: National Council of Teacher of English.

Durrant, P. (2014). Discipline and level specificity in university students' written vocabulary. *Applied Linguistics*, 35(3): 328 – 356.

Ebadi, S. & Rahimi, M. (2019). Mediating EFL learners' academic writing skills in online dynamic assessment using Google Docs. *Computer Assisted Language Learning*, 32(5): 527 – 555.

Ebadi, S., Weisi, H., Monkaresi, H. & Bahramlou, K. (2018). Exploring lexical inferencing as a vocabulary acquisition strategy through computerized dynamic assessment and static assessment. *Computer Assisted Language Learning*, 31(5): 790 – 817.

Edgar, S. M. & Alexei, S. A. (2021). An IT-based teaching model for a new generation of students. *Journal of Educational Change*, 22(1): 1 – 18.

Education Development Center. (2003). The Maine Learning Technology Initiative: Technology enhanced middle school mathematics. http://www.edc.org/newsroom/articles/maine_learning_technology_initiative.

Evans, J., Yip, H., Chan, K., Armatas, C. & Tse, A. (2020). Blended learning in higher education: Professional development in a Hong Kong university. *Higher Education Research & Development*, 39(4): 643 – 656.

Feez, S. (1998). *Text-based Syllabus Design*. Sydney: National Center for English Teaching and Research.

Feldman, R. S. & Rim, B. (1991). *Fundamentals of Nonverbal Behavior*. New York: Cambridge University Press.

Feuerstein, R. (1976). Dynamic assessment of cognitive modifiability in retarded performers: The learning potential assessment device. In Wolman, B. J. (Ed.).

*International Encyclopedia of Neurology, Psychiatry, Psychoanalysis and Psychology, Section XII.* New York: Van Nostrand Reinhold.

Feuerstein, R., Feuerstein, R. S., Falik, L. & Rand, Y. (2003). *The Dynamic Assessment of Cognitive Modifiability.* Jerusalem: ICELP.

Feuerstein, R., Rand, Y. & Hoffman, M. B. (1979). *The Dynamic Assessment of Retarded Performers: The Learning Potential Assessment Device, Theory, Instruments, and Techniques.* Baltimore: University Park Press.

Feuerstein, R., Rand, Y. & Rynders, J. E. (1988). *Don't Accept Me as I Am. Helping Retarded Performers Excel.* New York: Plenum.

Fillmore, C. (2006). Frame semantics and the nature of language. *Annals of the New York Academy of Sciences*, 280(1): 20 – 32.

Flowerdew, J. (2016). English for specific academic purposes (ESAP) writing: Making the case. *Writing & Pedagogy*, 8(1): 5 – 32.

Flowerdew, J. & Peacock, M. (2001). *Research Perspectives on English for Academic Purposes.* Cambridge: Cambridge University Press.

Freeman, M. & Mckenzie, J. (2002). Spark, a confidential web-based template for self and peer assessment of student teamwork: Benefits of evaluating across different subjects. *British Journal of Educational Technology*, 33(5): 551 – 569.

Gardner, D. & Davies, M. (2013). A new academic vocabulary list. *Applied Linguistics*, 35(3), 305 – 327.

Gardner, D. & Miller, L. (2002). *Establishing Self-Access: From Theory to Practice.* Shanghai: Shanghai Foreign Language Education Press.

Gary, D. (1997). *Handbook of Academic Learning.* San Diego: Academic Press.

Gibbons, P. (2003). Mediating language learning: Teacher interactions with ESL students in a content-based classroom. *TESOL Quarterly*, 37(2): 247 – 273.

Gözüyeşil, E. (2014). An analysis of engineering students' English language needs. *Procedia-Social and Behavioral Sciences*, 116: 4182 – 4186.

Green, S. (2013). Novice ESL writers: A longitudinal case-study of the situated academic writing processes of three undergraduates in a TESOL context. *Journal of English for Academic Purposes*, 12(3): 180 – 191.

Gu, Y. G. (2006). Multimodal text analysis: A corpus linguistic approach to situated discourse. *Text and Talk*, 26(2): 129 – 167.

Guan, X. W. (2013). A study on the application of data-driven learning in vocabulary teaching and learning in China's EFL class. *Journal of Language Teaching and Research*, 1(1): 105 – 112.

Guichon, N. (2017). Sharing a multimodal corpus to study webcam-mediated language teaching. *Language Learning and Technology*, 21(1): 56 – 75.

Guthke, J. (1982). The learning test concept — An alternative to the traditional static intelligence test. *The German Journal of Psychology*, 6(4): 306 – 324.

Harrigan, J. A., Rosenthal, R. & Scherer, K. (2005). *The New Handbook of Methods in Nonverbal Behavior Research.* New York: Oxford University Press.

Havnes, A., Smith, K., Dysthe, O. & Ludvigsen, K. (2012). Formative assessment and feedback: Making learning visible. *Studies in Educational Evaluation*, 38(1): 21 – 27.

参考文献

Haywood, H. C. & Wingenfield, S. A. (1992). Interactive assessment as a research tool. *Journal of Special Education*, 26(3): 253 – 268.

Hein, E. G. (1991). *Constructivist Learning Theory*. CECA Conference.

Henderson, M. & Phillips, M. (2015). Video-based feedback on student assessment: Scarily personal. *Australian Journal of Educational Technology*, 31(1): 51 – 66.

Herazo, J. D., Davin, K. J. & Sagre, A. (2019). L2 Dynamic assessment: An activity theory perspective. *Modern Language Journal*, 103(2): 443 – 458.

Ho, S. C., Hsieh, S. W., Sun, P. C. & Chen, C. M. (2017). To activate English learning: Listen and speak in real life context with an AR featured U-learning system. *Educational Technology & Society*, 20(2): 176 – 187.

Holec, H. (1981). *Autonomy in Foreign Language Learning*. Oxford: Oxford University Press.

Hong, H. (2005). SCoRE: A multimodal corpus database of education discourse. In: *Proceedings of International Conference of Corpus Linguistics*. Birmingham.

Horst, M., Cobb, T. & Nicolae, I. (2005). Expanding academic vocabulary with a collaborative on-line database. *Language Learning & Technology*, 9(2): 90 – 110.

Hsieh, J. S. C., Wu, W. C. V. & Marek, M. W. (2017). Using the flipped classroom to enhance EFL learning. *Computer Assisted Language Learning*, 30(1 – 2): 1 – 21.

Hu, G. & Lei, J. (2016). Plagiarism in English academic writing: A comparison of Chinese university teachers' and students' understandings and stances. *System*, 56(12): 107 – 118.

Huang, L. H. (2021). Toward multimodal corpus pragmatics: Rationale, case, and agenda. *Digital Scholarship in the Humanities*, 36(1): 101 – 114.

Huang, Z. (2014). The effects of paper-based DDL on the acquisition of lexico-grammatical patterns in L2 writing. *ReCALL*, 26(2): 163 – 183.

Hung, J. L. & Zhang, K. (2012). Examining mobile learning trends 2003 – 2008: A categorical meta-trend analysis using text mining techniques. *Journal of Computing in Higher Education*, 24(1): 1 – 17.

Hung, P., Hwang, G., Su, I. & Lin, I. (2012). A concept-map integrated dynamic assessment system for improving ecology observation competences in mobile learning activities. *Turkish Online Journal of Educational Technology*, 11(1): 10 – 19.

Huston, S. (2002). *Corpora in Applied Linguistics*. Cambridge: Cambridge University Press.

Hutchinson, T. & Waters, A. (1987). *English for Specific Purposes*. Cambridge: Cambridge University Press.

Hwang, G. J., Yang, T. C., Tsai, C. C. & Yang, S. J. H. (2009). A context-aware ubiquitous learning environment for conducting complex science experiments, *Computers & Education*, 53(2): 402 – 413.

Hyland, K. (2003). *Second Language Writing*. Cambridge: Cambridge University Press.

Hyland, K. (2006). *English for Academic Purposes: An Advanced Resource Book*. London and New York: Routledge.

Jacob, N. (2016). The effects of data-driven learning upon vocabulary acquisition for secondary international school students in Vietnam. *European Association for Computer*

*Assisted Language Learning*, 28(2): 166 – 186.

Jewitt, C. (2009). *The Routledge Handbook of Multimodal Analysis*. London and New York: Routledge.

John, A. M. (1997). *Text, Role, and Context: Developing Academic Literacies*. Cambridge: Cambridge University Press.

Johns, T. (2002). Data-driven learning: The perpetual challenge. In Ketteman, B. & Marko, G. (Eds.). *Teaching and Learning by Doing Corpus Analysis* (pp. 107 – 117). Amsterdam: Rodopi.

Johns, T. & Kings, P. (1991). Classroom concordancing. *English Language Research Journal*, 16(4): 27 – 45.

Jones, V. & Jo, H. J. (2004). Ubiquitous learning environment: An adaptive teaching system using ubiquitous technology. In: *Proceedings of the 21st ASCILITE Conference*, Perth, Western Australia.

Jordan, R. R. (1989). English for academic purposes. *Language Teaching*, 2(2): 150 – 164.

Jordan, R. R. (1997). *English for Academic Purposes: A Guide and Resource Book for Teachers*. Cambridge: Cambridge University Press.

Joseph, J. J., Bychkovska, T. & Maxwell, J. D. (2019). Breaking the rules? A corpus-based comparison of informal features in L1 and L2 undergraduate student writing. *System*, 80(11): 143 – 153.

Judge, M. (2021). Covid-19, school closures and the uptake of a digital assessment for learning pilot during Ireland's national lockdown. *Irish Educational Studies*, 40(2): 419 – 429.

Kamrood, A., Davoudi, M., Ghaniabadi, S. & Amirian, S. (2019). Diagnosing L2 learners' development through online computerized dynamic assessment. *Computer Assisted Language Learning*, 1(2): 1 – 30.

Kapantzoglou, M., Restrepo, M. A. & Thompson, M. S. (2011). Dynamic assessment of word learning skills: Identifying language impairment in bilingual children. *Language, Speech, and Hearing Services in Schools*, 43(1): 81 – 96.

Karras, J. N. (2016). The effects of data-driven learning upon vocabulary acquisition for secondary international school students in Vietnam. *ReCALL*, 28(2): 166 – 186.

Knapp, M. L. & Hall, J. A. (2006). *Nonverbal Communication in Human Interaction*. San Francisco: Thomson Wadsworth.

Knight, D. (2009). *A Multi-modal Corpus Approach to the Analysis of Backchanneling Behaviour*. Unpublished doctoral dissertation. The University of Nottingham, England.

Knight, D. (2011). The future of multimodal corpora. *Brazilian Journal of Applied Linguistics*, 11(2): 391 – 415.

Knight, D. & Adolphs. S. (2008). Multi-modal corpus pragmatics: The case of active listenership. In Romero-Trillo, J. (Ed.). *Pragmatics and Corpus Linguistics: A Mutualistic Entente* (pp. 175 – 190). Berlin: Mouton de Gruyter.

Knight, D., Evans, D., Carter, R. & Adolphs, S. (2009). Head talk, hand talk and the corpus: Towards a framework for multi-modal, multi-media corpus development. *Corpora*, 4(1): 1 – 32.

Kozulin, A. & Garb, E. (2002). Dynamic assessment of EFL text comprehension. *School Psychology International*, 23(1): 112 – 127.

Krashen, S. D. (1984). Immersion: Why it works and what it has taught us. *Language and Society*, Special Issue, 12: 61 – 64.

Krashen, S. D. (1985). *The Input Hypothesis: Issues and Implications*. London and New York: Longman.

Lai, C., Yeung, Y. & Hu, J. (2016). University student and teacher perceptions of teacher roles in promoting autonomous language learning with technology outside the classroom. *Computer Assisted Language Learning*, 29(4): 703 – 723.

Lantolf, J. P. & Poehner, M. E. (2004). Dynamic assessment of L2 development: Bringing the past into the future. *Journal of Applied Linguistics*, 1(1): 49 – 74.

Laru, J., Näykki, P. & Järvelä, S. (2015). Four stages of research on the educational use of ubiquitous computing. *IEEE Transactions on Learning Technologies*, 8(1): 69 – 82.

Laufer, B. & Nation, P. (1999). A vocabulary size test of controlled productive ability. *Language Testing*, 16(1): 33 – 51.

Lea, M. R. & Street, B. (1998). Student writing in higher education: An academic literacies approach. *Studies in Higher Education*, 23(2): 157 – 172.

Leech, G. (1997). Teaching and language corpora: A convergence. In Wichmann, A., Fligelstone, S., McEnery, T. (Eds.). *Teaching and Language Corpora* (pp. 1 – 24). Longman.

Leont'ev, A. N. (1981). *Problems of the Development of the Mind*. Moscow: Progress.

Lewis, T. (2014). Learner autonomy and the theory of sociality. In Murray, G. (Ed.). *Social Dimensions of Autonomy in Language Learning* (pp. 37 – 59). Basingstoke: Palgrave Macmillan.

Li, L. Y., Zheng, Y. L., Ogata, H. & Yano, Y. (2003). *Research on Pervasive E-Learning System Development*. Proc.of ELearn.

Lidz, C. S. (1987). *Dynamic Assessment: An Interactive Approach to Evaluating Learning Potential*. New York: The Guilford Press.

Lidz, C. S. (1991). *Practitioner's Guide to Dynamic Assessment*. New York: The Guilford Press.

Lidz, C. S. & Gindis, B. (2003). *Dynamic Assessment of the Evolving Cognitive Functions in Children*. Stellenbosch: Stellenbosch University.

Lidz, C. S. & Pena, E. D. (1996). Dynamic assessment: The model, its relevance as a nonbiased approach, and its application. *Language, Speech & Hearing Services in Schools*, 27(4): 367 – 372.

Lin, Z. 2010. Interactive dynamic assessment with children learning EFL in kindergarten. *Early Childhood Education Journal*, 37(4): 279 – 287.

Linden, K. & Gonzalez, P. (2021). Zoom invigilated exams: A protocol for rapid adoption to remote examinations. *British Journal of Educational Technology*, 52(4): 1323 – 1337.

Little, D. (1991). *Learner Autonomy: Definition, Issues, Problems*. Dublin: Authentik.

Little, D. (2009). Learner autonomy in action: Adult immigrants learning English in Ireland. In Kjisik, F., Voller, P., Aoki, N. & Nakata, Y. (Eds.). *Mapping the Terrain of Learner Autonomy: Elearning Environments, Learning Communities and Identities* (pp. 51 – 85). Tampere, Finland: Tampere University Press.

Little, D. & Throne, S. (2017). From learner autonomy to rewilding: A discussion. In Cappellini, M., Lewis, T. & Mompean, A. R. (Eds.). *Learner Autonomy and Web 2.0* (pp. 12 – 35). Bristol, CT: Equinox.

Liu, D. L. & Jiang, P. (2009). Using a corpus-based lexicogrammatical approach to grammar instruction in EFL and ESL contexts. *The Modern Language Journal*, 93(1): 61 – 78.

Liu, T., Wang, H., Liang, J., Chan, T., Ko, H. W. & Yang, J. C. (2003). Wireless and mobile technologies to enhance teaching and learning. *Journal of Computer Assisted Learning*, 19(3): 371 – 382.

Liu, T.-Y. (2009). A context-aware ubiquitous learning environment for language listening and speaking. *Journal of Computer Assisted Learning*, 25(6): 515 – 527.

Locky, L. (2019). Creativity and television drama: A corpus-based multimodal analysis of pattern-reforming creativity in House M.D. *Corpora*, 14(2): 135 – 171.

Looi, C. K., Sun, D. & Xie, W. (2015). Exploring students' progression in an inquiry science curriculum enabled by mobile learning. *IEEE Transactions on Learning Technologies*, 8(1): 43 – 54.

Luria, A. R. (1961). Study of the abnormal child. *American Journal of Orthopsychiatry: A Journal of Human Behavior*, 31(1): 1 – 16.

Macaskill, A. & Taylor, E. (2010). The development of a brief measure of learner autonomy in university students. *Studies in Higher Education*, 35(3): 351 – 359.

Madrid, M. N. R. (2021). A multimodal discourse approach to research pitches. *Journal of English for Academic Purposes*, 52: 1 – 16.

Markett, C., Arnedillo-Sánchez, I., Weber, S. & Tangney, B. (2006). Using short message service to encourage interactivity in the classroom. *Computers & Education*, 46 (3): 280 – 293.

Matamala, A. (2019). The VIW project: Multimodal corpus linguistics for audio description analysis. *Revista Española de Lingüística Aplicada/Spanish Journal of Applied Linguistics*, 32(2): 515 – 542.

McNamara, T. (2004). Language testing. In Davies, A. & Elder, C. (Eds.). *The Handbook of Applied Linguistics* (pp. 763 – 783). Malden, MA: Blackwell.

Middleton, K. V. (2020). The longer-term impact of COVID-19 on K-12 student learning and assessment. *Educational Measurement-Issues and Practice*, 39(3): 41 – 44.

Murray, G. (2014). Exploring the social dimensions of autonomy in language learning. In Murray, G. (Ed.). *Social Dimensions of Autonomy in Language Learning* (pp. 3 – 11). Basingstoke: Palgrave Macmillan.

Nadolny, L. (2017). Interactive print: The design of cognitive tasks in blended augmented reality and print documents. *British Journal of Educational Technology*, 48 (3): 814 – 823.

Nation, I. S. P. (2001). *Learning Vocabulary in Another Language*. Cambridge: Cambridge University Press.

Nation, I. S. P. & Macalister, J. (2010). *Language Curriculum Design*. New York:

Routledge.

Newman, F. & Holzman, L. (1997). *The End of Knowing. A New Developmental Way of Learning*. London: Routledge.

Noguera-Díaz, Y. & Pérez-Paredes, P. (2019). Register analysis and ESP pedagogy: Noun-phrase modification in a corpus of English for military navy submariners. *English for Specific Purposes*, 53(6): 118 − 130.

Nouri, J. & Cerratto-Pargman, T. (2015). Characterizing learning mediated by mobile technologies: A cultural-historical activity theoretical analysis. *IEEE Transactions on Learning Technologies*, 8(4): 357 − 366.

O'Hagan, C. (1995). Custom videos for flexible learning. *Innovations in Education and Training International*, 32(2): 131 − 138.

O'Leary, C. (2014). Developing autonomous language learners in HE: A social constructivist perspective. In Murray, G. (Ed.). *The Social Dimension of Autonomy in Language Learning* (pp. 15 − 36). London: Palgrave Macmillan.

Olswang, L. B., Feuerstein, J. L., Pinder, G. & Dowden, P. (2013). Validating dynamic assessment of triadic gaze for young children with severe disabilities. *American Journal of Speech-Language Pathology*, 22(3): 449 − 462.

Paltridge, B., Harbon, L., Hirsch, D., Shen, H., Stevenson, M., Phakiti, A. & Woodrow, L. (2009). *Teaching Academic Writing: An Introduction for Teachers of Second Language Writers*. Ann Arbor: University of Michigan Press.

Pan, F., Randi, R. & Douglas, B. (2016). Comparing patterns of L1 versus L2 English academic professionals: Lexical bundles in telecommunications research journals. *Journal of English for Academic Purposes*, 21(11): 60 − 71.

Panyawong-Ngam, L., Tangthong, N. & Anunvrapong, P. (2015). A model to develop the English proficiency of engineering students at Rajamangala University of Technology Krungthep, Bangkok, Thailand. *Procedia-Social and Behavioral Sciences*, 192: 77 − 82.

Papadakis, S., Alexandraki, F. & Zaranis, N. (2021). Mobile device use among preschool-aged children in Greece. *Education and Information Technologies*, 6: 1 − 34.

Park, Y. (2011). A pedagogical framework for mobile learning: Categorizing educational applications of mobile technologies into four types. *International Review of Research in Open and Distance Learning*, 12(2): 78 − 102.

Peeters, W. & Ludwig, C. (2017). "Old concepts in new spaces": A model for developing learner autonomy in social networking spaces. In Cappellini, M., Lewis, T. & Mompean, A. R. (Eds.). *Learner Autonomy and Web 2.0* (pp. 115 − 140). Bristol, CT: Equinox.

Peltenburg, M.C., van den Heuvel-Panhuizen, M. & Robitzsch, A. (2010). ICT-based dynamic assessment to reveal special education students' potential in mathematics. *Research Papers in Education*, 25(3): 319 − 334.

Peng, H., Su, Y. J., Chou, C. & Tsa, C. C. (2009). Ubiquitous knowledge construction: Mobile learning redefined and a conceptual framework. *Innovations in Education & Teaching International*, 46(2): 171 − 183.

Piaget, J. (1971). *Structuralism (Psychology Revivals)*. New York: Harper and Row.

Piaget, J. (1972). *The Principles of Genetic Epistemology*. London: Routledge & Kegan Paul Ltd.

Pintrich, P. R. (2000). The role of goal-orientation in self-regulated learning. In Boekaerts, M., Pintrich, P. R. & Zeidner, M. (Eds.). *Handbook of Self-Regulation*. (pp. 451 – 452). San Diego: Academic Press.

Poehner, M. E. (2008). *Dynamic Assessment. A Vygotskian Approach to Understanding and Promoting L2 Development*. Berlin: Springer.

Poehner, M. E. (2009). Dynamic assessment as a dialectical framework for classroom activity: Evidence from second language (L2) learners. *Journal of Cognitive Education & Psychology*, 8(3): 252 – 268.

Poehner, M. E. & Lantolf, J. P. (2005). Dynamic assessment in the language classroom. *Language Teaching Research*, 9(3): 233 – 265.

Poggi, I. (2003). Mind markers. In Rector, M., Poggi, I. & Trigo, N. (Eds.). *Gestures, Meaning and Use* (pp. 119 – 132). Oporto, Portugal: University Fernando Pessoa Press.

Preece, S. (2018). Identity work in the academic writing classroom: Where gender meets social class. *Journal of English for Academic Purposes*, 32(3): 9 – 20.

Purvis, A. J., Aspden, L. J., Bannister, P. W. & Helm, P. A. (2011). Assessment strategies to support higher level learning in blended delivery. *Innovations in Education and Teaching International*, 48(1): 91 – 100.

Quan, Z. (2016). Introducing "mobile DDL (data-driven learning)" for vocabulary learning: An experiment for academic English. *Computer Education*, 3(3): 273 – 287.

Rakoczy, K., Klieme, E., Bürgermeister, A. & Harks, B. (2008). The interplay between student evaluation and instruction: Grading and feedback in mathematics classrooms. *Journal of Psychology*, 216(2): 111 – 124.

Ratner, C. (1997). *Cultural Psychology and Qualitative Methodology: Theoretical and Empirical Considerations*. New York: Plenum.

Read, J. (2000). *Assessing Vocabulary*. Cambridge: Cambridge University Press.

Regalla, M. & Peker, H. (2017). Prompting all students to learn: Examining dynamic assessment of special needs and typical students in a prekindergarten inclusive French program. *Foreign Language Annals*, 50(2): 323 – 338.

Reinders, H. & White, C. (2011). Learner autonomy and new learning environments. *Language Learning & Technology*, 15(3): 1 – 3.

Reinders, H. & White, C. (2016). 20 years of autonomy and technology: How far have we come and where to next? *Language Learning & Technology*, 20(2): 143 – 154.

Riadh, B. & Ahmed, G. (2016). Concept generalization and fusion for abstractive sentence generation. *Expert Systems with Application*, 53(7): 43 – 56.

Riley, P. (2009). Reconstructing autonomy in language education: Inquiry and innovation. *Innovation in Language Learning and Teaching*, 3(2): 205 – 208.

Robledo, L. A. C. & Ayala, P. (2018). Ubiquitous learning: A systematic review. *Telematics and Informatics*, 35(5): 1097 – 1132.

Roud, L. & Hidri, S. (2021). Toward a sociocultural approach to computerized dynamic assessment of the TOEFL iBT listening comprehension test. *Education and Information*

参考文献

*Technologies*, 26(4): 4943 – 4968.

Sach, E. (2015). An exploration of teachers' narratives: What are the facilitators and constraints which promote or inhibit 'good' formative assessment practices in schools? *International Journal of Primary, Elementary and Early Years Education*, 43(3): 322 – 335.

Sáez-López, J., Sevillano-García-García, M. & Pascual-Sevillano-Sevillano, M. (2019). Application of the ubiquitous game with augmented reality in primary education. *Comunicar*, 27(61): 71 – 81.

Sampson, D. G. & Zervas, P. (2013). Context-aware adaptive and personalized mobile learning system. In Sampson, D. G., Isaias, P., Ifenthaler, D. & Spector, J. M. (Eds.). *Ubiquitous and Mobile Learning in the Digital Age* (pp. 3 – 17). New York: Springer.

Schildkamp, K. & Kuiper, W. (2010). Data-informed curriculum reform: Which data, what purposes, and promoting and hindering factors. *Teaching and Teacher Education*, 26(3): 482 – 496.

Schmitt, N. (2000). *Vocabulary in Language Teaching*. Cambridge: Cambridge University Press.

Schmitt, N. (2014) *Researching Vocabulary: A Vocabulary Research Manual*. Beijing: Foreign Language Teaching and Research Press.

Schmitt, N., Schmitt, D. & Clapham, C. (2001). Developing and exploring the behavior of two new versions of the vocabulary level test. *Language Testing*, 18(1): 55 – 88.

Sharples, M. (2000). The design of personal mobile technologies for lifelong learning. *Computer and Education*, 34(3 – 4): 177 – 193.

Shih, J. L., Chu, H. C., Hwang, G. J. & Kinshuk. (2011). An investigation of attitudes of students and teachers about participating in a context-aware ubiquitous learning activity. *British Journal of Educational Technology*, 42(3): 373 – 394.

Shing, S. R., Sim, T. S. & Bahrani, T. (2013). EGAP or ESAP? Towards meeting the academic English language needs of undergraduates. *The International Journal of Language Learning and Applied Linguistics World (IJLLALW)*, 2(1): 31 – 44.

Shrestha, P. & Coffin, C. (2012). Dynamic assessment, tutor mediation and academic writing development. *Assessing Writing*, 17(1): 55 – 70.

Siegler R. S. & Crowley, K. (1991). The microgenetic method: A direct means for studying cognitive development. *American Psychologist*, 46(6): 606 – 612.

Simpson-Vlach, R. & Ellis, N. (2010). An academic formulas list: New methods in phraseology research. *Applied Linguistics*, 31(4): 487 – 512.

Sinclair, B. (1997). Learner autonomy: The cross-cultural question. *IATEFL Newsletter*, 139: 12 – 13.

Sinclair, J. (1991). *Corpus, Concordance, Collocation*. Oxford: Oxford University Press.

Sinclair, J. (2004). *Trust the Text: Language, Corpus and Discourse*. London: Routledge.

Speller, D. & Miłosz-Bartczak, J. (2017). *Academic English for Engineers*. Lodz University of Technology.

St-Onge, C., Ouellet, K., Lakhal, S., Dubé, T. & Marceau, M. (2021). COVID-19 as the tipping point for integrating e-assessment in higher education practices. *British*

*Journal of Educational Technology*, 53(2): 1 - 18.

Sternberg, R. J. & Grigorenko, E. L. (2002). *Dynamic Testing: The Nature and Measurement of Learning Potential.* Cambridge: Cambridge University Press.

Stevens, V. (1991). Classroom concordancing: Vocabulary materials derived from relevant, authentic text. *English for Specific Purposes*, 10(1): 35 - 46.

Stobart, G. (2008). *Testing Times: The Uses and Abuses of Assessment.* Abingdon, England: Routledge.

Strauss, A. L. (1987). *Qualitative Analysis for Social Scientists.* New York: Cambridge University Press.

Swain, M. (1985) Communicative competence: Some roles of comprehensible input and comprehensible output in its development. In Gass, S. & Madden, C. (Eds.). *Input in Second Language Acquisition* (pp. 235 - 253), New York: Newbury House Publishers.

Swales, J. M. & Feak, C. B. (2012). *Academic Writing for Graduate Students (3rd ed.).* Michigan: University of Michigan Press.

Taylor, M. (1986). Learning for self-direction in the classroom: The pattern of a transition process. *Studies in Higher Education — STUD HIGH EDUC*, 11(1): 55 - 72.

Thurstun, J. & Candlin, C. (1998). Concordancing and the teaching of the vocabulary of academic English. *English for Specific Purposes*, 17(3): 267 - 280.

Tossell, C., Kortum, P., Shepard, C., Rahmati, A. & Zhong, L. (2015). You can lead a horse to water but you cannot make him learn: Smartphone use in higher education. *British Journal of Educational Technology*, 46(4): 713 - 724.

Tribble, C. & Jones, J. (1990). *Concordances in the Classroom.* London: Longman.

Ukrainetz, T., Harpell, S., Walsh, C. & Coyle, C. (2000). A preliminary investigation of dynamic assessment with native American kindergartners. *Language Speech and Hearing Services in Schools*, 31(2): 142 - 149.

Valipouri, L. & Nassaji, H. (2013). A corpus-based study of academic vocabulary in chemistry research articles. *Journal of English for Academic Purposes*, 12(4): 248 - 263.

van der Kleij, F., Adie, L. & Cumming, J. (2017). Using video technology to enable student voice in assessment feedback. *British Journal of Education Technology*, 48(5): 1092 - 1105.

Vygotsky, L. S. (1978). *Mind in Society: The Development of Higher Psychological Processes.* Cambridge, MA: Harvard University Press.

Wagner, P., Malisz, Z. & Kopp, S. (2014). Gesture and speech in interaction: An overview. *Speech Communication*, 57: 209 - 232.

Wang, J. & Chen, S. (2016). Development and validation of an online dynamic assessment for raising students' comprehension of science text. *International Journal of Science and Mathematics Education*, 14(3): 373 - 389.

Wang, T. H. (2010). Web-based dynamic assessment: Taking assessment as teaching and learning strategy for improving students' e-learning effectiveness. *Computers & Education*, 54(4): 1157 - 1166.

Weiser, M. (1991). The computer for the 21st Century. *Scientific American*, 265(30): 94 - 104.

参考文献

Weiser, M. (1993). Some computer science issues in ubiquitous computing. *Communications of the ACM*, 36(7): 75 – 84.

Wyse, A. E., Stickney, E. M., Butz, D., Beckler, A. & Close, C. N. (2020). The potential impact of COVID-19 on student learning and how schools can respond. *Educational Measurement-Issues and Practice*, 39(3): 60 – 64.

Xue, G. & Nation, P. (1984). A university word list. *Language Learning and Communication*, 3(2): 215 – 219.

Yan, P. (2015). Feasibility research on an EAP course for science and engineering students in China. *Theory and Practice in Language Studies*, 5(12): 2497 – 2503.

Yang, M. N. (2015). A nursing word list. *English for Specific Purposes*, 37(5): 27 – 38.

Yasmin, M., Naseem, F. & Masso, I. C. (2019). Teacher-directed learning to self-directed learning transition barriers in Pakistan. *Studies in Educational Evaluation*, 61: 34 – 40.

Yoon, H. & Hirvela, A. (2004). ESL student attitudes toward corpus use in L2 writing. *Journal of Second Language Writing*, 13(4): 257 – 283.

Zhang, G., Jin, Q. & Lin, M. A. (2005). Framework of social interaction support for ubiquitous learning. In: *Proceedings of AINA (19th International Conference on Advanced Information Networking and Applications)*.

Zhang, R., Lai, H., Cheng, P. & Chen, C. (2017). Longitudinal effect of a computer-based graduated prompting assessment on students' academic performance. *Computers & Education*, 110(7): 181 – 194.

Zimmerman, B. J. (2000). Attaining self-regulation: A social cognitive perspective. In Boekaerts, M., Pintrich, P. R. & Zeidner, M. (Eds.). *Handbook of Self-Regulation* (pp. 13 – 39). San Diego: Academic Press.

Zydney, J. M. & Warner, Z. (2016). Mobile apps for science learning: Review of research. *Computers & Education*, 94: 1 – 17.

白娟,鬲淑芳.(2003).M-Learning：21世纪教育技术的新发展.现代远程教育研究,(4)：45—48,63.

鲍贵,王霞.(2005).RANGE在二语产出性词汇评估中的应用.外语电化教学,(4)：54—58.

蔡基刚.(2013).台湾成功大学从EGP向ESP转型的启示.外语教学理论与实践,(3)：7—11.

蔡基刚.(2014).从通用英语到学术英语——回归大学英语教学本位.外语与外语教学,(1)：9—14.

蔡基刚.(2019).以项目驱动的学术英语混合式教学模式建构.解放军外国语学院学报,(3)：39—47.

财联社.(2022).屈宏斌：每年普通高校有1 000万毕业生,其中45%是理工科,这在全世界是独一无二的资源.新浪财经.https://baijiahao.baidu.com/s?id=1751364083605587992&wfr=spider&for=pc,2022年12月5日.

陈蓓琴.(2011)."最近发展区"理论：基于文本的探究、阐释与启示.中国特殊教育,(10)：92—96.

陈德枝,戴海琦,朱蓓凌.(2015).基于认知诊断的动态评估——以儿童图形推理能力为例.心理科学,(5)：1248—1255.

陈锋.(2018).新形势下理工科学生英语学习需求分析实证研究.河南工程学院学报(社会科学版),(4):77—82.

陈坚林,马牧青.(2019).信息化时代外语教学范式重构研究——理据与目标.外语电化教学,(1):12—17.

陈立青.(2019).对综合能动性学术英语课程模式的探索研究.外语电化教学,(6):53—58.

陈敏,杨现民.(2016).泛在学习环境下基于过程性信息的个性化学习评价系统的设计与实现.中国电化教育,(6):21—26.

陈伟,许之所.(2008).基于网络资源的大学生英语写作能力培养模式研究.外语界,(4):34—40.

陈向明.(2000).质的研究方法与社会科学研究.北京:教育科学出版社.

陈夜雨,项歆妮.(2015).基于语料库的学术英语写作教学研究.现代教育技术,(12):86—91.

陈月茹.(2002).一种崭新的课程设计理念——"学习的普适性设计".山东教育科研,(8):33—34.

程罡,徐瑾,余胜泉.(2009).学习资源标准的新发展与学习资源的发展趋势.远程教育杂志,(4):6—12.

程罡,余胜泉,杨现民.(2009)."学习元"运行环境的设计与实现.开放教育研究,(2):27—36.

楚向群.(2007).高级英语词汇自主学习的语料库方法.外语电化教学,(5):12—17.

邓联健.(2006).二语产出性词汇能力发展综述.外语与外语教学,(2):25—27.

多召军,赵蔚,刘红霞,张洁,麻娟.(2014).无缝学习环境下互动反馈系统的设计与应用研究.现代教育技术,(3):109—116.

房安荣,王和平,尤睿.(2001).PASS 理论与学习困难学生认知过程的评估.外国中小学教育,(6):16—18.

冯霞,黄芳.(2013).基于自主学习的外语信息资源整合优化研究.外语电化教学,(2):47—52.

付道明,吴玮.(2014).有效性外语泛在学习:生成模型、系统结构及其评价.外语电化教学,(2):41—47.

付道明,徐福荫.(2007).普适计算环境中的泛在学习.中国电化教育,(7):94—98.

高辉,程罡,余胜泉,杨现民.(2012).泛在学习资源在移动终端上的自适应呈现模型设计.中国电化教育,(4):122—128.

高思畅,王建勤.(2018).动态评估——语言能力评估的新思路.华文教学与研究,(2):5—16.

龚嵘.(2015).本科生学术英语素养课程的逆向设计.山东外语教学,(4):48—55.

桂诗春.(2015).我国英语教育的再思考——实践篇.现代外语,(5):687—704.

韩宝成.(2009).动态评价理论、模式及其在外语教育中的应用.外语教学与研究,(6):452—258.

韩金龙.(2001).英语写作教学:过程体裁教学法.外语界,(4):35—40.

韩萍,侯丽娟.(2012).从体裁分析角度探索研究生学术英语写作能力培养.外语界,(6):74—80.

何安平.(2001).语料库与外语教学.外语教学理论与实践,(3):15—19.

何安平.(2009).辛格莱的词汇语法理论应用解读.外语研究,(5):52—57.

何莲珍.(2003).自主学习及其能力的培养.外语教学与研究,(4):287—289.

何莲珍.(2020).新时代大学英语教学的新要求——《大学英语教学指南》修订依据与要点.外语界,(4):13—18.

何晔.(2013).动态评价理论在英语过程写作教学中的运用.中国大学教学,(6):52—54.

胡振京,王慧霞.(2013).动态评估与学困生转化.人民教育,(22):4—8.

黄爱琼.(2020).以反馈促学:构建基于写作任务的多重反馈模式.外语教学,(6):67—71.

黄国祯,王红云,方海光,林侑熷.(2011).认知风格对情境感知泛在学习成效的影响——以国小蝴蝶生态教学为例.现代教育技术,(5):18—23.

黄若好,何高大.(2009).《语料库走向课堂:语言使用与语言教学》述介.外语教学与研究,(4):317—319.

季佩英,范劲松,范烨.(2016).基于语言课程设计模型的大学英语课程设置与评估——以英语笔译课程为例.中国外语,(1):68—76.

教育部高等学校大学外语教学指导委员会.(2020).大学英语教学指南(2020版).北京:高等教育出版社.

孔文,方洁.(2013).另类评估的新发展:动态评估面面观.解放军外国语学院学报,(1):57—61,90.

兰笑笑,刘燕.(2010).动态评估融入英语过程写作的个案研究.中国应用语言学,(1):24—40,73,127.

李承兴,甄琛.(2017).自主学习能力对大学英语学习动机的影响.黑龙江教育(理论与实践),(4):65—66.

李广伟,戈玲玲.(2020).基于语料库的学术英语翻转课堂教学模式构建与应用研究.外语界,(3):89—96.

李贺.(2019).泛在学习环境下教师的角色重构.教育理论与实践,(14):29—31.

李立,杜洁敏.(2014).大学英语分科教学背景下学术英语PBL教学模式研究.外语教学,(5):55—58.

李卢一,郑燕林.(2006).泛在学习环境的概念模型.中国电化教育,(12):9—12.

李卢一,郑燕林.(2009).泛在学习的内涵与特征解构.现代远距离教育,(4):17—21.

李卿.(2015).学术英语的课程设置——以部分上海高校为例.山东外语教学,(4):63—68.

李清华.(2015).外语形成性评估的效度验证框架.外语教学理论与实践,(1):24—31.

李书影,王宏俐.(2021).非对称同伴评价对英语写作文本质量的影响研究——基于Peerceptiv互评系统.外语电化教学,(4):80—85.

李韬,赵雯.(2019).国内学术英语研究述评.外语电化教学,(3):22—27.

李文中,濮建忠.(2001).语料库索引在外语教学中的应用.解放军外国语学院学报,(2):20—25.

李晓东,王保云.(2017).基于情境感知的大学英语翻转课堂模式研究.外语电化教学,(6):71—77.

李奕华.(2015).基于动态评估理论的英语写作反馈方式比较研究.外语界,(3):59—67.

李战子.(2003).多模态话语的社会符号学分析.外语研究,(5):1—8.

梁三云.(2005).语料库与词汇教学策略的研究.外语电化教学,(5):33—36.

梁小庆.(2014).IT 第三平台对开放教育资源建设的影响.中国远程教育,(3)：72—81.

廖雷朝.(2015).云南大学开展学术英语教学改革的调查与思考.山东外语教学,(4)：56—62.

刘迪麟,雷蕾.(2020).学术词表研究综述.外语教学,(2)：34—38.

刘鸿颖,刘芹.(2020a).理工科大学生学术英语口语课堂动态评估研究.外语测试与教学,(1)：53—60.

刘鸿颖,刘芹.(2020b).基于语料库的学术摘要写作自主学习模式构建研究.上海理工大学学报(社会科学版),(4)：301—308.

刘剑,陈水平.(2020).基于多模态语料库的同声传译语音拖长现象研究.中国外语.(4)：104—111.

刘萍,刘座雄.(2018).基于 ESP 语料库的学术英语词汇学习法的有效性研究.外语研究,(3)：54—60.

刘芹.(2008).中国大学生英语口语水平研究.现代外语,(1)：83—89.

刘芹.(2021).泛在学习视域下的理工科学术英语动态评估模型构建.上海理工大学学报(社会科学版),(1)：8—15.

刘芹,顾定兰,于金红.(2017).理工英语读写教程.上海：上海外语教育出版社.

刘芹,顾定兰,左秀媛,毕志伟.(2020).理工英语听说教程.上海：上海外语教育出版社.

刘芹,何蕾.(2017).基于语料库的英语写作自主学习模式构建.外语电化教学,(6)：44—49,77.

刘芹,可庆宝.(2020).数据驱动学习在学术英语词汇教学中的应用.当代外语研究,(1)：58—67.

刘芹,刘鸿颖.(2020).中国理工科大学生学术英语教学调查研究.外语界,(5)：47—54.

刘芹,刘鸿颖.(2021).基于 CiteSpace 的国内外泛在学习研究演变可视化分析.外语教学理论与实践,(4)：56—64.

刘芹,潘鸣威.(2012).理工科大学生英语口语多模态语料库构建研究.现代教育技术,(4)：69—72.

刘森,武尊民.(2017).国外语言动态评价的最新研究.现代外语,(6)：837—847.

路颖晓,戴伟辉.(2018).泛在学习环境下的情感智能及仿脑机理.现代远程教育研究,(2)：39—44.

罗林,涂涛.(2009).生态学视角下的泛在学习.中国远程教育,(7)：47—50.

马婧.(2020).混合教学环境下大学生学习投入影响机制研究——教学行为的视角.中国远程教育,(2)：57—67.

马武林,李晓江.(2013).国际 MOOCs 课程对我国大学英语后续课程建设的启示.现代教育技术,(11)：85—89.

麻彦坤.(2005).最近发展区理论对动态评估的影响.上海教育科研,(2)：34—36.

孟超,马庆林.(2019).基于在线语料库的法律英语词汇教学模型实证研究.外语电化教学,(2)：82—89.

孟凡茂.(2010).基于泛在学习理论的多媒体网络英语教学体系构建.现代教育技术,(7)：78—81,87.

孟宇,陈坚林.(2019).信息化时代外语学习方式动态演进研究——基于 CiteSpace 的可视化分析.外语教学理论与实践,(4)：34—40.

穆惠峰.(2017).国际学术英语能力评估系统的题库建设研究.外语电化教学,(3)：9—14,35.

倪清泉.(2010).大学英语学习动机、学习策略与自主学习能力的相关性实证研究.外语界,(3):30—35,79.

潘璠.(2012).基于语料库的语言研究与教学应用.北京:中国社会科学出版社.

潘月娟.(2011).儿童数学能力的动态评价.学前教育研究,(2):25—30.

庞维国.(2001).论学生的自主学习.华东师范大学学报(教育科学版),(2):78—83.

濮建忠.(2003).英语词汇教学中的类联接、搭配及词块.外语教学与研究,(6):438—445.

齐曦.(2017).生态语言学视域下的学术英语写作能力发展评估体系研究.外语界,(3):82—89.

秦枫.(2015).泛在学习环境下"以学生为中心"的外语教学再思考.外语电化教学,(5):57—62.

秦秀白.(2000).体裁教学法述评.外语教学与研究,(1):42—26.

权立宏.(2009).英语口语词汇学习的语料库方法探讨.广东外语外贸大学学报,(3):79—82.

邵华.(2014).大学英语精品课程泛在学习资源建设研究.现代教育技术,(8):54—61.

邵辉.(2017).理工科院校研究生英语学术写作能力构建研究.北京工业大学学报,(2):82—88.

石慧慧,刘奎.(2008).U-learning 与终身教育.当代教育论坛,(8):20—22.

史宝辉.(2017).英语学术论文写作教程.北京:中国人民大学出版社.

束定芳.(2006).外语课堂教学新模式刍议.外语界,(4):21—29.

束定芳.(2020).大学英语教学与国际化人才培养.外国语,(5):8—20.

孙维祎.(2019).基于学习者动机的成人自主学习能力研究——以 Future Learn 学习过程的因素分析为例.成人教育,(2):4—9.

孙志君,许芃,王建勤.(2021).汉语作为第二语言动态评估学习潜能分数定量分析研究.华文教学与研究,(2):32—41.

汪琼.(2005)."网络教育技术发展趋势及战略规划研究"专题结题报告.北京大学教育学院.

汪雅霜,汪霞,付玉媛.(2018)."互联网+"时代研究生课程的发展趋势与改革策略.研究生教育研究,(4):28—34.

王灿明.(2001).儿童创造力的测量与评价简析.学科教育,(12):42—45.

王宏俐,闫开伦,王慧敏,李蓓岚,崔延红.(2018).基于网络学习资源的学术英语读写教学模式实证研究.外语界,(5):55—62.

王华.(2018).中国大学生学术英语口语需求调查.西安外国语大学学报,(1):81—87.

王华.(2020).语料库驱动的学术英语写作教学模式探索——以摘要写作为例.外语学刊,(1):49—55.

王辉.(2007).我国特殊需要儿童教育诊断评估的研究现状与发展趋势.中国特殊教育,(10):14—20.

王家义.(2012).基于语料库的英语词汇教学:理论与应用.外语学刊,(4):127—130.

王静.(2020)."互联网+"时代 O2O 在高校英语实践教学中的应用研究.教育理论与实践,(6):56—58.

王立非,文艳.(2008).应用语言学研究的多模态分析方法.外语电化教学,(8):8—12.

王敏,王初明.(2014).读后续写的协同效应.现代外语,(4):501—512.

王小根,单必英.(2020).基于动态学习数据流的"伴随式评价"框架设计.电化教育研究,（2）：60—67.

王小慧.（2003）.动态评估在特殊儿童评估中的应用.中国特殊教育,（5）：67—70.

王学华,陈美华,李霄翔.（2015）.以学术英语为新定位的大学英语教学转型——问题和对策研究.外语教学理论与实践,（4）：55—58,54.

王奕凯,刘兵.（2019）.研究生学术英语线上线下混合教学实践研究.外语与外语教学,（5）：10—19.

魏琳.（2015）.基于语料库的中国理工科大学生英语口语手势的使用研究.中州大学学报,（2）：93—96.

卫乃兴.（2016）.学术英语再思考：理论、路径与方法.现代外语,（2）：267—277.

文秋芳.（2003）.微变化研究法与二语习得研究.现代外语,（3）：312—317.

文秋芳.（2013）.输出驱动假设在大学英语教学中的应用：思考与建议.外语界,（6）：14—22.

文秋芳.（2014）."输出驱动-输入促成假设"：构建大学外语课堂教学理论的尝试.中国外语教育,（2）：3—12.

吴进善.（2010）.基于多媒体语料库的数据驱动学习模式研究.当代外语研究,（6）：44—47.

吴婷.（2019）.教育生态学视域下研究生学术英语学习环境构建.学位与研究生教育,（1）：50—55.

武晓燕.（2006）.试论建构主义理论对英语教学的启示.外语与外语教学,（2）：33—35.

夏纪梅.（2014）.论高校大学学术英语课程的建构.外语教学理论与实践,（1）：6—9.

夏云,李盛聪.（2012）.近年我国泛在学习研究文献的综述.中国远程教育,（5）：36—40.

向明友.（2020）.顺应新形势,推动大学英语课程体系建设——《大学英语教学指南》课程设置评注.外语界,（4）：28—34.

肖君,梁晓彤,黄龙翔,潘志敏.（2021）.无缝学习的焦点与趋势.中国远程教育,（2）：66—75.

谢幼如,刘嘉欣,孙宁蔚,袁君,盛创新.（2016）.智慧学习环境下学生科学探究心智技能的培养.开放教育研究,（2）：104—112.

辛伟豪,刘春玲,董鸣利.（2018）.国外特殊教育领域教师信念研究热点.中国特殊教育,（4）：10—18.

熊淑慧.（2018）.议论文对比续写的协同效应研究.解放军外国语学院学报,（5）：89—96.

熊淑慧,邹为诚.（2012）.什么是学术英语？如何教？———一项英语专业本科生"学术英语"的课堂试验研究.中国外语,（2）：54—64.

徐方.（2009）.新媒体环境下的数字艺术课程发展研究——以上海师范大学数字音频课程教学为例.电化教育研究,（3）：94—97.

徐刘杰,余胜泉,郭瑞.（2018）.泛在学习资源进化的动力模型构建.电化教育研究,（4）：52—58.

许宏晨.（2009）.结构方程模型在国内外应用语言学研究中的运用比较.外语教学理论与实践,（1）：84—89.

许葵花,张卫平.（2003）.论语料库语言学在外语教学中的应用.外语与外语教学,（4）：21—24.

闫长红.（2018）.英语课堂教学对基于语料库的词汇学习研究.中国教育学刊,（S1）：94—96.

严明.(2014).高校学术英语写作能力评价体系建构.外语学刊,(6):108—112.

杨丰利,万春云,汪招雄,李鹏,李萍,祁梅,李小杉.(2019).基于泛在学习资源的对分课堂教学模式的应用与效果评价.黑龙江畜牧兽医,(20):160—163.

杨港,赵蓉.(2013).泛在学习环境下信息化大学英语口语课程建设.现代教育技术,(6):67—70,75.

杨惠中.(2002).语料库语言学导论.上海:上海外语教育出版社.

杨惠中.(2015).有效测试、有效教学、有效使用.外国语,(1):2—26.

杨惠中.(2018).学术英语? 普通英语? 外语界,(5):27—33.

杨莉萍,韩光.(2012).基于项目式学习模式的大学英语学术写作教学实证研究.外语界,(5):8—16.

杨林伟,伍忠杰.(2012).基于 Web 的多媒体新闻语料库的建设与实施——以听力教学与研究为目的的设计模型.现代教育技术,(8):72—76.

杨文正,熊才平,江星玲,汪学均.(2013).泛在技术环境下教学体验与教师角色.现代远程教育研究,(6):105—111.

杨现民.(2014).泛在学习资源动态语义聚合研究.电化教育研究,(2):68—73.

杨现民,程罡,余胜泉.(2013).学习元平台的设计及其应用场景分析.电化教育研究,(3):55—61.

杨现民,余胜泉.(2010).泛在学习环境下的学习资源信息模型构建.中国电化教育,(9):72—78.

杨晓明.(2012).SPSS 在教育统计中的应用.北京:高等教育出版社.

杨孝堂.(2011).泛在学习:理论、模式与资源.中国远程教育,(6):69—73.

杨育华.(2011).英语教学过程动态评价研究.当代教育科学,(10):18—20.

杨志和,顾小清,祝智庭.(2009).CSCL 支撑技术的新发展.中国电化教育,(12):110—115.

余胜泉,陈敏.(2011).泛在学习资源建设的特征与趋势——以学习元资源模型为例.现代远程教育研究,(6):14—22.

余胜泉,毛芳.(2005).非正式学习——e-Learning 研究与实践的新领域.电化教育研究,(10):19—24.

余胜泉,杨现民,程罡.(2009).泛在学习环境中的学习资源设计与共享——"学习元"的理念与结构.开放教育研究,(1):47—53.

原昉,乜勇.(2019).智能时代泛在学习的基础和教学支持服务研究.现代教育技术,(5):26—32.

袁艳玲,戈玲玲.(2019).基于语料库的学术英语教学平台建设及其教学模式研究.西安外国语大学学报,(1):59—62.

张德禄.(2009).多模态话语分析综合理论框架探索.中国外语,(1):24—30.

张德禄.(2015).多模态话语分析理论与外语教学.北京:高等教育出版社.

张荔.(2017).学术英语交际课程形成性评估模式及效果研究.中国外语,(2):72—80.

张骞.(2012).基于语料库的当代中国大学英语教材词汇研究.未出版的博士学位论文.上海师范大学.

张学.(2017)."最近发展区"理论及其对我国幼儿体育教学的启示.体育文化导刊,(3):161—164.

章木林,邓鹂鸣.(2018).自主学习中心环境下大学生英语学习动机减退现象研究:基于泛在学习视角.现代教育技术,(2):68—74.

章伟民,徐梅林.(2006).全球视阈中的教育技术:应用与创新.上海:华东师范大学出版社.

张蔚磊.(2018).大学英语教改转型期的政策研究——以《上海市大学英语教学参考框架》为例.外语教学理论与实践,(4):48—55.

张艳.(2019).基于"产出导向法"的《学术英语》泛在学习模式研究.外语电化教学,(3):110—115.

张艳红.(2008).大学英语网络写作教学的动态评估模式研究.外语界,(4):73—81.

张艳红.(2010).大学英语写作教学的动态评价体系建构.解放军外国语学院学报,(1):46—50,127—128.

张欲晓.(2013).大学英语分级教学评估体系改革初探.民族教育研究,(5):53—57.

张振虹,何美,韩智.(2014).大学公共英语多模态语料库的构建与应用.山东外语教学,(3):50—55.

赵呈领,赵文君,杨海茹,周凤伶,刘清堂.(2018).泛在学习环境中信息交互影响因素模型构建与实证研究.现代远距离教育,(4):3—10.

赵海兰.(2007).支持泛在学习(u-Learning)环境的关键技术分析.中国电化教育,(7):99—103.

赵慧勤,张天云,王丽.(2016).泛在学习环境下基于情境感知的个人学习空间研究.中国电化教育,(7):36—42.

赵洁.(2019).大学英语学术写作教学模式探究.教育现代化,(99):151—152.

赵培允.(2017).教师课堂教学的时间分配、控制与评估.教育理论与实践,(8):42—44.

赵萱.(2016).泛在学习之意义性探究.基础教育,(6):70—76.

甄凤超.(2005).语料库数据驱动的外语学习:思想,方法和技术.外语界,(4):21—29.

郑洁红,彭建升.(2018).新一代人工智能变革大学教育的方向与限度.中国高校科技,(12):45—47.

郑庆思,杨现民,余胜泉.(2013).泛在学习环境下学习资源的聚合研究.现代教育技术,(12):79—84.

中华人民共和国教育部.(2010).国家中长期教育改革和发展规划纲要(2010—2020年).北京:人民出版社.

中华人民共和国教育部.(2018).教育部关于印发《教育信息化2.0行动计划》的通知.教技〔2018〕6号,2018-04-18.

种一凡.(2018).互动式动态评估应用于汉语口语教学口试初探.语言教学与研究,(6):24—35.

周瑞枝.(2013).微变化研究法回顾及其应用.考试周刊,(25):75—76.

朱慧敏.(2011).数据驱动学习:英语词汇教学的新趋势.外语电化教学,(1):46—50.

朱乐红.(2000).语料库对语言研究及外语教学的作用.外语与外语教学,(3):35—37.

朱效惠,袁欣.(2018).活动理论视角下的学术英语写作教学研究.外语界,(1):71—78,87.

朱永生.(2007).多模态话语分析理论基础和研究方法.外语学刊,(5):82—86.

## 附录 1　理工科学术英语调查问卷(学生卷)

亲爱的同学：

　　你好！为全面了解理工科大学生对学术英语的基本知识和想法,为研究和改进理工科大学学术英语教学提供参考依据,我们组织了此次调查。本问卷为匿名调查,你无需填写姓名,请你根据自己对学术英语的实际了解回答下列问题,所收集的数据仅用于研究,请放心填写。衷心感谢你的支持和协助！

　　Jordan(1989)把学术英语定义为正规教育体系中以学习用途为目的的英语交流技巧,其中学术英语又细分为通用学术英语(English for General Academic Purposes, EGAP)和专门学术英语(English for Specific Academic Purposes, ESAP)。EGAP 注重发展学生通用的学术语言能力,如听学术讲座和记笔记、查阅学术文献和学术写作能力、学术交流和讨论能力等;而 ESAP 注重专门学科(如医学、工程、经济学等)的专业知识掌握。

　　理工科学术英语兼具 EGAP 和 ESAP 两种学术英语的特色,是大学生在专业课上取得成功所需的必要英语和学术技能,包括：撰写科学实验报告、应用学术诚信概念、参与实验讨论、对于专业学术知识和理论的理解以及撰写各种类型的学术科研论文等。

　　请根据你个人在学术英语学习过程中的心得体会,回答以下问卷问题。

**第一部分：请在符合你情况的选项上打钩(√)或把答案写在横线上。**

1. 你所在的学校是＿＿＿＿＿＿＿＿＿＿＿＿＿＿。

2. 你的性别是＿＿＿＿＿＿＿。

 A. 男　　　　　　　　　　　　　B. 女

3. 你的专业名称是＿＿＿＿＿＿＿＿＿＿＿＿＿＿。

4. 你的年级是＿＿＿＿＿＿＿。

 A. 本科一年级　　　　　　　　B. 本科二年级

 C. 本科三年级　　　　　　　　D. 本科四年级

 E. 研究生

5. 你学习英语的时间已有＿＿＿＿＿＿＿。

 A. 4—6 年　　　　　　　　　　B. 7—9 年

 C. 10—12 年　　　　　　　　　D. 13 年以上

6. 你是否学过学术英语类的课程＿＿＿＿＿＿＿。

 A. 是　　　　　　　　　　　　B. 否

7. 在学习学术英语课程之前，你的英语水平是＿＿＿＿＿＿＿。

 A. 奋战大英四级　　　　　　　B. 大英四级合格

 C. 大英四级 500 分以上　　　　D. 大英四级 600 分以上

 E. 大英六级合格　　　　　　　F. 大英六级 500 分以上

8. 你认为你的英语听(1)、说(2)、读(3)、写(4)四项技能从最强到最薄
 弱的排列顺序依次是？（请把数字代号填在字母旁的横线上）

 A. ＿＿＿＿＿＿　B. ＿＿＿＿＿＿　C. ＿＿＿＿＿＿　D. ＿＿＿＿＿＿

9. 你认为你的英语听(1)、说(2)、读(3)、写(4)四项技能对自己的专业
 课学习重要性从最强到最薄弱的排列顺序依次是？（请把数字代号填
 在字母旁的横线上）

 A. ＿＿＿＿＿＿　B. ＿＿＿＿＿＿　C. ＿＿＿＿＿＿　D. ＿＿＿＿＿＿

10. 在学习学术英语课程之前，你了解学术英语吗？

 A. 非常了解　　　　　　　　　B. 一般了解

 C. 不是很了解　　　　　　　　D. 根本不了解

11. 在学习学术英语课程之前，你了解学术英语的哪些方面(可多选)？

 A. 文体特征　　　　　　　　　B. 语篇特征

 C. 词汇特征　　　　　　　　　D. 语用特征

 E. 都不了解

第二部分：请认真阅读下列有关学术英语课程的描述语，在你认为符合自己现在实际情况的栏目下的方框内打钩(√)，每个问题只能选择一项。

| 1=完全不同意 | 2=不同意 | 3=一般 | 4=同意 | 5=完全同意 | | | | |
|---|---|---|---|---|---|---|---|---|
| 序号 | 描 述 语 | | | | 1 | 2 | 3 | 4 | 5 |
| **英语学习和科研工作的关系：** | | | | | | | | |
| 1 | 我认为英语对于理工科专业课学习很重要。 | | | | | | | | |
| 2 | 我认为一个优秀的理工科学生必须具备好的英语能力。 | | | | | | | | |
| 3 | 我认为好的英语能力可以帮助我与国外的学者进行交流。 | | | | | | | | |
| 4 | 我认为学习英语帮助我了解国外研究者的研究态度和研究思维方式。 | | | | | | | | |
| **理工科学术英语与通用英语的异同：** | | | | | | | | |
| 1 | 理工科学术英语有大量的专业词汇。 | | | | | | | | |
| 2 | 理工科学术英语专业性很强，包括编程、绘图以及工程语言等特殊的表达。 | | | | | | | | |
| 3 | 理工科学术英语帮助学生培养具有理工科特点的思维方式。 | | | | | | | | |
| 4 | 理工科学术英语包括很多对图表、研究设计、实验结果及编写指南等专业性的技术写作。 | | | | | | | | |
| **在平常专业学习中，我目前存在或可能感到的困难：** | | | | | | | | |
| 1 | 阅读原版教材和专业文献速度慢。 | | | | | | | | |
| 2 | 词汇量不够，尤其是学术词汇和专业词汇不够。 | | | | | | | | |
| 3 | 写英语的专业摘要，实验报告和小论文有困难。 | | | | | | | | |
| 4 | 对原版教材和专业文献文章的整体结构不熟悉。 | | | | | | | | |
| 5 | 对原版教材和专业文献文章的句子结构不熟悉。 | | | | | | | | |
| 6 | 原版教材和专业文献文章长，读不下去。 | | | | | | | | |
| 7 | 抓不住原版教材和专业文献的中心思想。 | | | | | | | | |

| 1＝完全不同意 | 2＝不同意 | 3＝一般 | 4＝同意 | 5＝完全同意 | | | |
|---|---|---|---|---|---|---|---|
| 序号 | 描　述　语 | | | 1 | 2 | 3 | 4 | 5 |

| 序号 | 描　述　语 | 1 | 2 | 3 | 4 | 5 |
|---|---|---|---|---|---|---|
| 以下每种学术英语技能对你的专业课学习有多重要？ | | | | | | |
| 1 | 学术英语包括学习英语国家的学术文化。 | | | | | |
| 2 | 学术英语包括如何与老师和同学交流。 | | | | | |
| 3 | 学术英语包括培养具有独立学习和研究的能力。 | | | | | |
| 4 | 学术英语包括学习相应的学习方式及策略。 | | | | | |
| 5 | 阅读并理解本专业的英语文献资料。 | | | | | |
| 6 | 阅读时用英语记笔记。 | | | | | |
| 7 | 理解老师的英语讲义（如 PPT）内容。 | | | | | |
| 8 | 能够批判性地理解学术文章的内容。 | | | | | |
| 9 | 略读并大致了解学术文章的内容。 | | | | | |
| 10 | 理解与专业课相关的图表、图形和研究设计。 | | | | | |
| 11 | 用英语总结、改写和整合专业论文的内容。 | | | | | |
| 12 | 用英语设计撰写 PPT。 | | | | | |
| 13 | 用英语撰写文献综述。 | | | | | |
| 14 | 用英语写摘要。 | | | | | |
| 15 | 用英语写实验报告。 | | | | | |
| 16 | 用英语写小论文。 | | | | | |
| 17 | 听懂全英语讲授的专业课程。 | | | | | |
| 18 | 用英语在专业课堂上记笔记。 | | | | | |
| 19 | 听懂用英语进行的学术讲座。 | | | | | |
| 20 | 确定全英语讲授专业课程的目的、内容及重点。 | | | | | |

中国理工科大学生学术英语泛在学习模式有效性研究

| 1＝完全不同意 | 2＝不同意 | 3＝一般 | 4＝同意 | 5＝完全同意 | | | | |
|---|---|---|---|---|---|---|---|---|
| 序号 | 描　述　语 | | | | 1 | 2 | 3 | 4 | 5 |
| 21 | 意识到全英语讲授专业课程老师的各种教学任务（例如建议、指示及警告等）。 | | | | | | | | |
| 22 | 用英语在课堂上回答并提出与学科相关的专业问题。 | | | | | | | | |
| 23 | 用英语参加课堂讨论。 | | | | | | | | |
| 24 | 用英语在研讨会/实验室中对实验或研究数据进行口头展示。 | | | | | | | | |
| 25 | 用英语进行小组汇报。 | | | | | | | | |
| 26 | 用英语参加学术研讨会。 | | | | | | | | |
| **以下各种知识是否对你的专业学习很重要?** | | | | | | | | | |
| 1 | 英语语法知识。 | | | | | | | | |
| 2 | 通用英语词汇知识。 | | | | | | | | |
| 3 | 专业英语词汇知识。 | | | | | | | | |
| 4 | 英语讲授的高等数学知识。 | | | | | | | | |
| 5 | 英语讲授的大学物理知识。 | | | | | | | | |
| 6 | 英语讲授的研究设计知识。 | | | | | | | | |
| 7 | 英语讲授的数据汇报知识。 | | | | | | | | |
| **我对学术英语课程的看法：** | | | | | | | | | |
| 1 | 学术英语不同于通用英语,需要进行专门课程学习。 | | | | | | | | |
| 2 | 用英语直接搜索和阅读专业文献资料对我学习和研究很重要。 | | | | | | | | |
| 3 | 用英语写文献综述、摘要、实验报告、小论文对我的专业学习很重要。 | | | | | | | | |

| 1＝完全不同意 | 2＝不同意 | 3＝一般 | 4＝同意 | 5＝完全同意 | | | | |
|---|---|---|---|---|---|---|---|---|
| 序号 | 描　　述　　语 | | | | 1 | 2 | 3 | 4 | 5 |
| 4 | 用英语阐述研究所得,并参与学术研讨对我的专业研究很重要。 | | | | | | | | |
| 5 | 该课程可以帮助我了解学术研究规范和学科研究过程。 | | | | | | | | |
| 6 | 该课程有利于培养我与其他同学的团队合作精神。 | | | | | | | | |
| 7 | 该课程能增进我的逻辑分析能力、材料整合能力。 | | | | | | | | |
| 8 | 该课程能增强我对学术语篇阅读和写作的兴趣。 | | | | | | | | |
| 我对学术英语授课过程的看法: | | | | | | | | | |
| 1 | 教师在教学前需要了解学生的学习动机和要求。 | | | | | | | | |
| 2 | 教师在授课时需要向学生介绍学习方法和策略。 | | | | | | | | |
| 3 | 教师在教学过程中需要评价学生的学习情况。 | | | | | | | | |
| 4 | 教师在授课后需要及时了解学生的课堂学习和课后巩固情况。 | | | | | | | | |
| 5 | 教师在课堂授课之外需要向学生提供慕课、微课、文献等自学材料。 | | | | | | | | |
| 6 | 除了在课堂上听教师授课,学生需要在课外进行有组织的研究和讨论来巩固课堂内容。 | | | | | | | | |
| 7 | 教师需要组织学生参加与学术英语相关的第二课堂活动。 | | | | | | | | |
| 8 | 专业课教师应该加入学术英语课程教学。 | | | | | | | | |
| 我对学术英语学习模式的看法: | | | | | | | | | |
| 1 | 学术英语教学应该和计算机技术、网络技术相结合。 | | | | | | | | |
| 2 | 学术英语教学应该建设课下的学习平台,做到随时随地学习。 | | | | | | | | |

中国理工科大学生学术英语泛在学习模式有效性研究

| 1＝完全不同意 | 2＝不同意 | 3＝一般 | 4＝同意 | 5＝完全同意 | | | | |
|---|---|---|---|---|---|---|---|---|
| 序号 | 描　述　语 | | | | 1 | 2 | 3 | 4 | 5 |
| 3 | 随时、随地及随机的学术英语学习符合我个人的学习习惯。 | | | | | | | | |
| 4 | 这种与信息技术相连接的学习模式适合学术英语的学习。 | | | | | | | | |

**你对学术英语教学还有意见和建议吗？若有,请写在下面的横线上:**

_____

_____

_____

_____

_____

再次感谢你花费宝贵时间完成此次问卷调查!

# 附录2　理工科学术英语调查问卷(教师卷)

亲爱的老师:

　　您好! 为全面了解教师对理工学术英语的基本知识和想法,为研究和改进理工科大学学术英语教学提供参考依据,我们组织了此次调查。本问卷为匿名调查,您无需填写姓名,请您根据自己对学术英语的实际了解回答下列问题,所收集的数据仅用于研究,请放心填写。衷心感谢您的支持和协助!

　　Jordan(1989)把学术英语定义为正规教育体系中以学习用途为目的的英语交流技巧,其中学术英语又细分为通用学术英语(English for General Academic Purposes,简称 EGAP)和专门学术英语(English for Specific Academic Purposes,简称 ESAP)。EGAP 注重发展学生通用的学术语言能力,如听学术讲座和记笔记、查阅学术文献和学术写作能力、学术交流和讨论能力等;而 ESAP 注重专门学科(如医学、工程、经济学等)的专业知识掌握。

　　理工科学术英语兼具 EGAP 和 ESAP 两种学术英语的特色,是大学生在专业课上取得成功所需的必要英语和学术技能,包括:撰写科学实验报告、应用学术诚信概念、参与实验讨论、对于专业学术知识和理论的理解以及撰写各种类型的学术科研论文等。

　　请根据您个人在学术英语教学过程中的心得体会,回答以下问卷问题。

**第一部分:请在符合您情况的选项上打钩(√)或把答案写在横线上。**

1. 您所在的学校是＿＿＿＿＿＿＿＿＿＿＿＿＿＿。
2. 您的性别是＿＿＿＿＿。
   A. 男　　　　　　　　　　　　　B. 女
3. 您的教龄是＿＿＿＿＿。
   A. 小于5年　　B. 5—10年　　C. 11—20年　　D. 20年以上
4. 您的职称是＿＿＿＿＿。
   A. 助教　　　B. 讲师　　　　C. 副教授　　　　D. 教授
5. 您的主要研究方向是＿＿＿＿＿。
   A. 文学　　　　　　　　　　　　B. 语言学
   C. 教学　　　　　　　　　　　　D. 翻译
   E. 文化

6. 您目前教的学生主要是_____（可多选）。

    A. 本科一年级              B. 本科二年级

    C. 本科三年级              D. 本科四年级

    E. 研究生

7. 您是否教授过学术英语类的课程_____？

    A. 是                     B. 否

8. 若您教授过学术英语类课程，请填写课程名称_____。

9. 在教授学术英语课程之前，您了解学术英语吗？

    A. 非常了解               B. 一般了解

    C. 不是很了解             D. 根本不了解

10. 在教授学术英语课程之前，您了解学术英语的哪些方面（可多选）？

    A. 文体特征               B. 语篇特征

    C. 词汇特征               D. 语用特征

    E. 都不了解

**第二部分：**请认真阅读下列有关学术英语课程的描述，在您认为符合自己现在实际情况的栏目下的方框内打钩（√），每个问题只能选择一项。

| 1＝完全不同意 | 2＝不同意 | 3＝一般 | 4＝同意 | 5＝完全同意 | | | | |
|---|---|---|---|---|---|---|---|---|
| 序号 | 描　　述　　语 | | | | 1 | 2 | 3 | 4 | 5 |
| **英语学习和科研工作的关系：** | | | | | | | | | |
| 1 | 我认为英语对于理工科专业课学习很重要。 | | | | | | | | |
| 2 | 我认为一个优秀的理工科学生必须具备好的英语能力。 | | | | | | | | |
| 3 | 我认为好的英语能力可以帮助学生与国外的学者进行交流。 | | | | | | | | |
| 4 | 我认为学习英语帮助学生了解国外研究者的研究态度和研究思维方式。 | | | | | | | | |
| **理工科学术英语与通用英语的异同：** | | | | | | | | | |
| 1 | 理工科学术英语有大量的专业词汇。 | | | | | | | | |

| 1＝完全不同意 | 2＝不同意 | 3＝一般 | 4＝同意 | 5＝完全同意 | | | | |
|---|---|---|---|---|---|---|---|---|
| 序号 | 描　述　语 | | | | 1 | 2 | 3 | 4 | 5 |
| 2 | 理工科学术英语专业性很强,包括编程、绘图以及工程语言等特殊的表达。 | | | | | | | | |
| 3 | 理工科学术英语帮助学生培养具有理工科特点的思维方式。 | | | | | | | | |
| 4 | 理工科学术英语包括很多对图表、研究设计、实验结果及编写指南等专业性的技术写作。 | | | | | | | | |
| 以下每种学术英语技能对学生的专业课学习有多重要? | | | | | | | | | |
| 1 | 学术英语包括学习英语国家的学术文化。 | | | | | | | | |
| 2 | 学术英语包括如何与老师和同学交流。 | | | | | | | | |
| 3 | 学术英语包括培养具有独立学习和研究的能力。 | | | | | | | | |
| 4 | 学术英语包括学习相应的学习方式及策略。 | | | | | | | | |
| 5 | 阅读并理解本专业的英语文献资料。 | | | | | | | | |
| 6 | 阅读时用英语记笔记。 | | | | | | | | |
| 7 | 理解老师的英语讲义(如 PPT)内容。 | | | | | | | | |
| 8 | 能够批判性地理解学术文章的内容。 | | | | | | | | |
| 9 | 略读并大致了解学术文章的内容。 | | | | | | | | |
| 10 | 理解与专业课相关的图表、图形和研究设计。 | | | | | | | | |
| 11 | 用英语总结、改写和整合专业论文的内容。 | | | | | | | | |
| 12 | 用英语设计撰写 PPT。 | | | | | | | | |
| 13 | 用英语撰写文献综述。 | | | | | | | | |
| 14 | 用英语写摘要。 | | | | | | | | |
| 15 | 用英语写实验报告。 | | | | | | | | |
| 16 | 用英语写小论文。 | | | | | | | | |

| 1＝完全不同意 | 2＝不同意 | 3＝一般 | 4＝同意 | 5＝完全同意 | | | | |
|---|---|---|---|---|---|---|---|---|
| 序号 | 描　述　语 | | | | 1 | 2 | 3 | 4 | 5 |
| 17 | 听懂全英语讲授的专业课程。 | | | | | | | | |
| 18 | 用英语在专业课堂上记笔记。 | | | | | | | | |
| 19 | 听懂用英语进行的学术讲座。 | | | | | | | | |
| 20 | 确定全英语讲授专业课程的目的、内容及重点。 | | | | | | | | |
| 21 | 意识到全英语讲授专业课程老师的各种教学任务（例如建议、指示及警告等）。 | | | | | | | | |
| 22 | 用英语在课堂上回答并提出与学科相关的专业问题。 | | | | | | | | |
| 23 | 用英语参加课堂讨论。 | | | | | | | | |
| 24 | 用英语在研讨会/实验室中对实验或研究数据进行口头展示。 | | | | | | | | |
| 25 | 用英语进行小组汇报。 | | | | | | | | |
| 26 | 用英语参加学术研讨会。 | | | | | | | | |
| **以下各种知识是否对学生的专业学习很重要?** | | | | | | | | | |
| 1 | 英语语法知识。 | | | | | | | | |
| 2 | 通用英语词汇知识。 | | | | | | | | |
| 3 | 专业英语词汇知识。 | | | | | | | | |
| 4 | 英语讲授的高等数学知识。 | | | | | | | | |
| 5 | 英语讲授的大学物理知识。 | | | | | | | | |
| 6 | 英语讲授的研究设计知识。 | | | | | | | | |
| 7 | 英语讲授的数据汇报知识。 | | | | | | | | |
| **我对学术英语课程的看法:** | | | | | | | | | |
| 1 | 学术英语不同于通用英语,需要进行专门课程学习。 | | | | | | | | |

| 1＝完全不同意 | 2＝不同意 | 3＝一般 | 4＝同意 | 5＝完全同意 | | | | |
|---|---|---|---|---|---|---|---|---|
| 序号 | 描　　述　　语 | | | | 1 | 2 | 3 | 4 | 5 |
| 2 | 用英语直接搜索和阅读专业文献资料对学生学习和研究很重要。 | | | | | | | | |
| 3 | 用英语写文献综述、摘要、实验报告、小论文对学生的专业学习很重要。 | | | | | | | | |
| 4 | 用英语阐述研究所得,并参与学术研讨对学生的专业研究很重要。 | | | | | | | | |
| 5 | 该课程可以帮助学生了解学术研究规范和学科研究过程。 | | | | | | | | |
| 6 | 该课程有利于培养学生与其他同学的团队合作精神。 | | | | | | | | |
| 7 | 该课程能增进学生的逻辑分析能力、材料整合能力。 | | | | | | | | |
| 8 | 该课程能增强学生对学术语篇阅读和写作的兴趣。 | | | | | | | | |
| **我对学术英语授课过程的看法:** | | | | | | | | | |
| 1 | 教师在教学前需要了解学生的学习动机和要求。 | | | | | | | | |
| 2 | 教师在授课时需要向学生介绍学习方法和策略。 | | | | | | | | |
| 3 | 教师在教学过程中需要评价学生的学习情况。 | | | | | | | | |
| 4 | 教师在授课后需要及时了解学生的课堂学习和课后巩固情况。 | | | | | | | | |
| 5 | 教师在课堂授课之外需要向学生提供慕课、微课、文献等自学材料。 | | | | | | | | |
| 6 | 除了在课堂上听教师授课,学生需要在课外进行有组织的研究和讨论来巩固课堂内容。 | | | | | | | | |
| 7 | 教师需要组织学生参加与学术英语相关的第二课堂活动。 | | | | | | | | |
| 8 | 专业课教师应该加入学术英语课程教学。 | | | | | | | | |

中国理工科大学生学术英语泛在学习模式有效性研究

| 1＝完全不同意 | 2＝不同意 | 3＝一般 | 4＝同意 | 5＝完全同意 | | | | |
|---|---|---|---|---|---|---|---|---|
| 序号 | 描　　述　　语 | | | | 1 | 2 | 3 | 4 | 5 |
| 我对学术英语学习模式的看法： | | | | | | | | | |
| 1 | 学术英语教学应该和计算机技术、网络技术相结合。 | | | | | | | | |
| 2 | 学术英语教学应该建设课下的学习平台，做到随时随地学习。 | | | | | | | | |
| 3 | 随时、随地及随机的学术英语学习符合理工科学生个人的学习习惯。 | | | | | | | | |
| 4 | 这种与信息技术相连接的学习模式适合学术英语的学习。 | | | | | | | | |

**您对学术英语教学还有意见和建议吗？若有，请写在下面的横线上：**

_____

_____

_____

_____

_____

再次感谢您花费宝贵时间完成此次问卷调查！

# 附录3 基于上理工泛在学习平台的学术英语读写课程学习情况调查问卷

亲爱的同学：

　　你好，为了了解基于泛在学习平台的学术英语读写课堂实际教学情况，特设此问卷。你的回答对我们以后优化上理工学术英语泛在学习教学模式非常重要。我们会严加保密你的答案，请放心填写。感谢配合，祝你生活愉快，学习进步！

## 第一部分　泛在学习平台使用情况

1. 你每周登录平台的次数是？

　　A. 每周1~2次　　　　　　　　B. 每周3~4次

　　C. 每周4次以上　　　　　　　D. 每两~三周1次

2. 你每次登录平台在线学习的时间是？

　　A. 0~15分钟　　　　　　　　B. 15~30分钟

　　C. 30~60分钟　　　　　　　D. 一小时以上

3. 你通常登录平台进行学习的时间段是？（多选题）

　　A. 课间休息期间　　　　　　　B. 上课期间

　　C. 自习期间　　　　　　　　　D. 周末休息期间

　　E. 想学习时会随时登录学习

4. 你通常登录平台进行学习的地点是？（多选题）

　　A. 教室　　　　　　　　　　　B. 寝室

　　C. 任何有无线网络的地方　　　D. 想学习时会随地登录学习

5. 在泛在学习平台上学习时，你会有以下哪些行为？（多选题）

　　A. 我控制力很好，不会做与学习无关的事

　　B. 听歌、观看与学习无关的网页、视频等

　　C. QQ、微信聊天

　　D. 玩与学习主题无关的网络游戏

6. 在学习中出现以上学习以外行为的主要原因有哪些？（多选题）

　　A. 自控能力不强

　　B. 学习资源不够丰富，比较枯燥无味，影响学习兴趣

C. 缺乏对自己的监督

D. 在线学习时缺少交互性

E. 缺乏全面、及时、便捷的学习支持服务

## 第二部分　泛在学习平台使用评价

1. 你认为这个平台的功能可以满足你学习学术英语读写课程吗？

    A. 能

    B. 一般，还可以再加强，比如_____

    C. 不能，原因是_____

2. 你认为当前泛在平台系统功能与资源建设还有哪些不足需要改进？（多选题）

    A. 优化系统，完善功能设计

    B. 及时更新内容，丰富教学资源

    C. 强化教师与学生间的互动交流

    D. 增设评价环节，即时搜集师生的意见

    E. 进行资源分类，方便学生检索

## 第三部分　泛在学习模式下的学术英语读写课堂学习情况自我评价

1. 你适应学术英语读写课程以泛在学习的模式开展吗？

    A. 非常适应　　　　　　B. 比较适应

    C. 一般　　　　　　　　D. 不适应，原因是_____

    E. 非常不适应，原因是_____

2. 你在泛在学习模式下的学术英语读写课堂中，最喜欢的活动是？（多选题）

    A. 随时随地登录平台获取学习资源

    B. 听教师讲课

    C. 和教师面对面交流讨论

    D. 结合书本以及平台资源自主学习

    E. 进行真实的学术论文写作

    F. 线上与同学开展协作学习

    G. 通过自评和互评，同学间互相学习提升

3. 泛在学习模式下的学术英语读写课程对你学习的促进作用（请阅读下列描述语，在最符合你情况的选项下打钩。）

| 学　习　体　会 | 完全<br>不同意 | 不同意 | 一般 | 同意 | 完全<br>同意 |
|---|---|---|---|---|---|
| 自主学习能力得到提高 | | | | | |
| 学术知识、学术写作技能、阅读专业<br>文献技能掌握得更加扎实 | | | | | |
| 综合学术素养得到提高 | | | | | |
| 学习学术英语兴趣得到提高 | | | | | |
| 合作学习能力得到提高 | | | | | |
| 与同学、教师之间的交流机会增多 | | | | | |
| 能够随时随地线上学习学术英语读<br>写知识 | | | | | |
| 教学效果好,收获很大 | | | | | |
| 比传统课堂学生学习时间更多(包<br>括上课、网络学习、预习及作业) | | | | | |
| 学习能力比在传统课堂教学中得到<br>更大的提升 | | | | | |

# 附录 4 基于上理工泛在学习平台的学术英语听说课程学习情况调查问卷

亲爱的同学：

你好,为了了解基于泛在学习平台的学术英语听说课堂实际教学情况,特设此问卷。你的回答对我们以后优化上理工学术英语泛在学习教学模式非常重要。我们会严加保密你的答案,请放心填写。感谢配合,祝你生活愉快,学习进步!

## 第一部分 泛在学习平台使用情况

1. 你每周登录平台的次数是?

    A. 每周 1~2 次　　　　　　　　B. 每周 3~4 次

    C. 每周 4 次以上　　　　　　　D. 每两~三周 1 次

2. 你每次登录平台在线学习的时间是?

    A. 0~15 分钟　　　　　　　　　B. 15~30 分钟

    C. 30~60 分钟　　　　　　　　D. 一小时以上

3. 你通常登录平台进行学习的时间段是?（多选题）

    A. 课间休息期间　　　　　　　B. 上课期间

    C. 自习期间　　　　　　　　　D. 周末休息期间

    E. 想学习时随时登录学习

4. 你通常登录平台进行学习的地点是?（多选题）

    A. 教室　　　　　　　　　　　B. 寝室

    C. 任何有无线网络的地方　　　D. 想学习时会随地登录学习

5. 在泛在学习平台上学习时,你会有以下哪些行为?（多选题）

    A. 我控制力很好,不会做与学习无关的事

    B. 听歌、观看与学习无关的网页、视频等

    C. QQ、微信聊天

    D. 玩与学习主题无关的网络游戏

6. 在学习中出现以上学习以外行为的主要原因有哪些?（多选题）

    A. 自控能力不强

    B. 学习资源不够丰富,比较枯燥无味,影响学习兴趣

C. 缺乏对自己的监督

D. 在线学习时缺少交互性

E. 缺乏全面、及时、便捷的学习支持服务

## 第二部分　泛在学习平台使用评价

1. 你认为这个平台的功能可以满足你学习学术英语听说课程吗?

A. 能

B. 一般,还可以再加强,比如_____

C. 不能,原因是_____

2. 你认为当前泛在平台系统功能与资源建设还有哪些不足需要改进?
（多选题）

A. 优化系统,完善功能设计

B. 及时更新内容,丰富教学资源

C. 强化教师与学生间的互动交流

D. 增设评价环节,即时搜集师生的意见

E. 进行资源分类,方便学生检索

## 第三部分　泛在学习模式下的学术英语听说课堂学习情况自我评价

1. 你适应学术英语听说课程以泛在学习的模式开展吗?

A. 非常适应　　　　　　　　B. 比较适应

C. 一般　　　　　　　　　　D. 不适应,原因是_____

E. 非常不适应,原因是_____

2. 你在泛在学习模式下的学术英语听说课堂中,最喜欢的活动是? （多
选题）

A. 随时随地登录平台获取学习资源

B. 听教师讲课

C. 和教师面对面交流讨论

D. 结合书本以及平台资源自主学习

E. 在真实的情景下进行学术展示

F. 线上与同学开展协作学习

G. 通过自评和互评,同学间互相学习提升

3. 泛在学习模式下的学术英语听说课程对你学习的促进作用（请阅读下
列描述语,在最符合你情况的选项下打钩。）

| 学 习 体 会 | 完全<br>不同意 | 不同意 | 一般 | 同意 | 完全<br>同意 |
|---|---|---|---|---|---|
| 自主学习能力得到提高 | | | | | |
| 学术知识、听力技能、口语技能掌握得更加扎实 | | | | | |
| 综合学术素养得到提高 | | | | | |
| 学习学术英语兴趣得到提高 | | | | | |
| 合作学习能力得到提高 | | | | | |
| 与同学、教师之间的交流机会增多 | | | | | |
| 能够随时随地线上学习学术英语听说知识 | | | | | |
| 教学效果好,我的收获很大 | | | | | |
| 比传统课堂学生学习时间更多(包括上课、网络学习、预习及作业) | | | | | |
| 学习能力比在传统课堂教学中得到更大的提升 | | | | | |

# 附录 5　学术英语词汇数据驱动学习情况调查问卷

## 一、基本信息
1. 学号：　　　　2. 姓名：　　　　3. 年级：　　　　4. 所学专业：

## 二、对学术英语词汇数据驱动学习的体会（请在相应编号上打"√"）
① = 完全不同意　② = 不同意　③ = 一般　④ = 同意　⑤ = 完全同意

| | |
|---|---|
| 1. 有助于学习词汇的具体使用方法。 | ① ② ③ ④ ⑤ |
| 2. 有助于学习词汇的短语结构使用方法。 | ① ② ③ ④ ⑤ |
| 3. 有助于通过熟悉的词汇学习到新的用法。 | ① ② ③ ④ ⑤ |
| 4. 有助于培养根据语境猜测词义的能力。 | ① ② ③ ④ ⑤ |
| 5. 有助于培养词汇使用方法的分析能力。 | ① ② ③ ④ ⑤ |
| 6. 有助于学习词汇的相关搭配用法。 | ① ② ③ ④ ⑤ |
| 7. 数据驱动词汇学习对英语词汇的记忆有帮助。 | ① ② ③ ④ ⑤ |
| 8. 根据语境分析所学词汇的词性对我来说有难度。 | ① ② ③ ④ ⑤ |
| 9. 根据语境猜测所学词汇的词义对我来说有难度。 | ① ② ③ ④ ⑤ |
| 10. 根据语境分析所学词汇的搭配用法对我来说有挑战性。 | ① ② ③ ④ ⑤ |
| 11. 这种词汇学习方法需要和词典结合使用学习才更有效。 | ① ② ③ ④ ⑤ |
| 12. 此方法需要教师引导和提示才有效。 | ① ② ③ ④ ⑤ |
| 13. 这种词汇学习方法应该在以后的英语课堂上经常开展。 | ① ② ③ ④ ⑤ |
| 14. 此方法比传统词汇学习的方式更能调动我的学习兴趣。 | ① ② ③ ④ ⑤ |

## 三、简答题
1. 学术英语词汇数据驱动学习对你来说最大的困难是什么？

2. 数据驱动学习对你的学术英语词汇学习有哪些帮助?

_____

_____

3. 与传统词汇学习方法相比,你觉得数据驱动学习有什么优点和缺点?

_____

_____

4. 对于学术英语词汇数据驱动的学习方式,你有什么意见或建议?

_____

_____

# 附录6　学术英语词汇前测

## Section 1. Choose the best word

For each of the sentences here, choose the best word from A, B or C.

1. Although he had no _____ injuries, doctors later found that he was suffering from internal bleeding.

   A. outside　　　　　B. external　　　　　C. outlying

2. There is a marked _____ between the poverty of the poorest members of society and the affluence of the richest.

   A. opposite　　　　B. contrast　　　　C. variation

3. The allied forces launched _____ bombing raids on several important sites in and around the enemy capital.

   A. simultaneous　　B. contemporary　　C. coincidental

4. Students are often advised to look at the first and last _____ of a book before attempting to read it detail.

   A. headings　　　　B. chapters　　　　C. titles

5. Although this is far from certain, the _____ age of the universe is about 4.6 billion years.

   A. approximate　　B. general　　　　C. rough

6. Some economists argue that new _____ causes unemployment while others feel that it allows more jobs to be created.

   A. science　　　　B. engineering　　　　C. technology

7. After you have submitted your application, the university will attempt to _____ that the information you have supplied is correct.

   A. verify　　　　　B. certify　　　　C. investigate

8. Young children go through a _____ in their development when they try to copy everything they have.

   A. process　　　　B. phase　　　　C. transition

9. In some countries, there is no tax on books on the _____ that education should not be taxed.

   A. principle　　　　B. idea　　　　C. concept

10. Further information can be _____ from the nearest British Council office.

    A. obtained         B. found           C. got

11. As everyone knows, certain metals such as iron and steel can have a _____ field while others like copper cannot.

    A. electrical        B. magnetic       C. chemical

12. Just as dividing up an orange into _____ makes it easier to eat, always try to break up a longer piece of text into small blocks of words.

    A. segments        B. pieces        C. sections

13. One problem for any teacher is that each student has his/her own _____ needs.

    A. separate         B. individual      C. distinctive

14. Good theories are important of course, but we must have _____ evidence to support them.

    A. empirical        B. true           C. realistic

15. The instructions from air traffic control were not fully _____ , and as a result the pilot made an error and crashed.

    A. total           B. explicit        C. complete

## Section 2. Fill in the gap

For the following list, use each word only once to complete the sentences below. Remember that in the case of nouns and verbs you may need to change the form of the word.

| | | | |
|---|---|---|---|
| achieve ( v. ) | automatic ( adj. ) | conceive ( v. ) | create ( v. ) |
| ensue ( v. ) | equilibrium ( n. ) | manipulate ( v. ) | series ( n. ) |
| innovative ( adj. ) | period ( n. ) | precede ( v. ) | section ( n. ) |
| mathematics ( n. ) | stable ( adj. ) | tradition ( n. ) | |

1. In order to be successful, some politicians _____ other people to get what they want.

2. Japanese and Korean companies have invested heavily in the UK, _____ thousands of new jobs.

3. The internet was first _____ of as a way of linking computers in the USA together.

4. Serious unrest and rioting _____ as a result of the decision to ignore the results of the election.

5. Since consumers are always demanding new products, companies which can be _____ are more likely to succeed.

6. Most planes today are controlled not by human pilots but by a computer system known as an _____ pilot, which is even responsible for taking off and landing.

7. Most employers insist that their employees have qualifications in English and _____ .

8. Some academics have argued that standards have been falling because more students are _____ first class degree.

9. Over a _____ of twenty years, the economy grew at an average of 80% per year.

10. The price of a product will not change if there is _____ between the supply and the demand for that product.

11. By _____ , wedding guests in most cultures give presents or money to the newly-married couple.

12. In addition to the regular lectures, we have a _____ of public lectures given by guest speakers from other universities.

13. Although the arrival of coffee in Britain _____ that of tea, it is the second drink which is the more popular today.

14. Reports are usually divided into separate _____ with heading such as 'findings' and 'conclusions'.

15. After a very difficult night, his blood pressure became _____ again and his family were allowed to visit him.

## Section 3. Finish the sentence

Choose the best ending for each of the sentence extracts below from the list underneath.

1. In 1905, Einstein published the first part of his theory ...

2. Most metals expand ...

3. As a result of the intense ...

4. Fifty years ago, most smokers were not aware ...

5. After studying for two hours, it becomes difficult to concentrate ...

6. Sadly, according to government statistics, ....

7. In the seventeenth century, Galileo demonstrated ...

8. In the 1980's, the US and Soviet governments made the crucial ...

9. The history of the Americans is usually seen from the perspective ...

10. An already difficult operation was complicated ...

K. ... when they are heated

J. ... on your work and so it is a good idea to take a break

A. ... of the dangers of smoking

E. ... that all objects (heavy or light) fall at the same speed.

M. ... over 30% of marriages end in divorce within five years.

N. ... decision to reduce the number of atomic weapons.

O. ... by the fact that the patient had a history of heart disease.

H. ... of relativity, which completely changed our ideas of time and space.

F. ... heat of the fire, the front half of the train was completely destroyed.

I. ... of the European immigrants, rather than from that of the original inhabitants.

1 – 10:

## Section 4. Make a collocation

Start by reading through the sentences below. Then take one word from the box on the left and combine this with one from the box on the right to make a collocation. For example, valid can be joined with reason. (Note that more than one pair may be possible and also that some words appear more than once.) Then try to match your combination with spaces in the sentences below.

| endangered | sequence of | | events | sophisticated | angrily |
| separate | devote | highly | signals | species | feasible |
| transmit | assert | inhibit | details | agreement | the right |
| precise | reacted | verbal | entities | phenomenon | growth |
| natural | economically | | time and money | | |

1. In spite of advances in technology, we are still at risk from _____
_____ such as earthquakes and floods.

2. One threat facing companies today is _____ _____ computer
'hackers' who break into the most advanced computer systems.

3. The accident was the result of a tragic _____ _____ which could
have been prevented with better safety procedures.

4. There is considerable doubt over whether the proposal by the American
government for a manned trip Mars is technically and _____
_____.

5. Tigers (and other large cats) are now an _____ _____ and may
disappear altogether in the future.

6. After the Second World War, African nations started to _____
_____ to become independent.

7. In law, a _____ _____ even though it is not written down like a
formal contract, is still a contract.

8. While she refused to give any _____ _____, the Minister admitted
that several people had been arrested.

9. Most economists believe that high taxes _____ _____ in the
economy.

10. In spite of its age, the satellite is still continuing to _____ _____
to Earth.

# 附录 7  学术英语词汇后测

## Section 1. Choose the best word

For each of the sentences here, choose the best word from A, B or C.

1. In this assignment, we will _____ your work and then give you detailed feedback on how to improve your writing.

   A. assess          B. judge          C. measure

2. In a seminar or tutorial, everyone should take part rather than allow one person to _____ the discussion.

   A. overwhelm        B. dominate       C. oppress

3. Although it is impossible to give a _____ age, we believe that the woman was between 25 and 30 when she died.

   A. definite         B. certain        C. absolute

4. Rather than try to treat it, the best _____ to the problem of poor public health may be attempt to prevent it.

   A. way              B. method         C. approach

5. Surprisingly perhaps, the biggest _____ health risk for tourist travelling abroad is actually road traffic accidents.

   A. potential        B. possible       C. theoretical

6. Water is made up of two _____, namely oxygen and hydrogen.

   A. sections         B. aspects        C. elements

7. Computers can be difficult to repair because there may be hundreds of different _____ inside.

   A. components       B. pieces         C. parts

8. Because Paris is expensive, many organizations pay higher salaries to _____ for the high cost of living there.

   A. compensate       B. adjust         C. redress

9. Many people were killed instantly at Hiroshima and Nagasaki, but thousands more died from _____ radiation sickness.

   A. succeeding       B. following      C. subsequent

10. The clothing of men and women used to be quite _____, whereas

today women often wear trousers as well as men.

    A. distinct             B. diverse            C. distinguished

11. Research _____ that customers want free car-parking when they go shopping.

    A. claim             B. indicate            C. points out

12. In political terms, the Middle East is one of the most unstable _____ of the world.

    A. location          B. places            C. region

13. The _____ cause of death today in Britain is heart disease, with cancer in second place.

    A. first              B. prime             C. initial

14. The result of the government inquiry _____ that there had been no deliberate attempt by the company to deceive investor.

    A. displayed        B. revealed         C. explained

15. The first two weeks of the course are designed to _____ new students and to allow them to settle into university life.

    A. orientate        B. instruct          C. introduce

## Section 2. Fill in the gap

For the following list, use each word only once to complete the sentences below. Remember that in the case of nouns and verbs you may need to change the form of the word.

| | | | |
|---|---|---|---|
| arbitrary ( *adj.* ) | assign ( *v.* ) | context ( *n.* ) | criterion ( *n.* ) |
| data ( *n.* ) | denote ( *v.* ) | devise ( *v.* ) | formulate ( *v.* ) |
| ignore ( *v.* ) | impact ( *n.* ) | estimate ( *n.* ) | similar ( *adj.* ) |
| summary ( *n.* ) | usage ( *n.* ) | vertical ( *adj.* ) | |

1. Although not exactly identical, two books are so _____ to each other that one author must have copied much of his book from the other.

2. The Prime Minister set up a committee of financial experts to help him discuss and _____ new policies.

3. It is often possible to guess the meaning of a word from the other words

around it — that is to say, the _____ .

4. In 1990, the British researcher Tim Berners-Lee _____ the first browser, and so paved the way for the development of the World Wide Web.

5. In newspapers, the layout of the columns is _____ , while the rows run across the page horizontally.

6. The rise in the number of deaths from AIDS has had a very significant _____ on people's sexual behaviour.

7. The _____ of drugs has increased significantly in spite of more seven penalties such as longer prison sentences.

8. Students should not try to write down everything they hear in a lecture, but just make a _____ of the most important points.

9. We use the term "class" to _____ groups of people who share the same social and economic backgrounds.

10. In one case, a murderer may go to prison for life, while another may be set free: it all seems completely _____ .

11. The new journalist was _____ to researching the election promises of the main political parties.

12. Before we can judge a government's success, we have to decide the _____ , such as unemployment, defence or taxation.

13. One student failed because he completely _____ the instructions on the paper, although they appeared at the top of every page.

14. Market researchers use _____ such as people's spending patterns as well as information about age and occupation to decide on the most effective marketing strategies.

15. Although we cannot be sure, most _____ point to a significant increase in average air temperatures in the next 100 years.

## Section 3. Finish the sentence

Choose the best ending for each of the sentence extracts below from the list underneath.

1. I like your essay, but I want you to illustrate ...

2. What will the result be if in the future we assume ...

3. Students may be asked to compare many alternative …

4. The Channel Tunnel between France and England was constructed …

5. Everyone wants to be happy, but we probably all define …

6. Many universities now have language centres to facilitate …

7. Numbers and results are not particularly useful in themselves; we need to interpret …

8. In spite of warnings about cancer, many Westerners equate …

9. Although computers are becoming increasingly complex, …

10. The investigation was stopped because the witness could not identify …


A. … theories, from which they have to select the most convincing.

B. … happiness in many different ways.

C. … that nearly everyone has access to a motor car?

D. … the problems they use are becoming much easier to operate.

E. … a sun tan with health and youthfulness.

F. … the man they had seen commit the robbery.

G. … language learning for international students.

H. … at a cost of over 8 billion.

I. … them to understand what they actually mean.

J. … your points by providing some supporting examples.


1 - 10:
_____


## Section 4. Make a collocation

Start by reading through the sentences below. Then take one word from the box on the left and combine this with one from the box on the right to make a collocation. For example, valid can be joined with reason. (Note that more than one pair may be possible and also that some words appear more than once.) Then try to match your combination with spaces in the sentences below.

| | | | | | |
|---|---|---|---|---|---|
| new | analyse | leading | status | responsibility | role |
| ultimate | valid | marital | concept | a hypothesis | results |
| establish | initial | reverse | dimension | temperature | reason |
| tense | constant | minimum | a link | atmosphere | |
| put forward | | | the verdict | requirement | |

1. If you submit work late, you will lose marks and may even be given a fail grade, unless you have a _____ _____ such as illness.

2. One travel company is now advertising a completely _____ _____ in tourism: flights into outer space by rocket.

3. At the bottom of ocean, the water remain at a _____ _____ irrespective of changing weather condition at the surface.

4. Students are expected not just to describe what they have done but also to _____ _____ when they write a research paper.

5. Following the demonstrations by thousands of students, there was a very _____ _____ in the capital, with many choosing to leave the city and head for the countryside.

6. Engineers have played a _____ _____ in improving our health by giving us clean water supplies, perhaps more so than doctors.

7. The Managing Director may run the company, but _____ _____ resets with the Board of Directors.

8. When some scientists originally _____ _____ known as global warming, the idea was not taken seriously, and yet today it is accepted by nearly everyone.

9. In some instances, a Court of Appeal may _____ _____ reached at the first trial and released somebody who has been wrongly held in prison.

10. Most universities require international students to have an IELTS score of at least 6 as a _____ _____ for English language competence.

# 附录8  基于语料库的学术英语词汇学习情况调查问卷

## 一、基本信息
1. 学号：        2. 姓名：        3. 年级：        4. 所学专业：

## 二、通过语料库学习学术英语词汇的体会(请在相应编号上打"√")
① =完全不同意    ② =不同意    ③ =一般    ④ =同意    ⑤ =完全同意

| 1. 这种方法有助于提高我的学术英语词汇量。 | ① ② ③ ④ ⑤ |
|---|---|
| 2. 这种方法有助于了解词汇使用的具体语境。 | ① ② ③ ④ ⑤ |
| 3. 这种方法有助于学习词汇的短语结构使用方法。 | ① ② ③ ④ ⑤ |
| 4. 这种方法有助于通过熟悉的词汇学习到新的用法。 | ① ② ③ ④ ⑤ |
| 5. 这种方法有助于学习词汇的相关搭配用法。 | ① ② ③ ④ ⑤ |
| 6. 这种方法有助于培养根据语境猜测词义的能力。 | ① ② ③ ④ ⑤ |
| 7. 这种方法有助于培养词汇使用方法的分析能力。 | ① ② ③ ④ ⑤ |
| 8. 通过语料库学习对词汇印象更深刻,有助于词汇记忆。 | ① ② ③ ④ ⑤ |
| 9. 根据语境分析所学词汇的词性对我来说有难度。 | ① ② ③ ④ ⑤ |
| 10. 根据语境猜测所学词汇的词义对我来说有难度。 | ① ② ③ ④ ⑤ |
| 11. 根据语境分析所学词汇的搭配用法对我来说有挑战性。 | ① ② ③ ④ ⑤ |
| 12. 课下用语料库检索词汇并分析词汇使用方法对我有挑战性。 | ① ② ③ ④ ⑤ |
| 13. 这种词汇学习方法需要和词典结合使用学习才更有效。 | ① ② ③ ④ ⑤ |
| 14. 这种词汇学习方法需要教师引导和提示才有效。 | ① ② ③ ④ ⑤ |
| 15. 这种方法比传统词汇学习的方式更能调动我的学习兴趣。 | ① ② ③ ④ ⑤ |

## 三、简答题
1. 学习学术英语词汇对你来说最大的困难是什么?

_____

_____

2. 你觉得这种词汇学习模式有哪些优点和缺点？

_____

_____

3. 对于这种词汇学习模式，在活动设计和课下自主学习方面有什么建议？

_____

_____

# 附录 9　学术英语听说课程调查问卷 A

**一、对本次学术英语听说课程学习的体会（请阅读下列描述语,选择最符合你情况的选项）**

① =完全不同意　② =不同意　③ =一般　④ =同意　⑤ =完全同意

1. 我喜欢用英语进行学术汇报。　　　　　　　　　① ② ③ ④ ⑤

2. 学术汇报对于我的专业学习很重要。　　　　　　① ② ③ ④ ⑤

3. 通过这次课程,我发现汇报时的 PPT 很重要。　　① ② ③ ④ ⑤

4. 我喜欢汇报前教师提供的资料和表达方式。　　　① ② ③ ④ ⑤

5. 我发现做英语学术汇报很有趣。　　　　　　　　① ② ③ ④ ⑤

6. 我对本次的汇报很满意,也有信心下次会做得更好。① ② ③ ④ ⑤

7. 有同伴和我一起完成学术汇报,我感到很愉快。　① ② ③ ④ ⑤

8. 和同伴讨论有利于学术汇报的准备。　　　　　　① ② ③ ④ ⑤

9. 我喜欢得到教师的评价和成绩的发布。　　　　　① ② ③ ④ ⑤

10. 教师的评价使我反思这次汇报的不足。　　　　　① ② ③ ④ ⑤

11. 课堂上教师的讲评有助于提高我的汇报水平。　　① ② ③ ④ ⑤

12. 在准备下一次汇报时,我会特别注意教师提出的意见。① ② ③ ④ ⑤

13. 我喜欢教师对汇报进行分项打分。　　　　　　　① ② ③ ④ ⑤

14. 我会根据教师告知的评分标准调整我的汇报。　　① ② ③ ④ ⑤

15. 我喜欢教师在评价中肯定我的优点。　　　　　　① ② ③ ④ ⑤

**二、简答题**

1. 在教师的讲评指导方面,你有什么感受或意见吗？（引导是否有效,自身存在什么困难,期望得到什么指导等）

_____

_____

2. 在情感方面，你对教师的评价有什么感受吗，对你的自信心、动力和兴趣
   等影响如何？

   _____

   _____

3. 在准备这次汇报中，你遇到了什么困难？（语言方面、小组合作、组织结
   构等方面）

   _____

   _____

# 附录 10 学术英语听说课程调查问卷 B

**一、对本次学术英语听说课程学习的体会**（请阅读下列描述语，选择最符合你情况的选项）

① =完全不同意　② =不同意　③ =一般　④ =同意　⑤ =完全同意

1. 我喜欢用英语进行学术汇报。　　　　　　　　　　① ② ③ ④ ⑤
2. 学术汇报对于我的专业学习很重要。　　　　　　　① ② ③ ④ ⑤
3. 通过这次课程，我发现汇报时的身体语言很重要。　① ② ③ ④ ⑤
4. 我喜欢汇报前教师提供的资料和表达方式。　　　　① ② ③ ④ ⑤
5. 我发现做英语学术汇报很有趣。　　　　　　　　　① ② ③ ④ ⑤
6. 我对本次的汇报很满意，也有信心下次会做得更好。① ② ③ ④ ⑤
7. 有同伴和我一起完成学术汇报，我感到很愉快。　　① ② ③ ④ ⑤
8. 和同伴讨论有利于学术汇报的准备。　　　　　　　① ② ③ ④ ⑤
9. 我喜欢得到教师的评价和成绩的发布。　　　　　　① ② ③ ④ ⑤
10. 教师的评价使我反思这次汇报的不足。　　　　　　① ② ③ ④ ⑤
11. 课堂上教师的讲评有助于提高我的汇报水平。　　　① ② ③ ④ ⑤
12. 在准备下一次汇报时，我会特别注意教师提出的意见。① ② ③ ④ ⑤
13. 我喜欢教师对汇报进行分项打分。　　　　　　　　① ② ③ ④ ⑤
14. 我会根据教师告知的评分标准调整我的汇报。　　　① ② ③ ④ ⑤
15. 我喜欢教师在评价中肯定我的优点。　　　　　　　① ② ③ ④ ⑤

**二、简答题**

1. 在教师的讲评指导方面，你有什么感受或意见吗？（引导是否有效，自身存在什么困难，是否得到你所期望的指导）

_____

_____

录

2. 在情感方面,你对教师的评价有什么感受吗,对你的自信心、动力和兴趣
   等影响如何?（感到开心还是沮丧,会更有自信,更有动力吗?）

   _____

   _____

3. 在准备这次汇报中,你遇到了什么困难? 相比于上次有了哪些改进?
   （语言方面、小组合作、组织结构等方面）

   _____

   _____

# 附录 11　学术英语听说课程调查问卷 C

**一、对本次学术英语听说课程学习的体会（请阅读下列描述语，选择最符合你情况的选项）**

① = 完全不同意　② = 不同意　③ = 一般　④ = 同意　⑤ = 完全同意

1. 我喜欢用英语进行学术汇报。　　　　　　　　　　① ② ③ ④ ⑤
2. 学术汇报对于我的专业学习很重要。　　　　　　　① ② ③ ④ ⑤
3. 通过这次课程，我发现汇报时的语音语调很重要。　① ② ③ ④ ⑤
4. 我喜欢汇报前教师提供的资料和表达方式。　　　　① ② ③ ④ ⑤
5. 我发现做英语学术汇报很有趣。　　　　　　　　　① ② ③ ④ ⑤
6. 我对本次的汇报很满意，也有信心下次会做得更好。① ② ③ ④ ⑤
7. 有同伴和我一起完成学术汇报，我感到很愉快。　　① ② ③ ④ ⑤
8. 和同伴讨论有利于学术汇报的准备。　　　　　　　① ② ③ ④ ⑤
9. 我喜欢得到教师的评价和成绩的发布。　　　　　　① ② ③ ④ ⑤
10. 教师的评价使我反思这次汇报的不足。　　　　　　① ② ③ ④ ⑤
11. 课堂上教师的讲评有助于提高我的汇报水平。　　　① ② ③ ④ ⑤
12. 在准备下一次汇报时，我会特别注意教师提出的意见。① ② ③ ④ ⑤
13. 我喜欢教师对汇报进行分项打分。　　　　　　　　① ② ③ ④ ⑤
14. 我会根据教师告知的评分标准调整我的汇报。　　　① ② ③ ④ ⑤
15. 比起之前，我更能接受教师在评价中提出我的需改进之处。

　　　　　　　　　　　　　　　　　　　　　　　① ② ③ ④ ⑤

**二、简答题**

1. 教师的讲评指导方面，你有什么感受或意见吗？（语音语调的改进是否有困难？是否需要课上进一步的指导？）

_____

_____

2. 在情感方面,你对教师的评价有什么感受吗,对你的自信心、动力和兴趣等影响如何?(已经是第三次评价了,你还记得前几次的指导内容吗?)

_____

_____

3. 在准备这次汇报中,相比于上次有了哪些改进?尤其是身体语言方面。如果有改进,你认为促进自己改进的原因是什么?(为了得到更好分数,为了提高学术汇报水平,为了挑战自己、发挥潜力?)

_____

_____

# 附录 12  学术英语听说课程调查问卷 D

**一、对本次学术英语听说课程学习的体会**（请阅读下列描述语,选择最符合你情况的选项）

① = 完全不同意  ② = 不同意  ③ = 一般  ④ = 同意  ⑤ = 完全同意

 1. 做汇报时,我注意到了教师之前提过的所有建议。　① ② ③ ④ ⑤
 2. 学术汇报对于我的专业学习很重要。　① ② ③ ④ ⑤
 3. 我喜欢汇报前教师提供的资料和表达方式。　① ② ③ ④ ⑤
 4. 我发现做英语学术汇报很有趣。　① ② ③ ④ ⑤
 5. 我对本次的汇报很满意,也有信心下次会做得更好。　① ② ③ ④ ⑤
 6. 有同伴和我一起完成学术汇报,我感到很愉快。　① ② ③ ④ ⑤
 7. 和同伴讨论有利于学术汇报的准备。　① ② ③ ④ ⑤
 8. 我喜欢得到教师的评价和成绩的发布。　① ② ③ ④ ⑤
 9. 教师的评价使我反思这次汇报的不足。　① ② ③ ④ ⑤
10. 课堂上教师的讲评有助于提高我的汇报水平。　① ② ③ ④ ⑤
11. 在准备下一次汇报时,我会特别注意教师提出的意见。① ② ③ ④ ⑤
12. 我喜欢教师对汇报进行分项打分。　① ② ③ ④ ⑤
13. 我会根据教师告知的评分标准调整我的汇报。　① ② ③ ④ ⑤
14. 比起之前,我更能接受教师在评价中提出我的改进之处。① ② ③ ④ ⑤

**二、简答题**

1. 已经经历了四次汇报,总的来说,在教师的讲评指导方面,你有什么感受或意见?

_____

_____

2. 结合前几次汇报,在情感方面,你对教师的评价有什么感受吗? 对你的自信心、动力和兴趣等影响如何? 若还有机会,你希望得到教师的讲评吗?

_____

_____

3. 在准备这次汇报中,相比于上次有了哪些改进? 尤其是语音语调方面,你课下做了哪些努力呢?

_____

_____

中国理工科大学生学术英语泛在学习模式有效性研究

# 附录 13　学术英语听说课程口语方面访谈

各位同学好,本次访谈主要针对本学期学术英语听说课程中口语方面的内容,全部为开放性问题。通过这些问题,你可以对自己本学期的口语汇报做一次回顾和反思,你的回答也将有助于老师加深了解,并在以后的课堂中做出改进。

1. 本学期的口语汇报中,你遇到过什么困难? 现在解决了吗?

2. 本学期教师根据口语汇报的情况,分别确定了三个可以提高的主题,分别是 PPT 制作、身体语言和副语言,你认为这三个主题的难易程度如何? 是否有助于你以后的学术汇报?

3. 在口语活动中,我们共进行了三个环节:口语汇报环节、讲评环节和教师讲解环节。

　　(口语汇报即你个人进行汇报的过程,讲评环节为每次汇报后教师针对个人的讲评课,教师讲解为讲评课后的正常上课时,教师针对相同主题进行了再次讲解和强化。)

　　你认为哪一个环节对你口语提高的帮助最大?

4. 你对讲评课环节感受如何?(对教师的评价感受如何,是否得到了想要的引导,听到优缺点的心情如何?)

5. 对比本课程刚开始和现在,你对学术汇报的态度有何变化?(紧张感、动机、更喜欢/不喜欢等)

6. 如果我们讲授了 PPT 制作,同学们在下一次汇报中就会特别注意到 PPT 制作的相关问题。但是我们发现,在之后的汇报中有的同学不再注意到先前讲授过的问题。你有这样的情况吗? 原因是什么?

中国理工科大学生学术英语泛在学习模式有效性研究

# 附录 14　学术英语写作前测试卷

## A. Word substitution（15 points）

| | | | |
|---|---|---|---|
| vital（*adj.*） | adequate（*adj.*） | chemicals（*n.*） | conduct（*n.*） |
| examine（*v.*） | credible（*adj.*） | property（*n.*） | concern（*n.*） |
| approach（*n.*） | occupy（*v.*） | | |

1. A salient **feature** of multiphase machines is the ability to operate under open-phase conditions. _____

2. Poisonous **substances** released into the sea may be absorbed by fish and then find their way into the human food chain. _____

3. A growing number of scientists find it **plausible** that other life forms may exist elsewhere in the universe. _____

4. Before accepting an overseas student, a university will make sure that the student's English is **sufficient**. _____

5. The aim of this study was to **test** a causal model of the predictors of agitation among 405 nursing home residents in Taiwan with varying degrees of cognitive impairment. _____

6. Despite this large amount of attention, a **fundamental** question remains unanswered: does CSR lead to value creation and, if so, in what ways? _____

7. At examination time, go to the library early as all the places tend to be **filled** very quickly. _____

8. Since the activity of industrial design is often separate from industrial manufacture, a key **matter** is the generation, development and specification of design intent prior to production. _____

9. Quality function deployment is one of these methods and it appears to be a proven **technique** for solving many different business problems. _____

10. Prisoners are sometimes released from prison early if their **behavior** has been good. _____

## B. Choose the best word (15 points)

1. The President's speech was so _____ that many people were persuaded to accept the need for change.

   a. expressive      b. articulate      c. eloquent

2. Car crashes are almost always accidental, but on rare occasions they may be _____ .

   a. conscious      b. purposeful      c. deliberate

3. The outline is a kind of _____ which gives in general terms the basic structure and content of a piece of work.

   a. sketch      b. skeleton      c. draft

4. People who smoke heavily experience a/an _____ to smoke, which makes it very difficult for them to stop.

   a. compulsion      b. obligation      c. addiction

5. Although we now believe this to be impossible, early scientists tried to produce _____ motion machines, that is, machines which would never stop.

   a. perpetual      b. everlasting      c. undying

6. If a questionnaire is badly written, it will not _____ the type of information required from the people completing it.

   a. solicit      b. elicit      c. obtain

7. Books are usually electronically protected so that they cannot be _____ from the library unless they have been issued in the proper way.

   a. removed      b. withdrawn      c. extracted

8. Studying is important, but playing sports and joining clubs will help to _____ a student's time at university.

   a. boost      b. enrich      c. bolster

9. No doubt every country has _____ in its history which its people now regret.

   a. episodes      b. stages      c. sections

10. Students who are _____ on the campus make more use of the university sports facilities than those living outside.

   a. domiciled      b. resident      c. settled

## C. Fill in the gaps (15 points)

From the following list, use each word only once to complete the sentences below. Remember that in the case of nouns and verbs you may need to change the form of the word.

| | | | |
|---|---|---|---|
| challenge (*n.*) | expert (*n.*) | export (*n.*) | fundamental (*adj.*) |
| objective (*n.*) | import (*n.*) | pollution (*n.*) | temporary (*adj.*) |
| emerging (*adj.*) | examine (*v.*) | | |

1. The _____ of live animals is strictly controlled so as to prevent diseases from being brought into the country.

2. We focus our study on Indian firms because India typifies _____ markets that feature institutional underdevelopment and is a good example of a market with dominant family ownership.

3. Some business leaders become bored with well-established organizations and prefer instead the _____ of setting up a new company.

4. The USA has a huge domestic market and so is less reliant on _____ for the success of its economy.

5. Most international students choose to live in university accommodation, while others may stay with a host family as a _____ measure before renting their own houses.

6. With any quotation you wish to use, make sure that the author you are quoting is an _____ or academic authority.

7. Increasingly, major industrial companies are finding that consumers are concerned about any _____ created by the manufacture of their products.

8. The Director reminded the middle managers that full cooperation from all workers was _____ to the success of the company.

9. The _____ of this work is to investigate the seismic performance of these buildings.

10. The present study _____ ratings of teaching quality and science learning among third graders.

## D. Finish the sentence (15 points)

Choose the best ending for each of the sentence extracts below from the list underneath.

1. According to a recent large-scale government **survey** …
2. An increase in the number of accidents led to a public **debate** …
3. Although it means that people live longer, the **equipment** …
4. Japan's greatest **resource** …
5. A group of students decided to complain because one tutor **cancelled** …
6. Whereas much of the extant literature has focused on the relationship between competition and the absolute level of risk of individual banks, in this paper we **examine** …
7. When we examine investment strategies, we **observe** …
8. Increasingly, universities are being asked to **undertake** …
9. The purpose of this paper is to **provide** …
10. We find that greater competition **encourages** …


a. … the correlation in the risk taking behavior of banks.
b. … about the safety of the national railway system.
c. … used in modern hospitals has increased the cost of health care.
d. … conducted in the UK, levels of reading and writing skills are still low.
e. … all tutorials for a week.
f. … an exploratory review of how the global hotel industry publicly communicates its approach to sustainability.
g. … is its people, since it has very few sources of raw materials or energy.
h. … banks to take on more diversified risks, making the banking system less fragile to shocks.
i. … a shift in investment from capital expenditures before the freeze to more-risky R & D projects after the freeze, and an increase in leverage.
j. … research in order to develop new products on behalf of large companies.

# E. Make a collocation (15 points)

Start by reading through the sentences below. Then take one word from the box on the left and combine this with one from the box on the right to make a collocation.

| | |
|---|---|
| systematic | economic |
| niche | empirical |
| southern | virtual |
| dominant | attain |
| brief | endless |

| | |
|---|---|
| hemisphere | market |
| review | reality |
| interlude | sanctions |
| their goals | interpretations |
| cycle | examination |

1. Thus, the _____ _____ has developed into a methodologically rigorous process that answers a research question from an organized and unified synthesis of the cumulative literature.

2. In order to increase pressure on the government, _____ _____ were imposed preventing the sale of oil.

3. Sometimes, university life just seems to be an _____ _____ of assignment after assignment.

4. In spite of equal opportunities policies, women are still not able to _____ _____ as easily as men in terms of reaching the top positions.

5. To empirically investigate whether the observed aggregate relationship between income inequality and teen childbearing holds at the individual level, we conduct a(n) _____ _____ of individual level data from the National Survey of Family Growth (NSFG).

6. At the theoretical level, moderator analyses are used to examine the _____ _____ of the feedback effect and to raise new questions about the psychological processes that give rise to the effect.

7. _____ _____ is now so advanced that pilots train with it.

8. The countries in the _____ _____ are in general poorer than those in the northern.

9. After two months of non-stop fighting there was a _____ _____ of peace on Christmas Day before the fighting started again.

10. While the Volkswagen car was designed to appeal to the masses, the Rolls Royce has only ever been aimed at a _____ _____.

## F. Abstract (5 points)

Abstracts in various fields are written in a similar way. The following table shows the typical information format of an abstract. How many of these five moves can you find in the example abstract? Identify the sentences in the abstract that correspond to the elements B, P, M, R and C in the table below.

| Move# | Typical information | Implied questions |
|-------|---------------------|-------------------|
| Move1 | Background(B) | What do we know about the topic? |
| Move2 | Purpose(P) | What is the study about? |
| Move3 | Methods(M) | How and where was it done? |
| Move4 | Results(R) | What was discovered? |
| Move5 | Conclusions(C) | What do the findings mean? |

① Experience with payments for ecosystem services (PES) highlights the effects of program design on landowner participation, impacting the program's ability to achieve environmental and, where applicable, social objectives. ② We conducted an exploratory study in western Panama at the initial stage of PES consideration to identify potential landowner interest in PES and factors that would affect landowner interest and eligibility. ③ We report the results from a household survey of 344 farmers and ranchers (92% response rate). ④ Eighty percent of the respondents expressed interest in PES participation. ⑤ Respondents stated interest was significantly related to farm size, income, age, land tenure, and previous involvement in conservation. ⑥ We also found that alternative specifications for landowner eligibility requirements, targeting criteria, and other parameters could greatly affect landowners' ability to participate, most strongly for respondents lower in socioeconomic status. ⑦ We provide a framework for exploring potential

附

录

landowner interest in PES at the very first stage of program exploration, from which program design can be strategically advanced with realistic PES scenarios to explore efficient payment levels and projected environmental benefits. ⑧ Our findings highlight the importance of making explicit trade-offs that result from alternative PES design choices in affecting landowners' interest and eligibility to participate.

B: _____  P: _____  M: _____  R: _____  C: _____

**G. Improve the flow of ideas for the process description by using a conjunction, time adverbial, linking passive or *-ed* particle. Answers may vary due to several possibilities. (7 points)**

1. 38 relevant organizations were contacted by telephone or e-mail. They were asked to identify unpublished reports.

   _____

   _____

2. The plants had set seed. Each tagged seed head was collected. Each tagged seed head was placed in individual brown paper bags. The tagged seed head was allowed to dry naturally.

   _____

   _____

**H. Fill in the blanks with appropriate prepositions. (4 points)**

1. The various genetic mechanisms that can result in cancer are discussed _____ Chapter 10.
2. The consumption of daily goods is illustrated _____ the pie chart.
3. As can be seen _____ Table 1, London has the largest underground railway system.
4. As described _____ the previous section, there are two types of motivations.

**I. Fill in the blanks with correct tense for each verb. (9 points)**

   Giuseppe Airoldi _____ (create) the first crossword puzzle on 14

Sept. 1890 while Arthur Wynne published the first "modern" puzzle on 21 Dec. 1913 (Wikipedia, 2009). The popular pastime of completing crossword puzzles is becoming a pedagogical activity now.

Some of the disciplines that have employed crossword puzzles _____ (include) information systems (Gomez & Scher, 2005), human development (Weisskirch, 2006), education (Bonwell & Sutherland, 1996), psychology (Crossman & Crossman, 1983; Hambrick et al., 1999), human physiology (Bailey et al., 1999), sociology (Chiders, 1996), geography (McKenny, 1970), and biology (Frankin et al., 2003). Bowell & Sutherland (1996) _____ (promote) puzzles as an active-learning strategy. Weiskic (2006) felt that crossword puzzles _____ (provide) an appealing way for exam review.

The use of "games" in pedagogical settings is not uncommon. Sulzman (2004) _____ (utilize) variations of games such as Jeopardy and Pictionary in introductory soil science recitation sections. Davis (1997) _____ (employ) a Chutes and Ladders approach in teaching nitrogen transformations to cooperative extension audiences.

中国理工科大学生学术英语泛在学习模式有效性研究

# 附录 15　学术英语写作后测试卷

## A. Word substitution（15 points）

| | | | |
|---|---|---|---|
| essential（*adj.*） | accessible（*adj.*） | scope（*n.*） | produce（*v.*） |
| explore（*v.*） | handle（*v.*） | estimate（*v.*） | domain（*n.*） |
| proportion（*n.*） | employ（*v.*） | | |

1. The purpose of this study was to **evaluate** the efficacy of the Cycles Phonological Remediation Approach as an intervention for children with speech sound disorders（SSD）. _____

2. To **address** this problem, this paper proposes a novel vehicle-detection scheme to search for areas with high vertical symmetry to locate vehicles from pairs of symmetrical SURF matching points. _____

3. Gore（2012）Public figures can be important for drawing attention to **critical** social issues such as climate change. _____

4. The church acoustics represents an interesting research **field**, as demonstrated by the increasing number of studies of this topic. _____

5. In addition, it is plausible that the chauvinism hypothesis may best **apply** to the jobs attitude. _____

6. We report the number of observations **available** for each variable along with the mean, standard deviation, and the minimum and maximum values. _____

7. After artificially eliminating some data to **generate** coarse data, the same methods were applied to verify their robustness. _____

8. The regression lines show that C80 is strongly related to the **ratio** between the floor dimensions of the church. _____

9. Future research should seek to **identify** the causes of these employment and earnings differences to understand the role and impact of the IEN workforce. _____

10. In public actions they would often be acting alongside a broader **range** of

actors, including activists from more mainstream green NGOs, local residents, and farmers campaigning against a particular GM crop trial site. _____

## B. Choose the best word (15 points)

1. Research _____ that customers want free car-parking when they go shopping.

   a. claims               b. points out         c. indicates

2. One of the reasons for the relatively high price of many drugs is the huge cost of _____ and development.

   a. experiments      b. research           c. trials

3. Consequently, we have selected interview quotes and focus-group exchanges that most explicitly demonstrate the patterns and themes that _____ from our data analysis.

   a. emerged            b. appeared          c. occurred

4. In this experiment, two participants were _____ from the analysis of recognition memory data due to excessive false alarm rates.

   a. deleted              b. excluded          c. prevented

5. The results in this study were _____ from simulations performed at two spatial resolutions 14.5 and 5.8 pm per particle in the Z direction.

   a. derived              b. dived              c. decided

6. Surprisingly perhaps, the biggest _____ health risk for tourists travelling abroad is actually road traffic accidents.

   a. theoretical         b. possible          c. potential

7. Water is made up of two _____, namely oxygen and hydrogen.

   a. sections             b. elements          c. aspects

8. Computers can be difficult to repair because there may be hundreds of different _____ inside.

   a. components      b. parts              c. pieces

9. Although none of these elements stand alone, incorporating the best available research _____ is increasingly important when making informed healthcare and treatment decisions.

   a. demonstration    b. evidence          c. certification

10. The wide rating scale was _____ to provide more flexibility to the reader.

    a. accessed            b. accepted            c. adopted

## C. Fill in the gaps (15 points)

From the following list, use each word only once to complete the sentences below. Remember that in the case of nouns and verbs you may need to change the form of the word.

| | | | |
|---|---|---|---|
| reliability (*n.*) | limitations (*n.*) | requirements (*n.*) | consistent (*adj.*) |
| criteria (*n.*) | instrument (*n.*) | quality (*n.*) | reduction (*n.*) |
| effect (*n.*) | propose (*v.*) | | |

1. This study modified the measurement items whose _____ and validity had already been tested in the relevant previous study.

2. Their inclusion improves data _____ and confirms the findings of this study.

3. However, when correcting for effects related to the measurement _____ we wanted to use all effect size measures separately.

4. Participants who did not meet _____ were repeatedly assessed to see whether criteria were subsequently met and successful weaning might possibly be achieved.

5. The constraint-based approach is a shared method, used to express user _____ and to control and evaluate the automated generalization process.

6. We _____ a new framework to embrace the new opportunities brought by combining some special features of data centers with traffic engineering.

7. We find limited evidence _____ with adaptation to higher temperatures, recognizing that demand factors may limit workers' discretion in choosing labor supply.

8. We conclude with a summary, a discussion of our research's implications for marketing theory and practice, and some _____ and opportunities for further research.

9. In addition, it must be observed that an implicit _____ of the moment

of inertia of the longitudinal stiffeners of its actual value is considered in Eqs. (4) and (5).

10. Results indicate that the positive _____ is reliable and moderated by theoretically implicated methodological and sample characteristics.

## D. Finish the sentence (15 points)

Choose the best ending for each of the sentence extracts below from the list underneath.

1. We are restricted to only one outcome **variable** …
2. Meta-analysis has been **recognized** …
3. This increase in default risk may lead to a **decrease** …
4. We further developed a mechanical model to **predict** …
5. This assumption states that agents use all the relevant information when forming expectations about future events, and their expectations do not **systematically** …
6. This paper demonstrates a method for using information visualization and statistical analysis to **explore** …
7. Despite their awareness of the importance of rational considerations of cost and benefit in environmental politics, scholars have found **limited** …
8. The analysis highlights the discursive strategies **employed** …
9. Our analysis of the firms equity and credit risk **suggest** …
10. For implementation purposes, a compact and convenient **alternative** …

a… evidence of local influences on environmental opinion.
b… differ from the realized outcomes.
c… that both increase after the freeze.
d… by courts as a valuable aid to their decisions regarding psychological research.
e… complex patterns in the activity of design practitioners, over time.
f… in credit rating and an increase in yield demanded by bondholders.
g… expression can be obtained in terms of the residuals, yielding.
h… by different actors and the way their arguments have been consolidated in the practices of urban policy-making.

i... by the intense effort to build any outcomes data for unfunded ventures.

j... both geometry and mechanical properties of our compliant nanostructures that agrees well with experiments.

---

## E. Make a collocation (15 points)

Start by reading through the sentences below. Then take one word from the box on the left and combine this with one from the box on the right to make a collocation.

| | | | |
|---|---|---|---|
| declining | detailed | behavior | aspects |
| bridging | significant | evidence | approach |
| experimental | sufficient | gaps | description |
| different | assess | association | trend |
| consumer | systematic | differences | investigation |

1. The article uses a laboratory experiment to investigate how perceived consumer navigational control affects _____ _____.

2. The aim of this article is to present an _____ _____ for studying the formation and transformation processes of archaeological fire structures.

3. Previous research and experience informs us that a map is an effective tool for _____ _____ in one's spatial knowledge.

4. Scholarship too has covered what might broadly be termed the commercialization of higher education, examining the _____ _____ of academic life with varying degrees of intensity.

5. Further exploring the problems of granularity, Section 3 shows that a discretization can provide neither necessary nor _____ _____ of critical points in its underlying continuous surface.

6. The Editors believe that the present state of management studies demands that major emphasis be given to _____ _____.

7. Descriptive statistics were used to _____ _____ in our main individual-level exposures by age, gender and urban/rural status and to

test for household-level differences in environmental exposures by urban/ rural residence.

8. In locations where one has little prior knowledge, a _____ _____ is necessary and can be inferred.

9. This potential error in measuring financial reporting quality biases against finding a _____ _____ between restatements and litigation risk.

10. A broadly _____ _____ in the legitimate use of education-as-product in Liberal Education again roughly parallels the trend for the student-as-consumer code.

## F. Introduction (5 points)

The following table shows the typical information format of an introduction. How many of these five moves can you find in the example introduction? Identify the sentences in the introduction that correspond to the elements in the table below.

| Move# | Typical information |
|---|---|
| **Move 1** | **Establishing a research territory** |
| Move 1a | By showing that the general research area is important, central, interesting, problematic, or relevant in some way. |
| Move 1b | By introducing and reviewing items of previous research in the area. |
| **Move 2** | **Establishing a niche (gap)** |
| Move 2a | By extending previous knowledge in some way. |
| Move 2b | By indicating a gap in the previous research. |
| **Move 3** | **Occupying the niche** |
| Move 3a | By outlining purposes or stating the nature of the present research. |
| Move 3b | By listing research questions or hypotheses. |
| Move 3c | By announcing principal findings. |
| Move 3d | By stating the value of the present research. |
| Move 3e | By indicating the structure of the research paper. |

① With the rapid development of chemical industry, heavy metals in environment increase rapidly and go beyond the normal range, which has seriously polluted the soil. ② Such soil contamination leads to deterioration of environmental quality and does harm to human's health. ③ So, it is important to control soil pollution caused by heavy metals.

④ Phytoremediation（植物修复）is considered to be a cheap and safe repair technique for it uses plants to absorb heavy metal pollutants in soil and transports metals to the air for storage. ⑤ In the past 20 years, phytoremediation has drawn much attention. ⑥ Much research has been done on herbs belonging to hyperaccumulator（超富集植物）, but the results are not satisfactory because of small biomass（生物量）, underdeveloped root, short growth cycle and other factors. ⑦ Woody plants can overcome the shortcomings of herbs, but the studies on them are quite few.

⑧ This research investigated six woody plants, aiming at finding out some species that can be widely used in phytoremediation to deal with heavy metals in soil. ⑨ The study will provide a reference for soil remediation.

| Move# | Move 1 | Move 2 | Move 3 |
|---|---|---|---|
| Sentences | | | |

**G. Improve the flow of ideas for the process description by using a conjunction, time adverbial, linking passive or *-ed* particle. Answers may vary due to several possibilities. (7 points)**

1. Samples were transported back to the laboratory on dry ice. Samples were stored at −70℃ to −80℃。

_____

_____

2. The wastewater sludge sample used in this work was dried at room temperature. The wastewater sludge was separated from other physical impurities, such as small fraction of leaves and plastic bags.

_____

_____

## H. Fill in the blanks with appropriate prepositions. (4 points)

1. _____ shown in Figure 1, about 83% of the younger groups are in favor of personal development and promotion.

2. These facts have already been mentioned _____ Page 10.

3. As demonstrated _____ the diagram, overall life expectancy in Ukraine fell by 2 more years in 1995 and was 67 years, which is 5.3 years below the average in Europe.

4. As seen _____ the data in Table 3, backpacker tourism has significantly increased.

## I. Read the following abstract and fill in the blanks with correct tense for each verb. (9 points)

Horticultural therapy (HT;园艺治疗) _____ (be) an enjoyable and accessible method of recreation that readily lends itself to a variety of healthful lifestyle activities. HT is valued for its physical, cognitive, social, emotional, and recreational benefits. This study _____ (design) to examine the effects of HT on the psychological well-being and hope of rural women. Participants _____ (consist) of 45 women from rural Korea, of which 21 were assigned to the experimental group and 24 to the control group. The experimental participants _____ (attend) 24 sessions of HT. Two groups underwent the program _____ (have) a significant difference in the psychological well-being and hope. The findings of this study _____ (show) that HT has positive effects on psychological and emotional health, and can be utilized as an intervention to help rural women.

## 附录 16　理工科学术英语写作情况调查问卷

　　亲爱的同学们,为全面了解理工科大学生对学术英语的基本知识和想法,为研究和改进理工类大学学术英语写作教学提供参考依据,我们组织了此次问卷调查,所收集的数据仅用于研究,请放心填写。衷心感谢你的支持和协助!

### 一、基本信息

1. 姓名:　　　　　　2. 年级:　　　　　　3. 所学专业:

### 二、对语料库学习及学术英语写作的了解(请在相应编号上打"√")

① =完全不同意　② =不同意　③ =一般　④ =同意　⑤ =完全同意

　1. 学术英语写作对理工科专业课学习很重要。　　　　　① ② ③ ④ ⑤
　2. 学术英语写作能培养我的学术思维及研究能力。　　　① ② ③ ④ ⑤
　3. 学术英语写作能增进我的逻辑分析能力和材料整合能力。① ② ③ ④ ⑤
　4. 学术英语写作有助于我用英语写实验报告、小论文。　① ② ③ ④ ⑤
　5. 现阶段阅读英文教材和专业文献速度慢。　　　　　　① ② ③ ④ ⑤
　6. 对英文教材和专业文献的整体结构不熟悉。　　　　　① ② ③ ④ ⑤
　7. 对英文教材和专业文献的句子结构不熟悉。　　　　　① ② ③ ④ ⑤
　8. 词汇量不够,尤其是学术词汇和专业词汇不够。　　　① ② ③ ④ ⑤
　9. 写英语的专业摘要,实验报告和小论文有困难。　　　① ② ③ ④ ⑤
10. 根据语境猜测所学词汇的词义对我来说有难度。　　　① ② ③ ④ ⑤
11. 学术英语写作教学应该和计算机技术、网络技术相结合。① ② ③ ④ ⑤
12. 教师在授课时需要向学生介绍学习方法和策略。　　　① ② ③ ④ ⑤

### 三、简答题

1. 学习学术英语写作对你来说最大的困难是什么?

_____

_____

2. 你期望通过学术英语写作学到什么?

_____

_____

3. 你对学术英语写作教学还有意见和建议吗?

_____

_____

再次感谢你花费宝贵时间完成此次问卷调查!

# 附录17　基于语料库的学术英语写作
## 教学模式应用情况调查问卷

亲爱的同学们,为全面了解理工科大学生对学术英语的基本知识和想法,为研究和改进理工类大学学术英语写作教学提供参考依据,我们特开展此次问卷调查,所收集的数据仅用于研究,请放心填写。衷心感谢你的支持和协助!

**一、基本信息**
1. 姓名:　　　　　　2. 年级:　　　　　　3. 专业:

**二、通过语料库学习学术英语写作的了解(请在相应编号上打"√")**
① = 完全不同意　② = 不同意　③ = 一般　④ = 同意　⑤ = 完全同意

1. 这种教学方法有助于了解学术词汇使用的具体语境。　① ② ③ ④ ⑤

2. 这种教学方法有助于学习词汇的相关搭配用法及结构。　① ② ③ ④ ⑤

3. 这种方法有助于学习学术论文写作的语篇结构。　① ② ③ ④ ⑤

4. 这种方法有助于了解不同专业论文的不同体裁特点。　① ② ③ ④ ⑤

5. 通过语料库学习对词汇、句式印象更深刻,有助于论文写作。

　① ② ③ ④ ⑤

6. 根据语料库分析总结学术词汇的搭配对我来说有困难。　① ② ③ ④ ⑤

7. 根据语料库分析总结论文语步的句式对我来说有困难。　① ② ③ ④ ⑤

8. 理解语料库中的真实语料对我来说有困难。　① ② ③ ④ ⑤

9. 课下用语料库检索词汇并分析语步句式结构对我有挑战性。

　① ② ③ ④ ⑤

10. 这种方法比传统教学的方式更能调动我的学习兴趣。　① ② ③ ④ ⑤

11. 我会在以后的论文写作中使用语料库的方法。　① ② ③ ④ ⑤

12. 这种教学方式有需要调整和改进的地方。　① ② ③ ④ ⑤

## 三、简答题

1. 对你来说通过语料库学习学术英语写作最大的收获及困难分别是什么？

_____

_____

2. 你觉得基于语料库的学术英语写作教学有哪些优点和缺点？

_____

_____

3. 你对基于语料库的学术英语写作教学还有意见和建议吗？

_____

_____

再次感谢你花费宝贵时间完成此次问卷调查！

# 附录18　学术英语口语学习态度调查问卷

亲爱的同学们,为了深入了解你们的学术英语口语学习情况,探究有效的学术英语口语学习途径,我们特开展此次问卷调查。调查结果仅用于科学研究,请放心填写。请结合个人的实际情况,根据题目所给的五个选项做出选择,并在相应的选项上打"√"。

## 一、基本信息

1. 姓名：　　　 2. 性别：　　　 3. 年级：　　　 4. 所学专业：

## 二、学术英语口语学习态度调查

① =完全不同意　② =不同意　③ =一般　④ =同意　⑤ =完全同意

1. 我对当前学术英语口语学习的重要性有充分认识。　① ② ③ ④ ⑤
2. 我认为学习学术英语口语对未来事业的成功非常重要。　① ② ③ ④ ⑤
3. 我认为教师的授课方式对于学生的学习效果非常重要。　① ② ③ ④ ⑤
4. 我认为在课堂上认真听教师讲课非常重要。　① ② ③ ④ ⑤
5. 我认为借助多媒体进行学习非常重要。　① ② ③ ④ ⑤
6. 我非常喜欢学术英语口语。　① ② ③ ④ ⑤
7. 我非常喜欢教师现在的授课模式。　① ② ③ ④ ⑤
8. 这八周我对学术英语口语学习的兴趣越来越高。　① ② ③ ④ ⑤
9. 我非常喜欢借助多媒体进行自主学习。　① ② ③ ④ ⑤
10. 我非常喜欢基于多模态语料库的学术英语口语中非言语方面的教学。
　① ② ③ ④ ⑤
11. 我能够重视学术英语口语学习。　① ② ③ ④ ⑤
12. 我注重学术英语口语学习方法,明确口语学习目的。　① ② ③ ④ ⑤
13. 我上课能够积极参与到口语实践活动当中。　① ② ③ ④ ⑤
14. 我上课能够做到认真听教师讲课,做好笔记。　① ② ③ ④ ⑤
15. 我经常自主学习学术英语口语。　① ② ③ ④ ⑤

# 附录 19　学术英语写作评分标准

| 分值 | 评　分　标　准 |
|---|---|
| 90 分以上 | 总体而言,该类论文整体及各方面都很出色,文章的思想观点和呈现方式都表现突出,文体风格和组织结构自然漂亮,文章具有一定创新性或独到的见解。具体而言:<br>(1) 论文选择的研究范围适中,具有良好的问题意识,选题精当,具有较高的价值和意义,符合外国教育史课程性质,重点明确,并在文章中得到充分的讨论。<br>(2) 能较为全面地提供并有效综合令人信服的证据或有助于论证观点的材料(如能提供文献综述则更佳),以此阐明作者的立场或发现,提出合理的、符合逻辑的结论,具有相当的说服力和解释力。<br>(3) 文章结构清楚合理,组织严密,论证前后连贯一致,推理正确。<br>(4) 根据主题内容和论述,合理使用句法、文法和修辞结构,确保其符合预期的写作目的,没有错别字或排版和语法方面的错误。<br>(5) 论文符合学术规范、技术要求和学术论文格式(有题目、作者简介,摘要、关键词、注释、参考文献),在合适的格式手册指导下给引用的内容正确地注明出处,参考文献丰富。 |
| 80—90 分 | 总体而言,该类论文整体上比较出色,主题鲜明,论述范围恰当合理,行文效果总体较好,但个别方面存在疏忽或瑕疵。具体而言:<br>(1) 论文选题基本恰当,研究范围相对合适(最主要的问题是选题过大),有一定的价值和意义,能突出重点,并比较充分地讨论。选题基本符合外国教育史课程性质。<br>(2) 能提供较多的有效证据和材料,来进行论述或阐发作者的观点和发现,并能进行一定的综合。提出符合逻辑的合理结论,具有一定的解释力和说服力。<br>(3) 文章结构合理,推理正确,论证前后连贯一致。<br>(4) 能正确使用句法、文法和修辞结构,确保其符合预期的写作目的,基本没有错别字或排版和语法方面的错误。<br>(5) 论文符合学术规范、技术要求和学术论文格式(有题目、作者简介,摘要、关键词、注释、参考文献),在合适的格式手册指导下给引用的内容注明出处,参考文献比较丰富。 |
| 70—80 分 | 总体而言,该类论文符合写作要求,但整体表现一般,在选题或文章结构或论述或学术规范或文字表达某个方面存在一定的缺陷。具体而言:<br>(1) 论文选题和构思基本可行,但存在一定缺陷或没有闪光点,观点有待深化改进,研究范围的选择界限不是特别明确,价值和意义不明显,但能围绕选题进行论述。选题基本符合外国教育史课程性质。或者立意选题不错,但在其他方面出现问题。 |

| 分值 | 评　分　标　准 |
|---|---|
| 70—<br>80分 | （2）能提供有效的证据和材料,来进行论述或阐发作者的观点和发现,提出比较合理的结论,但在综合方面比较欠缺。或者这方面论证不错,但在其他方面出现问题。<br>（3）文章结构一般,推理基本合理,论证基本连贯一致。或者这方面表现不错,结构脉络清楚,但其他方面出现问题。<br>（4）基本能正确使用句法、文法和修辞结构,有错别字或排版和语法方面的错误。或者表达方式简单。或者在这方面不错,但其他方面存在问题。<br>（5）论文基本符合学术规范、技术要求和学术论文格式(题目、作者简介、摘要、关键词、注释、参考文献),但论文格式项目存在问题(如摘要编写不符合要求),给引用的内容注明出处等没有严格按照合适的格式手册进行。只有一定量的参考文献。 |
| 60—<br>70分 | 总体而言,该类论文在某些方面不符合写作要求,整体表现较差,在选题或文章结构或论述或学术规范或文字表达等两个以上方面存在明显的问题。具体而言:<br>（1）论文选题和构思过于简单或者草率马虎,存在明显缺陷,价值和意义比较弱,但能围绕选题进行论述。选题不一定符合外国教育史课程性质。<br>（2）能提供证据和材料进行论述或阐发,但存在明显的材料缺失或论据不充分的情况,难以进行材料的综合。能提出结论,但结论存在一定的问题,或某些地方不符合逻辑。<br>（3）文章结构比较松散,推理和论证过程不够严谨。<br>（4）句法、文法和修辞结构的使用存在问题,或不符合学术论文要求。有较多的错别字或排版和语法方面的错误。表达方式单调,乏善可陈。<br>（5）论文基本符合学术规范、技术要求和学术论文格式(有题目、作者简介,摘要、关键词、注释、参考文献),但论文格式项目存在缺失,给引用的内容注明出处等没有按照合适的格式手册进行,有缺失项。或者参考文献匮乏。 |
| 60分<br>以下 | 这是不及格的档次,论文不符合写作要求,整体表现差,在选题或文章结构或论述或学术规范或文字表达等多个方面存在明显的缺陷。看不出作者为论文付出过努力。具体而言:<br>（1）论文选题和构思存在巨大缺陷,几乎没有价值和意义,不能围绕选题进行论述。选题不符合外国教育史课程性质,或者作者严重曲解了写作任务。<br>（2）几乎不能提供客观的证据和材料进行论述或阐发,结论存在重大问题。<br>（3）文章行文和推理、论证存在明显的缺陷,论述随意。<br>（4）句法、文法和修辞结构等完全不符合学术论文要求。语法、结构或排版方面错误众多。<br>（5）论文不符合学术规范、技术要求,论文格式混乱。存在抄袭剽窃等行为。或者几乎没有引文和参考文献,即使有引文,也没有注明出处。几乎没有参考文献。 |

# 附录 20　学术英语口语考试话题

1. How has our life been affected by live video streaming and what advantages and disadvantages has it brought? Do we really need the Internet in our daily life? Why?

2. How has artificial intelligence changed our world and why do people worry about the development of AI? How could we deal with the worrying situation?

3. What are differences between traditional Chinese therapy and western therapy? What advantages and disadvantages has each therapy brought?

4. Why is the research on neuroscience and psychology helpful? What methods will you use to relieve your bad mood when you suffer from depression? Why?

5. What do you think of food engineering? What advantages and disadvantages has artificial meat brought? Will you accept a future with processed food? Why?

6. Taobao's success is a testament to the economic power of the Internet. Why do people like to visit such Internet commerce companies like Taobao.com and JD.com?

7. What changes have taken place in our life with the advancement of computer technology? What is the most exciting effect it has brought us in our modern life? Why?

8. If you were disconnected with the Internet for one month, what might happen? How would you feel? What would we do to keep our globalization without the Internet?

9. What positive and negative impacts can AI make on our life? Do you think robots will replace human teachers? Why or why not?

10. What qualities do you think successful celebrities and public figures have in common? If you are engaged in live video streaming, what do you think is important to achieve success?

11. Winston Churchill holds that attitude is a little thing that makes a big

difference. Do you think there is relationship between neuroscience-psychology and one's attitude? Why?

12. With the number of countries growing GM crops increasing in recent years, the benefits and dangers of genetically engineered food have become the subject of intense debate. What do you think about the debate?

# 附录 21　学术英语口语考试评分标准

| 分值 | 语音语调 | 语法词汇 | 流利程度 | 交 际 能 力 |
|---|---|---|---|---|
| 90—100分 | 发音标准、清晰；语调正确、自然。 | 能正确使用口语词汇和多种句型，基本上无错误。 | 表达流利，语句连贯，无语流中断现象。 | 能很好地完成题目所规定的交际任务，能正确使用会话技巧，表达过程中基本无语用失误。 |
| 80—89分 | 发音比较标准；语调比较正确。 | 能较正确地使用口语词汇和多种句型，错误较少。 | 表达比较流利，语句较连贯，语流中断现象较少。 | 能较好地完成题目所规定的交际任务，能较正确使用会话技巧，表达过程中语用失误较少。 |
| 70—79分 | 发音基本标准；语调基本正确。 | 能基本正确地使用口语词汇和多种句型，无重大错误。 | 表达基本流利，语句基本连贯，无频繁的语流中断现象。 | 能基本完成题目所规定的交际任务，能基本正确使用会话技巧，表达过程中无重大语用错误。 |
| 60—69分 | 个别发音标准；个别语调正确。 | 能使用普通的口语词汇和句型，错误较多，有1或2处重大错误。 | 表达一般，个别语句连贯，语流中断现象一般。 | 能部分完成题目所规定的交际任务，能部分正确使用会话技巧，表达过程中有1或2处重大语用错误。 |
| 60分以下 | 发音不标准；语调不正确。 | 不能正确地使用口语词汇和多种句型，有较多重大错误。 | 表达不流利，语句不连贯，语流中断现象频繁。 | 不能完成题目所规定的交际任务，不能正确使用会话技巧，表达过程中出现重大语用失误。 |

# 附录22　基于多模态语料库的学术英语口语学习态度调查问卷

亲爱的同学们,为了深入了解你们的学术英语口语学习情况,探究有效的学术英语口语学习途径,我们特开展此次问卷调查。调查结果仅用于科学研究,请放心填写。请结合个人的实际情况,根据题目所给的五个选项做出选择,并在相应的选项上打"√"。

## 一、基本信息

1. 姓名:　　　　2. 性别:　　　　3. 年级:　　　　4. 所学专业:

## 二、学术英语口语学习态度调查

① =完全不同意　② =不同意　③ =一般　④ =同意　⑤ =完全同意

1. 我对当前学术英语口语学习的重要性有充分认识。　①②③④⑤
2. 我认为学习学术英语口语对未来事业的成功非常重要。　①②③④⑤
3. 我认为教师的授课方式对于学生的学习效果非常重要。　①②③④⑤
4. 我认为在课堂上认真听教师讲课非常重要。　①②③④⑤
5. 我认为借助多媒体进行学习非常重要。　①②③④⑤
6. 我非常喜欢学术英语口语。　①②③④⑤
7. 我非常喜欢教师现在的授课模式。　①②③④⑤
8. 这学期我对学术英语口语学习的兴趣越来越高。　①②③④⑤
9. 我非常喜欢借助多媒体进行自主学习。　①②③④⑤
10. 我非常喜欢基于多模态语料库对学术英语口语的教学。　①②③④⑤
11. 我能够重视学术英语口语学习。　①②③④⑤
12. 我注重学术英语口语学习方法,明确口语学习目的。　①②③④⑤
13. 我上课能够积极参与到口语实践活动当中。　①②③④⑤
14. 我上课能够做到认真听教师讲课,做好笔记。　①②③④⑤
15. 我经常自主学习学术英语口语。　①②③④⑤

## 三、简答题

1. 经过一个学期的学习,请问你对学术英语口语的看法有什么变化?

_____

_____

2. 你觉得在学术英语口语的学习中还存在哪些障碍?请分别就言语和非言语方面谈一谈。

_____

_____

3. 你觉得基于多模态语料库的学术英语口语教学有哪些优缺点?有什么改进建议?

_____

_____